親孝行の江戸文化

Filial Piety Culture in the Edo Period

勝又　基
KATSUMATA Motoi

笠間書院

親孝行の江戸文化

親孝行の江戸文化 ● 目次

第二章　表彰と孝子伝の発生

第三章　孝子日本代表の形成

第二節　儒者が選んだ日本史上の孝子　204

第三節　『本朝孝子伝』刊行直後　237

第四節　弥作が孝子日本代表になるまで――水戸藩の表彰と顕彰　260

第四章　藤井懶斎伝――いかにして『本朝孝子伝』は生まれたか

はじめに

一　なぜ江戸の孝なのか

学校教育の場で「道徳」が「特別の教科」として格上げされることが決定している。予定通り進めば、小学校では平成三十年度から、中学校では平成三十一年度から授業が行われる。ここまでの議論の中で、そして決定した今も、賛成、反対、さまざまな意見が飛び交っているが、そのなかで懸念を示す向きから聞こえてくるのが、「また親孝行を教え込まれるのか」との危惧である。

明治から戦前まで、「修身」の科目では、偉人の伝記が示され、それを例話として、教育勅語にもとづいた忠孝道徳が教えられた。しかし終戦を迎えると、文部省は「新日本建設の教育方針」を発表して「軍国主義的思想及施策ヲ払拭シ平和国家ノ建設ヲ目途」とする教育方針を謳い、修身は歴史、地理とともに軍国主義を教え込むための科目だとして授業が停止されたのである。翌昭和二十一年六月には地理の再開が許可され、十月には日本歴史の再開が許可されたが、修身は許可されないまま今に至る。このたび道徳が「特別の教科」へ格上げされることで、また軍国主義的な忠孝道徳へ逆戻りするのではないか、と心配されている訳である。

「孝道徳」というと、ただでさえ堅苦しいイメージが強いのだが、とくに戦前の軍国教育と結びつけて考えると、為政者による人民統制の手段、とまで広がって、悪いイメージはいっそう強まる。

こうした孝の持つイメージは、江戸の親孝行についての研究にまで影響を与えている。江戸時代には孝という道徳が重んじられ、時には孝行者が表彰されたということは、比較的知られているのではないかと思う。このことは従来の江戸文化研究では、あまり好意的な評価がなされていない。表彰する為政者の側には、孝子を讃えるのに加えてもう一つの狙いがあったはずだ。それは、封建体制を強化しようという狙いである。「忠孝」と言われ、「忠臣は孝子の門より出る」と言われる。つまり家族制度に従順な人間は、封建制度にも従順だということである。孝子を表彰し、孝を奨励することは、封建体制に従順な庶民を育てることにつながる。為政者による孝子良民の表彰という一見良心的な政治行為の裏には、封建体制を強化し、為政者は為政者のままであり続けようという企みがあった、とする考え方である。分かりやすく言えば、孝行者の表彰は殿様の策略だ、という見方である。

たしかに、孝という道徳にそのような面があることは、戦前の歴史が証明して来たところである。しかし従来のこうした研究は、軍国主義教育的な考え方を、あまりに安易に江戸まで押し広げてしまっているのではないだろうか。孝という道徳が持つ政治的な負の側面だけを見て、何かを言い終わったようになってしまうのは、あくまでも「現代人から見た江戸」にすぎないのではないだろうか。

戦後から現代まででも「孝」が示す行動の内容や、孝道徳が社会に果たす役割は変わって来た。同じように、江戸時代の孝も、戦前とは異なるものであったはずである。

例として、俳人・松尾芭蕉をあげてみよう。芭蕉が旅の途中で親孝行者を訪ねた、ということはあまり知られていないのではないだろうか。

大和国北葛城郡今市村《いまいち》（現・奈良県葛城《かつらぎ》市）に伊麻《いま》という女性がいた。幼い時に母を失い、農民の父・

《図1》孝女・伊麻。芭蕉もその孝を慕って訪問した（『今市物語』架蔵本）

長右衛門と暮らしていた。寛文十一年（一六七一）六月十二日、伊麻四十八歳のとき、病床の老父が、鰻が食べたいと言う（一説に、鰻を食べると治ると医者が言った）。しかし水のあるところは遠く、山深い所なのでいかんともすることができない。呆然としていると、夜更けに瓶から水音がする。起きて見てみると、なんと水瓶の中に鰻が泳いでいた。これを調理して老父に与えると、病が癒えたというのである。このことが知られて、伊麻は藩主の本多政勝《まさかつ》から金銭や穀物を与えられた（《図1》参照）。

芭蕉が訪れたのは、伊麻が表彰されてから十五年後、元禄元年（一六八八）四月十二日のことである。紀行文で言えば紀行文『笈《おい》の小文《こぶみ》』に記された旅の途中である。『笈の小文』の文中には伊麻と会ったことは記されていない。しかし、伊麻を訪ねたあとの二十五日、芭蕉はこのことを旧友である宗七に手紙を書いている。その中で、芭蕉は次のような感懐を書き綴っている。

おもしろきもおかしきも、かりのたはぶれにこそあれ。実《じつ》のかくれぬものを見ては、身の罪かぞへられて、万菊も暫《しばし》落涙おさへかねられ候。▼注[1]

面白いことも可笑しいことも、一時の戯れでしかない。しかし、（鰻の入っていた瓶と孝女伊麻その人という）まぎれもない証拠を見ると、自分の身の罪が色々と思い出される。同行した坪井杜国《とこく》（万菊丸）もしばらく涙をとどめられなかった、というのである。

手紙は続けて次のようにさえ言う。

当麻《たいま》に詣でて万《よろづ》のたつときも、いまを見るまでの事にこそあなれと、

当麻とは当地ある当麻寺《たいまでら》のこと。中将姫伝説、当麻曼荼羅《たいままんだら》で知られる古寺である。そこを訪ねて貴く感じた気持ちでさえ、孝女・伊麻を見て消し飛んでしまった。それほどまでに伊麻に心を動かされた、というのである。

芭蕉が風雅の旅の途中でわざわざ孝女に会いに行き、感動を素直に表している。これは我々にとって、江戸時代の孝に対する認識が、現代とも、戦前とも違うものであったということを垣間見せてくれる事例ではないだろうか。

芭蕉がそうであったように、江戸時代の孝は、誰もが善と信じて疑わない思想であった。絶対的な善と考えられていたからこそ、伊麻のように、孝のために尽くした人物は称賛され、感動を生んだ。それを現代でたとえるならば、「自由」に対する感覚が近いかもしれない。百年後にもこれが絶対的な善とみなされているか疑問だ、という点も含めて。

本書は江戸時代を訪ねて、そのころ孝という道徳が持っていた活力と豊かさとを明らかにする。戦前とはまた異なる「孝」のあり方を知ることによって、いま学校や社会で闘わされている「孝」教育の問題についても、より有意義で新たな議論が期待できるのではないだろうか。本書によって、

1 芭蕉書翰の引用は、『校本芭蕉全集』第八巻（平成元年九月、富士見書房）の翻刻による。七四ページ。

そうした議論の手がかりが得られるならば幸いである。

二　近世孝文化の研究史

戦前までは、江戸時代の孝文化は研究の対象ではなかった。江戸時代の孝子は、文化研究・歴史研究の対象というよりは、偉人として称え、当地の風俗や政治の良さを誇るための材料であった。大正から戦前にかけて各地であまれた『○○郡志』『○○市誌』などの地方誌をひもとけば、各地で表彰された孝子が土地の文人や僧侶などと並んで掲載されている。

戦後、孝子伝にいちはやく注目して大きな成果を挙げたのが徳田進である。『孝子説話集の研究―二十四孝を中心に』（昭和三十八年）[注2]は、中世篇、近世篇、近代篇と三冊が刊行され、日本における孝文化研究のレベルを一気に引き上げて見せた。

該書は副題を「二十四孝を中心に」とする通り、中国で生まれた『二十四孝』の日本における受容と展開を大きな軸に据えている。とくに近世篇では、日本で数多く出版された『二十四孝』の諸版を集めてその文章を比較するほか、『二十四孝』に触発されて、日本の歴史上から二十四人の孝子を選びだそうとした試みについても確認している。ただし『二十四孝』に注目するあまり、江戸時代に生き、表彰された孝子については、あまり踏み込んだ研究はなされていない。

これに対して、孝子の表彰による封建体制の強化の構造を明らかにしよう、という研究も生まれた。昭和四十一年（一九六六）における左の山本武夫の発言などは早いものに属するだろう。

これ等の善行、徳行は、それのみを切離して考へれば、いづれも立派な行為であり、賜金、賜物、免租の恩典が、該当者の生活の救済の契機にもなつたであらうことは想像できることで、又、

2　昭和三十八年十二月、井上書房。

広くその事を知らせるのは意義のあることで、善意ある民衆の心を温くすることである。が、こうした表彰を、民衆の善行促進の手段とする教化主義に、割切れない感じが残るのは、現代的思考のツムジ曲りの故であらうか。統制的社会に馴致された江戸人は、素直に受容れたのであらうか。それはとにかくとして、自からの施政の貧困を棚上げして、民衆の道徳意識の教化はナンセンスである。▼注[3]

教化による政治に、現代人の目から割り切れないものを感じ、江戸時代人はこんなものを素直に受け入れていたのか、と憐れむかのような目を向けている。

こうした方向での研究を一層推し進めたのが、菅野則子『江戸時代の孝行者「孝義録」の世界』▼注[4]である。菅野は孝子に関する文章、いわゆる孝子伝に注目し、幕府によって全国的に集められた孝子良民の逸話集である『官刻孝義録』の文章を調査対象とした。その文章に書かれた孝子良民の行動から、為政者が庶民にどのような人間像を期待していたか、という検討を行ったのである。

菅野の研究は大きな流れを作った。その方法を踏襲して、特定の地域に当てはめた地方史研究が数多く生まれたのである。静岡の孝子五郎右衛門を扱った若林淳之、▼注[5]岡山を扱った妻鹿淳子▼注[6]などがその代表的なものである。平成に編まれた全国の市町村史にも、同じ切り口の記述が数多く見られる。

また程なくして、「仁政」を行った大名の政策をより細密に検討しようとする研究も始まった。小関悠一郎『〈明君〉の近世』▼注[7]は、その代表的なものであろう。領内の孝子を表彰した大名たちは、従来は「名君（明君）」として扱われ、称えられてきた。それに対して小関は、為政者の読書と思想形成過程や、明君像を広めた人物の存在などを切り口として、より実態に即した形で改革政治の実態を描き出そうとした。その結果、仁政を明君による強制ではなく、民間の人々を含めたさまざま

3 「徳川幕府の修史・編纂事業 十――孝義録と続編孝義録料――」（『新訂増補国史大系』月報四十四〈昭和四十一年四月、吉川弘文館〉）一二ページ。

4 平成十一年八月、吉川弘文館。

5 「孝子五郎右衛門褒顕のあとさき」（『静岡学園短期大学紀要』八、平成七年十一月。『地方史研究の諸問題』（平成九年六月、私家版）所収）。

6 『近世の家族と女性　善事褒賞の研究』（平成二十年四月、清文堂）。

7 平成二十四年六月、吉川弘文館。

な階層・役職による集団的な志向として捉えた。明君対被支配者、という対立構造として捉えない点で、筆者の描こうとする見取り図と通じるところがあると言えるだろう。

いっぽう、江戸文学研究の世界ではどうだっただろうか。総体を見回すと、孝の問題はほとんど俎上にのぼることが無かった。もちろん孝を扱った作品は少なくない。しかし研究者の側に、これらは文学的な価値の低いものであり、数多ある江戸文学の作品の中で、わざわざ取り上げるほどのものではない、という通念があったことは否定しがたいだろう。

その中で唯一、早くから研究対象となって来たのが井原西鶴の浮世草子『本朝二十不孝』（貞享三年〈一六八六〉刊）である。中国の孝子二十四名を集めた『二十四孝』に対し、西鶴は不孝者二十名を集めるという斬新な枠組みで一書を著した。この作品を描いた背景には、西鶴の孝に対するいかなる認識があったのか。時あたかも五代将軍・徳川綱吉が孝を推奨していた時期であった。西鶴が綱吉の政策に対して批判意識を持っていたのかどうか、という大きな問題も視野に入れて、この作品に対する見解は大きく割れた。しかし近年は幕府の孝道奨励政策や当時の「常識」的認識に対する疑問・批判を読み取ろうとする研究が増えてきているという。

そうした中、一九八〇年代後半に、江戸時代の孝子伝そのものを研究対象としたのが、井上敏幸である。▼注[8] もともと幅広い視野から元禄文学を捉えることを志向していた井上は、孝子伝をも広い意味での文学的な営為と考えた。そしてその江戸時代前期における移り変わりを、中国孝子伝の輸入→日本の古典からの孝子選定→日本の当代の孝子伝の掬い上げ、という三段階に図式化して見せた。井上はあえて孝を支配構造の問題から切り離し、純粋に文学の問題として考えようとした。たとえば藤井懶斎『本朝孝子伝』（貞享二年〈一六八五〉刊）はそれまで西鶴『本朝二十不孝』研究の材料としてしか研究されて来なかったが、氏によってはじめて文化研究の対象となった。近世の孝そのも

8　井上敏幸「近世的説話文学の誕生」（『説話文学の世界』〈昭和六十二年十一月、世界思想社〉所収）および「孝婦子伝」（『福岡県史』通史編福岡藩文化(下)、平成六年三月）。

のが、ようやく生々しい手触りを持った近世文化の問題として考えられはじめたのである。

三　本書の研究姿勢

右のような先行研究に対し、本書の研究上の立場、特色は三点ある。

①孝がもらたした文化的な側面

本書の特色の第一は、江戸時代に広まった孝道徳や孝子表彰を、現代的な問題意識から否定的に捉えるのではなく、江戸時代の文化事象として、ありのままに捉えようとしていることである。

先にも述べた通り、これまで江戸時代の孝子表彰は、「孝子の表彰による封建体制の強化」という視点から研究がなされることが多かった。たしかに、表彰という行為に多かれ少なかれそのような役割があることは間違いないだろう。しかし、どのような制度であっても、為政者が体制を維持しようとするのは当然のことである。そしてより重要なのは、封建体制そのものを問題視するような考え方が、江戸時代にはどれほどあったのか、ということである。江戸時代の孝子を研究していて気づかされるのは、孝という徳目に対する絶対的と言って良いほどの信頼と、その具現者たる孝子に対する好意・注目のはなはだしさである。近世において、孝という徳目について疑問を持った人物はいなかったのではないか、と仮説を立てることさえ可能である。それは身分、宗派を越えた、普遍的な善ではなかっただろうか。

にもかかわらず、孝が封建体制の強化と維持へいかに寄与したか、ということがほとんど唯一の研究目的になっている現状は、あまりに偏っている。これによって見過ごされて来たものは、少なくないはずである。

そこで本書の書名を、あえて『親孝行の江戸文化』とした。これは本書が「孝子の表彰による封建体制の強化」という結論を目指さない、ということの宣言である。そして代わりに、江戸時代に孝が持った肯定的な熱気と、そこから生じた多様な現象――つまりは文化的な側面を明らかにするのだ、という宣言でもある。

②人物、表彰、伝記、書物の相互交流

近世の孝子文化は、さまざまな要素の複合体である。孝子という実在の人物がいて、それを為政者に伝える何らかのきっかけがあり、表彰という政治行為に発展する。孝子をめぐって、さまざまな噂が広まり、孝子伝という文学作品、書画、石碑などといったモノが生まれる。関わる人も、孝子と為政者だけではない。噂を広める人、噂を聞きつけて訪ねてくる人、伝記を執筆する作者、伝記を出版する書肆、読者、そして地域住民。

これだけ多様な要素を含んだ豊かな存在は、近世文化において、他にそうは無いだろう。にもかかわらず従来の研究は、封建体制との関わりを考えようとするあまり、そうした多様性について、あまりに無関心であった。

本書では、対象を文学作品に限定せず、多様なメディアへの目配りを心がけた。孝文化の持つ多様さを、そのままの形ですくい取るためである。そして、それらの相互関係の中で生じるさまざまな営みや変容について注目した。

こうした複合的な調査で分かったことは数多いが、いま一点だけあげておけば、表彰という政治行為と孝子伝という文学行為とを区別して考えることの必要性である。孝子が表彰されると、かならず孝子伝が書かれる訳ではない。そのために我々はまず、孝子表彰と孝子伝とを明確に区別して考えねばならない。その上で、孝子表彰からどのようにして文字資料が出来上がるのかという経緯を、それぞれの事例に即して跡付けねばならないのである。そしてその先に、近世の孝子伝とは何か、という本質的な問題を時代に即して明らかにする手がかりがあるだろう。

③全点調査を目指して

三つめの特色は、十七世紀（幕初～元禄期）に限ってではあるものの、孝子表彰、孝子伝のすべてを調査しようと志した点である。このようなことを志したのは、従来の研究が「孝子の表彰による封建体制の強化」という結論を導くことを急ぐあまり、一つ一つの事象に対する検討、あるいは周辺に対する目配りが疎かではないかと危惧したからである。

もちろん先述した岡山藩など、地方によっては詳細な調査が進んでいるところもある。しかし、ひとつの藩に限定して考察する限りでは分からないことも多い。たとえば、岡山藩が全国的に見てどれだけ早い試みだったか？また、どのような特色を持っているのか？という点が明らかになってこないのである。

筆者が心がけたのは、現存する全国の孝子伝や孝子表彰資料を、できる限り実見し、孝子表彰を行った藩や孝子が生きた地には足を運ぶことである。その結果、従来の孝子伝年表や、現在多くの研究者が利用する国文学研究資料館ホームページ「古典籍総合目録データベース」には記されていない事実が数多く明らかになった。こうした個々の事例の考証と、全国的な視野からの俯瞰とを備えようとしたのは、従来の研究に無かった本書の大きな特色である。

四　本書の構成

本書は四章構成とした。

第一章「孝文化研究序説」では、近世の孝文化を考えて行く上で前提としておきたい、本質的な問題について論じた。江戸時代の人々は、将軍や大名による孝子表彰をどのような目で見ていたのだろうか。親孝行にまつわる逸話は、どうしてあんなに不自然で真似できないようなものが多いのだろうか。孝子の伝記はどのタイミングで、いかにして書かれるのだろうか。こうした点を踏まえた上で考えると、井原西鶴『本朝二十不孝』はどのように捉えるべき作品なのだろうか。こうした問題について明らかにしながら、江戸時代の視点に即して考えるという、自らの孝研究の方向を明確に提示する。

第二章「表彰と孝子伝の発生」は、孝子表彰や孝子伝の執筆がどのように始まって隆盛を迎えるに至ったか、という点を全国的な視野で明らかにしようとしたものである。

江戸時代前期の孝子表彰といえば、五代将軍徳川綱吉がよく知られている。しかし全国的に見れば、綱吉より早い例がいくらもある。それはどこで始まり、どのように広まって行ったのか。そしてその際には、どのような問題が生まれたか。こうした前史を踏まえた上で考えれば、綱吉の孝子表彰もまた違った一面を見せてくれるかもしれない。

第三章「孝子日本代表の形成」は、日本の歴史上における代表的孝子がどのように定まって行ったか、という問題を明らかにしようとした。

同様の調査は、すでに徳田進が試みている。しかし『二十四孝』の受容史として調査しているため、「二十四」という数字にこだわりすぎており、見逃された資料も少なくない。たとえば筆者の知る限り、江戸時代で初めて日本の代表的な孝子を集めようとした試みは、林羅山の『十孝子』である。

日本の代表的な孝子といえば、曽我兄弟、楠木正行、平重盛、中江藤樹などが知られている。こうした顔ぶれが定まったのは、孝子伝編者の思想や書物の流通など、様々な問題が複雑に絡み合っての結果である。それにまつわる人の動き、書物の動き、思想の動きは、近世文学研究の対象として魅力的かつ重要なものである。代表的孝子の定着にもっとも重要な役割を果たしたと思われる藤井懶斎『本朝孝子伝』の内容分析を中心に、そうした多様な力学をひもといてみようとしたものである。

第四章「藤井懶斎伝――いかにして『本朝孝子伝』は生まれたか」は、『本朝孝子伝』の著者・藤井懶斎についての人物研究である。江戸時代の孝をめぐる歴史において重要な書物は、前期と後期に一つずつある。『本朝孝子伝』と『官刻孝義録』とである。このうち前期の『本朝孝子伝』は、第三章でも述べる通り、日本の孝子伝のスタンダードを定めた書物であり、後代に大きな影響を与えた。この『本朝孝子伝』の解明には、内容の分析はもちろんのこと、作者・藤井懶斎がどのような人物だったのかを知る必要がある。そこで彼の生涯について、年譜形式で徹底的に調査を行った。また懶斎は『本朝孝子伝』の作者というだけでなく、当時の京都において、もっとも多くの教訓書を出版した人物でもある。九十三歳と長命であった彼の生涯を追うことは、そのまま元禄期京都における「教訓」とは何だったのか、という問題を考えることになるだろう。

なお、全ての古典資料の引用にあたっては、読みやすさに配慮して、濁点、句読点、ルビ、送り仮名などを適宜補った。

第一章　孝文化研究序説

第一節

孝子表彰への好意的なまなざし

――十七世紀後半の全体像

一　江戸から見た孝とは

江戸時代を通じて、数多くの孝子良民がその善行をもって表彰された。この事実はよく知られている。ただこのことは現代の眼からは、あまり芳しい評価を得てないようである。「はじめに」で触れた通り、江戸時代の孝子表彰について論じた従来の研究は、表彰による「支配体制の強化」という面から論じることが多かった。それは大枠としては、忠孝道徳を奨励することで上下関係に従順な庶民を育て、上位の者がいつまでも上位にいられる体制を強化しようとした、という支配の構造の詳細を明らかにして行こう、という研究である。文学研究も、孝に関連した論文の多くは、同様の視点に基づいている。こうした論文では、近世小説の中から、孝の奨励や孝子の表彰などに対して批判的である（かに見える）言説を取り上げて、高く評価する結論を導くのである。

これらの研究を見ていて疑問に思うのは、右のような封建体制そのものを問題視するような視点が、そもそも近世の人々の実感に沿うものであったのか、ということである。はたして江戸時代の人々は、孝子の表彰がなされると、表彰によって封建体制を維持しようとする為政者の作為をかぎ取り、苦々しく思っていたのであろうか。

もちろん、その時代に生きた人々が意識しないような側面について指摘することは、研究の一つの目的である。筆者もこれを否定するものではない。「現代的な問題意識と関わらない研究には意味が無い」と主張する向きもあるだろう。

しかし一方で、現代からの感覚や問題意識をひとまず置いて、江戸の側から考えて行こうという研究も、無くてはならないはずだ。現代人にとっての江戸を考える前に、むしろまず考えるべきは、江戸人にとっての江戸がどのようなものであったのか、ということではないだろうか。

まして、従来の研究で江戸時代の孝があまりにも批判的に捉えられている現状を考えれば、できるだけ江戸時代の実感に寄り添おうとする研究が、今こそなされなければならないと感じるのである。

右のような反省に基づいて、まず本節では、「江戸時代に、孝子という存在や為政者による孝子表彰は、どのように捉えられていたのか」、という点に論点を絞りたい。孝という思想とその実践を当時の人々がどのように見ていたのか。この検証が、江戸時代における孝文化を考える上での大前提となる問題だからである。

検討材料として、一七〇〇年前後、すなわち元禄時代前後に当時の孝子の逸話を収集した二人の著作を用いたい。

一人は椋梨一雪である。彼は江戸時代前期においてもっとも大部な説話集のひとつ『古今犬著聞集』の著者を著している。[注1] 該書は天和四年（一六八四）序、写本十二巻。三百九十一話を収める。各話を眺めてみれば、公事話あり、霊異譚あり、武士・大名の逸話ありと、この時期には希有な大

1　井上敏幸「椋梨一雪年譜考」（『近世文藝』三十二　昭和五十五年三月）に詳しい。

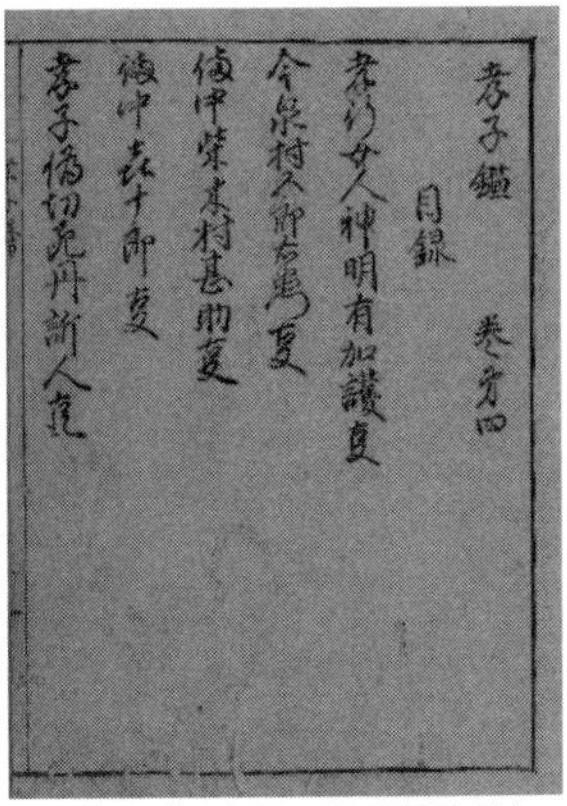

《図２》椋梨一雪「孝子鑑」
（国文学研究資料館本）

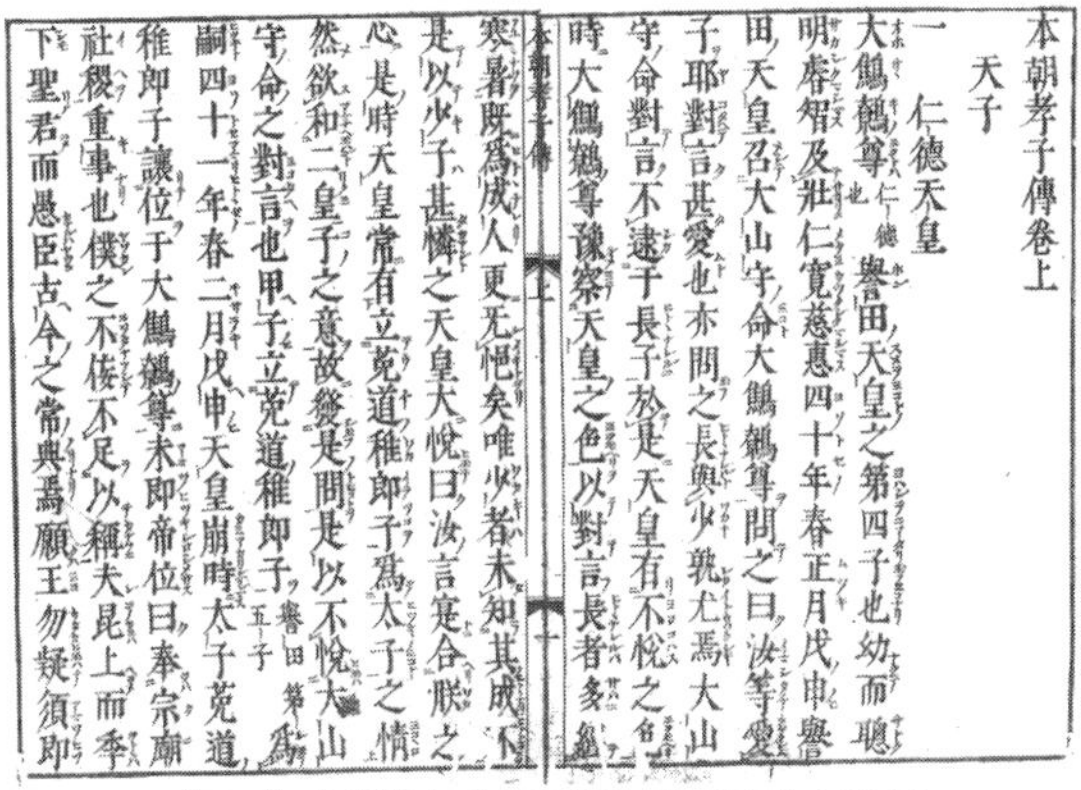
本朝孝子傳巻上
天子
一　仁徳天皇
大鷦鷯尊 仁徳 譽田天皇之第四子也幼而聰明叡智及壯仁寛慈惠四十年春正月戊申譽田天皇召大山守命大鷦鷯尊問之曰汝等愛子耶對言甚愛也亦問之長與少孰尤焉大山守命對言不逮于長子於是天皇有不悦之色時大鷦鷯尊豫察天皇之色以對言長者多經寒暑既為成人更无悒矣唯少者未知其成不是以少子甚憐之天皇大悦曰汝言寔合朕之心是時天皇常有立菟道稚郎子為太子之情然欲知二皇子之意故發是問是以不悦大山守命之對言也甲子立菟道稚郎子 譽田第五子 為嗣四十一年春二月戊申天皇崩時太子菟道稚郎子讓位于大鷦鷯尊未即帝位曰奉宗廟社稷重事也僕之不佞不足以稱夫昆上而季下聖君而愚臣古今之常典焉願王勿疑須即

《図３》藤井懶斎『本朝孝子伝』（東北大学本）

部にして総合的な説話集である。当時の孝子表彰に対する世の中の意識を考えるために、こうした雑多な記載の中にある孝子についての記事を検討することは有効であろう。『古今犬著聞集』全三百九十一話の中に、孝子を扱った章段は七話（本章六話＋附章一話）ある。

一雪は、それから約十二年後の元禄九年（一六九六）三月に『古今武士鑑』という書物を刊行している（五巻五冊。京・浅野久兵衛、大坂・同弥兵衛刊）。これは敵討の逸話を集めた本だが、じっさいには敵討話は巻一から三までの計二十六話のみにとどまる。全五巻のうち巻四・五は内題を「孝子鑑」と題して、当代の孝子説話十二話を掲載している▼注[2]（《図２》参照）。これには『古今犬著聞集』に掲載されていない独自の逸話が五話加えられている。つまり、『古今犬著聞集』と「孝子鑑」とを併せて、一雪が集めた孝子説話は計十二話、ということになる。

もう一人は、藤井懶斎である。筑後久留米藩の儒医を長くつとめてから京都に戻り、多くの教訓書を刊行した人物である。彼については第四章に年譜形式でその生涯を整理した。

2　この通り、『古今武士鑑』の構成は不格好である。巻四・五だけを独立させ、『孝子鑑』のタイトルで一書として刊行すれば良さそうなものだが、なぜそうしなかったのか。理由は当時の出版制度によるものと考えている。とくに刊行の二年前にあたる元禄七（一六九四）年に、京都で本屋仲間が再結成されたことは、直接に影響を与えただろう。当時は類板に対して現代よりも格段に厳しかった。『本朝孝子伝』という先行作があるため、日本の孝子を集めて出版することは類板の咎めを受ける可能性があったのである。〈参考〉市古夏生『近世初期文学と出版文化』（平成十年六月、若草書房）第五章「近世における重板、類板の諸問題」。

その著書『本朝孝子伝』（貞享二年〈一六八五〉十月刊、京・西村孫右衛門）のうち「今世」部で懶斎は、幕初から当時までの孝子、二十名を集めた（《図3》参照）。

椋梨一雪と藤井懶斎との孝子説話収集は、ほぼ同時代に行われたにもかかわらず、様々な点で異なっている。『古今犬著聞集』の編者・一雪は俳諧師であるのに対し、『本朝孝子伝』の編者・懶斎は久留米藩医をつとめた医師で、のち京都へ戻って儒書を講じた儒学者である。作品全体も、一雪『古今犬著聞集』が多様な話題を掲載した大部な世俗説話集であるのに対し、懶斎『本朝孝子伝』は古代から当代までの日本の孝子に特化した叢伝である。後者はさらに凡例で次のように言う。

今世の孝子婦、何ぞ止《ただ》十百のみならん。然れども、之《これ》を髣像《はうざう》に聞て、未だ之を耳目に決せざれば、則ち敢て収載せず。恐くは浮説有らんことを。故に惟《た》だ、其の事至著にして、郷里皆な之を称し、国主郡君、之を賞すること有る者を采《と》りて択《えら》みて、而して之を輯《あつ》む。多からざる所以なり。（第五条。原漢文）▼注[3]

今の世の孝子婦は、十人や百人でとどまるものではない。しかし、ぼんやりとした様子だけが伝わって、実際に見聞きできないものは、掲載しなかった。浮説があることを恐れたためだ。よって、大変著名で、地元の人々がみな称賛し、為政者に表彰された者を採用して集めた。だから（集録人数が）少ないのだ、という。つまり、根拠のない説を廃するための方法として、表彰された孝子を優先的に採録する方針を明記しているのである。

こうした一見対照的に見える両書は、孝子表彰への捉え方においても異なっているのだろうか。この検討をつうじて、江戸時代における孝子表彰への認識がどのようなものであったかを探って行きたい。

まずは一雪と懶斎とが収集し、書き留めた孝子説話が、為政者による表彰を記しているかどうか、

3 『本朝孝子伝』の引用は、東北大学狩野文庫本（請求番号…狩／第二門／四六三一）による。凡例一丁裏。

という点で整理してみた。上部に○を付した条が為政者による表彰が記されている章段である。表彰が記される章は、表彰内容についても補記した。表彰した藩主が誰であるかについては、表彰年次から判断して独自に補ったものもある。

【表1】椋梨一雪の集めた孝子説話（『古今犬著聞集』『古今武士鑑』）※重複は省いた

	表彰	孝子の名（書かれている場合のみ）	地域	表彰内容	掲載章
1		荒木六兵衛娘	出雲 伊勢 江戸		『犬著聞集』一の一「孝行女人神明有」▼注［4］
2	○		尾張	町奉行・林市郎左衛門から金子。	同二の四「孝行の子盗ニ入事」▼注［5］
3	○	甚助（介）	備中	岡山藩主・池田光政より永代田畠を賜る。感状写を載す。	同五の一「柴木村甚助孝行」
4	○	喜十郎	備中	岡山藩主・池田光政より米と田地。	同五の一附「喜十郎事」
5	○		江戸	切支丹奉行井上筑後守・町奉行加賀爪民部・籠奉行石出帯刀より金子。山形藩主・保科正之に藩士として雇用。	同八の十三「孝心之兄弟吉利支丹名を借る事」
6	○	五郎右衛門	駿河 江戸	将軍・徳川綱吉から田地九十石（永代）。	同十の一「達天下五郎右衛門孝行の事」
7		長岡東甫	京都		同十一の二十五「長岡東甫孝心之事」
8	○	六左衛門	紀伊	貞享二年（一六八五）十一月、和歌山藩主・徳川光貞より田地。	『古今武士鑑』四の六「豆腐屋六左衛門事」

4　この章段の結末は、甲良助五郎（甲良豊前守）が父娘に人を添えて故郷へ送り届けるというものである。広い意味では表彰と見なしても差し支えないのだが、本稿では表彰された章段には含めなかった。

5　林市郎左衛門の町奉行在任は寛文六年（一六六六）五月十五日～延宝元年（一六七八）七月十三日（『士林泝洄』百八巻による）。

9	○	惣太夫	播磨 備前	代官・西村源五郎より米一俵。	同四の八「紺屋惣太夫孝行」
10		矢嶋屋忠兵衛	阿波 伊豆 江戸 陸奥		同五の二「矢嶋屋忠兵衛事」▼注［6］
11	○	源三郎	紀伊	天和三年（一六八三）六月二日、藩主・徳川光貞より家と田畑。感状写あり。	同五の三「和佐村源三郎事」
12	○	長次郎	和泉	元禄六年（一六九三）、政所奉行所より茶屋株を賜る。	同五の四「日傭長次郎事」

【表2】藤井懶斎の集めた孝子説話（『本朝孝子伝』今世部および『仮名本朝孝子伝』附録より）。

	表彰	孝子	地域	表彰内容	掲載章
1		松平好房	江戸		一「大炊頭源好房」
2	○	中村五郎右衛門	江戸 駿河	将軍・徳川綱吉より田畑九十石。感状写あり。	二「今泉村孝子」
3	○	伊達治左衛門	出雲	寛永初、松江藩主・堀尾忠晴から親へ料理。	三「雲州伊達氏」
4		中江惟命（藤樹）	近江 伊予		四「中江惟命」
5		川井正直	京都		五「川井正直」
6		絵屋勘兵衛	京都		六「絵屋」
7	○	五郎作	江戸	明暦年中、老中・阿部忠秋の命で訴えが容れられる。	七「神田五郎作」
8	○	甚介	備中	岡山藩主・池田光政より永代租税免除。	八「柴木村甚介」
9	○	惣十郎・市助	備中	岡山藩主・池田光政より粟。	九「西六条院村孝孫」

6　『古今武士鑑』には記されていないが、『燈下録』巻之七名東郡・名西郡之部「八嶋忠兵衛の伝」によれば、彼は貞享二年（一六八五）に公より米・白銀を賜っている。ただし本稿は実際に表彰されたかどうかではなく表彰を記しているかどうかに注目するものであるため、ここでは表彰なしとしておいた。

10	○	太郎左衛門	備前	岡山藩主・池田光政から賞。	十「横井村孝農」
11	○	惣太夫	備前	岡山藩主・池田光政から料理を賜。助けた僧・是要も毎年米。	十一「赤穂惣太夫」
12	○	久左衛門	淡路	城代・稲田植栄より料理と金子。	十二「由良孝子」
13	○	芦田為助	丹波	福知山藩主・松平忠房より賞。	十三「芦田為助」
14	○	安永安次	肥前	島原藩主・松平忠房より租税免除。	十四「安永安次」
15	○	喜左衛門	肥前	島原藩主・松平忠房より白銀。	十五「大矢野孝子」
16	○	中原休白	筑前		十六「中原休白」
17	○	孫次郎	肥後	熊本藩主・細川綱利に藩士として雇用。	十七「鍛匠孫次郎」
18	○	久兵衛妻	備中	岡山藩主・池田光政より賞。	十八「三田村孝婦」
19	○	七郎兵衛女	備前	岡山藩主・池田光政より賞。	十九「小串村孝女」
20	○	紀伊	播磨	宍粟藩主・池田恒元より粟。	二十「宍粟孝女」
21	○	市右衛門	筑後	貞享初、久留米藩主・有馬頼元より賞。	追加一「志村孝子」
22	○	嘉瀬成元妻	対馬	貞享二年（一六八五）、府中藩主・宗義方より米。	追加二「対馬太田氏」
23		亀	摂津		追加三「神山孝女」

二　孝子表彰説話を受け入れる土壌

右のリストからまず確認したいのは、当時出回っていた孝子説話における、表彰の割合である。一雪は十二話中九話の七五％。いっぽう懶斎は二十三話中十七話の七四％である。『本朝孝子伝』は先にも述べた通り凡例に「国主郡君、之を賞すること有る者をと采《と》りて」と明記してある訳だから、おおよそ予想通りの数字と言えるかもしれない。しかし世俗説話集である一雪の著作については、孝子説話全体における表彰の割合の大きさに驚かされる。『古今犬著聞集』『本朝孝子伝』という、対照的に見える作品に共通するこの割合をどのように理解したら良いのか。結論を急がず、それぞれについてもう少し読み込んでみよう。

近世前期の孝子説話において、表彰という結末がこれほど多いのはなぜだろうか。このことを考える前提としてまず、当時為政者による表彰を受容する環境が十分に備わっていた、ということを指摘しておきたい。

そもそも日本において、孝子の表彰は早くから行われて来た。『続日本紀』『続日本後紀』などの六国史には、そうした表彰が数多く記録されている。また養老滝説話も、中世の説話集『十訓抄』『古今著聞集』らに載って広く知られていたはずである。その結末では元正天皇が当地に行幸して孝子を美濃守とし、年号を養老と改めた。美濃守へ取り立てるという任官も、当然ながら表彰のひとつの形である。

さらに時代が下って、戦国時代の織田信長にも孝子を表彰した逸話がある。小瀬甫庵『信長記』（元和八年〈一六二二〉刊）に記され、出版して広まった。

同（引用者注…天正七年〈一五七九〉二月）二十二日、終夜御物語ノ次デニ、「三条ノ町人、宗運ト云者、老タル父ニ事《ツカ》ヘ、至孝ナル事、宛《アタカモ》黄香・徳崇ニモヲトルマジキ」ナド人々申シケレバ、翌日召出サレ、米百石下《クダシ》賜リ、諸役免許札ヲモ、タフデケリ。其後ハ外ノ雑事モナケレバ、弥《イヨイヨ》孝ヲゾ尽シケル。「誠ニ天ノ福哉」トテ、尊卑老若感ジ敦《アヘリ》ケリ。

――巻十二の一「信長公被感孝行事」注[7]

信長は孝行の誉れ高い京都三条の町人「宗運」を呼びよせ、米百石を与えて諸役を免除したとい

7 『信長記』の引用は、早稲田大学蔵古活字本（請求番号／〇五／／〇六五二三）による。第十二巻一丁表～裏。

8 桑原隲蔵『中国の孝道』（昭和五十二年七月 講談社学術文庫。初刊は『支那の孝道』の書名で昭和十年刊）。

9 『孝行物語』の引用は、赤木文庫本の影印（『近世文学資料類従 仮名草子編五』〈昭和四十九年五月、勉誠社〉所収）による。四丁表～裏。

10 十二丁裏。

11 二十丁表～裏。

12 了意『孝行物語』において為政者による表彰が記された章段の全てを挙げて

うのである。これが事実であったかどうかは、今は問題ではない。信長が孝子を表彰したということが逸話の一つとして印刷され、広まったことが重要なのである。

さて、孝行者にはあるいは官爵を与え、あるいは旌表《せいひょう》（掲示してほめる）を加え、あるいは賦租を免じて奨励する。こうした行為がそもそも中国から渡来したものであることは言うまでもない。▼注[8] 近世に入ると、そうした海外の具体的事例が読みやすい形で提供されるようになる。

たとえば浅井了意の仮名草子『孝行物語』（万治三年〈一六六〇〉五月刊）は中国の孝子説話を集めた書物だが、その多くの章段は、次のように結ばれる。

かくて服《ふく》とけてのち、後主《こうしゆ》また御つかひあり。すなはちめしいだして、上将《じやうしやう》軍《ぐん》の官《くはん》になされ、父《ちち》が職《しよく》をつかさどれり。

——巻二の一「田昭夫《でんせうふ》」▼注[9]

後《のち》に、魏《ぎ》の明帝《めいてい》聞《きき》つたへ給ひ、すなはち禁裏《きんり》にめされ、司馬《しば》の職《しよく》になされ、官禄《くはんろく》をすすみて家《いゑ》さかへけるとなり。

——巻二の三「王庾丕《わうゆうひ》」▼注[10]

南斉《なんせい》の高帝《かうてい》聞しめして、官《くはん》をすすめ給へり。

——巻二の五「完閔《くわんびん》」▼注[11]

該書は全五十話からなるが、そのうち二十話、つまり四割で為政者から何らかの形で表彰されている。▼注[12]

また朝鮮で編まれた説話集を了意が和訳した仮名草子『三綱行実図』（寛文ごろ刊）も同様である。該書は「孝子」「忠臣」「烈女」の三部から成る。このうち「孝子」部は三十五話から成るが、為政者からの表彰を記した章段は十二話と、三分の一強に及ぶのである。▼注[13]

おく。巻一の五「揚香」、一の七「丁蘭」、一の十「徐積」、二の一「田昭夫」、二の三「王庚丕」、二の五「完閔」、二の七「蘭孫」、二の八「黄瓊」、三の一「王少玄」、三の二「薛包」、三の七「潘綜」（帝が地名を改める）、四の一「鄭伯仲」、四の二「李馮」、四の三「范元直」、四の六「劉氏」、五の四「王崇」、五の五「黄香」、五の七「吉翂」、六の六「朱元」、六の八「江革」。

13 『三綱行実図』「孝子」部において為政者による表彰が記された章段の全てを挙げておく。上三「楊香搤虎」、上六「江革巨孝」、上七「薛包洒掃」、上九「黄香扇枕」、上十「丁蘭刻木」、中五「王祥剖氷」、中八「潘綜救父」、中十一「吉翂代父」、下一「王崇止雹」、下四「徐積篤行」、下七「劉氏孝姑」下十一「殷保感烏」。

さらに言えば、中国の孝子二十四名を集め、日本でも古くより伝わった漢籍『二十四孝』でも、近世前期の版本で読んでいると、孝子達が表彰を受けたという記述に遭遇することがある。そうした記述をもっとも多く目にするのは黄香《こうきょう》の章である。彼は母を亡くし、残された父によく仕えた。夏の暑い時は枕や椅子を扇いで冷やし、冬には蒲団を自らの体で暖めた、という逸話で知られている。そして江戸時代の版本では、続けて次のように記すのである。

国《くに》の守護《しゅご》、劉護《りうご》といへる人、表《へう》の文《ぶん》をかきて、時の天子《し》和帝《くわてい》へそうもんまうしければ、ことのほかに褒美《ほうび》をたまはりしと、後漢書《ごかんじよ》の本伝《ほんでん》には見えたり。

――『二十四章孝行録抄』（寛文十二年〈一六六五〉刊）[注14]

右のような用例を踏まえると、江戸時代前期の人々にとって、孝子が為政者から表彰されるという逸話は決して珍しいものではなく、耳慣れたものであったことがわかる。第二章「表彰と孝子伝の発生」で示すとおり、近世に入って各地の大名によって孝子良民の表彰が行われ始めるが、それを受け入れる土壌は十分に出来上がっていたと言えるだろう。

14　『二十四章孝行録抄』の引用は、国文学研究資料館本（請求番号…ヤ五／五一三。京都婦屋仁兵衛刊）による。

三　文字資料の伝播力

なぜ表彰の逸話は近世の孝子説話の主流となって行ったのだろうか。その大きな要因として、三点を挙げておきたい。

第一は、事実であることを保証するという点である。先に見たとおり、『本朝孝子伝』では表彰された孝子を優先的に掲載していた。その理由は凡例によれば、権力への追従ではなく、「浮説」を廃して、事実性を確保しようとしてのことであった。

第二は、社会的に伝えるべき意味を持つ、ということである。為政者からの「表彰」は、当時においてこれ以上ない明確なハッピーエンドである。この結末を有することによって孝子説話は、単なる噂話ではなく、教訓的な意味や有用性を持った、伝えるべき例話となる。

第三は、これを最も強調したいのだが、表彰が文字資料を伴う、という点である。『古今犬著聞集』、「孝子鑑」、『本朝孝子伝』「今世」部の孝子説話を通読してまず気づかされるのは、左のように感状の全文引用がなされている説話が存することである。

或時、在所より一里斗《ばかり》隔《へだて》し所に、公用の普請《ふしん》有しに、源三郎も出て、如例《れいのごとく》昼休に帰りしを、奉行見て、辛《つらく》僉義《せんぎ》せし程に、日傭《ひよう》の輩、常々の志しを申達しければ、奉行深《ふかく》感《かん》じ、黄門公に申上しかば、「奇特《きどく》の者なり」とて、和佐村に有し久米武兵衛が闕所屋布并此家に付し田畠山共にくだされし。其状にいはく、

数二年尽親ニ孝ヲ一為レ勝者故、叶ヒ二天命一ニ達シ二御耳一ニ候所、奇特成義ニ被二思召一候。別紙之通被二仰付一候。難レ有可レ奉レ存と（ママ）御申聞可レ有レ之候。恐惶謹言

天和三年癸亥歳六月二日

小倉物兵衛

玉井八太夫

田屋団右衛門殿

大須賀九郎右衛門殿

――「孝子鑑」巻五の三「和佐村源三郎事」注[15]

「感状」とは、右に見える通り、土地が与えられたり、租税が免除されたりするような大きな褒賞の場合に与えられた書状である。このように感状の全文が掲載された例は、一雪の採録した逸話

15 『古今武士鑑』「孝子鑑」の引用は、国文学研究資料館本（請求番号…ナ四／九六〇／一～五。元禄九年三月刊、京都・浅野久兵衛、大坂・同弥兵衛）による。十五ノ十六丁裏～十七丁裏。

で十二話中三話、懶斎の採録した逸話は一話ある。

孝子説話に感状が引用されるのはなぜだろうか。この問題を考えるのに有用な例が、教訓物仮名草子『為人鈔《いじんしょう》』（寛文二年〈一六六二〉刊）に見える。この巻二の十三「柴木村甚助行孝悌弁《シバキムラジンスケノカウテイヲ》」は、『古今犬著聞集』『本朝孝子伝』の両書に採録されている柴木村甚助について記したものである。その全文を引用してみる。

第十三柴木村甚助行孝悌弁《シバキムラジンスケノカウテイヲ》

昔、智アル人ノ云ルハ、其以前、上洛ノ志《ココロザシ》アルニヨリテ、我《ワガ》スム浦《ウラ》ノ湊《ミナト》ヨリ、順風《ジュンフウ》ニ帆《ホ》ヲ揚《アゲ》テ遙々《ハルバル》ノ海上ヲ淩《シノ》ギ、漸《ヤウヤ》ク備《ビ》前ノ牛窓《マド》ニ汐カカリノ為ニ、舶《フネ》ヲヨセテ、篷裏《トウマチ》ノ窮屈《キウクツ》ヲ伸《ノベ》ンタメ、市《シ》中ニアガリ、彼方此方《カナタコナタ》ヲ見アリキ見侍レバ、山際《ギハ》ニ一宇《ウ》ノ祠《ヤシロ》アリ。立寄、敬《ケイ》ヲナシテ堂主《ダウシュ》ノ沙弥《シャミ》ニ近《チガヅ》キ、其国ノ風儀ヲ聊問ヌル時、其席《セキ》ニ、齢《ヨハイ》不迷《マヨハ》ホドノ人ト覚エテ、卓《ショク》ニ靠《ヨリカカ》リテ、書《ショ》ナド読《ヨミ》テ居タリシガ、慇懃《インギン》ニ我ヲ請《シャウ》ジテ、国中ノアラマシヲ語リ出セル。

其物語ヲ聞居タル中ニ、備中ノ国浅口《アサクチ》郡柴木《シバキ》村ニ甚助ト云農人アリ。僻《ヘキ》地ノ民ナレバ、孝悌ノ教ヲバ、誰アツテ説聞センヤ。サレドモ彼者、親兄弟ニ孝悌ノ道ヲ尽ス事、更ニ比類《ヒルイ》ナカリケレバ、備陽君《ビヤウクン》是ヲ聞タマヒ、感《カン》心不浅《アサカラ》。或時、自筆《ジヒツ》ニ感状ヲ書テ、甚助ニ給ハリシ。其状ニ曰、

備中国浅口郡大嶌柴木村拘分《カヽヘノブン》、田方三反、畠方二反《ダン》、都合五反。依感有孝悌之行、永代与《エイダイアタフ》之。素僻《モトヨリヘキ》地之民、雖《トモ》不知有孝悌之行、誠天質霊《シツレイ》妙也。郡中皆至愁《ウレヘ》共美。是天之霊也。故以天禄賞《ロクシヤウズル》之也。

承応三年

十一月十三日　光政判

柴木村甚助

誠ニ、有難キ国主ノ志、天鑑《カンクモ》雲リ無シテ、森羅《シンラ》万像《ザウ》ヲ照シ、大明無私照《メイニナクシセウ》、至公《シイコウニ》無私心トカヤ。

サレバ、甚助ガ孝悌ノ道ニ叶《カナ》ヘル事、生知トモ云ツベシ。諸国ノ遠《エン》里辺土《ヘンド》ニモ、カヤウノ者有ケレドモ、其名埋《ウツモ》レテ、末代ニ聞エザランハ残多キ事ナリ。我ト同志ノ人アラバ、聞伝テ、書ニ記《シル》シ、後世ニ留《トメ》給ハバ、幸甚《カウジン》々々。▼注[16]

ある人が京都へ行こうとして、海路の途次で牛窓に停泊した。そこである祠の堂主から国の風儀を聞いていると、同席の人が甚介の話を教えてくれた。甚介は孝悌の道を実践していたので、備前の殿様が自筆の感状を書いたとして、その感状を全文引用している。その上で「天鑑雲リ無」と国主が見逃さずに表彰したことを賞賛し、自分と同じ志を持つ者は、同じように後世に書き伝えて行かねばならないと述べている（《図４》参照）。

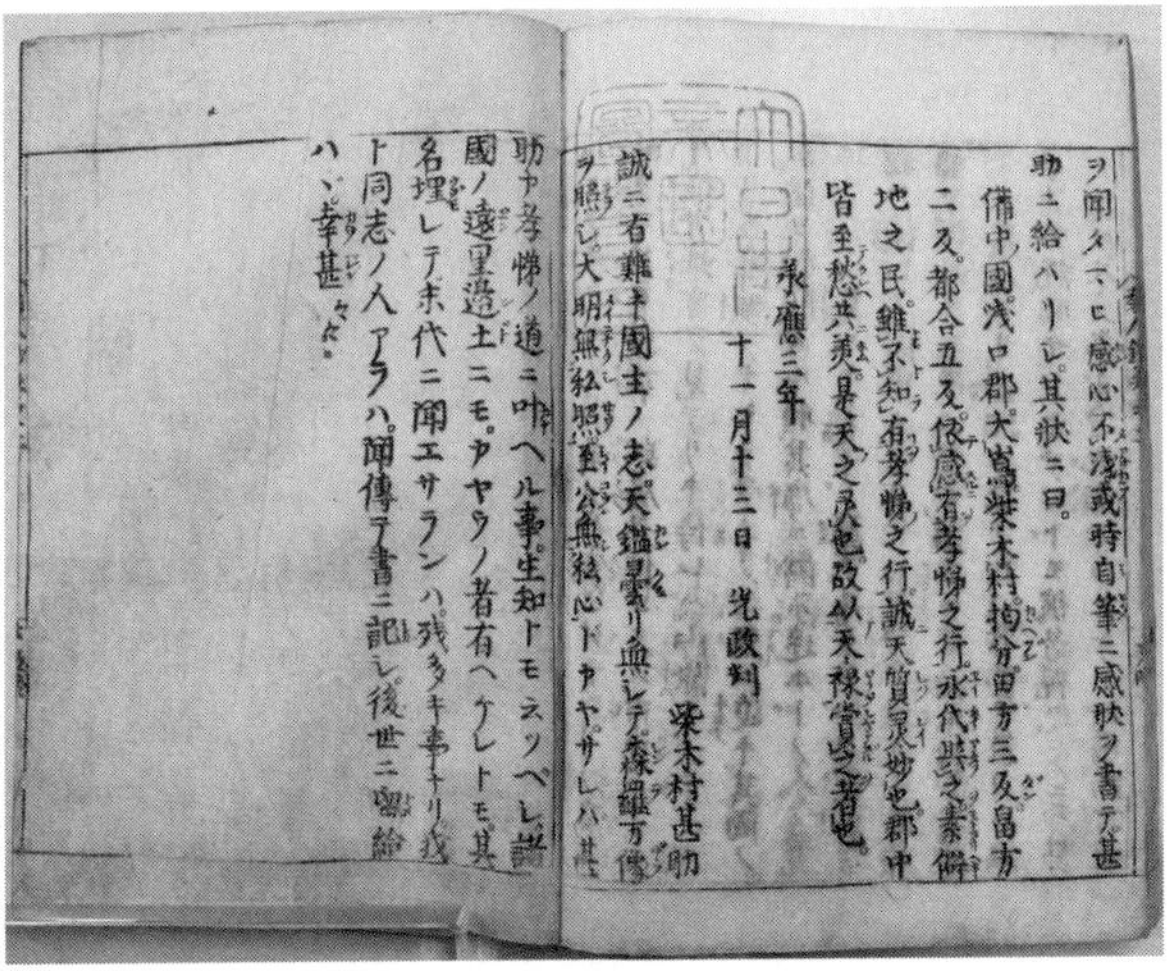

《図４》『為人鈔』柴木村甚介の章（国立公文書館本）。感状の全文が掲載されている。

『為人鈔』で興味深いのは、感状の全文が引用されているにもかかわらず、甚介がどのような孝行をしたかについて、全く記されていないところである。この説話の契機となっているのは、明らかに感状の写しを目にしたことにあると言って良いだろう。逆に言えば、感状の写しを見せられただけで、それ以外の話は聞かされていない、と言って良いかもしれない。

そしてこの『為人鈔』の例からは、感状と

16 『為人鈔』の引用は、国立公文書館本（請求番号…一九〇／二二五。寛文二〈一六六二〉年五月刊、書肆記載なし）による。巻の二、二十三丁裏～二十五丁表。

いうモノによる伝播が、決して為政者が主導したものではないらしいことも分かる。文字資料の伝播は為政者の手を離れ、人から人へと伝わって行ったのである。

孝子表彰が感状という文字資料を伴ったことは、その伝播に大きな力を与えたのである。

四　表彰されない逸話

ここまで、為政者に表彰された逸話の多さと、表彰がもつ伝播力について強調してきた。しかしその一方で、一雪・懶斎の両人ともに、表彰されていない孝子説話をも一定数収録している。表彰を重視するように見えながら、表彰されない孝子をも掲載しているのはなぜだろうか。

気づかされるのは、『二十四孝』の王祥や孟宗、郭巨などに見られるような、奇跡によって神明の加護を得た逸話も掲載されているということである。

『古今犬著聞集』巻二の一「孝行女人神明有」は、タイトルにも記す通り、親を訪ねて出雲から江戸へ旅しようとした娘が、途中で寄った伊勢神宮の加護により、箱根の関所を無事抜けることができて父に会えた、という逸話である。父が仕えていた甲良助五郎（甲良豊前守）が父子に人を添えて故郷へ送り届けてやるという結末はあるものの、為政者からの表彰と言うには足りないものである。

また『仮名本朝孝子伝』追加三「神山孝女」は、囚われた父を助けようと娘が山奥の観音に詣で、その奇瑞によって父の足かせが外れる、という話である。為政者からの表彰については特に記されていない。

このような逸話が掲載されていることを考えると、一雪・懶斎の説話収集が、表彰一辺倒、現実一辺倒のものでなかったことが分かる。当時の孝子説話の世界では、奇跡が起こるような話も、殿様から表彰された話も、混じり合って渦巻いていた。その中からこだわり無く孝子説話を拾い集めて、結果的に表彰説話が多く集まった、と考えた方が実情に即しているのではないだろうか。

五　情報圏と孝子説話

一雪、懶斎ら孝子説話の採録者たちにとって、表彰の有無よりいっそう影響力があったのは、それぞれの情報圏である。

両者が集めた孝子説話を比較してみると、ほぼ同時代に集められたものであるにも拘わらず、意外なほどに重複が多くない。一雪の側から言えば、『古今犬著聞集』巻五の一「柴木村甚助孝行」、巻十の一「達天下五郎右衛門孝行の事」、『古今武士鑑』巻四の八「紺屋惣太夫孝行」の三話のみ。▼注[17]他はすべて独自の人物を扱っている。こうした採録説話の違いは、それぞれの情報圏の違いによるものらしいのである。

先の【表1】および【表2】で説話の舞台となった地域を示しておいた。一雪の集めた孝子説話を懶斎のそれと比較すると、特徴的な地域がいくつか目に着く。具体的に言えば、尾張（2）、紀伊（8、11）、阿波（10）といったあたりであろうか。

『古今武士鑑』巻五の二に収められた長編「矢嶋屋忠兵衛事」はやや注意を要する。阿波国板野郡の八郎右衛門は仕事のために東国へ渡っていた。伊豆国河津に数年住んでいたという噂を頼りに、息子の権平が父を訪ねて一人伊豆へと旅立った。河津に着くと、親の住むという不動院の住職から、父が陸奥国石巻へ行ったと知らされる。江戸へ出て、鉄砲津の河津問屋久五郎、仙台宿小兵衛を頼って石巻へ船で行くが、そこでまたも、父が既に石巻を出て関東へ向かったと知らされる。だが山口

17　この重複についてはすでに前掲井上稿が指摘し、文章の検討を行っている。本稿ではむしろ重複の少なさに着目するものである。

甚兵衛なる人物の世話で翌朝船に乗り、こぶしという港でようやく父に面会を果たした、という逸話である。この章段は、阿波→江戸→陸奥→関東と、さまざまな地を遍歴していたため、主たる地域がどこであるか判断しにくい。しかし孝子のもともとの居住地は阿波であり、末尾にも、

親の手を引、日数を経て、古郷に帰り、今は徳島佐古町に矢嶋屋忠兵衛とて、家富て親子一所に住侍し。▼注[18]

と、最終的に徳島に住んだことが記されている。阿波の話と考えておいて良いだろう。

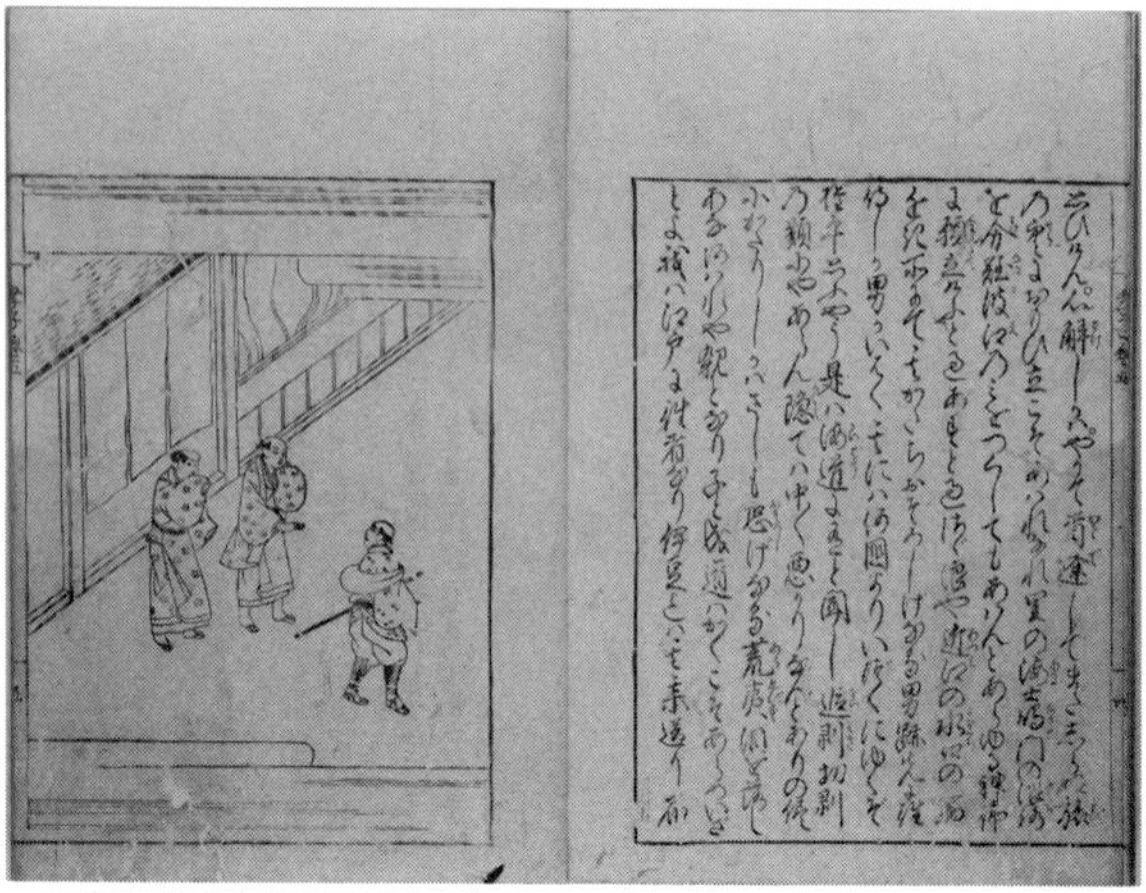
《図 5》『古今武士鑑』。孝子の分布は編者の生活圏と重なる。

こうした一雪孝子説話の地域的特徴は、彼の活動範囲と一致する点があるようだ。井上敏幸「椋梨一雪年譜稿」▼注[19]によれば、彼は寛永八年（一六三一）京都に生まれ京都に育ったが、寛文七年（一六六七）から七年間は江戸に在住した。また彼は延宝四年（一六七六）ごろには阿波に住んでいた形跡があるという。俳諧師であった一雪の場合、彼の俳諧ネットワークも無視する訳にはいかない。たとえば寛文十二年（一六七二）ごろ刊の一雪編著『洗濯物追加晴小袖』には、尾張の作者が多く掲載されている。

紀伊とのつながりは伝記的には見出し難いが、『古今犬著聞集』の全体を眺めれば、紀伊が彼の情報圏の一つであったことは明らかである。孝子説話以外の説話で、巻七「法燈寺建立の事」、同「真名古村

18　十五ノ十六丁表。

19　「近世文芸」三十（昭和五十五年三月、日本近世文学会）

邪身《（ママ）》の事」、巻九「迷霊、子を育事」、同「士民、義死を遁るる事」、同「神宮寺車塚の事」など、数多くの紀伊を舞台とした説話が見出されるからである。

　このように一雪の採録した孝子説話の範囲は、尾張・紀伊・阿波という一雪の情報圏と一致しているのであった。

　いっぽう懶斎の場合、六十歳まで久留米藩士であった関係上、九州との関わりが大きい。先にも触れた林家作の孝子伝は、江戸とのつながりというよりは、松平忠房が藩主を務めた肥前島原から伝わったと考えた方が自然である。また「今世」部十六「中原休白」には「余、中原休白の孝状の実記を筑州の人に得て」[注20]（原漢文）とある。これが『本朝孝子伝』の添削にも関わった[注21]という貝原益軒あるいはそれに近い人物からのものであることを疑う必要はないだろう。また岡山藩の逸話が二十話中六話を占めているが、これは実際に面識のあった『備陽善人記』の作者・岡山藩儒小原大丈軒との関わりが大きかったことによる。さらに懶斎は生地であり後半生に暮らした地でもある京都の逸話も拾った。五「川井正直」は京都で懶斎の学弟とも言うべき存在であった。さらに懶斎は何度か江戸へも訪れた形跡がある。七「神田五郎作」はその旅の成果かもしれない。[注22]

　このように見てくると、一雪・懶斎は、情報圏に入ってきた孝子説話を採取したのに過ぎなかった。そして両者の情報圏の違いが、そのまま採録説話の違いとなったのである。

　ここで注目すべきは、そのような姿勢で孝子説話を採取しようとしても、四分の三程度が表彰された説話になってしまう、という当時における孝子説話の状況である。誤解を恐れずに言い換えれば、表彰されていない逸話も、為政者から表彰された逸話も、感状の写しが伴う逸話も、林家による孝子伝を掲載した逸話も、一雪・懶斎にとっては全て広い意味での巷説に過ぎなかった。この当時、それほどまでに孝子表彰説話はあたりまえに流布していたのである。

20　下巻六十八丁表。

21　『福岡藩儒竹田春菴宛書簡集』（平成二十一年五月、雅俗の会）「解説」（大庭卓也執筆）。

22　井上敏幸「近世的説話文学の誕生」（『説話文学の世界』〈昭和六十二年十一月、世界思想社〉所収）は懶斎が江戸への取材旅行ほか懶斎の情報圏についてすでに考察を行っている。具体的な情報源については拙案と異なる点もあるが、総じて賛同すべき意見である。

六　おわりに

以上、為政者による孝子表彰が当時どのように捉えられていたか、という問題ついて、椋梨一雪、藤井懶斎の著作を中心に検討した。その結果明らかになったのは、孝子の表彰が、当たり前にあった、馴染みある存在だった、ということである。

このような現状を踏まえた時、当時の人々が孝子表彰に対し、封建体制強化という意図をかぎ取って苦々しい思いをしていた、と見なすのは難しいのではないだろうか。江戸時代の封建制度下における人々の意識、ということについて中野三敏「江戸文化再考――そして近代の成熟――」▼注[23]は、次のように述べている。

江戸の社会の安定というのは要するに、被支配階級は支配階級に対して、全く自分たちが支配されているということすら感じていないということ。それは一言で言えば被支配者が支配者に対して絶対的な信頼を持っていたということ、それに尽きる。

本稿で見てきた近世前期における孝子表彰言説についての検討結果は、右の構想を裏付けるものとなった。つまり「孝子の表彰による封建体制の維持」という視点は、封建体制そのものを問題視するような、おそらく近世前期にはほとんど無かった立場からのものである。それはきわめて限られた視野からの視点だと言わざるを得ない。誤解を恐れずに言えば、時代に即して考える限り、あらためて指摘するまでもないこと、とさえ言えるのではないだろうか。

少なくとも、近世の孝に関する研究で「封建制度強化」ということを結論に据える視点から自由であることは大いに許される。いやむしろ、自由であったほうが江戸文化の実態に即しているはずである。

23　講演録。「成城国文学」第二十四号（平成二十年三月　成城国文学会）一〇一ページ。また同「江戸の大衆文化」（『江戸のサブカルチャー』平成十七年一月至文堂）でも、「私見を述べれば、江戸の庶民は、為政者に対し、程度の差こそあれ、大筋において変らぬ信頼を寄せ続け、上下一体の価値観を懐き続けていたように思う」（一四ページ）と述べている。

第二節

西鶴は孝道奨励政策を批判しなかった

――不孝説話としての『本朝二十不孝』

一　孝の奨励か批判か

井原西鶴『本朝二十不孝』〈貞享三年〈一六八六〉十一月、大坂・千種五兵衛ほか刊〉は、そのタイトルから分かる通り、中国の『二十四孝』を踏まえている。しかし孝ではなく、一ひねりして「不孝」をテーマにしたところに、西鶴らしい工夫がある。

とくに有名なのは序文の冒頭、次の一節である。

雪中の笋《たかんな》、八百屋にあり、鯉魚《りぎよ》は魚屋《うをや》の生船にあり。▼注[1]

「雪中の笋」とは、『二十四孝』の中でもよく知られた孝子・孟宗の故事である。筍が食べたいと願う親のために、まだ冬なのに竹林へ分け入った。当然筍はなく、孟宗が天を仰いで嘆くと、天がその孝心に感じて雪中から筍が生えてきたという。「鯉魚」とは同じく『二十四孝』の王祥の故事である。鯉が食べたいという親のために、氷が張った川を溶かそうと裸で横たわると、天がその孝心に感じて氷がひとりでに割れ、鯉が飛び出てきたという〈《図6》参照〉。こういった孝心の結晶である筍も鯉も、西鶴は店頭で買えるとしたのである。

1　『本朝二十不孝』の引用は、『近世文芸資料類従　西鶴編6　本朝二十不孝』（昭和五十年二月、勉誠社。底本赤木文庫）の影印による。

では、こうした西鶴の工夫とは、どのような意図のもとになされたのだろうか。この点に関する研究史には、大きく三つの流れがある。▼注[2]

〈一〉教訓的な意図があったというもの。代表的なのは中村幸彦「西鶴の創作意識とその推移」▼注[3]である。それまで好色物を中心に執筆していた西鶴だったが、この『本朝二十不孝』に至って、はじめて「正面切って談理の姿勢を示した」とする。

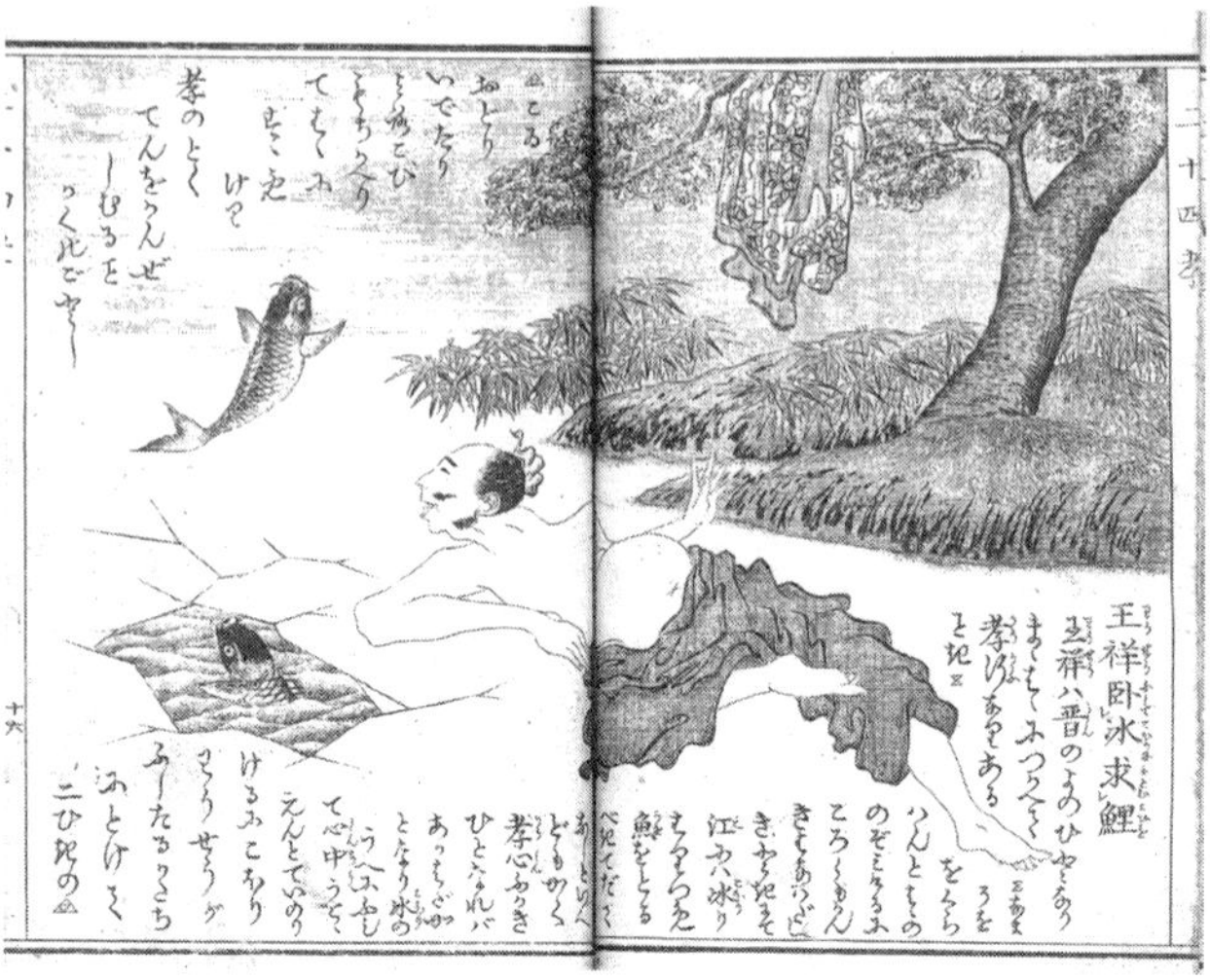

《図 6》『二十四孝』王祥。むかし孝心に天が感じて出現した鯉も、今は魚屋で買えると西鶴は言い切った。（『修身二十四孝』）

〈二〉上からの忠孝道徳の押しつけに対し、批判および皮肉として書いたのだというもの。たとえば野間光辰「西鶴と西鶴以後」▼注[4]は次のようにその批判意識を強調する。

西鶴はこの聖人君子面をぶらさげてゐる将軍の二重人格を、町の生活の中でぢかにそして鋭敏に嗅ぎつけ、むしろ反感を抱いてゐたのではなかつたかと思ふ。「天下様」に対する町人の反感や反発は、よし痛切な実感であつたとしても、その自由な表現が許されなかつたこと、勿論である。だからこそ表面には「孝にすゝむる一助ならんかし」と謳ひながら、孝道奨励とは逆行する親不孝咄を集めたのである。

2　『本朝二十不孝』研究史の整理については、有働裕「研究史を知る『本朝二十不孝』」（『西鶴と浮世草子研究』第一号〈平成十八年六月、笠間書院〉所収）の分類を参考とした。

3　中村幸彦「西鶴の創作意識とその推移」（『近世小説史の研究』〈昭和三十六年五月、桜楓社〉所収）。

4　『岩波講座　日本文学史』第十巻近世（昭和三十四年七月、岩波書店）。のち『西鶴新新攷』（昭和五十六年八月、岩波書店）に掲載。引用は後者によった。六〇～六一ページ。

〈三〉西鶴の戯作性を強調するもの。谷脇理史「『本朝二十不孝』論序説」[注5]は、該書に見える教訓的言辞が「一見真面目くさっていればいるほど、読者にとっては可笑しいだけ」というような笑いのためのポーズにすぎないとし、『二十不孝』を、シカツメらしい顔をしてではなく、ゲラゲラ笑いながら読んでいる読者たちを頭にうかべる」と、その戯作性を強調した。

この三つの読み方うち、支持されているのはどれだろうか。有働裕[注6]によれば、近年は「幕府の孝道奨励策や当時の「常識」的認識に対する疑問・批判を読み取ろうとする論稿が徐々に増えてきている」とのことである。先の分類でいえば〈二〉にあたるものである。その近年における具体的な論者と研究方法についても、同氏が明快に整理している。

矢野公和氏、箕輪吉次氏、大久保順子氏、篠原進氏、杉本好伸氏、そして本書における私もまた、それぞれのアプローチでこの作品に込められたアイロニイや批判を読み取ろうとしてきた。その共通性を、篠原氏のもっともわかりやすい表現でいうならば、幕政に対するある種の「毒」をこの作品は有している、という発想である。

しかしながら、『本朝二十不孝』を一読すれば明らかな通り、作品中には、孝を勧める言葉が満ちあふれている。「是を梓にちりばめ、孝にすすむる一助ならんかし」という序文の宣言は、その代表的なものである。孝道徳に対する批判めいた言葉は一切出てこない。

にもかかわらず、〈二〉の論者たちは、さまざまな方法で作者の批判精神を読み取ってきた。その根拠はさまざまであるが、代表的なものは二点に集約できそうである。

一つは、孝を勧めておきながら、不孝話を描いているから、というもの。その代表的なものが、左の篠原進の発言であろう。

「忠孝札」の時代を生きる人たちにとって、悪を為すことは人間性を回復することと同義で

5　谷脇理史「『本朝二十不孝』論序説」(『国文学研究』三十六〈昭和四十二年十月〉)。のち『西鶴研究序説』(昭和五十六年六月、新典社)所収。

6　『西鶴　闇への凝視―綱吉政権下のリアリティー』(平成二十七年四月、三弥井書店)一五ページおよび二八〇ページ。

もあったのだ。
そうした構造に気づいた時、『本朝二十不孝』は悪魔の書に変ずるのである。

——篠原進「『本朝二十不孝』——表象の森」[注7]

不孝者を描くということが、綱吉の孝行奨励への批判・抵抗たりえた、というのである。

もう一つは、主人公の不孝者や脇役の孝行者や親たちに、一般的な孝・不孝の枠組みで割り切れないものが見て取れるから、というものである。これについては後で触れるが、登場人物や人間関係の歪みや逸脱から、西鶴の批判精神を見て取ろうとしている。

こうした〈二〉の議論を読んでいて気になるのは、そもそも不孝説話とは何か、という問題に関する議論が欠けている点である。当時において不孝説話を書くとは、孝・不孝の枠組みからはみ出した人物を描くとは、どのような行為であったのか。こうした不孝説話の機能や本質について、我々はもっと考える必要がある。

以上のような問題意識から、西鶴『本朝二十不孝』を、当時の不孝説話の中で捉え直してみよう、というのが本節のねらいである。

7 『青山語文』二十九号（平成十一年三月、青山学院大学日本文学会）所収。

二 実践と説話とのちがい

『二十四孝』が近世を通じて広く流布し、受容されたことについては、前節の二「孝子表彰説話を受け入れる土壌」ですでに述べた。しかし『二十四孝』に挙げられた孝行説話の一つ一つを検討してみると、これが本当に孝行と言えるのかと首を傾げたくなるものも少なくない。

たとえば老莱子《ろうらいし》である。彼は七十歳であったが、親の前では派手な服を着て、笛や太鼓を鳴らしたり、躓《つまづ》いて泣くなど、子供のような振舞いをした。じつはこの奇行は彼の孝心から来るものであった。自分の老いた様子を見せると、親が自身の年齢に改めて気付かされ、嘆くかもしれない。それを避けたいがために精一杯幼いふりをしていた、というのである（《図7》参照）。現代の我々からしてみれば、この行動を素直に賞賛し、真似しようという気持ちは、率直に言ってなかなか持ちにくい。

　これは極端な例としても、いちいちケチをつけながら読んで行けば、『二十四孝』の中には、そのまま真似すべき孝行者などほとんどいない、と言うことさえ可能かもしれない。『二十四孝』には都合の良い奇蹟によって孝行者が幸いを得る話や、到底真似のできない奇矯な孝子が、それほど多く描かれているのである。

《図7》『二十四孝』老莱子。彼の奇抜すぎる孝は、説話と実践との違いを考えさせてくれる。（『修身二十四孝』）

　では、このような逸話を集めた説話集が、なぜ広く読まれて来たのであろうか。

　この問題について考えるために、逆に「普通」の、誰でも真似できるような孝行について検討してみたい。江戸時代前期の儒者・中江藤樹が書いた教訓書『翁問答』（寛永二十年〈一六四三〉刊）は、庶人の行うべき孝行について、次のように記している。

農工商《のうこうしやう》いづれも、その所作《しよさ》をよくつとめ、おこたらず、財穀《ざいこく》をたくわへ、むざとつかひ費《つひや》さず、身もち心だてよくつつしみ、公儀をおそれて法度《はつと》にそむかず、我身妻子《わがみさいし》のことをば第《だい》二とし、父母《ふぼ》の衣服食物《いふくしよくもつ》を第一におもひ入、心力《しんりよく》をつくして、をよばぬきはをも調《ととのへ》て、父母《ふぼ》のうけよろこばるる様にもてなし、よくやしなふは、庶人の孝行なり。▼注[8]

別の箇所で藤樹はこれを「それぞれのすぎはひの所作《しよさ》を、精《せい》に入てつとむるが、かうかうの本《ほん》意《い》」▼注[9]、すなわち与えられた家業をつとめることが孝行であると要約している。『二十四孝』に見られるような奇抜な孝行は、江戸時代の感覚としても、実践すべきものと考えられていた訳ではないのである。

しかし、だからと言って、藤樹が言うような、家業に専念する人々だけを集めて説話集を作ったとしたらどうだろう。まったく平凡でありきたりなものになってしまい、何の面白味も無いのではなかろうか。もし仮に『二十四孝』がこのような平凡な孝行で満ちあふれていたなら、江戸時代に広く流布するなどということは無かっただろう。

実はこの差異は、実践すべき孝行と孝行説話との、役割の違いを示している。家業を全うするというような現実的な孝行は、実践的に役立ちはしても、逸話として孝行を書き、読む時にはあまり役に立たない。これに対して、『二十四孝』などの孝行説話集に求められるのは、むしろその人物が他人とはレベルの違う孝行者であるということや、孝行がいかに果報をもたらすかということを、一例をもって納得させ、孝を強烈に読者に印象づけるようなインパクトのある逸話なのである。

三　孝行説話の話型

8　『翁問答』の引用は、国立公文書館本（請求番号…一九〇／一三。慶安四年〈一六五一〉正月、野田庄右衛門刊）による。第一巻十一丁裏。

9　第一巻十二丁表～十二丁裏。

《図8》『本朝孝子伝』師内大臣。禁を破ることも、孝心の強さを示すエピソードとなる。

実際の孝行と孝行説話とは別のものである。このことをふまえた上で、逸話の中身に踏み込んで、もう少し具体的に考えてみたい。孝行説話は、どうやって孝行を読者に印象づけるのだろうか。先にも述べた通り、孝行説話における孝行の内容は、インパクトがあるという点が重んじられる。

そしてそれは、しばしば奇行・苦行という域にまで踏み込むものであるということができよう。『二十四孝』でいえば、親に蚊を寄せ付けないために裸で寝た呉猛は苦行と言って良いだろう。また、先に挙げた老莱子や、鹿の皮を着て鹿の乳を採りに行く剡子《ぜんし》は、苦行というよりは奇行の領域に踏み込んでいる。

そしてこの奇行・苦行は、しばしば孝／不孝の枠組みを飛び越えることさえある。さらにそれが孝の名の下に許容されるものである、ということも指摘しておきたい。たとえば藤井懶斎『本朝孝子伝』（貞享二年〈一六八五〉刊）公卿部二「帥内大臣《そちのないだいじん》」は、藤原伊周《これちか》を扱った章段である。伊周は配流された播磨を忍び出て、病気の母を見舞うために京都へ戻って来た（《図8》参照）。これについて当該章の「論」では、流謫の地からひそかに帰ることは君を蔑む行為である。「忠孝二途無し」で、君を蔑んで孝たることができるのか、という人の疑いを掲載している。それに対する編者・懶斎の答えは次のようなものであった。

君子、其の親を思ふに一にして、顧慮する所無きを取れり。況《いはん》や公（引用者注…伊周）の此の挙、死生禍福、毫《がう》も慮る所無く、惟《た》だ母是れ慕ふ。且《そのう》へ「其の死、旦夕に在り」と聞て、神魂飛ぶが若《ごと》し。事の可否、義の向背、豈《あ》に皆以て計るに暇あらんや。君を蔑《なみ》するに似たる者の有りと雖も、其れ孝を若何。他は則ち吾が論ずる所に非ず。▼注[10]

すなわち、伊周が一見忠にもとるような行為をしたのは、そこまで頭が回らない程に孝の念が強かったからだ、というのである。この論法で行けば、孝行の名のもとに、あらゆる罪は許されてしまうだろう。もちろんこれは孝行説話としてのレベルにおける議論であって、実践のレベルでこの限りでないことは言うまでもない。懶斎は続けて「他は則ち吾が論ずる所に非ず」と、この議論が普遍的なものではないことを強調しているが、これこそ、今の議論があくまでも説話レベルに限ったものであり、実践のレベルにそのまま適用すべきではないということを断ったものなのである。

熊沢蕃山『二十四孝小解』における、孟宗に対する次の評も、同じ主旨だと言って良いであろう。孝心に感じて雪中から筍が生えてきたという奇跡に対して、蕃山は次のように評する。

至誠無心の孝にして、天地を動かし、鬼神を感ぜしむるほどの事なれば、孟宗に在ては是非を論ずるべからず。其跡を学ぶ時は、性命の父母を失て、情欲に事《つかふ》るのあやまりあらんことをいふのみ。▼注[11]

孟宗の孝行が実際に真似するべき種類のものではないと認めつつも、『二十四孝』そのものは、あくまでも否定せずに認めて行こうとしているのである。

このように孝行説話は、インパクトを重んじるあまり、孝・不孝の枠組みを飛び越えることがある。そしてそれを読む当時の意識では、そのまま実践にあてはめるべきではないと認識しながらも、説話そのものはできる限り肯定して行こうという姿勢を保っているのである。

右に孝行説話における孝行の「行動」について述べて来た。これと同時に、「結果」も重要である。孝行の「行動」がそれほど明確に記されなくても、そのおかげでどのような良い「結果」がもたら

10　上巻十五丁裏～十六丁表。

11　『二十四孝小解』の引用は、『増訂蕃山全集』第二冊（昭和五十三年八月、名著出版）の活字翻刻による。三一一ページ。

《図9》『二十四孝』大舜。結果だけで孝行を示す説話の代表例。

されたのか、ということさえ示すことができれば、それだけでも孝行説話として成立する。たとえば「大舜」はその典型だろう。大舜の孝行に天が感じて、彼の農作業を象や小鳥が手伝ってくれた、という逸話である（《図9》参照）。大舜がどのような孝行をしたか、という「行動」はあまり書かれず、代わりに動物が手伝ってくれた、という孝行の「結果」でもって、彼がいかに孝行者かを描いているのである。

　すなわち教訓のための孝行説話においては、どのような親孝行の「行動」をとったか、あるいは孝行のおかげでどのような良い「結果」がもたらされたか、という二点のうち、どちらかを強烈に示せば、孝行説話として成立するのである。

四　不孝説話のからくり

　つづいて、不孝説話の話型についても考えてみたい。教訓のために不孝者を描く例は日本でも早くから見られる。西鶴『本朝二十不孝』刊行より前の例で言えば、次のようなものがすでに出版され、流布していた。

正保四年（一六四七）刊　中江藤樹『鑑草』巻一「孝逆之報」
寛文元年（一六六一）刊　鈴木正三『因果物語』の数章
寛文九年（一六六九）刊　和刻本『全一道人勧懲故事』巻一

この中から『鑑草』所収の一章を挙げてみよう。

滑州《くわつしう》の酸棗県《さんさうけん》に、きはめて不孝《ふかう》なるよめあり。姑《しうとめ》、年老《としおひ》て目《め》も見えざりければ、夫《おつと》の、うちになき時は、いよいよあなどり、かろしめて、婢《やつこ》のごとくにぞもてなしける。有時、夫《おつと》の留守《るす》なりし跡《あと》に、めしの中に、いぬのふんをまぜて、姑《しうとめ》にすすめぬ。しうとめ、これをくひけるが、にほひあしく覚《おぼ》えて、心《ここ》ちあしかりければ、「邪見《じやけん》のよめ、いかなる事をかしたるらん」と思ひ、くふふりして、かくしおきしが、ほどなくその子かへりければ、ひそかによびて、かのめしをとり出し、「これは何にてあるぞ。さきに、よめの、われにたまはりし」といひけるをみれば、犬《いぬ》のふんなり。▼注[12]

《図10》『鑑草』。不孝な嫁は首から上が犬になった。

嫁が、目の見えない姑をあなどり、夫の留守中に、飯の中に犬の糞を混ぜて食べさせようとした。匂いで気づいた姑が、食べるふりをして隠しておき、帰宅した息子に見せた、という。

このように不孝説話においては、罰を受けるに値する不孝の描写が必要である。そして不孝の質も、孝行説話と同様な特徴を有する。犬の糞を姑に食べさせようとした嫁の行為は、『二十四孝』

12　『鑑草』の引用は、『仮名草子集成』第十四巻（平成五年十一月、東京堂出版）の活字本による。底本京都大学附属図書館本。二〇〜二一ページ。

の孝子・庾黔婁《ゆきんる》と表裏一体のものであると言えよう。庾黔婁は父の病状を確かめるために、その大便をためらいなく舐めた（《図11》参照）。ここで我々が読みとるべきは、教訓のための説話においては、孝であれ不孝であれ、食糞譚のようなインパクトのある題材を用いて激しさを表現するのだ、と言うことである。

その上で問題となるのは、この不孝者にどのような罰が下ったかである。該当章では次のような結末に至る。

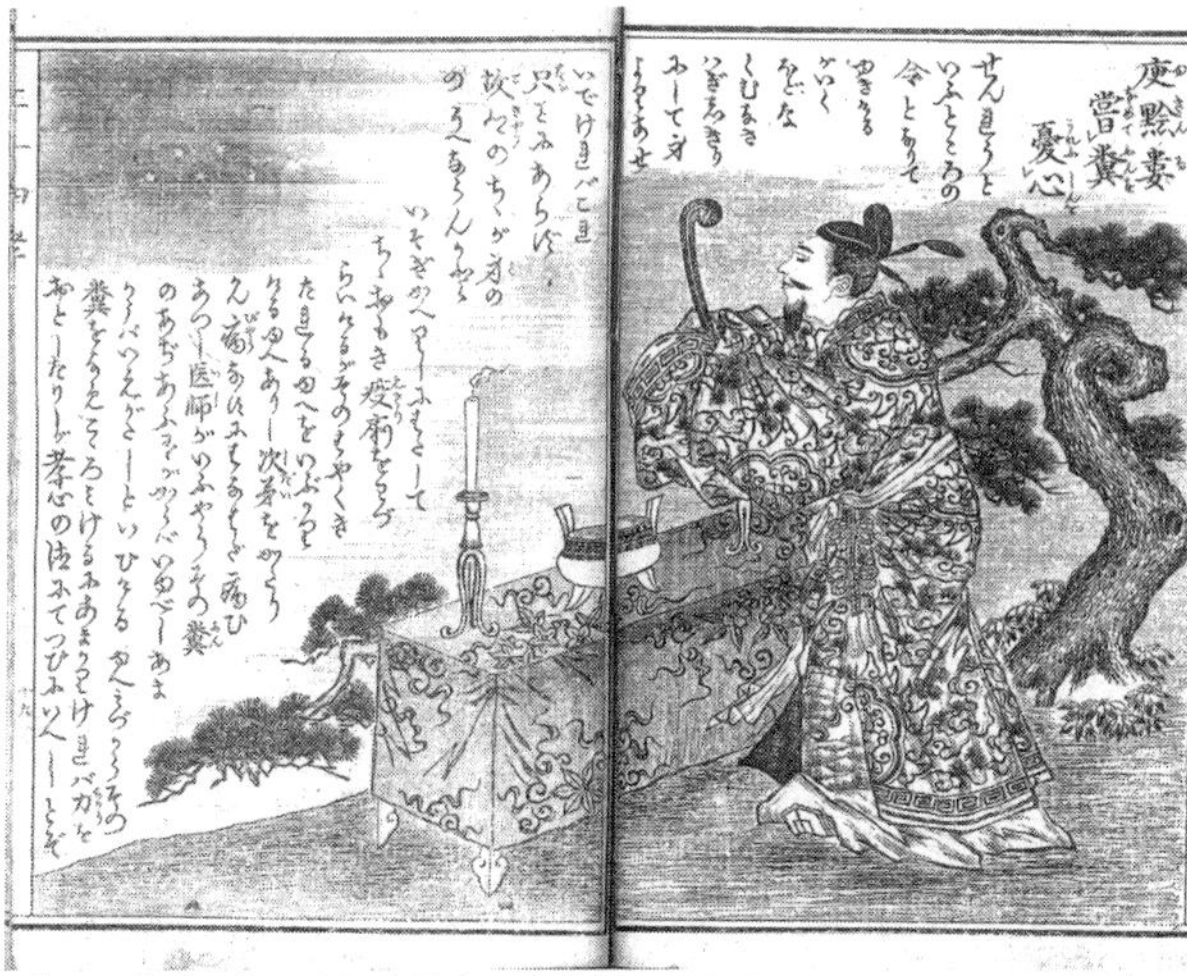

《図 11》『二十四孝』庾黔婁。食糞譚のようなインパクトのある題材は、孝や不孝を伝えるのに最適である。

其子《そのこ》あきれはてて、天にあふいで大《おほひ》になげき、さけびけり。俄《にはか》にかみなりすさまじく、いなびかり、はなはだしかりけるが、そのいなびかりのうちより、人来《きた》りて、よめが頸《くび》をきると見えしが、かたよりしたは、本《もと》のよめにて、首《かうべ》は犬《いぬ》にぞなりにける。其時の奉行《ぶぎやう》賈耽《かたん》、此事を聞《きき》て、くだんのよめをめしよせ、其国中《そのこくちう》を引《ひき》わたして、ふ孝《かう》のものの、いましめとせられけり。時の人、狗頭《くとう》の新婦《しんぷ》といひて、あさましきためしにぞしける。▼注[13]

息子が天を仰いで泣き叫ぶと、雷の中から人が現れて、嫁の首を切ったかに見えた。すると嫁の肩から下は人間のままで、首から上が

13　二一ページ。

犬になった。時の奉行がこれを国中に引き回して、不孝の戒めとした、というのである（《図10》参照）。

孝行説話では行動か結果、どちらかのみでも教訓として成立した。それに対して、教訓として不孝説話を描く際には、最終的に不孝者が罰を受けて、はじめて教訓として成立する。

そして改めて強調したいのは、孝行説話と同様に不孝説話においても、行動と結果、それぞれの要素がありきたりであってはならないということである。不孝はより悪く、より印象深く書かれねばならない。そしてその不孝者が強烈な罰を受けることによって、教訓たりうるのである。付け加えるならば、インパクトを重んじるあまり、しばしば彼らの不孝は、孝・不孝の枠組みを超えてしまうようなことさえある。このことも、孝行説話と同様である。

五　序文は何を宣言したか

以上述べてきた教訓としての不孝説話の話型的な特徴を踏まえて、井原西鶴『本朝二十不孝』に戻ろう。該書における西鶴の創作意識を考える上で常に問題とされて来たのが自序、とくにその冒頭である。あらためてその全文を引用してみよう。

雪中の笋《たかんな》、八百屋にあり、鯉魚《りぎよ》は魚屋《うをや》の生船《いけぶね》にあり。世に天性の外《ほか》、祈らずとも夫々《それぞれ》の家業をなし、禄を以て万物を調へ、孝を尽せる人、常なり。此常の人稀にして、悪人多し。生《いき》としいける輩、孝なる道をしらずんば、天の咎《とがめ》を遁《のが》るべからず。其例《そのためし》は、諸国見聞するに、不孝の輩《ともがら》、眼前に其罪を顕《あら》はす。是を梓《あづさ》にちりばめ、孝にすすむる一助ならんかし。

従来「雪中の笋、八百屋にあり、鯉魚は魚屋の生船にあり」という序文の冒頭は、たとえば左のように、『二十四孝』に代表されるような奇蹟に対する批判・否定であるとされ、高く評価されて来た。

まことに、現実的な、常識的な、孝道観である。彼は孝道そのものを否定しない。が、奇蹟を求め、天の恩恵を期待するような、不合理な、二十四孝的な、孝道を批判するのである。

――岩波文庫『本朝二十不孝』解説[注14]

『二十四孝』で描かれているような不合理な孝に対し、西鶴が現実主義的な態度で批判している、と言うのである。

しかしそうだろうか。この序文は続けて、「生としいける輩、孝なる道をしらずんば、天の咎を遁るべからず」と書いている。後半で再び、「天の咎」すなわち天罰を恐れるような不合理な、二十四孝的な価値観に戻っているのである。

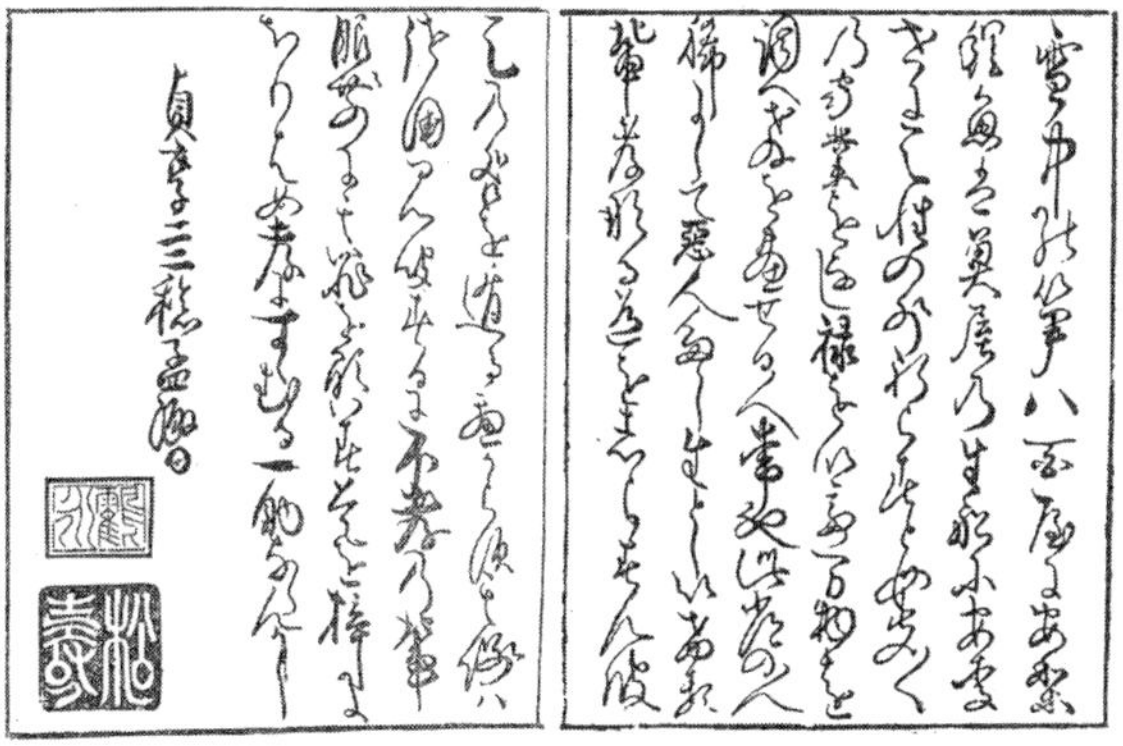

《図12》井原西鶴『本朝二十不孝』序文。現実的な孝行の宣言ではなく、非現実的な不孝話の宣言である。

この矛盾に気づいた論文もある。たとえば井上敏幸「『本朝二十不孝』[注15]」は、次のように指摘している。

「天性の外」を祈る、つまり奇蹟を願うことを否定した直後に、「天の咎」、つまり神罰を持出すことは、矛盾である。

その上で井上は、西鶴がこのような矛盾をあえて犯したのは、「天の咎」という言葉に綱吉の厳罰主義を暗示したからだ、と結論づけている。

しかし、そもそもこれは矛盾なのだろうか。たしかに「雪中の笋、八百屋にあり、鯉魚は魚屋の生船にあり」という冒頭の言葉は、『二十四孝』への批判に読める。

14 横山重・小野晋『本朝二十不孝』（昭和三十八年五月、岩波書店）二四〇ページ。

15 『西鶴物語』（昭和五十三年十二月、有斐閣）一一二ページ。

だからといって、西鶴は、善行には良い結果が、悪行には悪しき罰が、という当時の常識を疑ってかかっていったと言えるのだろうか。

孝が善果をもたらすという信奉は、当時きわめて根強かった。そうした例は、次のようにいくつも挙げることができる。

此孝《かう》をよくおこなひ、誠《まこと》ある人は、天道《てんだう》これをたすけ、めぐみ給ふゆへに、人も又これを愛敬《あひきやう》す。しかのみならず、百福《ひやくふく》のあつまるところにして、子孫《しそん》これによつて繁昌《はんじやう》す。

――『鑑草』巻之一「孝逆の報」▼注[16]

（養老の滝の逸話について）何ぞ孝子の此の瑞有ることを疑はん。

――『本朝孝子伝』士庶部一「養老の孝子」▼注[17]

このような当時の常識の上に立って「天性の外、祈らずとも」と言うとき、それは「不合理な、二十四孝的な」孝行を信じるか批判するか、というような二者択一的なものだったとは考えがたい。冒頭の文言はむしろ、孝行者に奇跡が起きることは当然だと認識した上で、孝行の程度を問題とした発言であったと考えるべきではないか。つまり、孝行をすれば良い結果が訪れるのは確かである。しかしそれを当てにして、過激な孝行までする必要はない。今の時代は生まれつきの福分の範囲内で、家業や禄で買い求めた物品で孝を行えば十分なのだ、という意味に解すべきなのである。つまりここでは、説話としての孝行と、実践すべき孝行との区別を述べているに過ぎないのである。当然ながら、西鶴の重心は実践のほうにある。

そして、これに続けて「此常の人稀にして、悪人多し」と言うことで、西鶴の視点は、実践のレベルのまま、孝から不孝（悪）へと移っている。しかしそのあと「生としいける輩、孝なる道をしらずんば、天の咎を遁るべからず。其例は、諸国見聞するに、不孝の輩、眼前に其罪を顕はす」と

16　八ページ。

17　中巻二丁表。

言う時、西鶴は実践のレベルを再び離れている。ここで西鶴は、再び説話の世界に戻ろうとしているのである。つまりこの序文は、けっして不合理な孝行への批判ではなかった。西鶴の論点は、説話の孝行と実践すべき孝行とを区別し、

説話の孝→実践の孝→実践の不孝→説話の不孝

と巡っているのである。

さて、このような序を冠した『本朝二十不孝』各章は、実践と説話と、どちらの側に属するものだったのだろうか。答えは明らかであろう。「是を梓にちりばめ、孝にすすむる一助ならんかし」、読者が孝の道に進むため一助なのだ、という宣言は、すなわち該書の各章が教訓のための「説話」の世界、例話の世界であるということを述べているに他ならなかったのである。繰り返しになるが、その背景には、孝に対する信頼があった。さらに、孝をすれば良いことが起き、不孝をすれば報いを受けるという、当時においてきわめて常識的な認識があったのである。

六　『本朝二十不孝』の不孝者

『本朝二十不孝』は教訓のための説話である、という序文の宣言を踏まえて読むとき、各章の解釈も自ずから異なってくるだろう。

巻二の二「旅行の暮の僧にて候」の主人公である小吟を例に取りたい。彼女は熊野の農民の娘であったが、ある日旅に疲れ果てた旅僧を我が家に案内し、両親ともに手厚く介抱する。しかし僧が家を発った後、小吟は親に僧殺害を教唆し、それに従った両親は、大金を手に入れる。成長してからは自らの容姿を誇り、浮き名を立てて親を困らせ、自分で見つけた夫も、契約の杯が済んでか

ら夫の小さなキズがいやになって逃げ出した。和歌山の親類を頼って屋敷方の腰元勤めをするようになったが、そこでは旦那に戯れを仕掛け、奥方を刺し殺して行方知れずになる。「小吟が出て来るまでは」と両親が囚われの身となり、結局両親は処刑されるが、その翌日になって小吟が現れ、これも処刑された。

この章に関する研究史を眺めると、小吟像は不孝者から孝子へと変化していった。従来小吟は「一貫性と、悪への徹底が、観念的な詠嘆で綴られるのではなく、具象的な行動描写によって終始していることとの両者が、この作品を高度なものにした」(浮橋康彦)というように、徹底的な悪人とされてきた。▼注[18] しかし所見では昭和五十一年(一九七六)に、箕輪吉次「『本朝二十不孝』論——先行不孝説話との関係を中心に——」が初めてそうした意見に異を唱えている。

《図13》『本朝二十不孝』巻2の2「旅行の暮の僧にて候」。超人的な不孝者・小吟が最終的に罰を受けることで、不孝話となる。

親に金をもたらすという孝が一方にあるのであり、親は告げ口を聞いて「思はざる欲心」がおこって僧を殺し金を奪ったのである。小吟の九歳の時のこの行為(引用者注・父に僧殺害を唆す)は孝と不孝の背中合わせの所に立脚しているのである。▼注[19]

このように、小吟をむしろ孝行者ではないかとする見解は、松原秀江「『本朝二十不孝』論 ——存在の根拠としての親——」▼注[20] ほか、多くの論に引き継がれている。

18 浮橋康彦「『本朝二十不孝』における悪の造型」(「新潟大学教育学部紀要」第十一巻一号〈昭和四十五年二月〉所収)

19 「学苑」四百三十三(昭和五十一年一月、昭和女子大学近代文化研究所)所収。引用箇所は一八三〜一八四ページ。

20 松原秀江「『本朝二十不孝』論 ——存在の根拠としての親——」(「語文」四十一〈昭和五十八年五月〉所収)

そして、ここから導かれる作品の主意も、孝行を相対比し、批判する方向に向かっていった。小吟をこのような悪人たらしめた金銭の存在や、不孝に赴きがちな人間の性へのまなざし、綱吉の孝行奨励政策への批判などのために書かれた、と考えられるようになったのである。

たしかに小吟の行動には、一概に不孝の枠で捉えきれないような所もあり、そのような見解が生まれてくるのも故なしとしない。しかしそれは、『二十四孝』の老莱子を見て、「これは本当に孝行と言えるのか？」と疑問に感じるのと大同小異である。それが作者の意図するものだったと見なすことはできない。

先に述べた通り、序文の背景には、孝に対する信頼があった。さらに、孝をすれば良いことが起き、不孝をすれば報いを受けるという、当時においてきわめて常識的な認識があった。そのような認識からこの章を考える限り、やはり小吟は、あくまでも不孝者として捉えるべき存在である。

本文では、小吟について次のように描写する箇所がある。

> いまだ此むすめ、九歳《さい》の分《ぶん》として、かかる事を、親にすすめけるは、悪人なり。殊更《ことさら》、熊野《くまの》の山家《やまが》なれば、干《ひ》鯛《だい》も木《き》になる物やら、傘《からかさ》も何《なに》の為《ため》になる物をもしらざる所に、小判《こばん》といふ物、見しりけるも不思議《ふしぎ》なり。▼注[21]

「悪人なり」とわざわざ明言している点は、小吟を悪人として強調し、印象づけようとする意図を明確に示すものである。また、山家育ちであるのに小判の存在を知っていた不思議さについて読者へ注目を促しているのは、小吟の超人的な悪を印象づけているのである。この超人性は、腰元として仕えた旦那の奥方を刺殺した際にも、「かねて抜《ぬけ》道こしらへをき」という綿密な計画の形で表現されている。

話末で親が囚われ、処刑された翌日に小吟が姿を現した箇所も同様である。この小吟の行動は、

21 六丁裏。

先に挙げた箕輪稿などのように、小吟の孝行者としての面が現れた場面だと論じられることがある。しかし描写の重点は、小吟が親を思って出頭して来たという所よりも、むしろその出頭が親の処刑の後だったという点にあったのではないだろうか。

「おのれ出《いづ》れば、子細《さい》なくたすかる親を、是、ためしもなき女なり」と、憎《にくま》ざるはなかりけり。▼注[22]

22　十丁表。

という世評が最後に付されていることは、それを裏付けているだろう。

　このように悪人として描かれた小吟も、最後には自身が処刑される。こうして不孝者が「眼前に其罪を顕はす」（前掲自序）ことにより、この章段の不孝話は親孝行の教訓として成立するのである。そして繰り返すことになるが、不孝説話が教訓としての意図を持つ時、その逸話は現実性よりもインパクトが優先されるのである。よって、最後に罰を受ける不孝者は、それまでの行動が不孝であればあるほど、印象深ければ深いほど、教訓としての効果を増すのである。

　このような構造を持っている『本朝二十不孝』に対して、実際に行うべき孝・不孝の尺度を用いて、主人公が不孝者と言いうるのかどうか、という視点から読んで行くことは、有効だとは思われない。『本朝二十不孝』に見える多様な不孝者たちは、孝を相対化するために描かれているのではない。仮にそのように読み取り得るとしても、それは西鶴の意図と言うよりも、教訓としての不孝説話が本質的に持つ一面だったのである。にもかかわらず、冒頭で整理した〈二〉の論者たちのように、西鶴の批判精神のあらわれだと考えるのは無理がある。ましてや、こうした人物造形が、当時の綱吉政権の欺瞞的な孝行奨励政策と対峙しようとするためのものだったとするのは飛躍である。そのことを証明しようとするのであれば、当時にあって西鶴だけが「目覚めて」おり、孝道徳を奨励する幕府に対して現代人に近い批判意識を持っていたという相当な根拠が必要ではなかろうか。

七　おわりに

ここまで見てきたように、『本朝二十不孝』は、不孝者（悪人）を書けば書くほど教訓につながるという、不孝説話の原則に則っている。

ただし、西鶴以前の作品に登場する不孝者は、それほど数多い訳ではない。そしてその不孝も、父母を殺そうとしたり、犬の糞を食べさせようとしたりといった、類型的な表現を逃れていない所がある。それらと比較すれば、『本朝二十不孝』が自在に多様かつ興味深い不孝者・悪人を登場させているのは、一読すれば明らかである。『二十四孝』や『本朝孝子伝』のアイデアを縦糸に、地方色や当代風俗を横糸にして、多様かつインパクトのある不孝者を描いて教訓としてみせたという点にこそ、『本朝二十不孝』における、西鶴の着想と独創性を見出すべきではないだろうか。

長谷川強『西鶴をよむ』▼注[23]は、当時の教訓性と滑稽性について、興味深い指摘をしている。

当時の意識として、本というものは何らかの意味で為になるものでなければならなかったのだと思います。知識・教訓・世間智、そういったものを求めるのであります。『平家物語』『太平記』も軍法の書であります。今日では、教訓的なものがはいっていると、文学としての評価が下がるのですが、先にあげました『新可笑記』序では、教訓も慰みなのでした。

西鶴は、まさにこうした時代に生きた作家だった。西鶴が教訓を主意とするようになったからといって、決して後退ではない。政治に対する批判性が無いからといって、決して安く見積もったことにはならない。教訓もエンターテイメントだった時代にふさわしい高度な作品が、『本朝二十不孝』だったのではないだろうか。

23　平成十五年十二月、笠間書院。一〇四ページ。

第三節

表彰が人を動かし、作品を生む
――駿河国五郎右衛門を例に

一　政治と文学のあいだで

駿河国富士郡今泉村の富農・五郎右衛門は、その孝行が延宝九年（一六八一）四月、駿州筋を廻る巡見使の目に止まり、将軍の耳に達した。翌天和二年（一六八二）三月に幕府から招かれて江戸へ行き、同十二日には当時所有した田地九十石の年貢を永代免ぜられ、同月二十二日には徳川綱吉による朱印状を賜っている。『常憲院殿御実紀』（以下『徳川実紀』と称す）は彼を江戸時代において幕府から表彰された初めての孝子であるとしている。五郎右衛門は江戸時代の孝子表彰・孝子説話を考える上で、最も重要な一人である。

この五郎右衛門に関してかならずと言って良いほど用いられる資料が、次の『徳川実紀』天和二年三月十二日条である。

駿河国富士郡今泉村農民五郎右衛門、至孝にて、其うへ近郷を賑救すること、こたび巡見使見聞して帰り、聞え上しにより、是を褒顕せられんとて、其田地九十石、永く賦税徭役を免さるべしと朱印の券を賜はり、儒臣林春常信篤に命じ、其伝を作らしめて刊行せらる。これ当家の

世となり、孝子節婦等を旌表せらるるはじめなり（傍線引用者）。[注1]

傍線部によれば、綱吉が林春常（鳳岡）に五郎右衛門の伝を作らせ、そして刊行させた、という。これは、江戸時代における孝と為政者とに関する従来の研究が描いて来た図式に一致する。為政者は孝子を表彰した。そして、孝子に関する伝記（孝子伝）を儒学者に書かせて出版して世に広め、孝道徳の徹底に努めた、と。

しかし、本当にそうだろうか。ここでひとまず立ち止まって、「表彰からどうやって作品が生まれるか」という問題を微細に確かめたい。なぜならこの点こそ、近世孝子説話において極めて重要なポイントだからである。

表彰という政治行為と作品成立とが深いつながりを持っていることは、近世文学の中でも孝文学が持つ最も特徴の一つであると言ってよい。だとすれば、表彰にちなんで作品が成立する瞬間は、その特徴が最も先鋭的に現れる時点であると言うことができる。ここをすべて為政者の一存、あるいは為政者の孝政策、と片付けてしまって良いのか、という点が問われる訳である。

二　対象作品と略年表

すでに知られている資料だが、五郎右衛門の生家・中村家には、『駿州今泉村五郎右衛門儀に付江戸にて諸事覚書』（以下『諸事覚書』と称す）[注2]なる写本一冊が残っている。これは延宝九年（一六八一）四月八日に諸国巡見使が駿河国に来てから、天和二年三月に五郎右衛門が江戸で表彰を受け、同年四月十六日に江戸を発って故郷に帰るまでの、さまざまな書簡・書類・出来事を詳細に書き留めたものである。筆者は同道した大宮代官・井出治左衛門の手代、甘利与左衛門であって、信憑性も揺

1　『常憲院殿御実紀』（『徳川実紀』）の引用は、『新訂増補　国史大系　新装版』第四十二巻「徳川実紀　第五篇」（平成十一年一月、吉川弘文館）の活字翻刻による。

2　文書番号…九（一五五）。『孝子五郎右衛門　表彰と中村家文書の解読』（平成十二年一月、富士市立中央図書館刊）に主要史料の翻刻と現代語訳が備わっている。

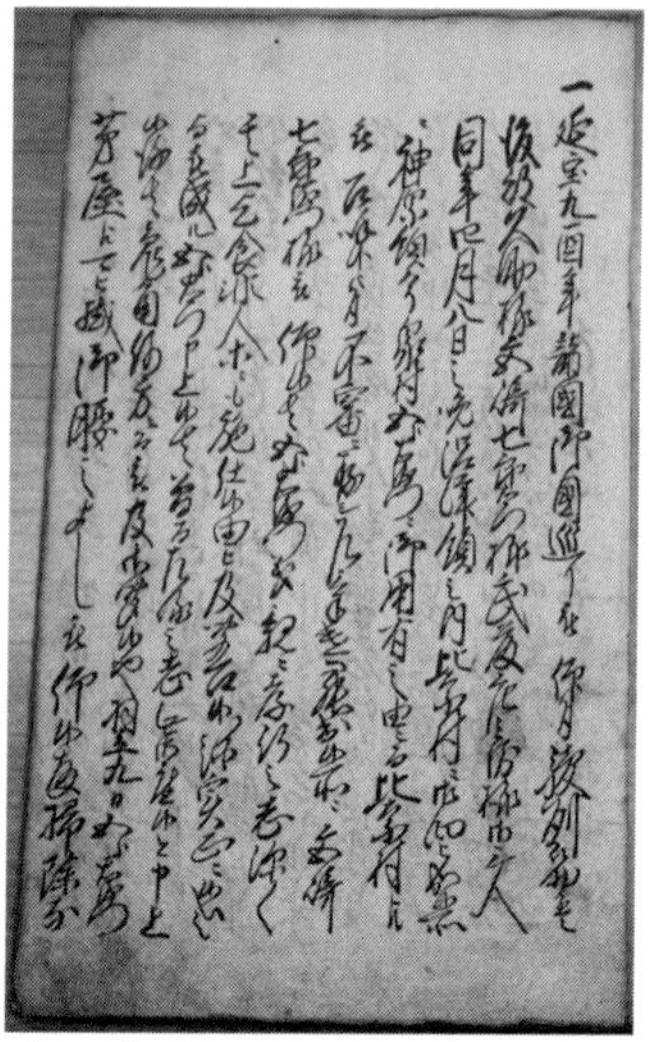

《図 14》『駿州今泉村五郎右衛門儀に付江戸にて諸事覚書』。発見から表彰までを詳細に記す。

るぎない。江戸時代で最も早く幕府から表彰されたという孝子に、こうした詳細な資料が残っていることは幸いと言う他ない。

そしてもちろん、この中村家文書を用いての研究も、すでにある程度進んでいる。早くは日尾天昭「駿州今泉村五郎右エ門御取調覚書」[注3]がその経緯を跡付け、近年では若林淳之『吉原市史』上巻、[注4]「孝子五郎右衛門褒題のあとさき」[注5]が改めてその史的位置付けを試みている。

ただ従来の研究は、ほぼ中村家文書だけを用いるに留まっていて、他の資料への目配りが十分になされているとは言いがたい。他にも、国立公文書館に蔵する幕府をはじめとする記録類、さらには江戸文学作品の中にも、なお多くの五郎右衛門に関する記述が見える。

よって本稿は中村家文書以外の資料にも目配りしながら、孝子表彰をめぐってどのように作品が生まれるのか、という問題を具体的に跡づけて行くこととする。

五郎右衛門を取り上げた作品は数多いが、述べてきた通り本節では五郎右衛門の表彰と作品成立との関わりという点に問題を絞りたい。したがって、時代の下る作品については第一章第四節「表彰は説話の起爆剤」に譲ることとして、ここでは五郎右衛門表彰との関わりが人的あるいは時間的に密接した作品のみを取り上げることにする。具体的には左の四作である。

作品一〔五郎右衛門像賛〕藤原秀信画、林春常（鳳岡）賛。天和二年（一六八二）六月ころ成るか。

3 「銀河」八号（昭和四十二年九月、奈良盛雄代表）所収。

4 昭和四十七年三月、富士市刊。

5 「静岡学園短期大学紀要」八　平成七年十一月。『地方史研究の諸問題』（平成九年六月、私家版）所収。

作品二〔五郎右衛門刷物〕作者不明。天和二年のうち刊。

作品三「孝子今泉村五郎右衛門伝」林鳳岡作。天和三年（一六八三）九月成る。

作品四〔六字名号父母画幅〕長谷川等伯画、尊任書。天和三年十月成る。

右の作品を表彰や人的な動きの中で位置づけるために、続いて左に略年表を提示しておく。


【表3】五郎右衛門の表彰と作品成立に関する略年表

① 延宝九年（一六八一）四月八日、巡見使が比奈村（現静岡県富士市比奈）に宿泊の際、五郎右衛門と面会する。（諸事覚書）

② 天和二年（一六八二）二月十三日、勘定奉行三名（大岡五郎左衛門、高木善左衛門、彦坂源兵衛）の連名で、大宮代官の井出治左衛門へ五郎右衛門の素性に関する問い合わせの手紙が来る。二十日に井出治右衛門から返事を出す。（諸事覚書）

③ 二月二十九日、この日付で五郎右衛門を江戸へ召す由の書状（勘定奉行連名）来る。（諸事覚書）

④ 三月三日、昼ごろ五郎右衛門ら駿州今泉村を発ち、五日昼ごろ江戸着。まず井出太左衛門を▼注[6]訪ねる。以後四月十六日⑬までの江戸滞在において、江戸の井出太左衛門が宿泊・取り次ぎなどの世話役をつとめている。（諸事覚書）

⑤ 三月五日、勘定奉行高木善左衛門と面会、孝行についての尋問を受ける。三月六日の晩、甘利与左衛門、中村忠右衛門、中村五郎右衛門の三人で、五郎右衛門に関する報告書を作成する。（諸事覚書）

⑥ 三月十二日、明六つ過ぎ、評定所に呼び出され、老中大久保加賀守から田地の租税免除を言い渡される。（諸事覚書）

6 なお本節には井出「治」左衛門と井出「太」左衛門との、紛らわしい両名が登場するので、ここでそれぞれについて区別しておくこととする。治左衛門は当時、駿河国富士郡在住の大宮代官。元禄四年（一六九一）の武鑑『（太平武鑑）』から宝永元年（一七〇四）までの武鑑では駿州御代官に名を連ねている（二百石）。いっぽうの太左衛門は江戸在住で、五郎右衛門の江戸滞在を世話した。武鑑では天和三年（一六八三）『癸亥江戸鑑』から御納戸元方頭（同心三十人）として登場し、以後貞享五年（一六八八）『太平武鑑大全』まで同役として掲載される。石高ははじめ六百石、貞享二年以降七百石。貞享二年『本朝武鑑』には、「井出太左衛門／父太左衛門七百石／同心三十人　はま

⑦ 三月十三日、老中阿部豊後守、巡見使宮崎善兵衛、若年寄二名に会う。十四日、設楽長兵衛ら八名へお礼。阿部豊後守へお礼。三奉行へ報告。十六日、榊原越中守と面会。高木善左衛門より手紙来る。宮崎善兵衛を訪れる。十七日、井出三郎兵衛、井出甚五左衛門と面会。（諸事覚書）

⑧ 三月二十二日、前日の呼び出しに応じて評定所へ出頭。老中戸田山城守・寺社奉行衆・町奉行衆・勘定奉行衆も同座。朱印状を賜る。晩に勘定奉行へ挨拶。

⑨ 三月二十三日、老中達に挨拶ののち、寺社奉行酒井大和守に挨拶。二十四日、勘定奉行三名立会いのもと、大老堀田筑前守正俊と面会。（諸事覚書）

⑩ 四月一日、勘定奉行彦坂源兵衛に呼ばれ、老中からの伝言として国元へ帰るよう命ぜられる。しかし五郎右衛門、滞在延長を申し出て認められる。（諸事覚書）

⑪ 四月三日、天野弥五右衛門に招かれて饗応を受ける。米津出羽守や、絵師・狩野主水などが同座。これが五郎右衛門と天野弥五右衛門との初対面である。（諸事覚書）

⑫ 四月十三日、天野弥五右衛門から中村五郎右衛門に、記念品の希望を尋ねる手紙が来る。（諸事覚書）

⑬ 四月十六日、江戸を発ち、今泉村へ戻る。（諸事覚書）

⑭ 六月十八日、二度目の江戸行。将軍綱吉、綱吉の生母桂昌院、綱吉一子徳松に会う。（天和二年日記）。またこの滞在中、【作品一】〔五郎右衛門像賛〕成るか。五郎右衛門と林鳳岡との初対面と思われる。（思忠志集）

⑮ 天和二年のうち、【作品二】〔五郎右衛門刷物〕成る。（思忠志集）

⑯ 天和三年（一六八三）九月、【作品三】「孝子今泉村五郎右衛門伝」（林鳳岡）成る。（該作識語）

⑰ 十月十五日、【作品四】〔六字名号父母画幅〕成る。（識語）

丁」とある。（以上武鑑は全て『江戸幕府役職武鑑編年集成』三〜五〈平成八年九月　東洋書林〉によった）

⑱ 貞享元年（一六八四）三月六日、天野弥五右衛門から五郎右衛門へ書状「駿河国今泉孝農夫江遣状」を送る。（思忠志集）

三　天野弥五右衛門長重との出会い

延宝九年（一六八一）四月に巡見使から見いだされた五郎右衛門は、請われて翌年三月五日に江戸へ登った（年表①〜④）。そこで彼は表彰されると共にさまざまな人物と面会することになる（年表⑤〜⑨）。その詳細は右の年表および『諸事覚書』に詳しいが、ここで着目したいのは、五郎右衛門が江戸に来てから面会した人物が、比較的限られているという事実である。もちろん若干の例外はあるものの、頻繁に出入りするのは、大老・堀田正俊を筆頭として、老中であった大久保加賀守忠明、阿部豊後守正武、戸田山城守忠昌、勘定奉行であった大岡五郎左衛門清重、高木善左衛門守勝、彦坂源兵衛重治、駿河で五郎右衛門を見出した巡見使の渡部久助、宮崎善兵衛、武藤庄兵衛、といった辺りに限られている。彼らは要するに、五郎右衛門を公式に表彰するのに必要な人物であった。

そして三月二十二日に江戸で朱印状を受けた五郎右衛門は、四月一日に老中から帰国せよと命ぜられている（年表⑩）。ここにおいて五郎右衛門の江戸行きは役目を終えた訳である。しかし右の表彰の際に列座しているべきであった駿河の大宮代官・井出治左衛門が所領の用事でまだ駿河におり、これからお礼のために江戸へ来ると言う。五郎右衛門はそれを江戸で待ちたいと申し出て許され、けっきょく四月十六日まで江戸に滞在することになったのである（年表⑩）。

この段階にいたって五郎右衛門は、天野弥五右衛門なる人物とはじめて面会する（年表⑪）。結論から述べれば、この遅れてきた訪問者・天野弥五右衛門こそ、五郎右衛門に関連した諸作品の成立に深く関わることになる人物である。

この初対面に関してまず着目したいのは、その唐突さ、言いかえれば必然性のなさである。五郎右衛門が天野弥五右衛門と初めて会ったのは、公的なすべてが完了した後であった。さらには両者に深い関わりも見出しがたいのである。

加えて着目したいのは、その初面会が押しかけのようなものでさえあったことである。五郎右衛門と天野弥五右衛門との初対面時のようすは、『諸事覚書』では次のように記されている。

一、同（引用者注…四月）三日、御鉄砲頭天野弥五右衛門様より五郎右衛門ニ御逢被成度由、太左衛門様（引用者注…井出太左衛門）へ被仰越候ニ付、与左衛門同道ニ而罷越候得者、米津出羽守様御出遊、五郎右衛門ニ御逢被成候。則御料理被下候。御列座ニ而御逢被遊候御方々ニ者、米津出羽守様、中山平右衛門様、細井佐次郎右衛門様、仙石左近様、青山内記様。五郎右衛門御相伴ニ者、狩野主水、是ハ絵師ニ而候由。但し弥五右衛門様より五郎右衛門ニ金百疋被下置候事[注7]

傍線部によれば、井出太左衛門を通して、天野弥五右衛門の方から会いたいという意志を伝えて来たというのである。

この天野弥五右衛門の人となりと、その随筆『思忠志集』については、評伝『元禄養老夜話――旗本天野弥五右衛門の晩節』[注8]が氏家幹人に備わり、本稿も教えられる所が大きかった。これに拠り、また『寛政重修諸家譜』などで自らも確認した所を簡単に整理し直しておこう。天野弥五右衛門は、諱・長重。はじめ長三郎と称す。天野小三郎長信の子として元和七年（一六二一）生。寛永十一年（一六三四）、十四歳ではじめて三代将軍家光に拝謁。延宝四年（一六七六）から元禄二年（一六八九）までは鉄砲頭。そののち御鎗奉行、御旗奉行を歴任して元禄十四年（一七〇一）致仕。宝永二年（一七〇五）

7　『諸事覚書』の引用は、先述の中村家蔵本によった。

8　平成八年二月、新人物往来社。

十二月十二日没、八十五歳。五郎右衛門が表彰された天和二年（一六八二）三月の時点では鉄砲頭であった。

この初対面の十日後、四月十三日には、天野弥五右衛門から五郎右衛門へ次のような手紙が届いた（年表⑫）。

昨日者御入来令満足候。随而近日在所江被帰候由、暇乞被申置不浅候。他行不及面談候間、如此ニ候　以上

猶々　其方家為末代旁候間、（引用者注…井出）太左衛門殿御申次第遂御相談、春常老たのみ申義可有之候。返々昨日他出残念之至ニ存候。今日太左殿江御見舞申事、可有之候。左候ハバ面談暇乞可申候　以上

四月十三日　　天野弥五右衛門

五郎右衛門殿

近日帰郷する五郎右衛門が天野弥五右衛門宅へ暇乞いに来たが、外出中で逢えなかったため、後日弥五右衛門から五郎右衛門に差し出された挨拶の手紙である。

注目したいのは、傍線の尚々書きに見える「其方家為末代旁候間、太左衛門殿御申次第遂御相談、春常老たのみ申義可有之候」との文面である。この箇所は意味が取りにくいけれども、其方（五郎右衛門）の末代のためになるのだから、（井出）太左衛門へ言ってくれれば春常（林鳳岡）に頼むつもりだ、と理解できる。つまり天野弥五右衛門は、中村五郎右衛門→井出太左衛門→林鳳岡、という注文ルートでの作品成立を持ちかけているのである。

林鳳岡は寛永二年（一六二五）生、享保十七年（一七三二）没、八十九歳。林鵞峰の次男として生まれた。兄が先に没して延宝元年（一六七三）には林家の家督を継いでおり、当代を代表する儒学者であっ

たと言って良いであろう。その鳳岡の個人名を挙げて何かプレゼントをと申し出る辺りには、天野弥五右衛門のこの申し出が単なるあいさつではなく、現実的なものであることが窺われる。

つまり天野弥五右衛門は、五郎右衛門宅に押しかけた当初から、五郎右衛門のために何かをしてやろうという心づもりでいたのである。

四　二度目の江戸行と饗応——作品一〔五郎右衛門像賛〕

江戸で表彰され、天野弥五右衛門と会った五郎右衛門は、天和二年（一六八二）四月十六日に江戸を離れた（年表⑬）。しかし年表⑭に見える通り、その後約二ヶ月で再び江戸を訪れている。これは『諸事覚書』には見えない記事で、今回の調査ではじめて明らかになった事実である。国立公文書館蔵写本『天和二年日記』[注9]三月十二日の記事には次のようにある。

重而六月十八日ニ堀田筑前守殿、牧野備後守殿承リ、井出治左衛門殿、五郎右衛門を召連登城被仰付、御目見仕候。

一、銀子五枚

一、御羽織一麻単　五郎右衛門拝領

五郎右衛門、本名御尋、中村と申上ル。自今以後今村ニ御改被下。

一、桂昌院様御所望ニ而、五郎右衛門ヲ三ノ御丸江召寄、御覧被成、即西ノ御丸江被遣、若君様へ御目見。[注10]

先にも述べた通り、年表③〜⑬に見た天和二年三月〜四月の江戸滞在では、大老までは面会したものの、将軍への御目見は叶っていなかった。しかしこの二度目の江戸行きで五郎右衛門は、初め

9　請求番号…一六四／九。

10　六丁裏。

て将軍綱吉へ御目見を果たしたのである。またこの江戸滞在では綱吉の生母・桂昌院にも拝謁した。そのさい桂昌院が若君、すなわち当時四歳の綱吉一子・徳松にも引き合わせているのは興味深い。当時実在の孝子がどれほど珍重されたか、ということを示す出来事である。ただ惜しくも徳松は、この翌年の天和三年（一六八三）閏五月に五歳で没することになる。

しかし本稿においてより重視したいのは、この⑭の江戸行、あるいはそれ以後の別の時期に、五郎右衛門は少なくとももう一度は江戸へ上り、天野弥五右衛門から饗応を受けているということである。そのことが明らかになるのは『思忠志集』千五百四十九段「孝人（天和二戌年）」の項に貼り付けられた肉筆像賛、作品一（五郎右衛門像賛）によってである（《図15》参照）。

《図15》五郎右衛門像賛。孝子をもてなす宴に儒者や絵師も同席した。

平伏した中年男性が描かれ、賛には「今泉の村民／能く双親に事《つか》ふ／方寸の志／一家に仁有り／天恩租を免じ／郷栄倫《とも》を超ゆ／孝感報応し／令名泯《ほろ》びず」▼注[11]（原漢文）とある。『鳳岡林先生全集』巻百七に収められた「今泉五郎右衛門賛」はこれを採録したものである。▼注[12]

画者署名には「藤原秀信」とあるが、これは狩野派築地小田原町家の絵師・柳雪秀信こと狩野秀信である。万治三年（一六六〇）に御目見を果た

11　『思忠志集』の引用は、国立公文書館本（請求番号：一九〇／一八一）による。

12　ただし「租」（『思忠志集』）――「税」（『鳳岡林先生全集』）、「報応」――「応報」の異同がある。

し、元禄九年（一六九六）に屋敷を拝領している。正徳二年（一七一二）八月二十六日没、六十七歳（『古画備考』）。先に見た天和二年（一六八二）四月三日の饗応（年表⑪）で同座していた狩野主水（梅雪為信）の兄にあたる。天野弥五右衛門は饗応のたびに絵師をその座へ呼んでいるのである。

さらに賛を付している林整宇が、天野弥五右衛門が作品依頼をしていた林鳳岡（春常）の別号であることにも注目せねばならない。この賛によって、前節で見た天和二年四月十三日付け書簡での提案（年表⑫）が実現したことが分かる。林春常（鳳岡）と五郎右衛門とが、ここでようやく同席するに至ったのである。そしてその差配をしたのが、この画賛の原画を自らの写本随筆『思忠志集』に貼り付けた天野弥五右衛門であったことは疑うべくもない。

年表⑪では、弥五右衛門が押しかけのような形で五郎右衛門を饗応に迎えている様子を見た。加えてこの年表⑭に該当する箇所では、再び（あるいは三たび）江戸へやって来た五郎右衛門を饗応し、絵師や儒者を同席させて画や賛を作らせている様を見て取ることができた訳である。

ただし、この像賛が天野弥五右衛門編の随筆『思忠志集』に貼り付けられていることからも分かるとおり、これは中村五郎右衛門へとプレゼントされたものではなかった。むしろ天野弥五右衛門自身の記念のために作られたと言うほうが適当である。

五　五郎右衛門伝の依頼者——作品三「孝子今泉村五郎右衛門伝」

右のような時期を経て、作品三「孝子今泉村五郎右衛門伝」（天和三年〈一六八三〉九月成。《図16》）が生まれる。漢文で書かれたこの作品は広く流布しており、五郎右衛門の伝記として現在最もよく知られているものである。作者は林鳳岡。冒頭で見た『徳川実紀』において「儒臣林春常信篤に命じ、其伝を作らしめて刊行せらる」としていたのがこの作品を指すであろうことは疑いない。

しかし『徳川実紀』の記事には問題がある。まずこの伝記が刊行されたものを知らない。国文学研究資料館ホームページ「日本古典籍総合目録データベース」などを見ても刊本の存在は確認できないし、幕府の記録類に徴しても、そうした記事を今のところ見出せていない。幕府が五郎右衛門伝を刊行して広めた、という『徳川実紀』の記事は、鵜呑みにすることはできない。

さらに、より重要であろうと思われる誤りは、林鳳岡に執筆を命じたのが徳川綱吉ではない、ということである。この伝記の識語には、「天和三年癸亥季秋之日、天野弥五右衛門長重が求むる所に依て之が伝を為《つく》る／東部州学整宇林春常識」（原漢文）[注13]と記されている。つまり、先ほどから見てきている、幕臣・天野弥五右衛門長重からの依頼によって書かれたものであった。

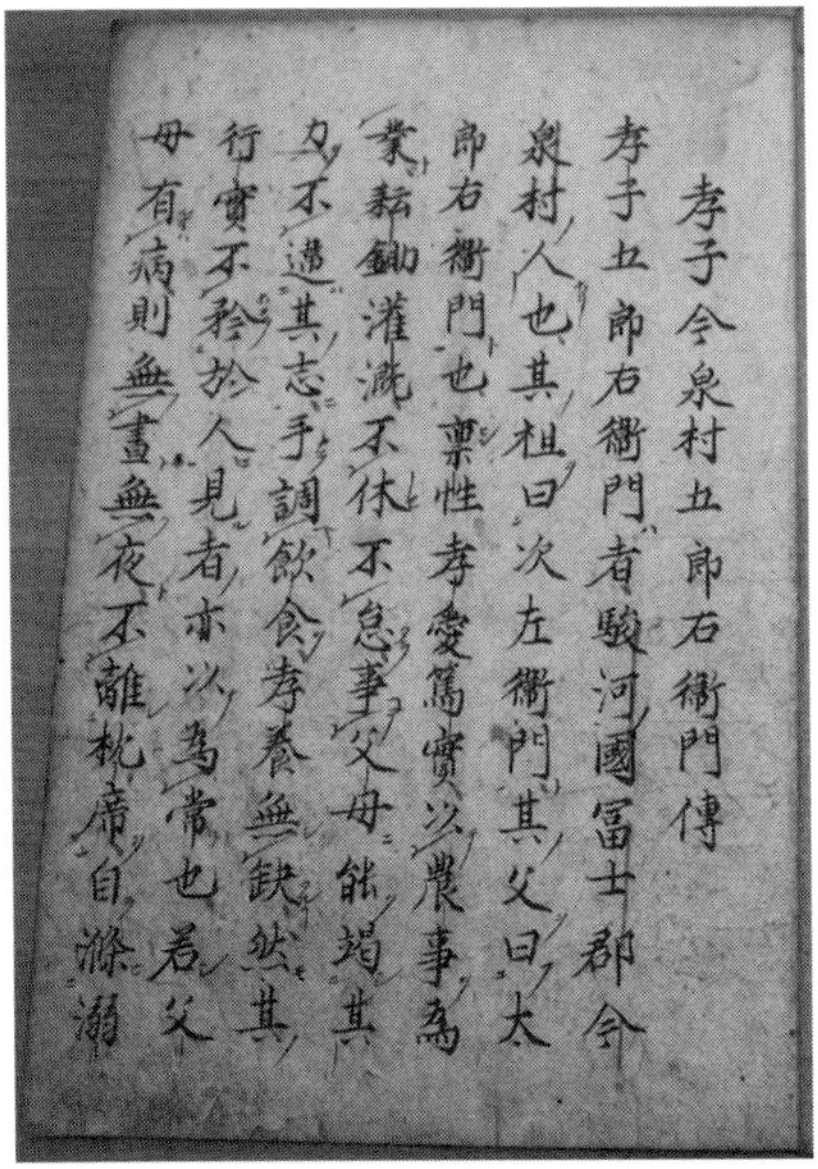
孝子今泉村五郎右衛門傳
孝子五郎右衛門者駿河國冨士郡今泉村人也其祖曰次左衛門其父曰太郎右衛門也稟性孝愛篤實以農事為業耘耡灌漑不休不怠事父母能竭其力不遂其志手調飲食孝養無缺然其行實不矜於人見者亦以為常也若父母有病則無晝無夜不離枕席自滌溺

《図16》林鳳岡「孝子今泉村五郎右衛門伝」（中村家蔵）。依頼者は将軍綱吉ではなく、とある幕臣だった。

彼が該作に込めた気持ちは、その装幀からも見て取ることができる。諸本のうち、中村家に蔵される一本の函書《はこがき》（貞享元年六月　天野弥五右衛門長重識）には、この一本をわざわざ京都町奉行・井上志摩守に託して装幀させたと記されているという（鈴木覚馬『岳南史』[注14]）。また架蔵本ほかの諸本に見える村田常堅の識語（貞享元年秋）には、天野弥五右衛門が自身で訓点を施したことや、この文章を冊子本や巻子本と成して、天野弥五右衛門の長

13　「孝子今泉村五郎右衛門伝」の引用は、中村家蔵富士市立図書館寄託本（整理番号…二一／六三）による。

14　昭和四十八年三月、名著出版復刻版。序文「刊行にあたって」（株式会社名著出版）によれば、初刊本は昭和六年から十年刊とのことである。

子・甚右衛門長頼の妻（青山丹後守幸通の娘）が手づから装幀を行った由が記されている。いずれも弥五右衛門が該書作成に力を入れたことを示す事例であり、彼が該作に込めた真剣な思いを窺うに十分であろう。

先に本節三「天野弥五右衛門長重との出会い」では、天野弥五右衛門が中村五郎右衛門の滞在先に押しかけ、五郎右衛門のために何か林鳳岡に作品を頼んでやろうと申し出ていることを見てきた。また、本節四「二度目の江戸行と饗応」では、五郎右衛門にプレゼントはされなかったものの、実際に林鳳岡の賛を付した五郎右衛門の像賛の存在を確認した（作品一）。そして、この作品三「孝子今泉村五郎右衛門伝」に至って、ようやく実際に天野弥五右衛門から中村五郎右衛門へとプレゼントが作られ、贈られた訳である。

『徳川実紀』はこの作品を、綱吉が執筆を命じ、刊行して広めた、と、いかにも幕府主導の政策のように記していた。しかし実際は、幕府の表彰に反応した幕臣・天野弥五右衛門が、あくまでも個人的に作らせた伝記だったのである。

六　もうひとつの五郎右衛門伝――作品二〔五郎右衛門刷物〕

さて、ここでつけ加えておきたいのは、これとは別の作品で、実際に刊行された五郎右衛門伝があったということである。『思忠志集』第千五百四十九「孝人（天和二戌年）」の段に、次のような興味深い記事を見て取ることができた。引用中にも見えるが、巷間に出回っていた瓦版を書き写したもので、私に作品二〔五郎右衛門刷物〕と名付けたのがこれである。やや長くなるが、該当記事の全文を引用することとしたい（傍線引用者）。

一、五郎右衛門孝行を世ノ人感じ、江戸に於て板《ハン》行仕り、童蒙児女まで翫び、商売にして利を求むるは、是以て五郎右衛門が慈悲にあらずや。故に感心して板行を書写し、今之を記す。絵も有つれども之を略す。

爰に有がたかりける物語、今度駿河国、今泉村といふ所に、宜くらす百姓有。其名をば五郎右衛門と申て、うとく成農人也。然に此人、慈悲第一にて、過ツル申酉二年之飢饉▼注[15]に付、我手下の百姓に、それぞれに心をつけ、金銀を借すといへども、利足を不取かしにけり。或ハ非人等に至まで、せぎやう引事、度々也。慈悲なさけ深き事、誠に詞にも、のべがたし。又親に孝なる事、世にかくれなし。その孝行と謂は、朝夕の食事なども、手づからととのへ、給仕などして、ふたりの親にあたへける。或時は又、親大用小用なども、器《ウツハモノ》にいれ、手自《テヅカラ》はこび捨ルとか哉。何にても、親云ル、如此に、背事なし。誠に、古人の言葉にも、「親に孝なるその人は、天の恵有」とかや。寔《マコト》に彼五郎右衛門、慈悲なさけふかく、親に孝有其次第、巡見衆之御耳に立、お江戸迄披露有、孝行之品々聞召、「奇特成もの也」と、今度不思議《フシギ》に召出され、三月十二日に、九拾石ノ田所、永代つくり取に拝領す。是も偏に親に孝なる故ぞかし。よくよく孝をなし給へ。是を読聞輩に不孝をなさん人あらじ。能々読て聞すべし。

一ツとや人に勝れて孝行を駿河国の五郎右衛門
二ツとやふたりの親へ孝行をなせば冥利はまのまへに
三ツとや身にもかからぬ百姓に慈悲心ふかき五郎右衛門
四ツとやよきは心の慈悲者ゆへ其名は四方に隠なし
五ツとやいづみ村成百姓に五郎右がすくはぬものはなし

15　延宝八年（一六八〇）と天和元年（一六八一）。

六ツとや昔は扨置《さておき》今がよにかかる慈悲者はまたあらじ
七ツとやならぬものをばあはれみて弥《いよいよ》慈悲を深くする
八ツとややれ親たちへ孝行はあげて詞に尽されず
九ツとや今度俄に九十石永代田地を拝領す
十とや兎角孝行慈悲心のめうりに叶五郎右衛門
十一や一門眷属悦びのいろめきわたるゆゆしさよ
十二とや俄に江戸入駿河なる五郎右衛門が事は隠なし
十三とや扨も親ごへ孝行はするがの国の富士の山々に
十四とや知も知らぬもをしなへて親に孝行慈悲もせよ
十五とや是を見る人聞人も五郎右が心を真似給へ

江戸で刊行された刷物が童蒙児女の玩びとなっている。これで人々が商売でき、利益を得ていることも、五郎右衛門の慈悲ではないか、とし、その刷物を書き写しているのである。挿絵が書き写されていないのは残念だが、数え歌の存在など、大変興味深いものである。

この刷物の刊行時期について少し考えてみたい。『思忠志集』のこの段の日付は「天和二戌年」となっているが、この年記は信用して良さそうである。なぜなら、引用文における年次の書き方を見ると、傍線箇所の通り、「過ツル申酉二年之飢饉に付」と、他の年に関しては年号を明記しているのに対し、五郎右衛門が表彰を受けた天和二年（一六八二）については「三月十二日に」とあるのみで年号を記していないからである。つまり該作は、五郎右衛門が表彰された年内に刊行された。瓦版の速報性を考えれば、表彰後間もなくのことであったと考えて大過ないであろう。

問題となるのは、この刊行に幕府が関わっていたかということだが、刷物の文面と筆録者である天野弥五右衛門長重の口吻からは、そうした形跡は全く見て取ることができない。そればかりか、「五郎右衛門孝行を世ノ人感、於江戸板行仕」と、「世ノ人」、すなわち民間による刊行であると言い、「故感心而板行を書写、今記之」と客観的に記しているのである。すなわちこの刷物もまた、幕府によって成ったものではない。民間で刊行され、流布したものだったのである。

先に『徳川実紀』が作品三「孝子今泉村五郎右衛門伝」を「刊行せらる」としているのは誤りではないかと指摘した。推測の域を出ないが、この誤りは、作品二〔五郎右衛門刷物〕と混同した結果だった可能性もある。

七　記念品としての作品成立――作品四〔六字名号父母画幅〕

右に見た年表⑯、作品三の林鳳岡「孝子今泉村五郎右衛門伝」と極めて深い関わりを持つのが、年表⑰に記した作品四〔六字名号父母画幅〕（中村家蔵）である（《図17》参照）。

ここでは五郎右衛門の父母らしき人物が二人座って談笑する姿が肉筆で描かれている。上部には「南無阿弥陀仏」と六字名号が大書され、次のような墨書が添えられている。（和歌を除き原漢文）

駿州富士郡今泉村ノ農民五郎右衛門、孝行上聴ニ達シ、御朱印ヲ下シ賜ハリ、永ク其ノ賦税ヲ免ジ玉フ。五郎右衛門、天野長重ニ就テ父母ノ影ヲ乞イ請ク。長重、画工長谷川等伯ニ命ジテ焉《これ》ヲ図セシメ、以テ予ニ「六字ノ名号ヲ書セヨ」ト請フ。因テ筆ヲ下ス。

仰けただうつし絵ながら父母の
ほかにはあらじ神も仏も

天和三癸亥年小春十五日　日本国中仏法弘通之大導師　遊行六七世　南門（印）▼注[16]

16　なおこの和歌は『歌林一枝』（写本）巻之三に次のように記されている（国立公文書館本に拠った）。「遊行派の僧尊任僧正といひしが駿河の国の孝子ときこえし今泉五郎左《ママ》衛門が父ははの肖像を画がかせてもたりし。その讃をこはれし時のうたに／あふげただうつし絵ながらかぞいろの外にはあらじ神も仏も」

《図17》〔六字名号父母画幅〕（中村家蔵）。これも幕府からではなく幕臣からの個人的プレゼントであった。

南門とは、時宗の遊行第四十二世・尊任のことである。祢宜田修然・高野修著『遊行・藤沢歴代上人史』▼注[17]によれば、尊任は寛永二年（一六二五）生。寛文八年（一六六八）に四十四歳で遊行を相続して各地を廻る。天和三年（一六八三）、藤沢樹端上人の入寂を受けて帰山し、元禄四年（一六九一）に六十七歳で没するまで九年間独住したという。

その尊任が記す所によれば、この画幅は五郎右衛門が天野弥五右衛門長重に乞い、弥五右衛門が画を長谷川等伯に、賛を尊任に誂えたものであると言うのである。

この画幅の成立に関する経緯は、『思忠志集』千四百十三番「駿河国今泉孝農夫江遺状」という、天野弥五右衛門から中村五郎右衛門に宛てた書簡の写しにも次のように記されている。書簡の日付は貞享元年〈一六八四〉三月六日とあって、最初の饗応からは二年近くが経ち、画幅に尊任が記した年時からも半年ほど後のものである。

一、井出太左衛門殿を以、内々被願候父母之絵像、長谷川等伯画。幸遊行上人就下向、南無阿弥陀仏之御名号并事書、詠歌迄被遊被下候。

五郎右衛門から弥五右衛門への依頼は、井出太左衛門を通してのものであり、またそれが「内々」に希望していたものだったことが分かる。つまり中村五郎右衛門→井出太左衛門→天野弥五右衛門、

17　平成元年十月、末秀寺。

と申し出が伝えられ、それを受けた天野弥五右衛門が長谷川等伯と尊任にあつらえた、という経路が見て取れるのである。

ここで思い出されるのは、先に見た年表⑯の作品三「孝子今泉村五郎右衛門伝」(林鳳岡)である。これもまた、中村五郎右衛門→井出太左衛門→天野弥五右衛門→林鳳岡という経路で出来上がったものであった。つまり作品三「孝子今泉村五郎右衛門伝」と作品四〔六字名号父母画幅〕とは、作品を依頼する人的つながりが一致しているのである。

その成立時期にも着目する必要がある。作品四の画幅は識語によれば「天和三癸亥年小春十五日」とあって、天和三年(一六八三)十月十五日の成立と分かる。また作品三「孝子今泉村五郎右衛門伝」は「天和三年癸亥季秋之日」と、天和三年九月の成立である。つまり両者は、ほぼ同時期に成ったことが判るのである。

このように、作品三「孝子今泉村五郎右衛門伝」と、いま見た作品四〔六字名号父母画幅〕とは、作品成立経緯、作品成立時期の二点において、極めて似通っているのである。

そして改めて確認しておきたいのは、『徳川実紀』には「儒臣林春常信篤に命じ、其伝を作らしめて」と、五郎右衛門の伝記が幕府の命で作られたかのように書かれていたにも関わらず、作品三と作品四のどちらにも、成立をめぐるやりとりに、幕府の関与が全く見えないということである。つまり、これらはあくまでも、幕臣である天野弥五右衛門の個人的営為なのであった。

作品三の林鳳岡「孝子今泉村五郎右衛門伝」や作品四〔六字名号父母画幅〕は、『徳川実紀』が記すように「褒顕」「旌表」、すなわち五郎右衛門を褒めて孝行を広めるような、庶民のために作られた物ではなかった。むしろ「其方末代」(『諸事覚書』)、すなわち五郎右衛門の栄誉が末代までも伝わるように、五郎右衛門個人のために作られたものだったのである。

八　おわりに

以上見てきたことを整理したい。

『徳川実紀』には、五郎右衛門の表彰に関して、幕府がその伝記を幕府の儒者・林鳳岡に書かせ、それを刊行させたとあり、このことは長く信じられてきた。しかし実際には、林鳳岡に作品三「孝子今泉村五郎右衛門伝」を書かせたのは幕府ではなく、遅れてきた幕臣の一人・天野弥五右衛門なのであった。またその依頼もきわめて個人的なものであったと推測される。天野弥五右衛門は、これ以外にも作品一の藤原秀信・林鳳岡〔五郎右衛門像賛〕や作品四の長谷川等伯・尊任〔六字名号父母画幅〕といった記念品的作品を著名人に作らせており、作品一は自分自身で蔵し、作品四は五郎右衛門に与えているのであった。簡単に言えば、天野弥五右衛門という個人の熱意、それも、中村五郎右衛門のためになるようにという熱意から生まれたものだったのである。

このように諸作品の成立を見て行くと、綱吉の孝子表彰に対する幕府の関わり方は、大きく変更が求められるのではないだろうか。綱吉期における孝子五郎右衛門に対する表彰は、朱印状を与えたことや、綱吉や桂昌院による饗応などによって一応裏付けることができ、たしかに、綱吉の治世において大きな出来事であった。しかし、綱吉との孝との関わりをどこまで見るか、という問題については、踏みとどまって考える必要がある。すくなくとも表彰をきっかけに続々と生まれた五郎右衛門をめぐる作品に関しては、必ずしも幕府主導で生まれたものではなかったのである。綱吉の孝子顕彰への試みは、考えられているより規模の小さいものだったのである。

これは綱吉だけにとどまらない問題をはらんでいる。もちろん、孝子表彰を行った為政者が孝子伝を執筆させ、版行するということが江戸時代に無かった訳ではない。しかし江戸時代に書かれた孝子伝全体から考えれば、それはむしろ少数派に属するだろう。表彰という政治行為と、孝子伝の執筆・流布という（広い意味での）文学的な行為とをいったん切り離して考えること。このことによって見えてくるものは決して少なくないはずである。

さらに言えば、孝が持つ喚起力にあらためて注目するべきだろう。孝子の存在が、幕臣、儒者、絵師、瓦版屋、僧侶など、さまざまな人々を動かして、いくつもの作品を生み出していった。それは決して上からの押しつけ、という視点だけで論じきれるものではなかったのである。

第四節

表彰は説話の起爆剤
——駿河国五郎右衛門をめぐって

一　孝子伝は信用できるか

孝子をめぐる議論を見ていると、ひとつの型があることに気づく。孝子伝におけるさまざまな行動の逸話があまりに不自然だ、という違和感を議論の出発点として立論するものが多いのである。とくに江戸時代を論じるにあたっては、この違和感を、孝を推し進める支配者の側への違和感とむすびつける論が多い。

筆者が疑問に感じるのは、こうした議論がしばしば、『二十四孝』だとか『官刻孝義録』に書かれた記述をもとになされていることである。

たとえば「はじめに」でも挙げた菅野則子『江戸時代の孝行者　「孝義録」の世界』は代表的な例だろう。その第一章第七節「絶対服従」の章は、『官刻孝義録』に掲載された孝子のうち、筑後国の宇平治、讃岐国の政右衛門という二人の逸話を引用する。この二人に関する伝記は、ともに継母へ絶対服従した、というものであるが、これについて菅野稿は、次のように評している。

「継母」でも親であることには変わりないのであって、子は親へ絶対服従すべきものであることを説いているのであり、このような宇平治や政右衛門を表彰することを通して、庶民の「子」の「親」に対するあり方の範を示したのである。▼注[1]

こうした結論に至るためには前提が必要である。それは、『官刻孝義録』に記された内容が、当時為政者が得ていた情報と同じだという前提である。『官刻孝義録』に記されたのと同じ行動を為政者が知っていて、為政者にとって「あるべき庶民」の姿だと納得し、為政者はその孝子を表彰し、領民に広めたのだ、という道筋が証明されていなければならない。しかし、議論の対象となっている孝子の逸話が、どのように生まれたのか、ということについては、従来あまり真剣に考えられたことはないようである。

すでによく知られていることだが、『官刻孝義録』は、各藩から提出された文章を幕府が整理して出来上がったものである。よって、それぞれの藩から提出された資料には、様々な質のものが混在していた。ある藩はすでに刊行していた書物をそのまま差し出し、またある藩が提出した孝子の逸話には、明らかに他藩の孝子の逸話からの盗用が混じっている。

時に批判の的となる孝子のさまざまな逸話は、本当に実際に孝子によってなされたものだったのだろうか。あるいは、為政者が行動規範として庶民に提示するために創作したものなのだろうか。ひとまず立ち止まって、こうした孝子の逸話の成立経緯について検討する必要を感じるのである。

二　逸話のない孝子

検討の材料は、前節でも取り上げた駿河国富士郡今泉村の富農・中村五郎右衛門である。彼は延宝九年（一六八一）四月、幕府の巡見使に見いだされた。そののち江戸へ呼び出されて、天和二年

1　九七ページ。

（一六八二）三月には幕府より田地九十石の年貢を永代免ぜられ、将軍綱吉より朱印状を賜った。これによって彼は、江戸時代で最初に孝行をもって幕府から表彰された人物となったのである。

五郎右衛門には幸いにも、前節でも取り上げた『駿州今泉村五郎右衛門儀に付江戸にて諸事覚書』（以下『諸事覚書』）がある。これは、彼が地元で巡見使に見いだされ、表彰されるまでを詳細に書き留めた資料である。

該書の中に五郎右衛門の孝行の逸話を探ってみると、江戸幕府から初めて表彰を受けた孝子にしては、意外に映る一面を窺うことができる。というのは、この資料で見る限り、五郎右衛門は自分の孝行を終始一貫して否定し続けているのである。

たとえば延宝九年（一六八一）四月八日、江戸から遣わされた巡見使に対して五郎右衛門は次のように言っている。

……母親存生の内、子共之内にて、五郎右衛門を別而不便に存申故、人参候節は、「子供之内、五郎右衛門斗母に孝をなし候」と、不便之余り申候故、承り候人々、「扨は親に孝行をも仕候や」と被存、世間へ申ふらし候哉。親の恩にて心易く渡世仕候上は、孝をも尽し申度義と心底には存候得ども、孝をいたし候義、夢々無御座候。ケ様に御尋に預り、今更迷惑仕候。▼注[2]

2　一丁裏。

母親は生きていた時分、自分（五郎右衛門）を特別に可愛く思っていたため、子供の中でとくに自分のことを孝行者だと言っていたに過ぎない。それを聞いた人々が世間に言いふらしたのだ。親の恩のお陰で心やすく世を渡っているのだから親孝行をしたい気持ちはあるが、親孝行をしたことは一切ない。それなのにこのような（表彰を前提としてどんな親孝行をしたかという）尋問をされては迷惑だ。これが五郎右衛門の言い分である。

しかし現地の者どもに尋ねると、「世人と替り、五郎右衛門慈悲心も有之者」だと答えるので、巡見使は帳面に書きとめた。五郎右衛門は巡見使の宿泊所まで訪れて、帳面から削ってくれるよう頼んだが、「申す程の事殊勝なり」と、いよいよその旨を帳面に記されたという。

また、翌天和二年（一六八二）三月五日には江戸へ呼ばれ、勘定奉行から質問を受ける。その際にも五郎右衛門は孝行について否定するばかりか、二十年前に自分が間違えて家に鍵をかけ、父親が家に入れなかったことがある、という不孝話を語り出す始末であった。これに対し奉行は、次のように総括した。

「左様成事は人々平生有事にて候。夫れを不孝の第一と二十年之内、忘れずに存候事にて諸事の義相聞へ候間、最早相尋る迄もなき事」と被仰候▼注[3]

そのような誰にでもあることを不孝の第一として二十年も忘れないでいる。この一事をもって、日頃の孝行も大体推察できる。だからもう尋ねるまでもない、と、五郎右衛門に関する詮議は終わったのである。すなわち、五郎右衛門が謙遜するために自ら語った不孝話が、幕府によって孝行話として捉え直されてしまったのである。とんち話のような結末である。

『諸事覚書』に見える中で、五郎右衛門の孝行と言うに足るものは、あえて探してもせいぜい二例が挙げられる程度である。一つは、天和二年（一六八二）二月二十日、幕府からの問い合わせに対し、当地を管理する大宮《おおみや》代官・井出治左衛門から勘定奉行三人へ宛てて書いた「覚」の中に、「親共病中は隠居家に昼夜相詰め、果申候ても忌中三十五日の中は、人にも逢不申候。隠居家を立退不申、看経仕罷在申候」という記事が見える。親の病気中に昼夜看病し、没後には三十五日間喪に服して誰にも会わなかったというものである。もう一つは、右に述べた、孝行話の代わりに自分の不孝話を語ったことが、逆に孝行と称えられたことである。どちらも、幕府から表彰を受けるほどの孝行とは言いがたい。

3　九丁表～同裏。

このように五郎右衛門は、江戸幕府によってはじめて表彰を受けた孝子でありながら、表彰当時は自分の孝行を否定しつづけ、周囲も明確な逸話を提供できないでいたのである。

五郎右衛門に関する研究史の中で、表彰当時の五郎右衛門に孝行の逸話が少なかったことは、早くより着目されて来た。しかし、そこから導き出されてきた結論は、正反対の二つに分かれている。一つは、五郎右衛門が孝行者ではなく、じつは救恤《きゅうじゅつ》家、慈善家、社会福祉家であったのだ、とする説である。▼注[4] もう一つは、本人がどれだけ否定しようが、表彰されたのだから五郎右衛門が孝行者であったことに間違ないとする説である。▼注[5]

五郎右衛門が実際に親孝行だったかどうかという穿鑿は、あまり生産的ではない。そもそも現実の親孝行というものは日々の小善の積み重ねであり、必ずしも目を引くエピソードや表彰を要するものではない。また、ある人物が孝行者かどうかという認定規準は、きわめて相対的なものである。よって、表彰されたからと言って、それだけで孝行者であると無批判に断定することはできないし、また逆に、五郎右衛門自身が孝行を否定しているからと言って、五郎右衛門が孝行者であったこと自体を取り消す必要もない。

それよりも注目したいのは、このように五郎右衛門が孝行を否定していたにもかかわらず、現在見聞きする五郎右衛門説話が、夥しい孝行の逸話に彩られているという事実である。すなわち、彼が行ったこととして今現在まで語られている多彩な孝行説話は、（実際に彼自身の行いであったかは別として）その全てが後から付け加えられたものなのである。筆者はむしろ、このことに着目したいのである。五郎右衛門にまつわる孝行の逸話は、いつ頃、どのようにして生まれ、彼のものということになったのか。当初自分の孝行を全く否定していた五郎右衛門は、こうした点を跡付けやすいという意味で、近世孝子説話の中でも得難いサンプルであろう。その道筋をたどることは、近世にお

4　若林淳之『吉原市史』上巻（昭和四十七年三月、富士市）第五章第二節「幕藩体制下の村と百姓」および同「孝子五郎右衛門褒顕のあとさき」（『静岡学園短期大学研究報告』八〈平成七年十一月、静岡学園短期大学〉。のちに『地方史研究の諸問題』〈平成九年六月　私家版〉所収）。

5　鈴木富男『郷土の先達第一輯』（平成二年一月、富士市立中央図書館）。「ともあれ、全国で唯一親孝行として表彰されたということは、本人がそのことをどんなに否定しようが、五郎右衛門は稀れにみる孝行者であったことに間違いはない」とする。

いて孝子説話が生まれるさまの一典型をたどることに他ならない。さらにその過程の中に、近世の孝子説話に独特の側面を見出せれば、と考えるのである。

三　五郎右衛門の説話資料

右の見通しに基づいて、五郎右衛門についての説話内容を見て行きたい。まずそのための基礎資料として、左に彼のことを記した資料を年代順に並べておくこととする。◎は挿画が存するものである。

【表4】五郎右衛門が載る資料一覧

	挿絵	筆記年次	刊写	資料名	著者
1		天和二年（一六八二）三月	写	朱印状	徳川綱吉
2		天和二年（一六八二）四月	写	『駿州今泉村五郎右衛門儀に付江戸にて諸事覚書』	甘利与左衛門
3		このころ	写	「今泉村五郎右衛門聞書并興津宿宇右衛門覚書」	
4	◎	天和二年（一六八二）六月か	写	〔五郎右衛門像賛〕	狩野秀信画 林春常賛
5	◎	天和二年（一六八二）のうち	刊	〔五郎右衛門刷物〕	不明
6		天和三年（一六八三）九月	写	「孝子今泉村五郎右衛門伝」	林春常
7		天和三年（一六八三）十月	写	〔六字名号父母画幅〕	長谷川等伯画 南門賛
8		天和三年（一六八三）十一月序	写	『颺言録』巻三	堀田正俊

9		天和四年（一六八四）一月序	写	『古今犬著聞集』巻十の一「達天下駿州今泉村五郎右衛門孝行事」	椋梨一雪
10	◎	天和四年（一六八四）三月序	刊	『本朝孝子伝』巻下「今世」部二「今泉村孝子」	藤井懶斎
11		貞享二年（一六八五）八月跋	写	『東路記』「東海道」	貝原益軒
12	◎	貞享三年（一六八六）一月	刊	『近代艶隠者』巻四の三「冨士郡の賢濃」	西鷺軒橋泉
13	◎	貞享四年（一六八七）五月	刊	『仮名本朝孝子伝』巻下「今世」部二「今泉村孝子」	藤井懶斎
14	◎	貞享四年（一六八七）十一月跋	写	『思忠志集』巻十三「駿河国今泉孝農江遣状」および巻十六「孝人」	天野弥五右衛門長重
15		元禄四年（一六九一）十一月	刊	『吾妻紀行』巻下「吉原」	谷口重以
16		元禄六年（一六九三）十二月以降 ▼注［6］	写	『日本三十四孝賛伝』目録	滝川昌楽
17		元禄九年（一六九六）三月	刊	『古今武士鑑』巻四「孝子鑑」の二「今泉村五郎右衛門事」	椋梨一雪
18	◎	元禄十年（一六九七）正月	刊	『本朝二十四孝』第十六「今泉村孝子」	鳥井庄兵衛画
19		元禄十五年（一七〇二）三月	写	『武士鑑　附孝子伝』「孝子伝」二「五郎右衛門事」	椋梨一雪
20	◎	正徳二年（一七一二）三月	刊	『当世智恵鑑』巻三の一「不二の農民」	都の錦
21		享保五年（一七二〇）七月	刊	『孝道故事要略』巻七の五「丹波孝女獲福事」	厚誉春鴬
22		享保六年（一七二一）正月序	刊	『吾嬬路記』「吉原より原へ」	貝原益軒 谷重遠
23		享保六年（一七二一）正月序	刊	『東路塩土伝』巻二「吉原駅」	岡田正利
24		享保七年（一七二二）一月	刊	『誹諧絵文匣』巻下	松井立詠撰
25		享保十七年（一七三二）正月	刊	『東海道千里の友』「吉原より蒲原へ」	松井嘉久序

6　年次は拙稿「滝川昌楽素描　―近世前期京都の一儒者像」（『近世文芸』第七十五号〈平成十四年一月、日本近世文学会〉所収）参照。なお所見本で五郎右衛門は目録に「駿州五郎右衛門今泉村百姓」と載るのみ。本文は存しない。

26		享保十九（一七三四）一月	刊	『孝感冥祥録』巻上	伝阿記 宝洲評
27		延享四年（一七四七）正月	刊	『諸国海陸道中記』「よしはらより蒲原へ」	
28		安永三年（一七七四）▼注［7］	写	『東海道中山道道中記』「吉原よりかん原へ」	
29		天明五年（一七八五）九月序	写	『真多念之夢』	赤元良士弘
30		享和元年（一八〇一）八月	刊	『官刻孝義録』巻四「駿河国」	林述斎ほか
31		文化五年（一八〇八）九月以前か ▼注［8］	写	『歌林一枝』巻三	梅龍子
32	◎	文化五年（一八〇八）冬求板 ▼注［9］	刊	『絵本親孝行』巻上	河子鷹
33		文化十四年（一八一七）五月	刊	『訓蒙勧孝録』巻中「供養篇」	平井庸慎
34		文政元年（一八一八）十一月序	写	『駿河記』巻二十五「今泉」	桑原藤泰
35		文政十一年（一八二八）春	刊	『近世叢語』巻一「徳行」	角田九華
36	◎	天保十二年（一八四一）正月 ▼注［10］	刊	『田家茶話』巻一口絵	大蔵永常
37		天保十四年（一八四三）五月跋	写	『駿国雑志』巻之四十二「忠孝」	阿部正信
38		文久元年（一八六一）三月序	写	『駿河志料』巻五十四「今泉」	中村高平
39		弘化三年（一八四六）正月起草嘉永五年（一八五二）正月再稿（凡例）	写	『駿河雑志』巻二十「今泉村」	花野井有年

右のほか、編年体の資料で天和二年三月の五郎右衛門表彰を載せるものは次の通りである。

40 『日記』（国立公文書館二五七・四）

41 『常憲院殿御実紀』（『徳川実紀』）巻五

42 『天和二年日記』（国立公文書館一六四・九）

7 成立年次は「古典籍総合目録データベース」による。

8 年次は『日本歌学大系』巻九巻（昭和四十年十月、風間書房）解題による。

9 現時点で初印本の所在を知らない。

10 該書の初印本は文政十三年（一八三〇）二月江戸和泉屋庄兵衛他五肆刊本である。しかしこれには口絵が付されてない。天保十二年（一八四一）正月江戸丁子屋平兵衛他求板修訂本は、六樹園序の最終丁（五丁）裏から四丁表にかけての見開きに下野国の女性「はつ」の挿絵が描かれ、その裏の四丁裏に五郎右衛門の挿絵が描かれている。

43『天和日記』（国立公文書館一六四・八）
44『引佐郡井伊谷村中井日記』（『静岡県史料』資料編十二所収）
45戸田茂睡『御当代記』（東洋文庫所収）

四　かわら版から儒者伝記へ――〔五郎右衛門刷物〕と「孝子今泉村五郎右衛門伝」

五郎右衛門が表彰されてから間もない時期、遅くとも年内には刊行されたと思われるのが、前節でも見た〔五郎右衛門刷物〕（【表4】の5）である。これは江戸で印刷され、流布した一枚物であったと思われる。「と思われる」と書いたのは、この資料の現存が確認できていないからである。ただし、五郎右衛門をめぐる諸作品の成立に大きく関わった幕臣・天野弥五右衛門の随筆『思忠志集』（国立公文書館蔵）に書き写されていて、その本文を知ることができる。この刷物の著者は不明。当事者以外によって書かれたはじめての五郎右衛門伝記である点で重要である。それ以前の『諸事覚書』（【表4】の2）などの資料は、皆いわば内部資料であった。

その文章は前節に全文引用した。そこで具体的な孝行として記されていたのは、親の食事を支度する、大小便の世話をする、親の言うことに背かない、という三つであった。

まず確認しておきたいのは、この孝行が、五郎右衛門への直接の取調べによって成ったものではないと考えられる点である。この孝行は先の『諸事覚書』には載っていない。そしてこの孝行の内容が、孝子伝の常套とも言うべき、極めてありふれたものであったことも指摘しておかねばならないだろう。

親の大小便の世話をするというエピソードは、近世に広く流布した漢籍『二十四孝』の山谷《さんこく》の逸話に見えてよく知られている。また例えば、岡山藩内の孝子を集めた『備陽善人記』（寛文ころ成写本。第二章第三節「表彰と説話集とのあいだ」で詳述）にも次のように、飲食や大小便の世話をするという記事が見える。

> 齢《よはひ》七旬▼注[11]にをよべる舅《しうと》あり。老《おひ》つかれたるあまり中風をさへやみければ、手足もたたず。助三郎いたく憐《あはれ》みて、我かたにむかへ、飲食をも夫婦手づからととのへてすすめぬ。▼注[12]
>
> ――「孝子」部助三郎
>
> 朝夕の食物も、中によろしき所をば、母自ら祖父にすすめ、瞽《めしゐ》にして食物などくひこぼしぬれば、母、はしをとりてこれに食せしむ。手足さへかなひがたければ、二便もまた自らはこびて、赤子をそだつる慈母のごとし。▼注[13]
>
> ――「孝子」部惣十郎・市助

つまりこの話型は、近世前期において極めて常套的なものだったのである。よって〔五郎右衛門刷物〕にこの逸話が挿入されたのは、五郎右衛門の実際の行動にもとづくものと考える必要はない。伝記の体裁を整えるためであったに過ぎない、と考えておいた方が無難である。

ついでながら指摘しておきたいのは、この創作とも思われる箇所が、後代にそのまま受け継がれている可能性があるということである。「孝子今泉村五郎右衛門伝」（【表4】の6）は五郎右衛門の伝記として最も著名なものである。これは五郎右衛門が表彰を受けた天和二年（一六八二）三月から一年半ほど経った天和三年九月に編まれている。つまり〔五郎右衛門刷物〕よりも確実に遅く成ったものである。

その「孝子今泉村五郎右衛門伝」の文中では、五郎右衛門の具体的な孝行に関して次のように書かれていた。

11 七十歳。
12 十五丁表。
13 七丁表～同丁裏。

稟性《ヒン》（引用者注…性質）孝愛篤実、農事を以て業と為し、耘鋤灌漑、休せず怠らず。父母に事《つか》へて、能く其の力を竭《つく》し、其の志に違はず。手づから飲食を調へ、孝養欠くること無し。然も行実、人に矜《ほこ》らず。見る者亦た以て常と為すなり。若し父母病有るときは、則ち昼と無く夜と無く、枕席《ちんせき》を離れず、自ら溺器を滌《あら》ひ、未だ嘗て一刻も子の職を供《つつしま》ずんばあらざるなり。父母の喪に居て、哀毀《あいき》、礼に踰《こ》え、三十五日其の室を離れず、読経弔哭す。世々浄土宗たり。其の勤を廃せず、清岸寺の僧の為めに、聊《いささ》か献芹《けんきん》の志を寓す。（原漢文）

傍線を施した箇所は、先に見たとおり、〔五郎右衛門刷物〕に具体的に記されていたものと極めて似通っている。つまりこの箇所こそ〔五郎右衛門刷物〕から「孝子今泉村五郎右衛門伝」へと採られた箇所であると言うことができるのである。

〔五郎右衛門刷物〕と「孝子今泉村五郎右衛門伝」という二つの資料には、人的交流から見ても直接の結びつきを認めることができる。先にも見たとおり、林春常「孝子今泉村五郎右衛門伝」の末尾には「天野弥五右衛門長重が林春常に伝記作成を依頼したという経緯が明記されている。そしてこの天野弥五右衛門長重が求むる所に依て之が伝を為《つく》る」と、時の幕臣（鉄砲頭）である天野弥五右衛門こそ、先に見た江戸刊行の刷物（資料五）を書き留めた『思忠志集』の編者なのであった。林春常に五郎右衛門伝の作成を依頼するに際し、天野弥五右衛門は何らかの情報提供を行ったに違いない。その中にこの刷物の本文があったことは十分に想像できるのである。

このように、林家の儒者が書いた孝子伝が、その内容を巷間の刷物に拠っていたという事実は、儒者の孝子伝作成過程という問題にとって興味深い事例である。

以上ここまで、五郎右衛門が表彰されてから約一年半が経った天和三年（一六八三）秋あたりまでの動きについて見てきた。この時期までは、伝記作成のために常套的な逸話が挿入されることはあっても、彼の孝行に関するエピソードは依然として乏しいものであったと言えよう。

五　逸話の多様化
——表彰から二年後以降の展開

表彰の約二年後あたりから、五郎右衛門の逸話は多様化する。以下、五郎右衛門に関する資料のうち、四つの大きなエピソードの初

《図15》位牌を背負って富士登山する五郎右衛門（『本朝孝子伝』）。

出資料を挙げて、成立事情について考えてみたいと思う。

◆位牌を負っての富士登山——『本朝孝子伝』（【表4】の10）

五郎右衛門が表彰を受けてから約二年後にあたる天和四年（一六八四）三月の自序をもつ藤井懶斎編『本朝孝子伝』（貞享二年〈一六八五〉十月、西村孫右衛門刊）は、日本の歴史上の孝子を「天子」部、「公卿」部、「士庶」部、「婦女」部に分類し、くわえて「今世」部として当代の孝子二十名を載せた。その「今世」部第二章「今泉村孝子」が、五郎右衛門を扱ったものである。

すでに井上敏幸「近世的説話文学の誕生」▼注[14]が指摘したように、『本朝孝子伝』「今世」部は林鵞峰・人見竹洞ら、林家の儒者の手になる伝記をそのまま利用し、そのことを明記しているものが多い。

14　『説話文学の世界』（昭和六十二年十一月、世界思想社）所収。

しかし、この「今泉村孝子」の章では、天和二年（一六八二）三月二十二日に発せられた徳川綱吉の朱印状を全文掲載してはいるものの、天和三年（一六八三）九月に書かれた林春常「孝子今泉村五郎右衛門伝」は利用していない。[注15] これも井上稿の指摘のとおり、朱印状から林春常「孝子今泉村五郎右衛門伝」までの一年半の間に、藤井懶斎が独自の調査・情報収集を行ったという時間的制約によるものと考えて良いであろう。

そしてここには、従来の五郎右衛門伝には見えなかった、次のような孝行の逸話が掲載されている。

俗謂《いへ》らく、「人、富士の絶巓《ぜつてん》（山頂）に登達することを得れば、必ず現当二世の饒益《ぜうえき》（金品の供給）有り」と。是に繇《より》て、毎歳夏月、登る者常に多し。此の人、将に登らんとするときは、則ち先づ考妣に祠堂に請て、躬《みづか》親ら其の牌主（位牌）を負て、而して後に行を発す。亦た其の冥福を資《たす》けんことを欲してなり。登降の際、敢て肩を息《いこ》へず。僕従有りと雖も、一歩も其の労に代ることを得ず。（原漢文。カッコ内は引用者注[注16]）

富士山に登ることで、現当二世、すなわち現世と来世の幸せが得られるという。そこで五郎右衛門は拝主、すなわち親の位牌を背負って富士山へ登った。そしてその際、決して肩から位牌を降ろさず、従者にも背負わせなかったというのである（《図15》参照）。

◆父の馬──『古今犬著聞集』（資料9）

『本朝孝子伝』とほぼ同時期に編まれた説話集に、椋梨一雪編『古今犬著聞集』（写本。天和四年〈一六八四〉一月序）がある。このうち五郎右衛門は巻十の一「達天下五郎右衛門孝行の事」に収められている。

この『古今犬著聞集』では、まず冒頭に配膳を自分で行ったこと、父母の没後、悲しみに沈んだ

15　『本朝孝子伝』では、父母の病と死にあたっての孝行が次のように記されている。「父癠《せい》する（引用者注…病む）ときは則ち事物心に経《かけ》ず。惟《た》だ其の疾を憂ふ。其の死するに及でや、悲哀至て切に喪を其の室に執て、敢て己が居に反《かへ》らず、敢て人を見ず。母病て且つ死する時も、亦た然り。数々仏事を作して、其の財を吝《をし》まず」（下巻二十六丁表）。この点は林春常「孝子今泉村五郎右衛門伝」と共通するが、どれも常套的で直接の影響関係を見て取る必要はない。また『本朝孝子伝』は続けて彼の善行のもう一つの柱である近隣への施しについて記す。そこでは「或は孤独の急を賙《にぎ》はし、或は乞丐《きつかい》の饑を救ふ。皆志考妣滅罪生天の福を祈るに在るのみ」、つまり親の冥福のためであると孝行に結びつ

など、馴染みの孝行が記される。そしてこれに続いて、次のような目新しい孝行が描かれているのである。

又親が秘蔵せし馬の有しを、親身まかりてより、つかふ事なく念頃《ねんごろ》に飼置し。七年経て死けるを、塚に筑こめし。かかる生類までも、親の愛せしとて捨ざりし。まして人の上は、いふも又更也。▼注[17]

この「父の馬」説話は、貝原益軒の写本紀行文『東路記』（【表4】の11。貞享二年〈一六八五〉八月跋）や、『中井日記』（【表4】の44）などに載る五郎右衛門伝にも窺うことができる。▼注[18] 記述内容に若干の違いが見えるものの、これは『古今犬著聞集』の記事が伝播の過程で変形したというよりは、「父の馬」説話が、五郎右衛門のものとして比較的広く伝わっていたことを示しているのであろう。

ともかく、『本朝孝子伝』と同じように、『古今犬著聞集』も表彰当時には見られなかった五郎右衛門の新しい逸話を書き留めているのである。『本朝孝子伝』『古今犬著聞集』という、ほぼ同時期に成った二書がそれぞれに目新しい逸話を掲載しているということを考えれば、表彰から二年が経とうとする天和四年（一六八四）初頭ころには、五郎右衛門説話が一人歩きする段階に入ったと言って良いであろう。そしてそれが口承によるものであったということも想定して良いものと思われる。

◆片足に下駄、片足に草履――『誹諧絵文匣《えぶんこ》』（資料24）

右の二書から四十年ほど時代の下がる、松井立詠撰の絵俳書『誹諧絵文匣』（享保七年〈一七二二〉十二月　江戸松井庄左衛門刊）にも五郎右衛門が載る。該書には、笠を被り外出着で数珠を片手にした五郎右衛門の立ち姿が描かれている。傍らに記された発句には「今泉五郎衛門　孝情のしたたり甘き清水哉　上州宮崎　野艸」▼注[19] とある。

けて論じられている。五郎右衛門の施しと孝を結びつけた論は『本朝孝子伝』が初めてであった。

16　下巻二十六丁表～同丁裏。

17　『古今犬著聞集』の引用は、『仮名草子集成』第二十八巻（平成十二年九月、東京堂出版）の活字翻刻による。底本は東北大学狩野文庫本（請求番号…狩／第一門／六五〇〇／四）。

18　『東路記』には、他にも津波の際に近隣へ施しをしたこと、家の蔵へ入った盗人が捨てて逃げた米を、追いかけて盗人に取らせたことなど、孝行以外の彼の善行を記した逸話が数多く記されている。

19　『誹諧絵文匣』の引用は、新編稀書複製会叢書（平成二年、臨川書店）本による。

《図19》片足に下駄、片足に草履を履く玉郎右衛門（『絵文匣』）

これについてはやや詳しく解釈をほどこしてみよう。

【季語】清水――夏季。『俳諧御傘《ごさん》』（慶安四年〈一六五一〉刊）に「清水　雑なり。むすぶといへば夏なり」、『通俗志』「附リ雑」に「清《シ》水」。『無言抄』に「清水とばかりは雑也、むすぶといえば夏也」。などと、近世前期のものは雑とする。しかし『滑稽雑談』（正徳三年〈一七一三〉成）は「泉は、むすぶともせくともいはずして夏なり。清水は詞に会釈なければ雑になるはいかが」と、単独で夏の季語として良いのではないか、との口ぶりである。「したたり」などの湧水が溜まって「清水」になるということで、村名の「今泉」を暗示する。

【語釈】〇甘き――孝によって水が甘（うま）くなるという発想の下敷きには、養老の滝説話がある（「甘《アマキ》―酒」、『類船集』）。同説話の源泉は『続日本紀』養老改元の詔勅にあるが、『十訓抄』では孝子譚の要素を加え、謡曲「養老」にもなっているが、テキストに近いところでは『絵本故事談』（正徳四年〈一七一四〉刊）巻一の十六「養老滝」に挿絵とともに紹介される。

　さらに言えば、この句で養老の滝説話を下敷きにしたのは、駿河国富士郡一帯が当時酒造でよく知られ、白酒（濁り酒）が吉原宿（と近隣の元市場）の名物であったことも関わっていたのではないだろうか。富士市立博物館編『郷土と酒　富士の麓の酒物語』（平成八年刊）によれば、正徳五年（一七一五）に富士の麓には富士山・愛鷹《あしたか》山の山裾を中心に八軒の造酒屋があったという。また『本朝俗諺志』（延享三年〈一七四六〉刊）には「駿河国原吉原の間の宿富士の白酒の名物有」とあって、『絵文匣』刊行の頃には知られていたことが分かる。

【句解】（養老の滝が孝心に感応して霊泉＝酒を湧き出させたように）五郎右衛門の孝心が滴って今泉の清水のなんと美味なことよ。

孝子今泉五郎右衛門から富士山麓の名産品である白酒を連想し、養老の滝説話になぞらえて仕立てた作。

【作者】上州宮崎　野艸――不明。宮崎は、上野国甘楽郡のうち。現在、富岡市の大字名。

【挿絵】五郎右衛門像（《図19》参照）は立ち姿である。頭には笠、羽織を着て、脛には脚絆をしている。基本的には庄屋や名主の外出時の出立ちといって良いだろう。

問題となるのは、左足に下駄、右足に草履を履いている点である。ほかの五郎右衛門の画像の中には五郎右衛門のこうした姿は描かれていなかった。挿絵があったという〔五郎右衛門刷物〕（【表4】の5）も、書写本文の内容から推測する限り、下駄と草履とを片足ずつ履いていた可能性は極めて少ない。

実はこの下駄と草履の姿は、孝子伝ではよく見かける話型の一つである。その早い例である中井甃庵『とはずかたり』（享保十三年〈一七二八〉自序、寛政三年〈一七九一〉刊）には左のように記される。

○あきの国に、おやおもひの子あり。父のためにつかひすとて、草くつはきて出んとす。雨あらたにはれて、土しめりたり。母見て、「あしだつけよ」といへば、をのこかしこまりて、あしだす。父見て、「草ぐつせよ」といましむれば、またぬぎかふ。母また「あしだを」といへば、またしたがひ、父またいましむれば、またしたがふ。かつぬぎ、かつはきしけるが、とかくし

《図 20》下駄と草履の話は多くの孝子伝に利用された（『肥後孝子伝』漁夫藤市）

て、草ぐつ、あしだ、かたかたしをなんはきて、ゆきける。[注20]

両親の言いつけに従おうと、片足に草履、片足に足駄を履いて出かけた、というのである。このほか、『肥後孝子伝』（天明五年〈一七八五〉刊）巻上の五「漁夫《りやうし》藤市」（《図 20》参照）や、備後国弥曽五（幼名善之介）の話とする川合元著『孝行瓜の蔓』（安永九年〈一七八九〉刊）巻上「下駄かたかた」（挿絵なし）などにも載る。

下駄と草履の逸話が五郎右衛門の話として書かれた文献は、現時点で知る限りでは、この『誹諧絵文匣』が最も早い。『誹諧絵文匣』の他の章を見る限り、各章は周知の故事・逸話を元にして描かれているようである。[注21] よって下駄と草履の逸話も、享保年間ごろには五郎右衛門のものとして流布していたのだろう。

◆母に足を洗わせる――『今泉村誌』

すでに近代に入ってからの資料だが、『今泉村誌』（明治末年ごろ成）[注22]九の1「中村五郎右衛門吉清」は、次のような他には見えない五郎右衛門の逸話を書き留めている（傍線引用者）。

20 『とはずかたり』の引用は、『日本随筆大成』新版第三期六による。

21 加藤定彦編『『誹諧絵文匣』注解抄 江戸座画賛句の謎を解く』（平成二十三年十一月、勉誠社）参照。

22 所見の『今泉村誌』（富

又或年ノコト、相模ノ国ノ某、五郎右衛門ノ名ヲ伝ヘ聞キ、「一度面会シテ、其性状ヲ見ンモノ」ト、遥々来リテ、其家ヲ訪《オトナ》ヒタリ。折柄《ヲリカラ》五郎右衛門留守ナリシカバ、暫ク座敷ニ入リテ待ツ程ニ、軈《ヤガ》テ主人、鍬カタゲ、鎌腰ニシテ帰リ来レリ。母親ニ湯ヲトラセ、足洗ハセ、腰揉マセナドシテ、稍《ヤヤ》アリテ対面ス。某曰ク、「御身ノコトハ我里マデモ聞エテ、世俗、御身ヲモテ禍《ワザハヒ》ヲ免ルルノ術《スベ》トナス。『蛇《ヘビ》もいでんな蝮蛇《マムシ》もでんな　おれは駿河の五郎右衛門』ト三度唱ヘテ進ム時ハ、如何ナル幽谷深山ニ彷徨《サマヨ》フトモ、決シテ害アラズトキキヌ。左程マデモ名アル足下《ソクカ》ニシテ、只今ノ挙動コソ怪シケレ」ト、不審気《ゲ》ニ尋ネ問ヘバ、五郎右衛門頭ヲ撫デ、「己レ、サルベキ孝モナキニ、遠方ヨリ態々《ワザワザ》訪ネラレ、汗顔ノ至リナリ。サレドモ今見ラレシ行《オコナヒ》ニハ、故コソ候ヘ。我母、常ニ我身ヲ愛シ、今ノ如ク畑ヨリ帰リ来ル毎《ゴト》ニ、足腰ヲモ摩《サス》リ揉ミ叩キ呉《ク》ルルコト、一日ノ如ク変ラズ。若《モ》シソレヲ辞退ナドシ侍ル時ハ、却《カヘ》ツテ機嫌ヲ損スル故、止《ヤム》ヲ得ズ。畏《カシコ》クモアレド、其命《メイ》ニ任セタルナリ」ト答ヘシカバ、某モ其他ノコトヲ語ラズ、「好《ヨ》キ学問シ侍リヌ」トテ退《マカ》リ帰リヌトゾ。

ある人が五郎右衛門の孝行ぶりを確かめようと家を訪ねると、後から帰ってきた五郎右衛門が、母親に足を洗わせ、腰を揉ませている。訪問者が不審がると、母親がこうしたいと言うので、やむを得ずさせているのだ、と答えた。訪問者は感心して帰った、というのである。世話焼きの母親に思い通り世話をさせることが、かえって親孝行になる、という訳である。あまり見かけない種類の逸話で面白い。それだけでなく、五郎右衛門の孝行が有名であるということを前提とした逸話であり、傍線部の通り「蛇もいでんな蝮蛇もでんなおれは駿河の五郎右衛門」という俗謡が広まっていたとする点でも異彩を放っている。

ただし、この逸話は所見の限りでは『今泉村誌』に初めて見えるものである。明治維新以降になっ

士市立図書館蔵）には序跋文など成立年次を明確にする手がかりが見えない。しかし『富士郡田子浦・加島・岩松村誌』（同館蔵）の「緒言」（大正元年八月三十一日、鈴木七四郎）によれば、明治四十五年六月、富士郡下の小学校長会において『富士郡誌』の編纂が可決され、同時に各小学校長に村誌の編纂が命ぜられたという。『今泉村誌』も同じ命によってほぼ同時期に編まれたものと考えて良い。

てから生まれた逸話だという可能性も捨てきれない。

六　表彰と説話との関係

以上ここまで、孝子五郎右衛門の孝行の具体的内容が、表彰の約二年後から多様化してゆく様子を確認してきた。その多彩さは、五郎右衛門が表彰当時みずからの孝行を否定していた所からすれば、驚くべき広がりだったと言えるだろう。

右の事実を確認した上で考えて行かねばならないのは、この多様化の理由はどのあたりに求められるのであろうか、という問題である。

結論から述べれば、それは「表彰された程なのだから、何か大した孝行をしたに違いない」という意識によるものである。

五郎右衛門の孝行説話の多彩さは確認した通りだが、その上で彼について書かれたものを読み直すと、改めて気付かされることがある。それぞれの資料において、五郎右衛門が表彰を受けたという事実が、極めて熱心に記されているのである。

たとえば前節でも引用した〔五郎右衛門刷物〕（【表4】の5）には次のように記されていた。

寔《マコト》に彼五郎右衛門、慈悲なさけふかく、親に孝有其次第、巡見衆之御耳に立、お江戸迄披露有、孝行之品々聞召、「奇特成もの也」と、今度不思議《フシギ》に召出され、三月十二日に、九拾石ノ田所、永代つくり取に拝領す。

五郎右衛門への表彰を、わざわざ日付入りで記しているところが興味深い。また『古今犬著聞集』『本朝孝子伝』等には、綱吉からの朱印状が全文掲載されていた。

このことは、孝子説話を話型という問題から見た時、重要な意味を持つ。第一章第二節の三「孝行説話の話型」で述べた通り、教訓のための孝行説話においては、どのような孝行を行ったか、という「行動」か、あるいは孝行の結果こういう慶事がもたらされたという「結果」か、そのどちらかを強烈に示すことが要件なのである。さらに言えば、行動と結果とのバランスも重要になってくる。幕府から表彰を受けたということが、現在考えられている以上に強いインパクトを持つものであったことは間違い無いだろう。まして五郎右衛門は、江戸幕府によって初めて表彰された孝子であった。この事実によって、五郎右衛門が孝行者であるということは、だれもが疑わない事実となったのである。彼は当時においてこれ以上ない「結果」を得た訳である。

この「結果」は、多くの人の口によって語り伝えられ、また書き伝えられる。そういった孝行者を伝える場においては、どうしても「結果」だけでは不十分なのである。先に挙げたような「表彰された程なのだから、何か大した孝行をしたに違いない」という意識が、伝える側と受容する側との双方に生まれるのである。

しかし五郎右衛門は、これに見合うと人々が納得するような耳目を引くエピソード、すなわち「行動」を持っていなかった。そこで、表彰という最高の「結果」にふさわしい「行動」が強く求められることとなったのである。そのようにして生まれたのが、「位碑を負っての富士登山」「父の馬」などの、多様な「行動」に関する逸話たちだったのである。

七　おわりに

江戸時代の孝子説話が他の種類の説話や他の時代の説話と異なる点として、幕府や藩からの表彰が、大きな役割を果たしているということが挙げられる。それを説話の生成という面から見てみれば、表彰という「結果」が起爆剤となって、「行動」に関する説話が付会されてゆくという流れを近世孝子説話の主要な類型であると認めて良いように思う。

江戸時代における孝子の表彰は、封建制度強化のためのプロパガンダ、などと批判されることも多い。しかし説話文学の一つとして孝子説話を考える際には、この表彰が持つ力は無視できない。それればかりか表彰は、近世文化において一つの起爆剤であったと、積極的に評価して行くべきものだと考えるのである。

第二章

表彰と孝子伝の発生

第一節

綱吉による孝行奨励政策の背景

一　全国の大名と綱吉

綱吉はなぜ孝子表彰をすることになったのか。本節では、この問題を明らかにしたい。よく知られている通り、五代将軍・徳川綱吉の任期のうち前半は、孝行の奨励を始めとしたさまざまな「善政」が行われ、古くから「天和の治」と称賛されてきた。天和の善政、それ以後の悪政、という図式を描く三上参次『江戸時代史』はその代表的なものであろう。しかし近年、「天和の治」に対する評価は、そうした好意的なものばかりでは無くなって来ている。たとえば塚本学は、▼注[1]綱吉の孝行奨励を「「孝」の名で服従奉仕の要求」と否定的に捉えた。近世小説研究の分野でも同様の傾向があることは、第一章第二節の一「孝の奨励か批判か」で述べた通りである。綱吉の孝行奨励政策が胡散臭いものであるという前提に立って、西鶴がそれに疑問や批判を投げかけたと論じるものが多くなっている。

天和の治のうち、いわゆる「綱吉による孝行奨励政策」の具体的な内容は、次の三件である。

① 天和二年（一六八二）三月、駿河国富士郡今泉村（現静岡県富士市）の富農・五郎右衛門を江戸

1 『徳川綱吉』（平成十年二月、吉川弘文館）。一一一ページ。

へ招き、田地の年貢を永代免除する由の朱印状を下す。

② 同年五月、綱吉、諸国に命じて、忠孝をはげまし、不忠不孝の輩は重罪に処すべき旨の高札を建てさせた（『徳川実紀』）。いわゆる「忠孝札」。

③ 天和三年七月、綱吉の代ではじめての武家諸法度。第一条で文武忠孝を励ますべきことを宣言。

①に挙げた駿河の国の孝子・五郎右衛門については第一章で詳述した。綱吉の具体的な孝に関する施策のうちで、最も早いものであった。じつは、綱吉の政策の中で早かっただけではない。『徳川実紀』は「これ当家の世となり、孝子節婦等を旌表せらるるはじめなり」（天和二年三月十二日条）と記す。徳川の歴代将軍の中でも、はじめての表彰だったのである。

綱吉は、この孝子表彰という施策を行うにあたって、何にヒントを得たのだろうか、あるいは何に背中を押されたのだろうか。この問題は、いまだ十分に明らかになってはいない。天和の治について福田千鶴が[注2]、綱吉の意向よりも、むしろ大老・堀田正俊主導の政治といった色合いが濃厚だとしているのは、数少ない言及である。

しかし、こと孝子表彰、ということに関して言えばどうだろうか。たしかに正俊は、寛文七年（一六六七）に「安中御条目」とよばれる三箇条の家訓を示し、その二条目には次のように孝養を重んずべきとしている。

一、孝養ヲ専ラ励ミ、常ニ文道武芸ヲ心掛クベキ儀ハ、侍タル上ノ第一也。

しかし家訓の中で孝を推奨する例は古くから珍しくない。一方、表彰ということに関して言えば、知る限りで、正俊の周辺にさほど積極的な発言を見出していない。それればかりか、孝よりも忠を明確に上位に置く発言も見える。その著書『勧忠書』では、「忠は最も重し。若し孝を以て重しとなさば、

2 『徳川綱吉』（平成二十二年七月、山川出版社）。三〇ページ。

則ち父母存するの間、君に事へずして可ならんや」[注3]（原漢文）と言う。忠より孝のほうを重んずるなら、父母が生きている間は主君に使えなくでも良いのか、そんな訳はないではないか、と皮肉を述べているのである。堀田正俊の周辺から、孝子表彰というアイデアの源泉は見えてこない。

右を踏まえて本節で試みたいのは、全国の藩主たちの政策の中で綱吉を考えようとすることである。将軍としては最初のことであったが、一歩退いて全国的な視野で見れば、どれほど早い試みだったのだろうか。こうした問いかけはこれまで十分になされていない。この点をまず整理する必要がある。

《図21》『官刻孝義録』全50巻。寛政改革時の全国的事業であった。（架蔵本）

全国における孝子表彰を通時的に考えるための先行研究として思い浮かぶのは、先学によって編まれた近世孝子伝の年表である。杉浦丘園「孝子伝其二」[注4]、徳田進「近世篇研究資料目録　孝子実伝の部」[注5]や、谷口眞子「忠孝関係書物」年表[注6]などによって、綱吉以前にどのような孝子伝が編まれたかを見て取ることができる。しかしながら、これらはあくまでも書物の年表である。本節では、あくまでも表彰そのものの歴史に注目する。そのためには、あえて書物と切り離して表彰だけを考察する必要がある。なぜなら、表彰することと、孝子伝を書くこととは同一ではないからである。熱心に表彰はするが、孝子伝を書くことには興味がない、という藩主も多かった。

3　『続々群書類従』第十三巻（明治四十二年二月序刊、続群書類従完成会）所収。三九ページ。なおこの条に関しては、小川和也『牧民の思想』（平成二十年八月、平凡社）一三七ページに言及がある。

4　『雲泉荘山誌　巻之三　石門心学関係図書及資料』（昭和七年九月、杉浦丘園）

5　『孝子説話集の研究　近世篇』（昭和三十八年二月、井上書房）巻末資料。

6　『近世社会と法規範——名誉・身分・実力行使——』（平成十七年八月、吉川弘文館）第Ⅱ部第一章「忠孝道徳の重視」所収表7。

本節が資料としてまず参考にしたのは『官刻孝義録』（享和元年〈一八〇一〉刊。《図21》参照）である。該書はよく知られている通り寛政元年（一七八九）の幕府からの布達により全国から書上げられた資料をもとに、昌平黌の儒官たちを中心として編纂されたものである。八千人を越える孝子善人が国別に収められている。まずこの『孝義録』に掲載されている孝子のうち、時代の早いものを年代順・為政者別に整理した。

その上で『本朝孝子伝』や『古今犬著聞集』といった近世前期の全国的な孝子説話集、『備陽善人記』や『肥後孝子伝』といった藩別の孝子説話集、さらには近代に入って刊行された市町村史等を用いて確認・補足を行った。これらによって、『孝義録』に掲載されていない孝子も付け加えた。まだ遺漏があることは十分に予想されるが、今後の増補を期するほかない。

本節はまず、右のような資料によって幕初から綱吉までの孝子表彰の歴史を跡づける。その上で改めて、綱吉によって行われた五郎右衛門の表彰について考え直してみたい。

二　寛永期まで（〜一六四四）――芽生えの季節

この時期までの孝子表彰は四例しか知らない。

知る限りで早いのは、第一章第一節の二「孝子表彰説話を受け入れる土壌」で触れた、戦国時代の織田信長による例である。しかしこれは、信憑性のうえで若干問題がある。

『官刻孝義録』に掲載されている中で最も早いのは、慶長七年（一六〇二）、備前国和気郡八木山村の浄慶の例である。これは『官刻孝義録』では目録に掲載されるのみで、本文は存在しない。ただ『備前国孝子伝』（寛政元年〈一七八九〉六月刊）巻一の巻頭「八木山浄慶」には、慶長七年十二月、

《図22》伊達治左衛門。松江藩主が孝行者の藩士を表彰した（『本朝孝子伝』）

国清公すなわち池田輝政から浄慶へ宛てられた感状の写しが書き留められている。これによると、田畑五反四畝一歩の年貢を永代許されたという。感状の写しが残るため架空とは考えがたく、実際に行われたのであろう。ただし慶長七年と言えば関ヶ原の合戦から二年しか経っていないという時期である。他に比してあまりに時代が早く、やや特殊な事例と考えておいた方が良いようにも思う。しかし後に見るように、輝政の後を継いだ光政が盛んに孝子表彰を行っていることを考えれば、その先蹤としての意義は認識しておかねばならないであろう。

寛永期になると、松江藩三代藩主・堀尾忠晴が、藩士の伊達治左衛門を表彰する。『本朝孝子伝』「今世」部二「雲州伊達氏」に掲載されている（《図22》参照）。これは、「寛永初」と早いものだが、家臣への表彰であり、庶民へのものではない。他の事例とは一線を画しておくべきであろう。また堀尾忠晴についてはこれに続けて他の庶民を表彰したというような例を知らないので、単発的な一逸話、と考えておいて良いように思う。

これに続くのが、高遠藩主から寛永十三年（一六三六）に山形藩主となった保科正之である。寛永十九年には、江戸で一人の孝子を藩士へと取り立てた（藤田祐詮『会津孝子伝』〈漢文写本〉）。これについては第二章第二節「偽キリシタン兄弟の流転」で詳しく述べるが、山梨の偽キリシタン兄弟が江戸で取り調べを受け、江戸在住の当時山形藩主・正之が取り立てたものである。つまり、保科正之の領民ではない。その意味ではやはりこれも、特殊な一事例と考えておくべきであろう。

このように寛永期までは、孝子表彰と見なしうる出来事はいくつか行われていた。しかし相手が藩士であったり、領民でなかったりと、後代から見た孝子表彰からは馴染まない部分が多い。要するにこの時期までは、草創期的な段階を脱していない状況であったと言うことができよう。

三　正保～万治期（一六四四～一六六一）――はじまりは会津と岡山

右に挙げた保科正之は、寛永二十年（一六四三）七月に会津藩主となってから、本格的に領民への表彰を始める。藤田祐詮『会津孝子伝』（漢文写本）によれば、正保三年（一六四六）には、領地である越後国蒲原郡小川荘永谷村の農民・次郎右衛門に毎年穀二口、すなわち二人扶持を与える。[注7] 続いて明暦二年（一六五六）九月には猪苗代小平潟の清十郎へ二人扶持を与える。さらに翌三年（一六五七）九月には伊南の郷黒沢の瞽者・長薫へ三人扶持を与えている。

これと相前後して、岡山藩主・池田光政も表彰を始める。『池田光政公伝』[注8]は、『御記録』の中に慶安五年（一六五二）十月、内藤平之丞寡婦が貞節をもって五人扶持を受けたという記事があることを報告している。そして承応三年（一六五四）から明暦二年（一六五六）にかけて、集中的に孝子表彰を行う。その数について妻鹿淳子[注9]は、表彰年次の分かっている者だけでも三十四にのぼると報告する。

続けて光政は万治三年（一六六〇）十月にも、先に挙げた浄慶の子・八木左衛門の十三石を加増し、還俗させている（『備前国孝子伝』）。

この時期の他の為政者による表彰で目についたものを挙げておこう。『本朝孝子伝』「今世」部七「神田五郎作」は「明暦中」の出来事である。罪を着た父の身替わりになろうと懇願する五郎作の願い

7　なお『官刻孝義録』「越後国」では、孝子の名は「治郎右衛門」であり、承応元年（一六五二）から表彰を行ったと書かれている。

8　昭和七年跋。

9　妻鹿淳子『近世の家族と女性　善事褒賞の研究』（平成二十年四月、清文堂）。ただし『備陽善人記』（第二章第三節参照）全六十話のほぼ全てがこの時期に表彰された人物だと考えられることを考慮すると、実際

に表彰された人物はもっと多かったと考えられる。

を老中阿部忠秋が聞き届けた、という逸話である。為政者による表彰というよりは、裁判における一逸話であり、本稿の興味からは重んじるべき種類のものではない。ただ後にも見る通り、親の罪や裁判をめぐって孝子が評価され、表彰される事例は少なくない。

この正保～万治という時期を小括してみよう。この時期に至って、保科正之・池田光政という二人の大名が領民への孝子表彰を始めた。この二人が同時代において突出した存在であったことが改めて認識させられる結果となった。ただ、二人の表彰方法は大きく異なっているのは興味深い。保科正之の場合は何年かに一度、一人を取り上げて表彰を行うものであった。これに対して光政は、一度に数十人という人物を集中して表彰しているのである。この光政の事例は後の時代にもさほど類例を見ず、興味深いものである。

四　寛文期（一六六一～一六七三）――松平忠房の参入

寛文期に入ると、先に見た保科正之・池田光政の両名のほか、各地でも孝子表彰を行う為政者がぽつりぽつりと出はじめる。

まず挙げたいのは福知山藩から肥前島原に移った松平忠房である。忠房の最初の孝子表彰は、福知山藩主時代に天田郡土師村の民・芦田為助を表彰したことに始まる。この表彰の詳細は明らかでないが、林鵞峰「丹州孝子伝」（寛文七年〈一六六七〉十月識）に「黄金を与へ、以て之を褒す」（原漢文）とあり、与えられたのが金であったと分かる。年次もこの寛文七年を下限とできるのみで詳細は分からないが、「丹州孝子伝」に寛文六年（一六六六）二月四日に没した父を篤く弔った記事があるので、これを信じれば寛文六～七年（一六六六～一六六七）の表彰ということになろう。

《図 23》久左衛門。淡路でも早くに表彰がなされた（『本朝孝子伝』）

続けて忠房は、平野村の農民、市左衛門と与三郎の兄弟の課役を免除した。これについても林鵞峰の文章「丹州兄弟事実」が寛文八年（一六六六）一月に書かれており、これに近い時期の表彰と考えて良いであろう。彼による表彰は、庶民へのものである点、単発的なものである点で、先に見た保科正之の方法と共通するものである。

『本朝孝子伝』「今世」部十二「由良孝子」によると、淡路国津名郡由良の久左衛門の孝行を聞いた洲本城代・稲田植栄《いなだたねひで》が食物と金とを与えたという。その表彰された年次は記されておらず、『阿淡孝子伝』（文政二年〈一八一九〉）巻之三にも「其年月《ねんげつ》の詳《つまびらか》なる事を聞《きか》ず」▼注[10]とある。ただ『阿淡孝子伝』は続けて「寛文《くはんぶん》十二年、父齢《よはひ》九十六にして死《し》し」と記している。これを目安とすれば、寛文十二年（一六七二）からやや遡る時期に表彰が行われたものと考えられる。▼注[11]

播磨国宍粟《しそう》藩でも表彰が行われる。『本朝孝子伝』「今世」部二十「宍粟孝女」は、播磨国宍粟郡三方町の紀伊が、その孝行のゆえに藩主松平（池田）恒元から毎年粟を賜ったというものである。具体的な年次は不明であるが、恒元の在職期間である慶安二年（一六四九）十月～寛文十一年（一六七一）九月の出来事である。なお当地で編まれた片岡醇徳著『宍粟郡守令交代記』（写本。元禄十二年〈一六九九〉十一月自序）には、恒元の治世について記す中で、

10　『阿淡孝子伝』の引用は、架蔵本（文政二年春刊、阿波戸村只七）による。

11　『淡路草』（写本）「由良孝子」の項は父の墓を模写しており、その石面に父親の没年が「寛文十二年九月九日」と記されている。

倉床村惣兵衛・戸倉村助左衛門、親に孝行の由にて、褒美として、麦三十俵宛被レ下。御方町（ママ）きいと云寡婦、是も孝行のきこえありて、米を賜はる。▼注[12]

と記している。同藩では紀伊に先んじて、倉床村惣兵衛・戸倉村助左衛門の両名も孝行をもって賞されていたらしい。

じつはこの表彰も先に見た池田光政のそれと深く関わるものであった。そもそも宍粟の地は、関ヶ原の合戦を機に池田輝政の領地となった所である。三代藩主・恒元は池田輝政の子、光政の弟であった。この恒元が父・兄の政治を見ならって孝子表彰を行うのも不思議ではない。

その池田光政は、寛文期に入っても、五年（一六六五）、六年（一六六六）、八年（一六六八）の三度にわたり、各地から孝子善人を書き上げさせて大規模な表彰を行っている（第二章第三節「表彰と説話集とのあいだ」参照）。この三度で表彰された人数は、併せて千六百九十七人もの多数に及んだようである。またこのほかにも光政は、寛文六年（一六六六）七月には領内を巡見し、先々で耳目に接した孝子に褒美を与えている（『備前国孝子伝』）。

会津の保科正之も寛文四年（一六六四）の春に、下居合村藤三郎の妻の貞節を賞して金若干を与えた（藤田祐詮『会津孝子伝』〈漢文写本〉）。

また、熊本藩三代藩主・細川越中守綱利も表彰を行っている。『官刻孝義録』

《図24》孫次郎。肥後の孝子は藩主に取り立てられた（『本朝孝子伝』）

12　『宍粟郡守令交代記』の引用は、山崎郷土研究会編『校訂　播州宍粟郡守令交代記』（平成六年四月序刊）による。二一ページ。

によれば、彼はまず寛文四年（一六六四）に孝子表彰を行ったという。ただしこれは『官刻孝義録』では目録にしか記載がなく伝記は記されていない。また『肥後孝子伝』（天明五年〈一七八五〉二月肥後吉文字屋勘右衛門・大坂柏原清右衛門刊）にも掲載されておらず、詳細は未詳である。続けて寛文六年（一六六六）正月には山鹿郡湯町の鍛治孫次郎を表彰している（年次は『肥後孝子伝』『官刻孝義録』による）。『本朝孝子伝』によれば、「彼をして其の旧業を棄て、俸を城府に受けしむ」（原漢文）、すなわち鍛冶を辞めさせ、藩士に取り立てたのだという。これも先に見た会津の保科正之と同様、藩士への取り立てである。

裁判における酌量もあったので書き留めておく、名古屋では、町奉行林市右衛門（寛文六年五月～延宝元年七月在職）が親の為に盗みを犯した人物を許している（『古今犬著聞集』）。

五　延宝期（一六七三～一六八一）――徳川光圀の参入

保科正之・池田光政の二人の名が並べば、ともに三名君と称される水戸藩二代藩主・徳川光圀の動向が気になる。光政（慶長十四年〈一六〇九〉生）、正之（慶長十六年〈一六一一〉生）からは一回り以上遅い生まれの光圀（寛永五年〈一六二八〉生）を時系列的に比較するのはやや酷だが、彼も延宝二年（一六七四）にようやく孝子を表彰する。この四月に光圀は、水戸を出発して鎌倉へ向かい、それから小石川藩邸に入ったが、その道中で領内の玉造村の民・弥作に黄金十枚を与えた（中村良直『二孝子伝』所収「常陸孝子弥作伝」）。ただし光圀は保科正之や池田光政に比べて孝子表彰に熱心であったとは言いがたい。これに続く表彰としては、元禄四年（一六九一）に山方村の武治衛門を、元禄十二年（一六九九）に村松村の治兵衛を表彰したことが知られるのみである。

このほか、福岡藩の黒田光之が孝子表彰を始める。『孝義録』によれば、延宝三年（一六七五）に助次郎を表彰している。

会津藩は寛文九年（一六六九）に保科正之から正経へと引き継がれるが、表彰は引き続き行われた。延宝四年（一六七六）に吉兵衛・助三郎・六右衛門を表彰する。また同八年（一六八〇）には、蒲原郡の三郎兵衛・勘左衛門・物兵衛妻を賞している。また延宝年中に、勢至村の庄三郎妻にも表彰が行われている（藤田祐詮『会津孝子伝』〈漢文写本〉）。

岡山藩も寛文十二年（一六七二）に池田光政が没して子の綱政が跡を継ぐが、孝子表彰は引き続き行われる。これも妻鹿稿に藩政資料の考証が備わるゆえ詳細は略すが、延宝六年～九年（一六七八～八二）に大規模な孝子表彰を行っている。

松平忠房は寛文九年（一六六九）六月に福知山藩から肥前国島原藩へ加増転封となったが、ここでも延宝七年（一六七九）十二月に加津佐村津波見名の安永安次（号久右衛門）の課役を免除している（『本朝孝子伝』「今世」部十四「安永安次」ほか）。

ついでながら、調査の副産物的として明らかになったことがある。それは、各藩主ごとに見ると、表彰内容にデフレーションの傾向があるということである。たとえば保科家の場合、寛永期の梶原景信・景久の件では、正之は景信を藩士へと取り立てていた。しかし正保期からは取り立てることはせず、年貢の免除へと変わっている。それが正保期には扶持米となり、寛文期以降になると、金や米へと変わっている。つまり保科家の孝子表彰は、雇用→毎年の継続的な支給→一回の支給と減額して行ったのである。おそらくこれは、もと一回限りの特別なものであった孝子表彰が、慣例化して人数も増えて行くことと関わっているのだろう。おそらくこの傾向は、それぞれの藩内で見る限り、近世を通じて一般的なものと言えるのではないだろうか。

六　綱吉まで

天和期に入っても、従来孝子を表彰していた大名たちは表彰を継続する。会津藩を天和元年（一六八一）に継いだ三代藩主正容《まさかた》は、天和三年（一六八三）秋に河沼郡塩庭の久右衛門・孫作兄弟と蒲原郡小川庄吉津村の農民・市郎兵衛との二件に米若干を与えている（藤田祐詮『会津孝子伝』）。岡山藩の池田綱政は天和元年（一六八一）に市郎兵衛を、同二年には八郎兵衛妻を表彰している（『官刻孝義録』）。福岡藩の黒田光之も天和のはじめに宗像郡田隈村の彦一を賞した（『官刻孝義録』）。

さて、こうした前史に続いて、本節冒頭に触れた、徳川綱吉による五郎右衛門の表彰が行われる訳である。綱吉の前には、全国でかなりの積み重ねがあった。綱吉はその慣行を模倣した格好である。

綱吉に先行した大名たちのうち、とくに無視できないのは保科正之であろう。知られている通り彼は、三代将軍家光の異母弟として生まれた。慶安四年（一六五一）年に四代将軍家綱が就任すると、補佐役として幕政に参画した。綱吉が就任していた頃にはすでに没していたが、幕閣の近くでの彼の行動は、綱吉の視野に当然入っていただろう。

また綱吉と同時代で言えば、松平忠房にも注目すべきである。彼も多くを江戸で過ごした。また、書物好きの彼が上野忍岡の国史舘を何度も訪れて林鵞峰ら林家の儒者たちと盛んに交流していたことは、『国史舘日録』を繙けば何カ所もそのような場面に行き当たる。

しかし、綱吉に影響を与えたものを、このうちの特定の誰、と特定する必要はないだろう。それよりも重視すべきだと考えるのは、綱吉の孝子表彰の前に、藩のレベルではすでに多くの積み重ねがあったことである。綱吉ももとは、ひとりの藩主であった。彼がこうした各藩における孝子表彰を視野に入れて、幕政に取り入れた可能性は否定できないだろう。

綱吉の「仁政」を、先行する藩主たちの踏襲だとするならば、綱吉の政策は、庶民の側にも、受け入れる土壌ができていたということでもある。綱吉の「仁政」のドラスティックさを、あまり強調して論じるならば、当時の目からズレてしまうように思えてならない。

第二節

偽キリシタン兄弟の流転
——保科正之の孝子認定と会津藩における顕彰

一　忘れられた存在

大御所家康から秀忠、家光へと引き継がれたキリシタン禁制は、寛永十四年（一六三七）から翌年二月末にかけて起こった島原の乱をきっかけに、一層その度合いを増した。とくに長崎で始まった訴人褒賞制度が寛永十五年（一六三八）九月には、全国的に施行され、ばてれんの訴人には銀子二百枚が与えられるよう定められた。このことは全国の幅広い階層の人々にキリシタンの存在を強く印象づけたであろう。▼注[1]

そして、この訴人褒賞制度からあまり経たないころ、江戸で「孝」について考えさせられる一つの事件が起こった。

甲州のある兄弟は家が貧しく、親を養い兼ねていた。そこで兄がニセのキリシタンとなり、弟がそれを訴えて賞金を得て、その金をもって親を養おうという、命がけの孝行に踏み切ったのである。そして、弟は江戸へ出てこれを訴え、兄は召し捕られた。しかし尋問をしてもこの兄はキリスト教のことを何も知らない。そこで役人も、これは賞金目当ての偽りの訴えかと疑い、弟の方を捕らえ

1　『日本史小百科　キリシタン』（平成十一年九月、山川出版社）。

ようとした。すると、弟の身を案じた兄が泣く泣く企てを明かした、というのである。そして、甲州へ人を遣わして事実を確かめた上で、罰するどころか金二十両を与えて故郷へ帰したのであった。

右は林読耕斎「甲州孝子事記」（寛永十七年〈一六四〇〉成）からの要約である。この逸話は、キリシタン禁制という時代状況を背景とした孝子説話として興味深い。しかし本稿がこれを取り上げようとするのは、内容の新奇さゆえというよりはむしろ、その孝子説話としての特色によってである。この逸話は近世の孝子説話史を考える上で看過できない特色を有しているのである。

まず第一は、林読耕斎作の孝子伝が、日本近世の当代人物を扱った孝子伝として、極めて早い時期に位置するという特色である。当代の孝子伝を年表のかたちでまとめた先行研究は、本章第一節の一「全国の大名と綱吉」に上げた通りいくつか存する。これらで知られて来た孝子伝の中では、林鵞峰「丹州孝子伝」（寛文七年〈一六六七〉）が最も早いようである。しかし、偽キリシタン兄弟を描いた林読耕斎「甲州孝子事記」は、寛永十七年（一六四〇）成立と、今まで言及されて来たものに比べて、突出して早く書かれているのである。近世孝子伝の最初期にあたる孝子伝と分かったからには、ともかくもまずは、どのような意識のもと、いかに書かれたのか、という問題を明らかにする必要があるだろう。

もう一つ興味深い特色は、この孝子伝が早い時期に林家によって書かれたものでありながら、近世から今にいたるまで、ほぼ忘れ去られたように見えることだ。たとえば、近世の前半と後半を代表する二大孝子伝集と言っても良い藤井懶斎編『本朝孝子伝』（貞享二年〈一六八五〉十月刊）、『官刻孝義録』（享和元年〈一八〇一〉刊）の二書にも、この偽キリシタンの逸話は掲載されていないのである。近世の孝子伝の表舞台に出ることのなかったこの孝子は、江戸期を通じてどのように伝わって行ったのだろうか。

右の問題点を踏まえて本稿では、この説話が生まれ、伝承され、書き継がれて行く（あるいは行かない）過程での、人の動きや伝記の書かれ方の変遷を辿って行きたい。その作業を通じて、近世孝子伝の執筆や伝播が有する問題を浮かび上がらせたいと思うのである。

右のような見通しのための基礎資料として、まずは左に兄弟のことを記した資料を所見の限り並べておくこととする。

【表5】甲州偽キリシタン兄弟関連作品年表

① 寛永十七年（一六四〇） 林読耕斎「甲州孝子事記」
※『読耕林先生文集』巻七所収。

② 寛永十七年（一六四〇）秋 林鵞峰「甲州里民伝 淀城奴附」
※『鵞峰先生林学士文集』巻第五十所収。

③ 天和四年（一六八四）一月序 椋梨一雪『古今犬著聞集』巻八の十三「孝心の兄弟吉利支丹名を借る事」

④ 貞享元年（一六八四）五月までに成 中村信斎「孝子伝」
※『風浪集』（貞享元年〈一六八四〉五月刊）巻下所収。

⑤ 元禄五年（一六九二）三月 藤田祐詮『会津孝子伝』（漢文写本）
※④の転載。章題「孝子伝」。

⑥ 宝永七年（一七一〇）八月序 森雪翁『会津孝子伝』（平仮名写本）
※④の転載。章題「梶原伝九郎景信」。

⑦ 享和三年（一八〇三）四月跋刊 松平容頌著『日新館童子訓』巻上

⑧ 文政十一年（一八二八）六月跋 『千歳の松』

またこの他、保科家の編年体記録『家世実紀』にも掲載されている。

二　対立する評価——①読耕斎「甲州孝子事記」②鵞峰「甲州里民伝」

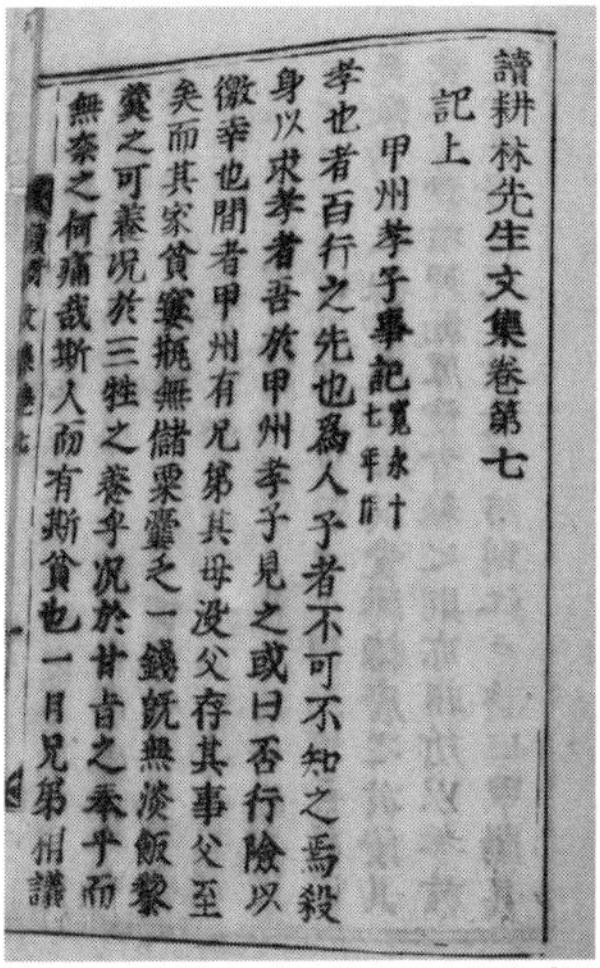
讀耕林先生文集巻第七
記上
甲州孝子事記 寛永十七年作
孝也者百行之先也爲人子者不可不知之焉毅
身以求孝者吾於甲州孝子見之或曰否行險以
徼幸也聞者甲州有兄弟其母沒父存其事父至
矣而其家貧窶瓶無儲粟囊乏一錢既無淡飯藜
羹之可養況於三牲之養乎況於甘旨之奉乎而
無奈之何痛哉斯人而有斯貧也一日兄弟相議

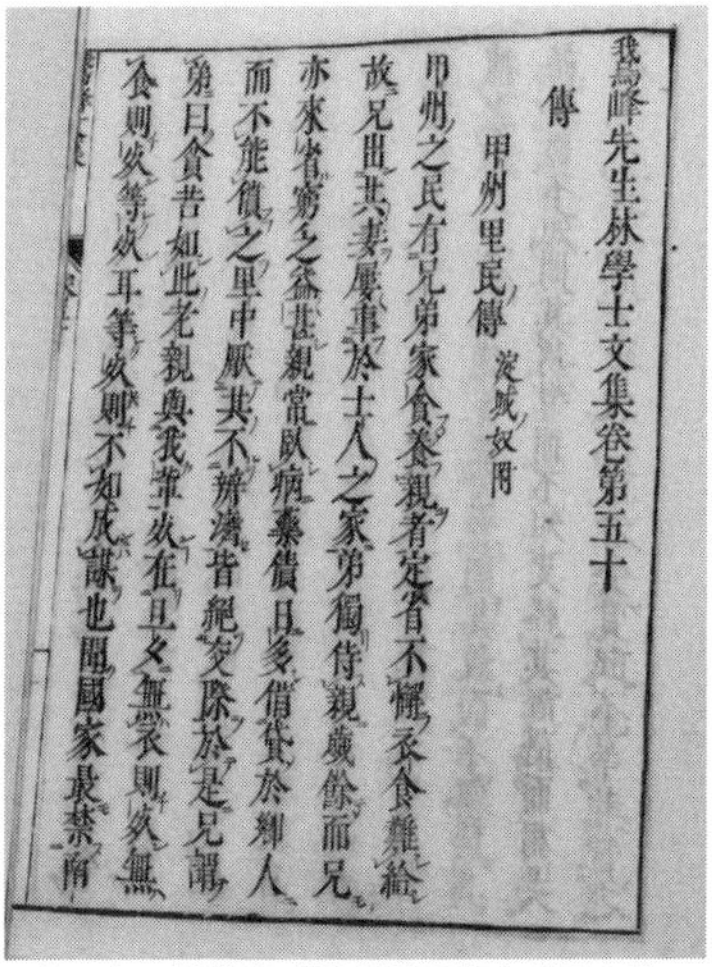
鵞峰先生林學士文集巻第五十
傳
甲州里民傳
甲州之民有兄弟家貧養親者定省不懈衣食難給
故兄出其妻屈事於士人之家弟獨侍親歳餘而兄
亦來省窮乏益甚親常臥病藥餌且多借貸於郷人
而不能償之里中厭其不辨濟皆絶交際於是兄謂
弟曰貧者如此老親與我輩共在旦夕無衣則共無
食則共等共耳等共則不如成謀也聞國家最禁南

左—林読耕斎「甲州孝子事記」《図25》、右—林鵞峰「甲州里民伝」《図26》。
偽キリシタン兄弟への評価は正反対であった（ともに国立公文書館本）

まずは先にも取り上げた①林読耕斎「甲州孝子事記」について考えたい。【表5】を一見して気づかされるのは、②林鵞峰「甲州里民伝」の存在である。読耕斎の兄・鵞峰もほぼ同時期に、同じ人物についての文章を著していたのである。両者を併せて考える必要があるだろう。

①②を読み比べてみると、逸話の骨格部分には大きな違いはない。▼注[2] しかし、伝のあとに付された論評部分まで読み進めると、この偽キリシタン兄弟に対して下した評価が正反対だということに気づかされる。

①読耕斎「甲州孝子事記」は「吾れ若し本朝の孝子伝を修さば、則ち其れ必ず二子を棄つべからざるなり」（原漢文）▼注[3]とし、また「吾れ斯の言を耳にし、始に驚き、中に信じ、終に感ず。且つ法を執る者に惻隠の心有るを見るなり」▼注[4]と

2　たとえば①読耕斎「甲州孝子事記」は、詰問の厳しさに耐えかねて兄が白状したと書かれているが、②鵞峰「甲州里民伝」では、兄にキリシタンの教えについて問い質したが何も答えられなかった。そこで訴えた方の弟を偽訴で捕らえようとすると、兄が白状したと書かれている。

3　「甲州孝子事記」の引用は国立公文書館本『読耕斎先生文集』（請求番号…二〇五／一六九。）による。巻七、二丁裏。

4　巻七、四丁表。

あり、兄弟を手放しで賛美していた。

対して②鵞峰「甲州里民伝」の論評は、兄弟を憫れむべきだと一旦は譲歩するものの、続けて次のように言うのである。

然れども、法、犯すべからざるなり。官、欺くべからざるなり。法を犯し、官を欺くは罪なり。財を求め、賜《たま》ものを欲するは貪なり。之を賊と謂《いは》んか。其の由る所を尋て之を孝と謂んか。其の志は可なり。其の行は不可なり。夫れ貧富、皆天なり。人力の及ぶ所に非ず。故に古人藜藿《れいかく》の羹《あつもの》、菽水《しゆくすい》の奉《ほう》、怨《うら》みざる所なり。況《いはん》や行傭《カウヨウ》、身を以て被《ひ》を温む、皆至孝と称するをや。若し夫れ貧窮太《はなはだ》迫り、身を鬻《ひさぎ》て奉養する、猶《なほ》此よりも勝んか。且つ孝心天に愧《はぢ》ざるときは、則ち饑渇倒死すと雖《いへ》ども、之を如何《いかん》ともすること無し。是れ命《めい》なり。何ぞ官長を欺き、大禁を犯さんや。（原漢文）▼注[5]

法を犯し、官を欺くのは罪である。罪を犯してまで賜物を欲するのは貪である。志は良いが、行いは良くない。富貴は天命であって、人力の及ぶ所ではない。孝心に恥じない行いをするならば、死んでもどうということはない。これが命である。どうして官を欺き、禁を犯すようなことがあって良いだろうか、というのである。偽キリシタン兄弟に一定の理解は示すものの、その態度は批判的である。

このように鵞峰と読耕斎の兄弟は、孝をめぐって起こった一つの事件に対して、ほぼ同時期に正反対の評価を下していたのである。こうしてみると注目すべきは、批判している鵞峰の方であろう。すくなくとも孝に関する限り、為政者から実際に表彰されたという事実があるにも拘わらずこれを批判するような文章を、筆者は他に知らない。鵞峰はなぜこのような文章を書いたのだろうか。また、書くことができたのだろうか。

5　「甲州里民伝」の引用は、国立公文書館本『鵞峰林学士文集』（請求番号…二〇五／一六〇）による。第五十巻二丁裏～三丁表。

理由はもちろん一つではないだろう。だが、そのなかで拙稿の結論として強調したいのは、要するに孝子伝の表彰・執筆が未成熟だった時代であればこそ生まれ得た批判ではなかったか、ということである。

本章第一節「綱吉による孝行奨励政策の背景」では、孝子表彰と孝子伝執筆とを分けて考えるべきとの考えから、近世における孝子表彰のはじまりと初期の展開について調査した。これによれば、この事件が起こった寛永末年という時期には、表彰自体もまだ散発的に行われていたに過ぎなかった。池田光政や松平忠房のように、明確な意図を持って領民の善行を促そうとし、一定数の孝子良民を表彰しようとする大名が現れるのは、もっと後のことである。

つまりこの偽キリシタン兄弟への表彰は、後代に見られるような組織的なものと考えるのは危険なのである。後にも見る③『古今犬著聞集』には、表彰の詳細が次のように記されている。

> 頓《やが》て高聞に達《たつし》、「奇特の者なり」とて、町年寄樽屋藤左衛門に預置《あづけおき》給ひ、其後、命助給ふに、井上筑後守より金十両、町奉行加賀爪民部少より黄金一枚、籠奉行石出帯刀より金三両、樽屋藤左衛門より金三両、合力《がふりき》侍し▼注[6]。

当時キリシタン奉行だった井上筑後丞、町奉行加賀爪民部少、籠奉行、町年寄樽屋藤左衛門などが数両ずつを出し合って兄弟に与えている。為政者・官吏による表彰ではあるものの、実質は領民に対する公的な表彰と言うよりも、裁きに関わった人々による個人的なカンパの色合いが強かったと考えるべきものであろう。

ましてや孝子伝の執筆ともなれば、一層未成熟な時代であった。表彰を行った為政者が儒者に孝子伝執筆を依頼し、孝子に授与し領民に広める、というような行為は、松平忠房が寛文期に行うまでは、行われていたかどうか疑わしいのである（本章第四節「宝物としての孝子伝」参照）。

6 活字本八〇ページ。

そのような時代状況を勘案しつつ孝子伝を読んでみると、「但し恐らくは、二子の芳名伝はらずして蕪没せるなり」（①読耕斎「甲州孝子事記」[注7]）とあることに気づかされる。①②執筆の時点で、林家両伝は偽キリシタン兄弟の名前すら知らなかったのである。名前も分からないような孝子伝が、表彰と密着して、為政者からの依頼で書かれたものとは考えられない。さらには鵞峰・読耕斎ともにまだ二十歳前後である。[注8] まだ為政者から孝子伝の執筆を依頼され、彼らが書くことが孝子や藩にとって権威付けとなるような立場でもなかっただろう。

つまり①②の両伝は、この事件を聞いた読耕斎と鵞峰とが、事件を耳にしてそれぞれ個人的に書いた作文、とでも言うべき物だったと考えるのが妥当であろう。それゆえにこそ、鵞峰も自由に筆をふるうことができたのではなかっただろうか。

三　全国と地方での発掘——③一雪『古今犬著聞集』④信斎「孝子伝」

第一章第一節「孝子表彰への好意的なまなざし」でも述べたが、偽キリシタン事件が起こってから四十年ほど経った天和～貞享のころ、日本の当代の孝子を集めて記そうという試みが、ほぼ同時期に二人によって行われた。藤井懶斎と椋梨一雪である。このうち偽キリシタン兄弟の逸話は、一雪の編んだ『古今犬著聞集』巻八の十三「孝心の兄弟吉利支丹名を借る事」に掲載されている（【表1】の5参照）。

章題からも分かる通り、ここでの兄弟への評価は肯定的なものである。また、事実関係も①②の林家両伝と概ね変わりない。しかし読み進めると、末尾に従来は見えなかった次のような文があることに気づかされる。

7　巻七、四丁表。

8　元和四年（一六一八）生の鵞峰は二十三歳、寛永元年（一六二四）生の読耕斎は十七歳。

此事世にかくれなかりしかば、彼《かの》者兄弟共に、保科肥後守方へ被召出《めしいだされ》しとなり。▼注[9]

じつは①②の林家両伝から③『古今犬著聞集』までの間に、このキリシタン兄弟の評価に関わる大きな出来事があったのである。すなわちこの兄弟は、保科正之に藩士として取り立てられたのであった。

会津藩主として知られる保科正之は、当時は山形藩主でありながら常に江戸におり、徳川家光を補佐していた。保科家代々の記録である『家世実紀』を見ると、寛永十九年（一六四二）五月朔日の条に兄弟の伝記を載せ、「此段殿様聞召され、殊外御賞歎成され、今日召抱らる」とあって、藩士としての取り立てが①②の林家両伝から約一年半後に行われたと分かる。

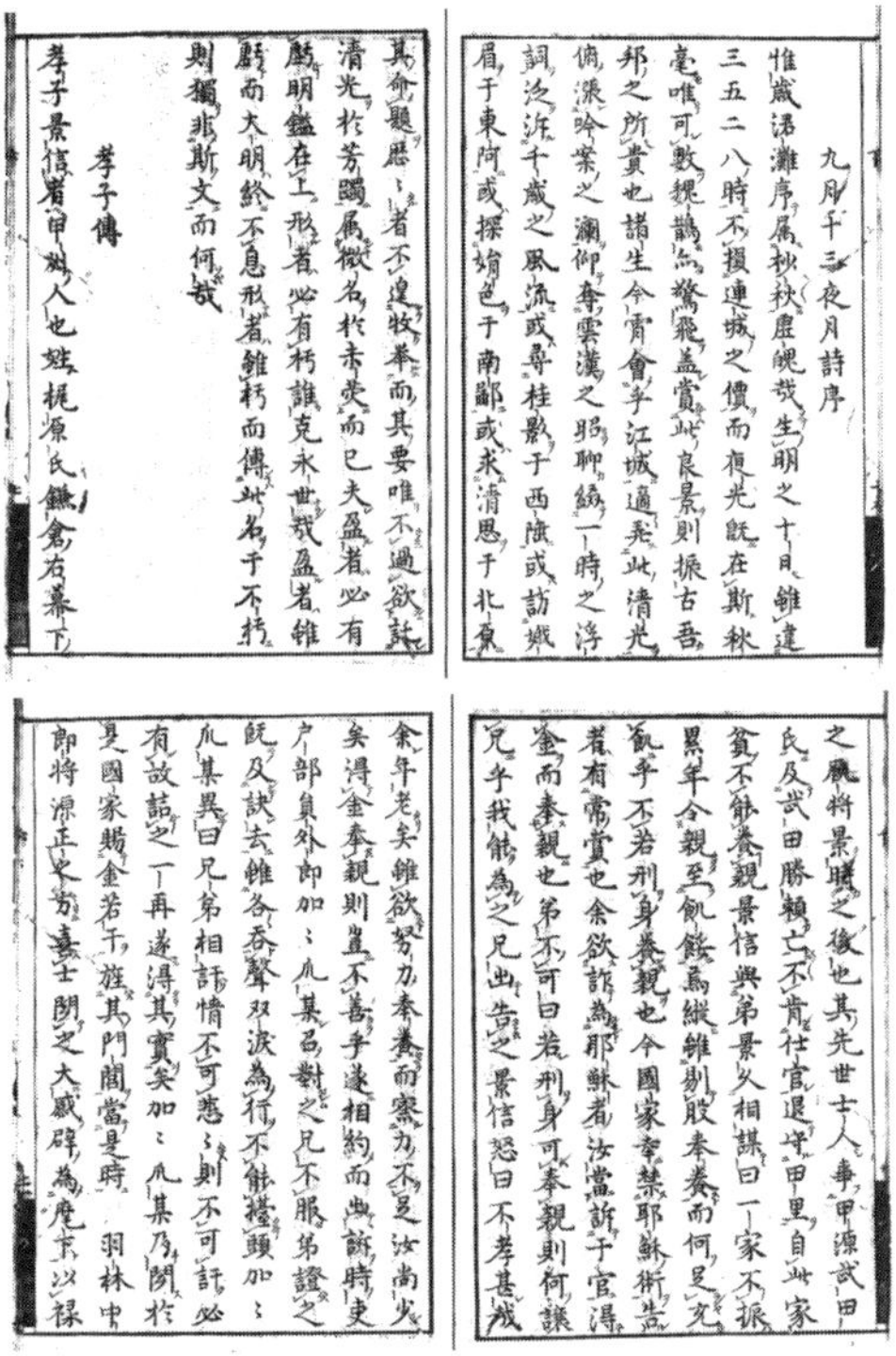

《図27》中村信斎『風浪集』の偽キリシタン兄弟伝。子孫の依頼によって書かれたか。

偽キリシタン兄弟の行動そのものを無心に見れば、これが孝行と言いうるのだろうか、と疑問を投げかけた鵞峰の問いかけは解決した訳ではない。しかしこれが保科正之に取り立てられたとなれば話は別であろう。③『古今犬著聞集』が何の疑いもないかのごとく章題に「孝心の兄弟」と明

9　活字本八〇ページ。

言して立場を明確にしているのも正之による登用を踏まえたからこそであろう。いずれにせよ、①②から程経て、再び孝子説話として取り上げられることになったのである。

いっぽう、これとほぼ同時期に刊行された、中村信斎の漢詩文集④『風浪集』（貞享元年〈一六八四〉五月　野田庄右衛門刊）にも、巻下に「孝子伝」という偽キリシタン兄弟について記した文章が収められている（《図27》参照）。該作で注目させられるのは、それまで①読耕斎・②鷲峰・③一雪が知らずにいた兄弟の素性を次のように明らかにしている点である。

孝子景信《かげのぶ》は甲州の人なり。姓は梶原氏、鎌倉の右幕下《うばくか》の厩将《きうしやう》、景時《かげとき》が後なり。其の先、世々《よよ》士人なり。甲源武田氏に事《つか》ふ。武田勝頼が亡《ほろぶ》るに及て、仕官し肯《がへ》んぜず。退て田里を守る。此より家貧《まづしく》して、親を養こと能《あたは》ず。（原漢文）▼注[10]

文章全体に記されたことを総合すると、兄弟の名前は梶原景信と景久。先祖は頼朝の重臣・梶原景時の末裔であり、代々武士であったが、武田勝頼が没するに及んで他に仕えるのを良しとせず、農民となっていたという。従来不明であった偽キリシタン兄弟の素性が、ここでようやく明らかになった訳である。

この『風浪集』の著者・中村信斎については従来ほとんど明らかでなかったが、近時、宮崎修多「風浪散人残塋」▼注[11]が、信斎の墓碑銘とその未定稿を紹介しつつ周辺資料で肉付けし、多くの伝記的事実を明らかにした。これによって私にまとめ直しておけば、中村信斎は諱・興、字・子文、号・風浪のち信斎。自ら東海漁夫と称す。寛永十八年（一六四一）生、元禄十四年（一七〇一）八月二十四日没、六十一歳。会津の出身であり、その父・芳庵は医師として会津藩主・保科正之に仕えていた。信斎は京都へ遊学ののち江戸に出て、不遇の町儒者として若干の門弟を抱えていたという。

信斎が会津出身で、会津藩江戸藩邸と少なからぬ関わりがあったという指摘は重要である。著者・

10 『風浪集』の引用は、国立公文書館本（請求番号…ユ一／二七四／四。貞享元年五月、野田庄右衛門）による。下巻二十丁表～同丁裏。

11 「成城国文学論集」第三十三輯（平成二十二年三月　成城大学大学院文学研究科）所収。

中村信斎は、保科正之に取り立てられて会津藩士となった偽キリシタン梶原景信・景久と比較的近い位置にあった訳である。先人の知り得ぬ孝子兄弟の素性を、いち町儒者たる信斎が知っていたのも、会津との関わりを知れば納得が行く。

ところで信斎は寛永十八年（一六四一）生と、偽キリシタン兄弟事件が発生した直後の生まれである。④『風浪集』所収「孝子伝」の正確な執筆時期は不明ながら、兄弟の表彰からはかなり経って書かれたものであることは間違いない。この時期に至って信斎がこの孝子伝を執筆するに至った経緯についても一考しておこう。

④「孝子伝」は次のような記述で閉じられる。

後《のち》其の父景家、寿を以て甲州に終る。即ち湯前寺に葬る。其の母、寿を以て武州に終る。即ち光宝寺に葬る。景信、寛文庚戌（引用者注…十年〈一六七〇〉）、歳を以て終《を》ふ。六十三歳。又武州の光宝寺に葬る。其の子景明、禄世して今に訖《いた》るまで源家の士たり。田若干頃《けい》を買て甲州湯前寺に寄《よせ》て、父祖の冥福を祈ると云。

景信は偽キリシタン兄弟のうち兄の方である。この景信の子・景明が、田地を買って父祖の菩提寺に納めたことが、④「孝子伝」執筆のきっかけになったと考えて大過ないであろう。このことを考慮すると、梶原景明の依頼による執筆であった可能性も考えられる。▼注[12]

いずれにせよ、素性を知らないながらも、その逸話に惹かれて書いた従来の①林読耕斎や③椋梨一雪とは、執筆事情が大きく異なるものだったと言うことができるだろう。

四　会津藩の目覚め――⑤『会津孝子伝』（漢文写本）

さて、会津関係者によって書かれた④「孝子伝」の存在は、この説話の享受のされ方を大きく変

12　ちなみに湯前寺は山梨県山梨市に今も存する曹洞宗の寺院である。その過去帳の梶原氏の箇所には「梅庭常黄信士　寛文申年（引用者注…寛文八年〈一六六八〉）五月十七日」とあると住職からご教示を得た。

えたようである。

会津藩において孝子を集めた叢伝の最初は、『風浪集』が刊行されてから八年後の元禄五年（一六九二）三月に成った⑤藤田祐詮編『会津孝子伝』（漢文写本）である。注[13]

その第一話には、④「孝子伝」が、章題もそのままに転載されている（《図28》参照）。そしてそれ以後の章段は、すべて伝・賛・論の形式で統一されている。つまり、巻頭の偽キリシタン伝だけが、全体の整然とした構成を乱す形で置かれているのである。

なぜ⑤『会津孝子伝』はこうした不安定な構成となっているのか。その理由を考えるためには、先んじて貞享二年（一六八五）十月に刊行された藤井懶斎編『本朝孝子伝』の存在を視野に入れなければならない。

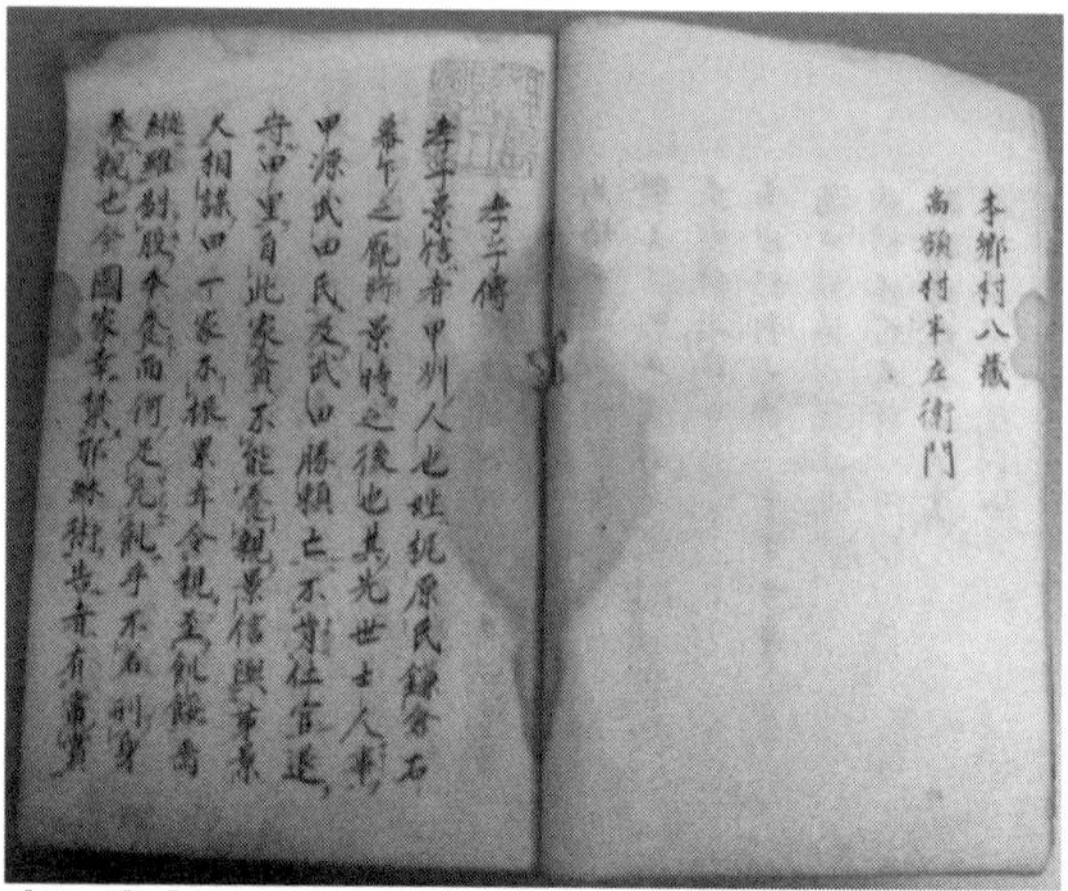

《図28》『会津孝子伝（漢文写本）』。　冒頭に偽キリシタン兄弟伝を載せることで会津藩の先進性を示そうとした。

『本朝孝子伝』は、天子・公卿・士庶・婦女・今世の計五部に分けて日本の古今の孝子計七十一名を漢文で記載したものである。このように網羅的かつ体系的に本朝の孝子を集めた書籍はそれまで無かった。そのためもあってか、該書は発売当初かなりの売れ行きを見せたらしい（第三章第三節「『本朝孝子伝』刊行直後」参照）。

このうち「今世」部は江戸時代に入ってからの孝子二十名を集める。内訳は六名が岡山藩の孝子であり、また四名が福知山から島原へと移った藩

13　福島県立図書館蔵。福島県立図書館叢書第七輯『藤田祐詮撰　会津孝子伝』（昭和十二年三月、福島県立図書館）に翻刻が備わる。

主・松平忠房が関わった孝子である。

本章第一節「綱吉による孝行奨励政策の背景」で述べた通り、保科正之は、池田光政とならんで本格的に孝子表彰を行った突出して早い大名であった。しかしなぜか会津藩の孝子は『本朝孝子伝』の中に一人も掲載されていないのである。掲載されなかった理由はおそらく単なる情報不足と思われるが、▼注[14]結果だけ見ればこれは冷遇と言って良い類のものであろう。

このことに対する会津藩の憾みは、のちの⑥『会津孝子伝』（平仮名写本）雪翁序（宝永七年〈一七一〇〉六月）にはっきりと記されている。

過《すぎ》し頃《ころ》、京洛《けいらく》藤井《ふぢゐ》懶斎翁《らんさいおう》の編集《へんしう》せられし『本朝孝子伝』を見侍りしに、……中略……「列国《れつこく》に勝《すぐ》れ、備《び》の前州《ぜんしう》に孝子多きは、其国君《こくくん》、善を好み給ふ故也」と見えたり。爰におゐて暫《しばらく》書を措《を》き、歎《たん》じておもへらく、「往昔《そのかみ》はしらず、寛永年中、土津霊神《はにつれいじん》中将正之君之謚也、会津を知召《しろしめし》給てより以来《このかた》、孝子善人を揚《あげ》たまひ、有難き御政道《せいだう》にて、まのあたり賜《たまもの》ある黎首《たみ》あまた侍れば、是を藤井氏に伝へて彼伝記に載《の》せくはへたき事を」。されど都鄙《とひ》のさかひ遼《はるか》に、山川遠《とを》く隔《へだ》たり、且《かつ》吾儕《わなみ》おいて病《やめ》るうへ、道に志うすふして、あらましのみに年月を送ぬ。▼注[15]

『本朝孝子伝』は岡山藩主池田光政の善政を褒めている。しかし会津も寛永年中に保科正之が治めるようになってから、孝子善人の表彰を多く行った。これを藤井氏に伝えて『本朝孝子伝』に加えたい、というのである。

こうした『本朝孝子伝』への対抗意識は、⑤『会津孝子伝』（漢字写本）の本文にも表れている。先にも述べた通り、⑤『会津孝子伝』の各章は、伝・論・賛という形式で書かれているが、じつはこれは、『本朝孝子伝』の形式を真似ていたのである（本章第四節の七「『本朝孝子伝』への影響」参照）。

つまり⑤『会津孝子伝』は、早くから孝子表彰を行っていながら『本朝孝子伝』に収められなかっ

14　編者の情報圏が重要であったことは第一章第一節の五「情報圏と孝子説話」で述べた。

15　『会津孝子伝』の引用は、架蔵本（寛保二年〈一七四二〉正月、京都茨城多左衛門・梅村弥右衛門）による。

た憾みを込めて、それと同じ形式で会津藩の孝子を書いたのである。憾みというのが言い過ぎであれば、『本朝孝子伝』の補遺篇のつもりで書かれたのである。

右のような背景を考えれば、⑤『会津孝子伝』（漢字写本）が全体の統一性を損ねてまで巻頭に偽キリシタン伝を置いた理由も見えて来よう。寛永十七年（一六四〇）という全国的に見ても極めて早い時期に孝をもって取り立てられた偽キリシタン兄弟を巻頭に置くことによって、『本朝孝子伝』でなぜか黙殺された会津藩の孝子表彰の先進性・優位性を示そうとしていたのである。

五　近世孝子伝と地元意識——⑥『会津孝子伝』（平仮名写本）

⑤『会津孝子伝』（漢文写本）のその後を追ってみよう。⑤が編まれてから十八年後の宝永七年（一七一〇）八月、藤田祐詮の実兄である森雪翁によって、⑥『会津孝子伝』（平仮名写本）が編まれた。これは⑤から賛・論を省き、漢文を漢字平仮名交じり文に改めたものである。該書でも偽キリシタン兄弟の伝は巻頭に収められている。

しかし、さらに三十二年後の寛保二年（一七四二）正月、同じく森雪翁の手によって『会津孝子伝』（平仮名刊本）が京都の梅村弥兵衛・茨城多左衛門から刊行された際には、他の章段はほぼそのままであるにも関わらず、巻頭のこの一話のみが削除されている。つまり、版本化にあたって偽キリシタン伝だけが削除された格好である。

この原因としてキリシタン云々といった思想的な問題を考える必要はないだろう。理由はもっと単純なもので、この兄弟が実は会津の地と地縁が大変薄い、ということが原因であるようだ。

先にも述べた通り、兄弟の出自は甲州であった。それが訴えのために江戸へ出て来て、江戸で表彰された。そののち保科正之に取り立てられる訳だが、この時点で保科正之はまだ山形藩主であり、まだ会津とは関わりがなかった。もちろん正之の転封に伴って会津藩士となる訳だが、藩士として取り立てられた時点では、会津との関わりは全く無かった。つまり偽キリシタン兄弟は、厳密に言えば保科正之の孝子伝ではあっても、会津の孝子伝ではなかったのである。

それでも『本朝孝子伝』に会津藩の孝子がまるごと漏れたショックが生々しかった頃には、孝子の先駆者としての意義を見出せたかもしれない。しかし時間が経って改めて考えてみれば、その不自然さの方がきわだって思われるのも当然であったろう。こうして兄弟は会津という土地を代表する孝子ではなくなり、版本の『会津孝子伝』刊行に際して削除されたのである。

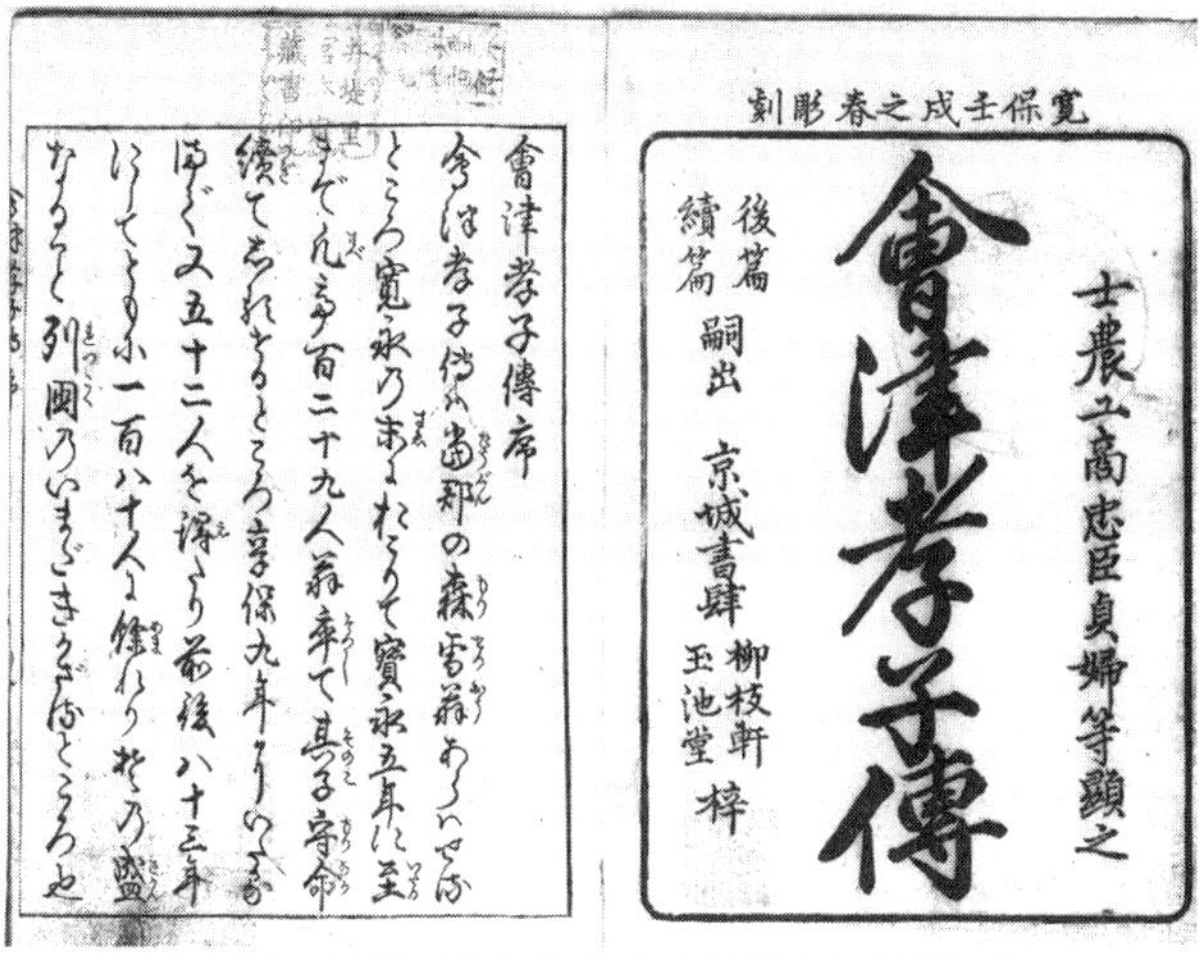

《図29》森雪翁『会津孝子伝』平仮名刊本（架蔵本）。
偽キリシタン兄弟伝は削除された。

享和元年（一八〇一）、幕府の命によって編まれ刊行された『官刻孝義録』に偽キリシタン兄弟が掲載されなかったことは、ほぼ同様の理由によるものだろうし、右の推測の傍証ともなるかと思われる。

『官刻孝義録』は各藩から書き上げられた資料を基にしている。よって掲載された孝子良民は、それぞれの地が誇るべき孝子としての一面を持っている訳である。先にも述べた通り、多くの土地と関わりを持つ偽キリシタン兄弟は、甲州、江戸、山形、会津と、さまざまな地から選ばれる可能性を持っていた筈である。しかし結局どこの藩からも取り上げられておらず、『官刻孝義録』に梶原景信・景久兄弟の名前は無いのである。

このように偽キリシタン兄弟説話が会津で取り上げられ、廃れて行く過程には、孝子とそれを顕彰する地盤という、近世孝子説話独特の力学が働いていたのである。

六　説話のゆくえ――⑦『日新館童子訓』ほか

こうして郷土の代表としての地位は失ったが、偽キリシタン兄弟の逸話は知る限りいくつかの方面で生き残って行った。

まず一つは、藩内での教訓的な逸話としてである。⑦の会津藩五代藩主・松平容頌《かたのぶ》著『日新館童子訓』（享和三年〈一八〇三〉四月跋刊）は、会津藩士の子弟のために書かれたものである。各章は、漢字平仮名交じり文の教訓的な文章に続けて経書を引用し、さらに例話として漢字平仮名交じり文で本朝人物の逸話を付している。

ここに挙げられた例話を見ると、会津藩の人物を中心としながらも、『本朝孝子伝』などから採った藩外の人物も多く掲載されている。該書はそもそも藩内に向けて編まれたものであり、対外的に会津藩の善政を示そうというものではない。偽キリシタン兄弟伝は会津藩を代表する逸話とはなり得ないが、孝をもって保科正之に取り立てられた人物として、他藩の孝子よりは馴染みがあって教訓的効果は高い、ということだろう。

これと同じ文脈で説明できそうなのが、表彰した保科正之自身の名君伝である。この偽キリシタン兄弟の説話は、孝子がどこの誰であれ、表彰した側である正之の善政を示す事例としては、十分な説得力を有する。先にも見た『家世実紀』、⑧『千歳の松』といった正之伝にこの逸話が採られたのは当然であろう。今なお名君として評価の高い正之であるゆえ、現代の正之伝でも必ずと言って良いほど取り上げられる逸話である。▼注[16]

最後に挙げたいのは、皮肉ながらキリシタン説話の世界で生まれた書物である。谷真介『キリシタン伝説百話』▼注[17]所収「偽キリシタンの企み」はこの偽キリシタン兄弟の逸話を掲載している。該書では、訴人褒賞制度について記したあと兄弟の訴え→企みの露見→奉行らからの褒賞という一連の流れを記したあと、次のように結ぶ。

　幕府としては、こうしてキリシタンの訴人がふえることを奨励しようとしたのだろうが、町人たちにはあまり評判がよくなかったという話である。

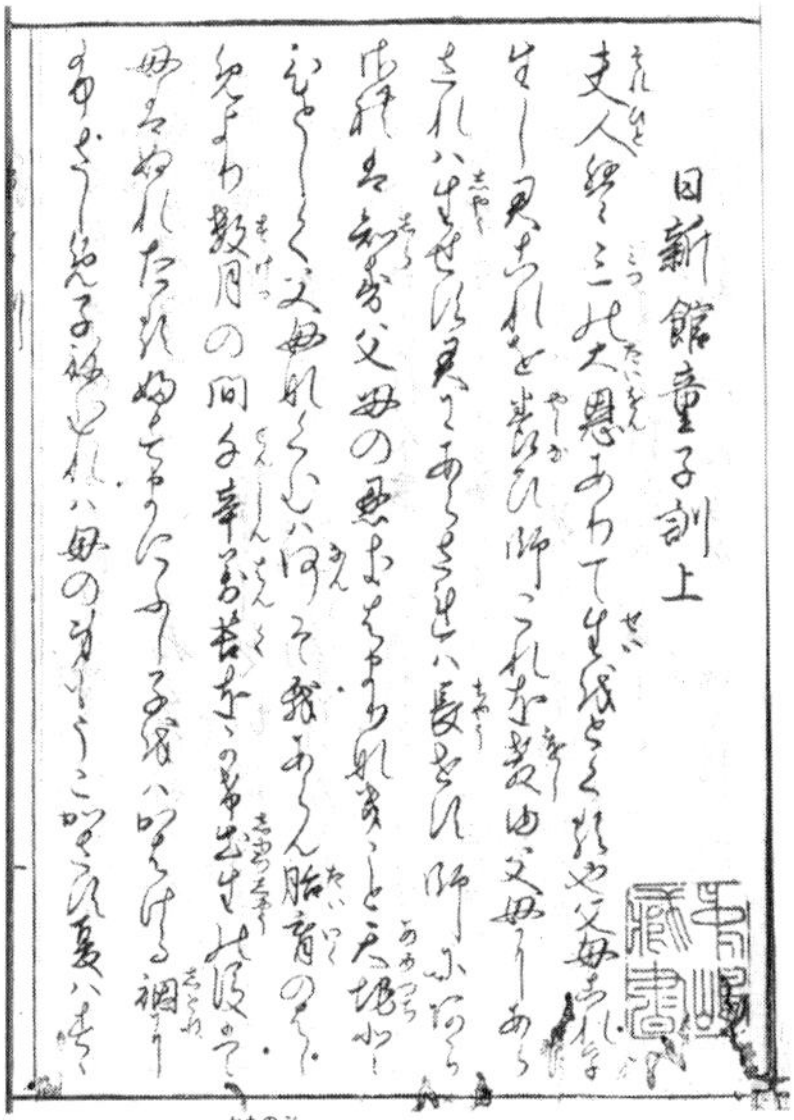

《図30》松平容頌《かたのぶ》『日新館童子訓』。偽キリシタン兄弟伝は教訓話として会津に残った。

制度を悪用した兄弟は厳罰に処すべきであるのに、「まれにみる孝行者」と褒め称えた奉行たちの行動の裏に、キリシタン訴人の増加を図る意図が読み取られている。そしてそれが町人たちに不評だったとするが、このような認識が近世町人の通念だったとは、とうてい認められない。おそらく近代に入ってから付された評だろう。一つの逸話が多面的に捉えら

16　中村彰彦『保科正之　徳川将軍家を支えた会津藩主』（平成七年一月、中央公論社）ほか。

17　平成八年四月、筑摩書房。

れる例としては大変興味深いものである。

七　おわりに

以上、偽キリシタン兄弟の事件が記され、伝えられて行く様を跡付けながら、近世孝子説話の問題として考えて来た。その流転の過程には近世孝子説話の本質とも目される要素がさまざまに窺い知れたように思う。

それらを一言で示すのは難しい。ただ多くは、近世の孝子伝と「地域性」という問題が引き起こしたものであったと言えるのではないだろうか。孝子伝そのものが未成熟な時代から、『本朝孝子伝』『古今犬著聞集』という中央で編まれた全国的な孝子叢伝を経て、孝子伝はその地域が引き受けるべき問題となったのである。そうした中で早々に孝子表彰を行っていながら全国的な孝子説話集に漏れた会津藩は、偽キリシタン兄弟伝を会津藩を代表する孝子として取り上げた地域の優位性を主張した。しかしその偽キリシタン伝も皮肉なことに、最後には会津を代表できないという理由で消えて行ったのである。

『本朝孝子伝』『古今犬著聞集』以後の元禄期あたりから、孝子表彰と孝子伝は、各地域が全国を視野に入れながらそれぞれで引き受けるべき問題となってゆく。偽キリシタン兄弟事件の流転は、そうした時代の転換期をさまよった一事例だと言うことができよう。

第三節

表彰と説話集とのあいだ

――岡山藩

一　岡山藩に注目する理由

第一章第三節の五「五郎右衛門伝の依頼者」では、幕府によってはじめて表彰された孝子・五郎右衛門に関する伝記が、幕府の関与しないところで依頼され、書かれたものだということを明らかにした。孝子伝という広い意味での文学行為は、孝子表彰という政治行為と必ずしも直結したものではない、ということである。

ただし当然ながら、この一例をもって江戸時代のすべてがそうだと決めつけることもできない。個別の事例についても見て行く必要があるだろう。そのように考えたとき、岡山藩は格好の素材だと言える。

その理由は、一つには、藩内の孝子を扱った孝子説話集が早い時期から編まれていたからである。岡山藩が江戸時代においてもっとも早く組織的な表彰を行ったことは本章第一節の三「正保～万治期」で述べたが、その表彰を扱った『備陽善人記』『続備陽善人記』という二つの孝子説話集が藩内で編まれている。

またもう一つには、表彰に関わる藩政資料が比較的豊富に残っているからである。岡山大学池田家文庫が蔵する多様な表彰資料を用いることにより、孝をめぐる政治行為と文学行為との距離がどのようなものであったかを確かめることができる。

二　近世前期岡山藩の表彰と説話集

岡山藩の表彰に関しては、永山卯三郎『池田光政公伝』[注1]第五十五章「善事書上　附思寄書上」および第五十六章「善行者の表彰」や、倉地克直「寛文期岡山藩政と民衆教化」[注2]などがある。筆者も「近世孝子説話の基底――『備陽善人記』をめぐって」[注3]において、藤井懶斎編『本朝孝子伝』（貞享二年〈一六八五〉刊）「今世」部のうち、岡山の孝子を扱った章段が、岡山藩で編まれた孝子説話集『備陽善人記』を利用していることを明らかにした。

さらに近年、妻鹿淳子『近世の家族と女性―善事褒賞の研究』[注4]は、現存の池田家文庫資料を縦横に利用して岡山藩前期における表彰の実態を詳細に跡付けた。その成果は極めて大きなもので、本稿も資料的な面でその成果による恩恵を多大に蒙った。

上記の先行研究によりつつ、まずは近世前期の岡山藩の善人表彰について簡単に整理して、以後の論述に備えたい。

岡山藩初代藩主池田光政が善人を表彰した早い例として、『池田光政公伝』は慶安五年（一六五二）の事例を挙げている。しかしこれは単発的・個別的な例と考えておくべきだろう。組織的表彰として注目すべきは承応三年（一六五四）から明暦二年（一六五六）にかけての集中的な表彰である。

つづいて光政は寛文五年（一六六五）～八年（一六六八）にも集中的に表彰を行っている。この時

1　『池田光政公伝』（昭和七年刊、石坂善次郎）。一〇四四～一〇六七ページ。

2　『岡山県の教育史』（昭和六十三年、思文閣）所収。

3　「国文学」第46巻7号（平成十三年六月、学燈社）所収。

4　平成二十年四月、清文堂出版。

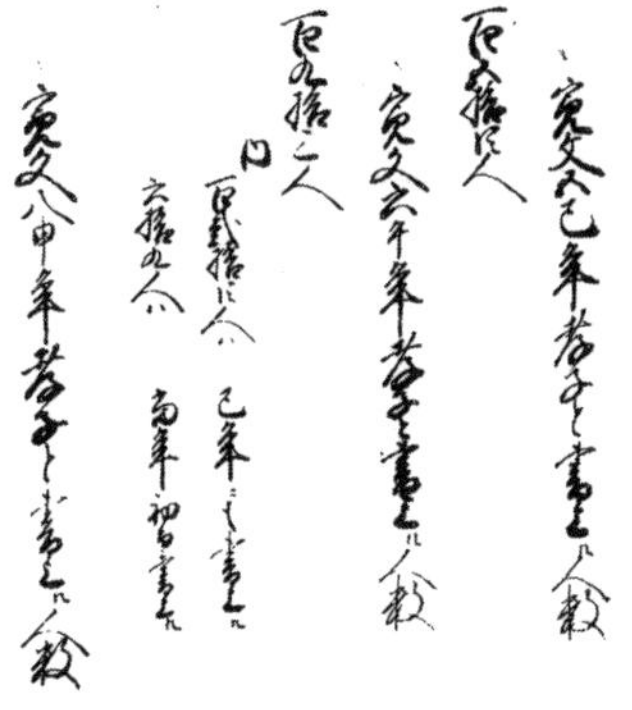

《図31》『寛文年中　孝子善人并命令』（岡山大学蔵）。孝子ではなく推薦人のリスト。

期の表彰は大きく二種に分けることができる。まず第一は、寛文六年（一六六六）七月に行われた表彰である。光政はこの時期に領内を巡見しているが、その際、行く先々で耳目に接した善人に褒美を与えている。

その一方で光政は寛文五年（一六六五）、同六年（一六六六）、同八年（一六六八）の三度にわたり、「日頃孝行なる者」「子を能く育て候者」など様々な徳目を示して、各地から孝子善人を書上げさせて大規模な表彰を行った。この三年間で表彰された人数は『寛文年中　孝子善人并命令』（池田家文庫L二／二八。《図31》参照）に掲載する所によれば、千六百九十七人に及んだという。

ところで、この寛文期の表彰に関して、妻鹿稿には事実誤認がある。当時の資料である『備陽国史類編』と『寛文年中　孝子善人并命令』に載る人名が家臣ばかりで庶民が一切見えないところから、「庶民については、個々の対応で褒賞していたと思われる」「後の時期と比べて家臣への教化策が重要な意味を持っていた」▼注[5]としている。しかし右の資料は、表彰された人物の一覧ではない。書上を行った人物の一覧、すなわち善人を推薦した側の人物の一覧である。じっさいに表彰されていたのは庶民だったはずであるし、その表彰も十分に組織的なものだったはずである。

寛文十二年（一六七二）に光政が致仕し、綱政が二代藩主となっても引き続き善人表彰は行われる。その大きなものは延宝六年（一六七八）～同九年（一六八一）と、天和二年（一六八二）十二月～貞享三年（一六八六）の二度である。それぞれ組織的に行われたもののようで、前者に関しては『延

5　二八ページ。

宝六七年　各郡善事申出書類』（池田家文庫L二／五五）が、後者に関しては『諸御郡百姓善孝』（池田家文庫L二／五七）が残っている。

三　『続備陽善人記』の成立と文章

さて上記の通り、光政・綱政時代のそれぞれの孝子表彰を題材として、『備陽善人記』『続備陽善人記』という二つの孝子説話集が編まれている。両書に収められた孝子伝はどのようなものであったろうか。より具体的にいえば、表彰をどのように文章化したものであっただろうか。こうした点を調査して、両書の性質を考えるきっかけとしたいと思う。

論述の都合上、まず続編である『続備陽善人記』（《図32》参照）の方から考えて行きたい。『続備陽善人記』の伝本はの一点のみしか知らない（池田家文庫L二／一三）。該書は写本一巻一冊。末尾の二話をのぞけば全て表彰の年月日順に掲載され、天和二年（一六八二）から貞享三年（一六八六）閏三月十七日までの孝子善人を挙げる。全四十五話のうち三十五話が貞享三年三月十七日に表彰された人物である。

該書の成立事情を知るためには、跋文が参考になる。

右『続備陽善人記』は、備陽拾遺君▼注6命じて撰せしめたまふ書なり。君嘗《かっ》て郡夫に命じたまふは、「『民を治る事、賞罰兼備《かねそな》へて、かたゐにすつべからず』といへども、悪を罰してこらすは、善を勧て教《おしふ》るの民情によろしきにしかず」とのたまへり。是を以て郡吏《ぐんり》、君意を敬《つつし》み承《うけ》て民の善行あるものを称挙《しようきょ》す。君聞召《きこしめし》、郡吏に命じて各《おのおの》その善行にしたがひ賞せしめたまふ。其人数、天和三年亥の歳より貞享三年寅の春まで、凡《およそ》千九百九十九人なり。悪を罰する事は、此《この》四としの間、わづかに其賞の三十分一にも及ばず。斬罪十三人。放逐五十三人なり。右善行ある者の

6　二代藩主・池田綱政。

内、其行すぐれたるもの四十三人をゑらび、又嘗て賞せられし城下の市中すぐれし善行あるもの二人を加て、凡四十有五人をしるし侍る。故羽林君[注7]の時、善行あるものを賞したまひ、撰び書して『備陽善人記』といへり。故に今又、此書に冠して『続備陽善人記』[注8]と云。

二代藩主綱政は罰よりも賞を重んじ、四年間の間に約二千人もの人物を表彰した。そのうち優れている四十三人に、それ以前に賞された人物二人を加えて四十五名を記したと言う。そして、初代藩主光政の時代に撰した『備陽善人記』にちなんで『続備陽善人記』と題したと言うのである。該書の正確な成立時期は明らかではない。しかし傍線を付した「備陽拾遺君命じて撰せしめたまふ書なり」という記述から、二代藩主綱政の在任中、直接の命によって撰されたと考えてよいだろう。

次に文章に目を転じてみよう。比較資料として、先述した池田家文庫所蔵の冊子『諸御郡百姓善孝』(《図33》参照)を用いたいと思う。この資料は書上を収める。書上とは、孝子表彰を行う際に人物選定を目的として各地から寄せられた、いわば推薦文である。近世の表彰の典型的な流れでは、こうした書上をもとに表彰が行われることになる。『続備陽善人記』が表彰を行った後で書かれた伝記であるのに対し、この書上は、いわば表彰前に書かれた伝記である。

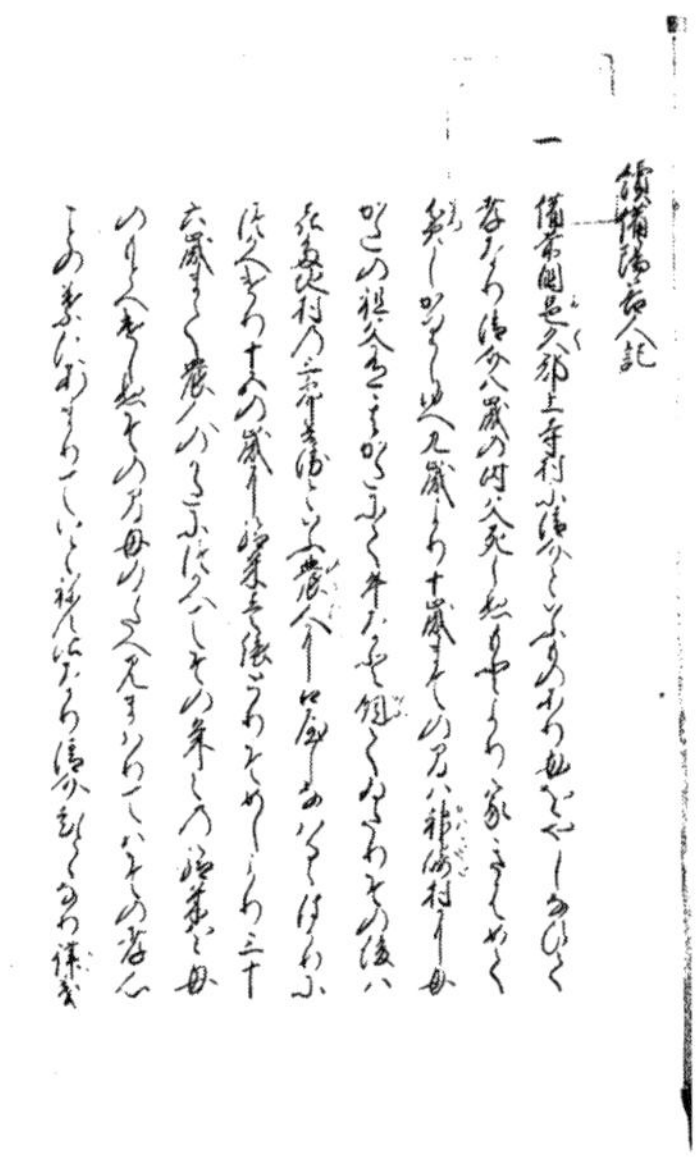

《図32》『続備陽善人記』(岡山大学池田家文庫本)。藩による表彰時の資料に基づいて書かれた。

さて、書上集である『諸御郡百

7 初代藩主・池田光政。

8 『続備陽善人記』の引用は、岡山大学池田家文庫本(請求番号L二／一三)マイクロフィルムによる。

姓善孝』を用いて考えたいのは、この書上が表彰後に編まれた『続備陽善人記』に、どの程度利用されているのか（或いはされていないのか）、という問題である。備前国津高郡富原村の庄屋・与左衛門を扱った章段を左に比較してみよう。

【表6】与左衛門における書上資料と孝子伝との比較

『諸御郡百姓善孝』第四話（全文）

目録ニ十六日とあり

子ノ五月十二日　津高郡富原村庄や

一　米五升　与左衛門

同村至極ノ貧者、田地善悪見分、安田孫七一所ニ罷《まかり》出《いで》、貧者十九人ノ家々改申候。十九人之内五人三人ヅツ之寄合、牛三疋《びき》持居申候。残ル者共、牛得持不申由申候処、能牛壱疋つなぎ置候家御座候ニ付、相尋候得者、「庄屋与左衛門牛ニ而御座候。牛持不申貧者共へ、毎年かし申候。当年も私共へかし可申ため、此牛買申候。庄屋影ニ而少宛《づつ》ノ作仕候」と貧者共申ニ付、庄屋ニ相尋候へば、「貧者者（ママ）ども牛無御座候而、不作ニ罷成候ニ付、例年かし申候。此年も此比買候而かし申」由申候。請返し田地之義も庄屋手前より戻り申由。地主共申候故、様子承候へば、「庄屋申候は、『御公儀様より忝被為仰付様ニ奉存候へば、私買置申田地、先達而返し申筈と奉存、請返させ申』由申候」。

『続備陽善人記』第五話（全文）

備前国津高郡富原村庄屋与左衛門といふもの有。其村の貧しくて牛もたざるもの、耕事《たがへす》のちからたらざるを、あはれみて、をのが耕しの牛のほかに、貧《まづしき》者《もの》にかすべき牛をかひ置て、年々これをかしける。貞享元年、民家を見巡《めぐ》る役人、富原村へゆきし時、きはめて貧しき民の家によき牛をつなげる事ありしかば、これをあやしみて「いかに」と問ける。そのものこたへて云けるは、「此は庄屋与左衛門牛なり。われらごときの牛もたざるものには、与左衛門いづれの年もかし侍る。この牛もまづしきものにかすべきとて、このごろ買たるにて侍る」といふ。

与左衛門にこれを問ば、「まづしきもの、うしなければ、耕事たらず、耕事たらざれば、五穀《こく》みのらざるゆへ、いつもかし侍る」といふ。

又郡吏より命じて、「貧民の田地をうりて、田地なきものには其あたひをかして、うけかへさせぬべき」

依之請返シ申者共悦申候。

春木又五郎書上▼注［9］

といふ事あり。与左衛門これをきくより、我買置たる田地をすみやかにうけかへさせけり。そのうけ返したる民、はなはだよろこびて、かの役人に「かく」とつげけるほどに、これを感じて郡吏に達しければ、貞享元年五月十六日、国主郡吏をして米をあたへて賞せしめたまふ。

9 『諸御郡百姓善孝』の引用は、岡山大学池田家文庫本（請求番号L二／五七）マイクロフィルムによる。

まず書上に基づいて要約してみる。津高郡富原村十九戸の貧者の様子を見聞するために、安田孫七が各戸を廻って改めた。そこでは十九戸のうち五人、三人ずつが寄り合って牛三匹を共同で所有していた。その他の者は牛を持っていない筈だったが、なぜか良い牛を一匹所有している家があった。尋ねてみると、その貧者は「庄屋与左衛門の牛です。牛を持たない貧者に毎年貸しているのです。今年も私共へ貸すためにこの牛を買われました。庄屋のおかげで少しずつ作物を作っております」と述べた。そこで庄屋に尋ねてみると、「貧者たちは牛を持っておらず、不作になりますので、毎年牛を貸しております。今年も最近買って貸しております」と言う。また地主たちによれば、「庄屋様は、『殿様からの仰せだから、（貧者たちが売り払い）私が買った田地は、貧者たちに返そう』と言った」という。これによって田畑を取りもどした貧者たちはたいそう喜んだ、という話である。

『諸御郡百姓善孝』は書上資料であるゆえ、本文の末尾には書上を行った人物・春木又五郎という人物の名が記されている。彼は天和三年（一六八三）八月から元禄八年（一六九五）七月まで在任した郡目付である。また文頭には、表彰された人物、表彰された年月日と褒美の内容とが記されている。「五月十二日」という日付の脇に「目録ニ十六日とあり」とあるのは、他の章段から類推すると、書上げた日付の脇に、表彰された日付を書き加えたものらしい。▼注[10] つまり五月十二日に推薦され、十六日に表彰されたのである。

さて、この書上を、下段に記した『続備陽善人記』はどのように利用している（或いはしていない）のであろうか。

一読して気付く違いは、当然ながら、体裁を孝子伝の形に整えていることである。章頭と章末の点線で記した箇所がそれに当たる。冒頭に地名と人名を記し、最後に誰からどのような褒美を受けたかを記すのはこの種の文章の定型である。

さらに内容を見て行くと、まず書上で候文だったものを平易な漢字平仮名交じり文の説明文体に改めている。また文意も大変取りやすくなっている。これは、主語や話者を明記し、会話文も明確化するなどの工夫によるものであろう。このような工夫の甲斐あって、とくに後半部分の田地請け返しのエピソードは、書上では文意が取りにくいのに対し、『続備陽善人記』では大変分かりやすいものになっている。

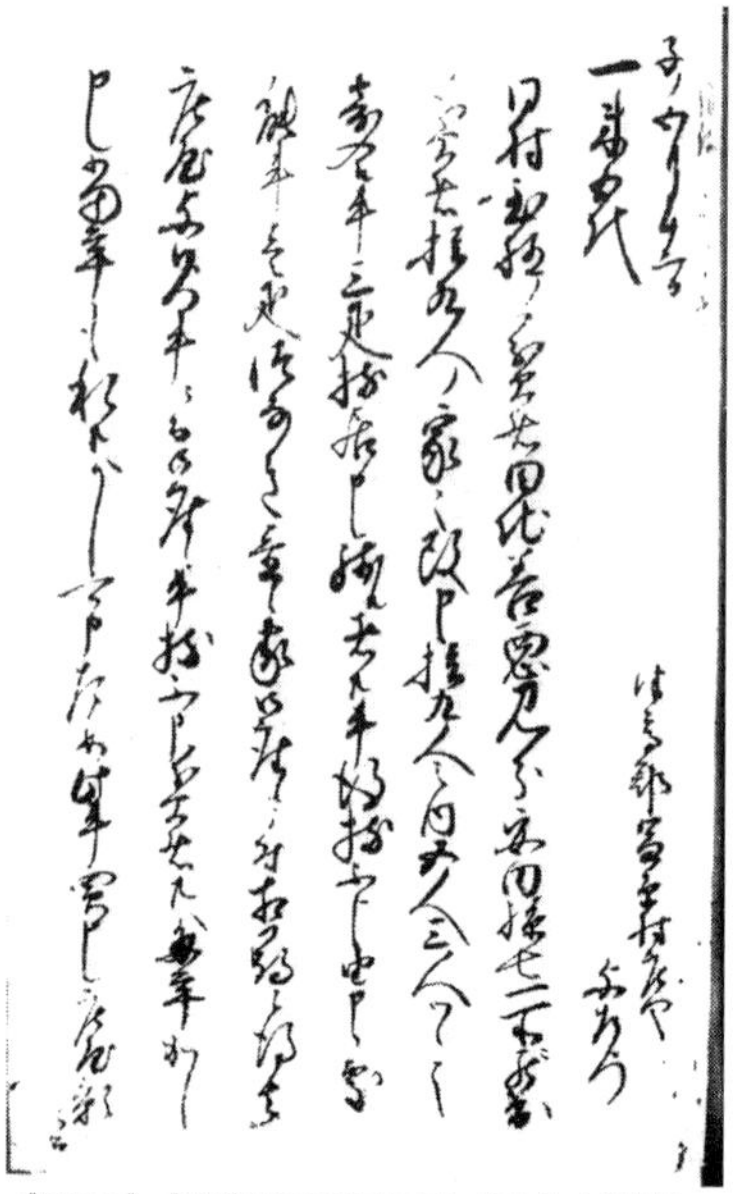

《図 33》『諸御郡百姓善孝』（岡山大学蔵）。ここに載るような書上資料をもとに『続備陽善人記』は成った。

このように平易化を目指した体裁・文章の改編が行われている一方で、エピソードの骨格はかなりの部分でそのままに保存されている。何かを削ることもない一方で、家族関係や年齢といった事実関係はそのままであり、新しい逸話を加えるようなこともしていない。

10 同書第六話庄次郎・八兵衛の章段には、「子ノ三月廿二日」とある脇に「目録ニハ四月朔日被下とあり」と見える。「被下」が表彰の事を示すと判断した。

会話文に至っても同様であり、波線部のように、内容を保存したまま平易化したものと言って良いのである。

このように比べてみると、『続備陽善人記』が書上を基としてほぼ忠実に利用して編集したものであることが分かる。先に『続備陽善人記』の成立自体が綱政の命によるものであることに言及したが、ここで文章も表彰資料を存分に利用していることが分かった。つまり『続備陽善人記』は成立と文章との両方で、表彰と極めて結びつきの強い孝子説話集だったのである。

四　『備陽善人記』の作者と成立時期

さて、これに対して、正編たる『備陽善人記』はどのような性質を有しているのだろうか。『備陽善人記』は二巻二冊。所見本に序跋文はない。[注11] 初代藩主・池田光政在任時の善人六十人を集め、その行状によって、孝子（三十一人）・忠臣（五人）・貞女（六人）・救済（九人）・廉潔（三人）・善行（六人）に分類し、漢字平仮名交じり文でその行状を記す。様々な善行の中でも孝子が圧倒的に多い。

作者は岡山藩儒・小原大丈軒である。『備陽善人記』現存本の書物中に作者名は見えない。しかし後年岡山で刊行された『備前国孝子伝』[注12]の「凡例」（湯浅明善）には、次のように記されている。

　郷中《ごうちう》の部《ぶ》は、慶長より貞享中《ちう》に至《いた》るまでは、往古《そのかみ》小《お》原大丈軒《はらだいじやうけん》の識《しる》せし『善人記』といへる文《ふみ》を此書《このしよ》の初《はじめ》として前編《ぜんへん》とす。

同書には小原大丈軒の子孫である小原正路も序文を寄せていることを考えれば、この記述を信用して良いだろう。

次に成立年次だが、先に引用した通り、続編である『続備陽善人記』の跋には「故羽林君の時善

11　該書は岡山大学池田家文庫に二本残っている。一本（請求番号L二／一二）は先に見た『続備陽善人記』とともに書写されたもので、外題を「備陽善人記」とする。もう一本（請求番号…L三／二）は紙袋に『章善録』と同梱されているもので、外題を「善人記」とする。元来の署名は「備陽」の語句を冠さない「善人記」の方だったと考えた方が自然だろう。

12　寛政元年（一七八九）六月刊、備前・若林徳右衛門等六肆。

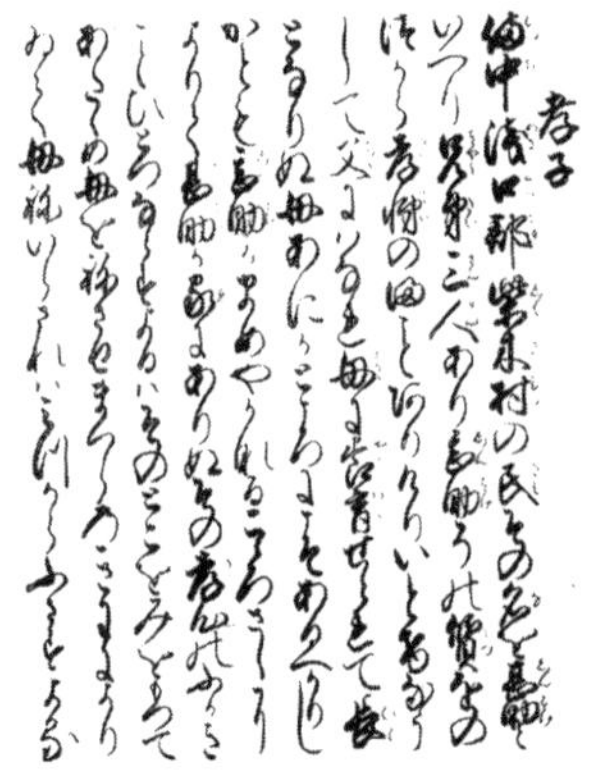

《図 34》『備陽善人記』（岡山大学本）。
藩による表彰とは隔たりがある。

行あるものを賞したまひ、撰び書して『備陽善人記』といへり」とあった。故羽林君すなわち池田光政の時に善行のあったものを表彰し、その中から選んで文章にして『備陽善人記』と言うのである。これによれば、『備陽善人記』は一見、光政の命で書かれたようにも思われる。しかし、池田光政が退位して綱政が藩を治めるようになったのが寛文十二年（一六七二）であるのに対して、小原大丈軒が岡山藩に勤め始めるようになったのが延宝元年（一六七三）である。つまり小原大丈軒は池田光政と入れ替わりのような形で仕官しているのである。このような時系列を考慮すると、『備陽善人記』が光政の命で成ったと考えるのは難しいであろう。

もう一つ指摘しておきたいのは、その題材となった表彰の年次である。これも妻鹿稿に詳細な考証が備わっているが、▼注[13]そのほとんどが承応三年（一六五四）に表彰を受けた善人なのである。先にも述べた通り光政は寛文五～八年（一六六五～八）にも集中的に表彰を行っている。しかし『備陽善人記』はそれを無視して、古い時代の表彰を扱っているのである。

これらを考慮すると、『備陽善人記』は、光政時代の孝子を題材としてはいるものの、表彰の文章化としては、かなり時間的に隔たりのあるものと言って良いであろう。つまり成立に関して言えば、『備陽善人記』は光政の藩政と密着した作品とは言い難いのである。

13　三六～三七ページ。

五　記されない表彰――『備陽善人記』の文章（一）

次に『備陽善人記』の文章について見て行きたい。該書の素材源については、『続備陽善人記』のように比較すべき具体的な資料が残っている訳ではない。しかし『続備陽善人記』の事例から類推して、書上がその多くを占めていたと考えておくのが妥当であろう。多くの章段は、人物の居住地と名をまず記し、その善行の内容を記し、最後に表彰された事実と賞品について記す。こうした構成や内容を見ても、該書の基本部分は書上から編集されたものと考えて不都合はない。

しかし『備陽善人記』と『続備陽善人記』の文章を比較して気付かされる違いがある。『備陽善人記』の方には、話末に表彰されたという事実が記されていない章段がいくつか目につくのである。

例としてまず「孝子」部第二十四話の、鹿恋村甚右衛門・六右衛門という紺屋の兄弟を扱った章段を挙げてみたい。この章段では、彼らが閨《ねや》などで母に孝を尽くす様子、彼らの妻たちが母に仕える様子、兄弟で助け合って仕事をする様子、夫と別れて戻ってきた妹に対して、妻たちが姉のように接する様子などが描かれ、最後に、子に恵まれないため妻の方から六右衛門に離縁を申し出るのに対し、六右衛門が夫婦生活を続ける決心を告げる、という逸話で終わっている。そしてその話末は次のようなものである。

……などいへり。甚右衛門が妹、これをかたりて、聞もの感ぜぬはなし。▼注［14］

『続備陽善人記』であれば、ここで例外なく誰から米や金銀をいくら賜ったかということが記されるところである。しかし『備陽善人記』のこの章段ではそれについては触れず、善行の内容を記すに留まっているのである。

また「孝子」部第二十七話の備前国上東郡西大寺村の又兵衛妻の話も、同様に表彰の記事が記さ

14　『備陽善人記』の引用は、岡山大学本（請求番号…L二／一一）による。

れない。彼女は舅である二郎兵衛によく仕え、娘の食物を舅に与えるなどした人物である。この孝心のおかげで同村の者たちから土地と家を与えられてはいるが、これは藩からの表彰ではない。章末には表彰のことを記さず、次のように結ぶのみである。

……其後二郎兵衛、疾已《すで》に重《おも》りて身まかりし時も、婦なげきかなしむ事限りなかりき。誠の親につかふる共、たれかく切ならんや。

右に挙げた二話のほか、章末に表彰を記さない章段は、第十五話の西香登村与右衛門、第四十二話の邑久郡牛窓の浦の清兵衛妻、第四十五話の鹿忍村長左衛門、第四十八話の坂根村庄屋三郎右衛門、第五十一話の岡府紙屋町虎屋庄右衛門の五話があり、計七話にのぼる。また太守（藩主）からの表彰は記さず、郡吏からの表彰を記すに留まるものをここに含めるならば、第十七話の邑久郡服部村与七郎、第二十話の磯上村長左衛門を挙げることができる。さらに第四十七話の和気郡香登村庄屋源右衛門は郡吏からの表彰を辞退している。このように『備陽善人記』全六十話のうち十話では、藩主から表彰されたという記事が見えないのである。

では、これらの章段の孝子たちは本当に表彰されなかったのだろうか。この点については、妻鹿稿が各章における表彰の有無について整理している作業が参考になる。▼注[15] これによれば、右に挙げたうち第二十四話と第二十七話は、他史料では褒賞された記録が残っているという。つまり少なくとも右の二章については、実際には表彰されたにも関わらず、『備陽善人記』にはその事実が記されていないのである。

私がこの点に注目するのは、ほぼ同時期に、藤井懶斎編『本朝孝子伝』（貞享二年〈一六八五〉刊）「今世」部十六「芦田為助《あしだためすけ》」の章段があるからである。懶斎は筑前の孝子・芦田為助の「実記」を得て掲載するにいたったが、そこに表彰されたという事実がないことを不審に思い、「恐くは是れ、実

15　三六ページ。

記偶々之を脱するか」（原漢文）と付言している。孝子が居るにも関わらず表彰されていないのであれば、それは為政者の見落としということになり、恥になる。近世の当代に生きる孝子の伝記にとって、表彰を記すということはそういった重みを有しているのである。

そのことを念頭に置いて『続備陽善人記』と『備陽善人記』とを見ると、例外なく表彰について記す『続備陽善人記』と、六十話中十話において表彰の記事が記されない『備陽善人記』との違いが改めて浮き彫りになる。

『備陽善人記』は、藩主の表彰という政治的行為に基づいた書上資料によっていながら、善人を表彰したという藩主の善政を伝えるという事柄について無頓着なのである。この点で『備陽善人記』には、表彰政策とのつながりの希薄さを感じざるを得ない。

六　記されすぎる表彰──『備陽善人記』の文章（二）

『続備陽善人記』に例外なく表彰の記事が記されていることは既に述べた。しかしその文章は左の通り、せいぜい数行であった。

村中のものみなこれを感じて、郡吏《ぐんり》に達しける。国主きこしめして、貞享元年三月二十八日、郡吏をして米をあたへてこれを賞せしめたまふ。

──第一話　邑久郡上寺村清介

村中のもの郡吏に達しければ、貞享元年四月朔日、国主郡吏をして米をあたへて賞せしめたまふ。

──第二話　油津里村庄次郎八兵衛

『備陽善人記』も多くの場合、表彰についての記事は、授与者と賞品（金）についての簡単なものに留まる。

しかし『備陽善人記』の中には、表彰や後日談等について、極端に詳しい章段がいくつか存するという特徴がある。まずその典型的な例として挙げたいのは、「孝子」部第一話、柴木村甚介に関する章段である。『備陽善人記』の中でも長編に属するこの章段は、母にさまざまな孝を尽くし、不孝者の兄を助ける等といった善行を記した後、次のように記している。

太守《たいしゅ》、此事を聞しめし、ふかく感じ思《おぼ》しめされければ、岡府にめされて、対面せんとしたまふ。まへの夜の夢に、ある僧、月を拝するとみて、さめぬ。明《あく》る朝《あした》、岡府よりめされて、君のまへに伺公《しこう》しける時、達源《たつげん》といふ僧、君のかたはらに有。前のよ見たりし夢違《たが》はず。君、甚助に対してのたまはく、「爾《なんぢ》が孝悌の聞へ、其《その》実かくれなし。誠に人の則《のり》たるべし」と、再三歎じて止たまはず。「甚助が作る所の田畠、永く子孫に伝ふべし」とて、下し賜り、拝してさりぬ。

《図35》柴木村甚介。表彰前後の逸話が多く残っている（『本朝孝子伝』）

『続備陽善人記』では、表彰に関する記述は、どの章も数行で済まされていた。これに対して『備陽善人記』の柴木村甚介の章段は、右の通り藩主と対面する前日の霊夢について詳しく記しているのである。

実はこの章段はこれだけで終わらない。続けて藩主と甚介との会話、後日に村の者に尋ねた話、藩儒・熊沢蕃山が公用で村を訪れた際の見聞、さらには甚介に与えた感

《図36》惣太夫。表彰の後日談が残っている（『本朝孝子伝』）

状の全文が記されている。

次に『備陽善人記』「孝子」部第二十二話を挙げたい。まず概要を示そう。惣太夫はもと岡山に住む紺屋であったが、播州赤穂に母・妻と住んでいた。岡山に帰りたいという母の願いをかなえるために、夫婦で母を連れて岡山へと歩き始めた。貧しく食料にも欠くために、物乞いをしながらの旅であったが、途中、備前国福岡村実教寺の是要という僧に助けられ、紺屋を営む資本までも授かる。郡吏が惣太夫の孝行に感じて米一俵を与え、藩主も是要に感状や米を与えたという。

この話も柴木村甚介の章段と同様に感状（承応四年正月十三日付）が全文掲載されている。さらに注目したいのは、これに続けて、一章を立てて後日談を掲載しているところである。続く第二十三話は、右に見た惣太夫夫婦と是要との後日談とも言いうるものである。

一、八日市に不孝の子あり。其村の庄屋かれをよびよせて、かの福岡村にありける孝子の心行《しんぎやう》をくはしくかたりきかせ、戒めさとしければ、かの不孝の子、おどろきなげきて、「それがし、つねづね親につかふるありさま、今思ひかんがふるに、無下に浅ましきこと也。され共、今まで不孝なりと露思ひしらざりけることこそ、返す返すもくちをしく侍れ。御もの語《がたり》の人と我心行をくらぶれば、実に人に非ず」と大きに感触《かんそく》し、はぢおそれてかへりぬ。（下略）

八日市の不孝者が、福岡村の孝子の話を聞いて改心したと言うのである。

右に挙げた柴木村甚助と惣太夫・是要の章段は、表彰や後日談について極めて詳細に記述してあり、今まで見てきた章段とは全く異なる趣を持ったものであると言えよう。後日談について詳しく記す章段は、右に挙げた二章のほか、第十四話の和気郡寒川村喜十郎、第十六話の大中山村与兵衛、第二十一話の磯上村六郎右衛門があり、『備陽善人記』六十章のうち五章にのぼる。

私がこの点に注目するのは、『続備陽善人記』に見たような書上の平易化という成立過程を経た上では、表彰時の出来事や表彰後の出来事についてはここまで詳細に記されるとは思われないからである。先に『続備陽善人記』の全てと『備陽善人記』の多くの章段は表彰に関する記述が数行に留まると言ったが、これは素材源となった書上という資料の性質にもよる所が大きいものであった。先にも見たとおり、書上資料では表彰を願い出るために孝子の行いが詳細に描かれる。しかし表彰については、これに書き込むような形で日付、賞品（金）などが記されるにすぎないのである。こうした資料によっている限り、表彰の際の出来事や後日談については詳細に記すことはできないのである。

いっぽう『備陽善人記』で見たいびつな章段は、書上からの成立経緯では理解しきれない。ここからは、『備陽善人記』の書上資料と直結しない編集態度が透けて見える。そこに浮かび上がるのは、巷説の世界である。藩主から表彰されたとしても、それが一たび広まると、表彰の場面や後日談が詳細に記されるなど、また違った様相を見せ始めるのである。

七　おわりに

以上本節では、表彰された孝子が文章化され、孝子説話集に収められるに至るまでの道筋のいくつかを示したつもりである。一つは書上を中心とした流れである。孝子善人を表彰されるべき人物だということを訴える文章である書上は、藩を単位とする孝子説話集の重要な素材源となっているのであった。もう一つは巷間に広まった孝子説話である。表彰された場合もそうでない場合も、比較的自由に逸話が膨らむ傾向がある。

そして、右の素材をいかに扱うかという点において『備陽善人記』と『続備陽善人記』とでは対照的な違いを見て取ることができた。

『続備陽善人記』は、表彰の年次順に整列し、表彰の年次と物品を例外なく記すという、極めて整然とした構成を持つものであった。該書が藩の命によって書かれたものであることを考慮すれば、書上資料を手元に置いて、かなり忠実に孝子説話集へと書き換えたものだと言うことができそうである。

いっぽう同様に書上によりながら、『備陽善人記』にはそこから逸脱する面がかなり多かった。一つは書上資料に拠っているように見えながら、表彰について記さないという章段が見えたことである。これは表彰が為政者の善政の賜物だということを伝えようという意識が希薄であることを示している。また一方では表彰時の様子や表彰後の後日談などについて詳細に記している章段も見えた。これは藩政資料に直接よるのではなく、世間に広まった巷説を掬い取っていると考えられるのである。これらの章段は共に、藩の表彰政策の一環として編まれたという意識の希薄さによって生まれたと考えて良いだろう。

右のように考えて行くと、『備陽善人記』の執筆意図という問題もあらためて考え直されなければならないだろう。『備陽善人記』は藩主の命によって成ったものではなく、むしろ、一人の藩士が過去の藩政資料や巷説を用いて個人的に編んだという性質が強いのではないだろうか。もちろんこうした性質のものでさえ、広い意味での孝子褒賞政策の一環だとする反論も予想される。しかし江戸時代の孝子をめぐる言語行為が、為政者による意図的な民心誘導だけで説明しきれないということに、我々はもっと目を向けてみるべきだと考えるのである。

第四節

宝物としての孝子伝
――福知山藩・島原藩

一　孝子表彰と孝子伝執筆

近世において孝子への表彰がしばしば行われたことは周知の事実であろう。それを契機に数多くの孝子伝が書かれ、そのうちのいくつかが刊行されたことも、徳田進『孝子説話集の研究』[注1]などの研究によってよく知られている。

先に本章第一節「綱吉による孝行奨励政策の背景」では、近世に入ってから孝子表彰がどのような大名によって始まり、どのように広まっていったか、という点について整理を試みた。これは、孝子を表彰することと、孝子伝を書くこととを分けて考えたかったからである。

見過ごされがちなことだが、江戸時代の表彰された孝子の全てが、ただちに孝子伝として書かれる訳ではない。表彰する意識と孝子伝を書く意識との間には、大きな隔たりが存するのである。そのことを典型的に表す例が、藤井懶斎『本朝孝子伝』（貞享二年〈一六八五〉十月刊）「今世」部だろう。この部には、熊本、福岡、江戸など、江戸時代前期に表彰された孝子二十名の伝記を見ることができる。しかし、その素材となった孝子伝を探してみると、そのほとんどにおいて、該当する作品が

1　昭和三十八年十二月、井上書房。

見あたらない。つまり、ここに収められた孝子の多くは、表彰当時は孝子伝が書かれなかった。懶斎が天和期の執筆時に至って、はじめて文章化したと考えるべきものなのである。このように、近世前期の為政者は、孝子表彰に熱心ではあっても、孝子伝の執筆には無関心だったのである。

このように孝子伝がなかなか書かれなかった理由は、為政者たちにとって孝子伝が必要なかったから、と言うに尽きる。孝子へは金・米といった賞品が与えられればそれで十分だったのである。文章が書かれるのは、租税免除などの場合に与えられる感状に留まるのであった。▼注[2] 孝子を表彰した上で、あらためて孝子伝をも書こう、または書かせようというようなことは、少なくとも先に挙げた『本朝孝子伝』登場までは、ほとんどの為政者にとっては念頭に浮かばなかったと言って良いのである。

右のような実情を踏まえると、孝子を表彰した上で孝子伝を書く、という行為がいつ誰によって始められ、どのような表現や意識の展開を見せたかという問題を明らかにしようとすることは、決して無用な試みとは言えない。孝子伝を書く（書かせる）という点を切り出して考えることで、新たに文事としての側面を析出することができるのではないだろうか。これにより、従来の孝子伝研究の不足を補うと同時に、近世文学として孝子伝（孝子説話）を考えるための一歩たり得るのではないか、と考えているのである。

二　忠房孝子伝の先駆性と特色

近世において為政者が孝子伝を書く（書かせる）という行為の始まりを考えようと整理を行うと、最も早い所に位置すると思われるのが寛文七年（一六六七）一月、松平忠房が林鵞峰に書かせた「丹州孝子伝　賛論附」である。▼注[3]

2　孝子宛の感状で時代の早い物には、承応三年（一六五四）十一月十三日、池田光政が柴木村甚介に宛てたもの（『孝子甚助』〈昭和九年四月　大島尋常小学校〉口絵掲載）や、延宝八年（一六八〇）四月十五日、松平忠房が肥前加津佐の安永安次に宛てたもの（『加津佐郷土史　加津佐史話』〈昭和四十八年六月　加津佐町〉所収）がある。

3　これより早い物に、林読耕斎「甲州孝子事記」、林鵞峰「甲州里民伝　淀城奴附」（共に寛永十七年〈一六四〇〉頃成）があるが、為政者による孝子伝と認定し難い面があるゆえ除外する。本章第二節参照。

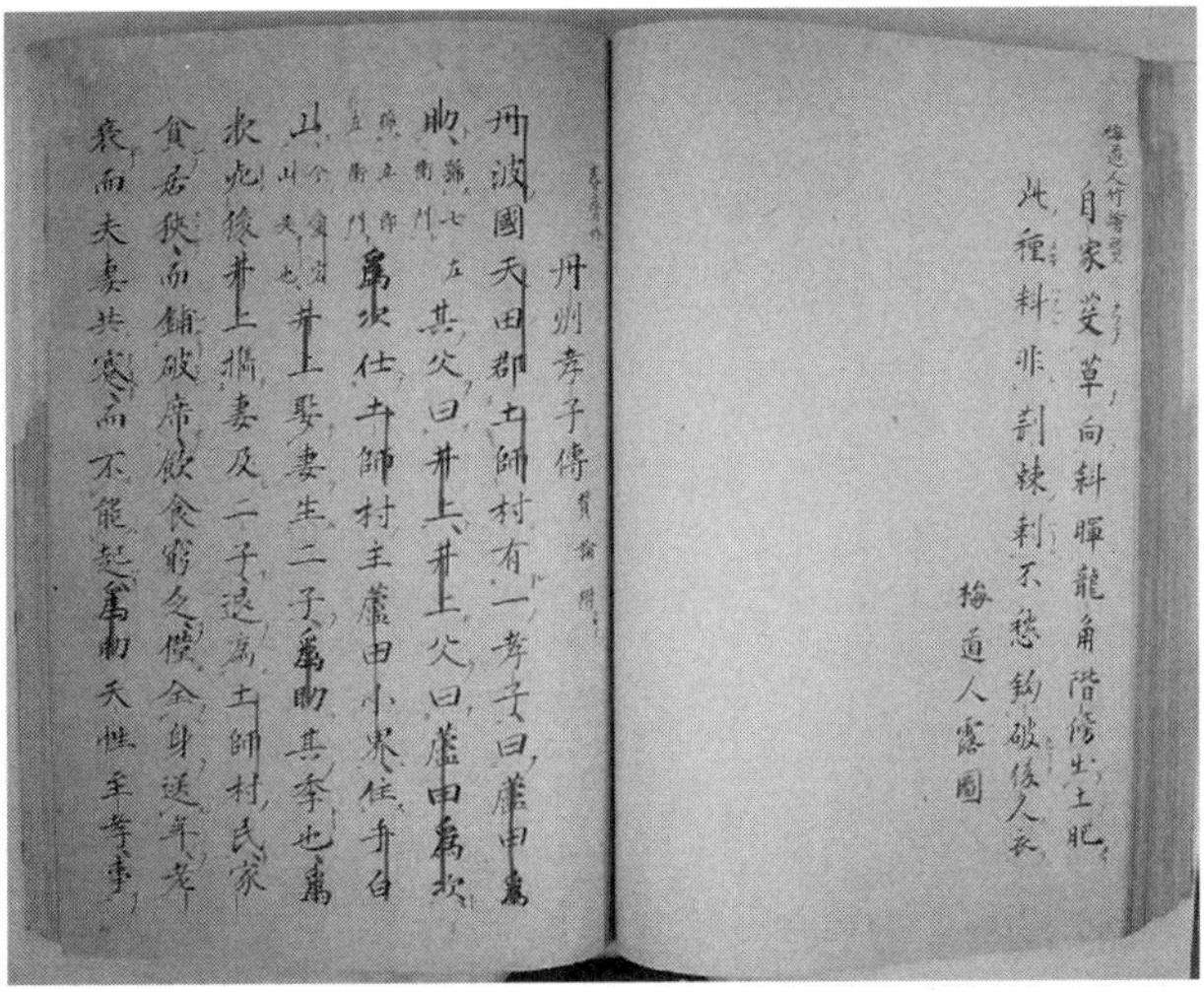

《図 37》「丹州孝子伝　賛論附」（島原図書館松平文庫『詩文雑書』所収）。
読みやすい平仮名でなく漢文が選ばれたのはなぜだろうか。

忠房は元和五年（一六一九）、深溝《ふこうず》松平藩五代忠利の長子として、三河国吉田城で生まれた。寛永九年（一六三二）十四歳の時に父が没した跡を継いで吉田藩主となったが、すぐに刈谷へ移封となる。慶安二年（一六四九）二月、一万五千石を加増されて丹波国福知山に移封。さらに寛文九年（一六六九）には、肥前国島原に移され、二万石を加増された。元禄十一年（一六九八）致仕、元禄十三年（一七〇〇）十月一日没、八十二歳。六十五年ものあいだ各地の藩主を務め、幕末まで島原を治めることになる深溝松平家の基礎を固めた人物であった。近世文学研究の世界では、何より島原松平文庫の蔵書の多くが彼の集書によるものであることはあまりにも著名であり、中村幸彦「肥前島原　松平文庫紹介」▼注[4]などの紹介がすでに備わる。

後にも述べる通り、彼は寛文～元禄期ごろに十名近くの孝子善人を表彰しており、その内のほとんどについて、儒者に孝子伝を書かせている（これを本稿では以下「忠房孝子伝」と総称する）。彼のこうした面についても研究の蓄積があり、林銑吉編『島原半島史』▼注[5]第十一の四の3「孝子節婦の旌表」は島原藩に限ってはいるものの、かなり詳細な整理を行っている。その上で本稿が改めて忠房孝子伝を研究

4　『中村幸彦著述集』十四巻（昭和五十八年三月、中央公論社）所収。

5　昭和二十九年九月原本刊。昭和五十四年二月、国書刊行会刊の復刻本による。

の俎上に載せようとするのは、「孝子伝を書く」ことの始まりに位置する人物として、忠房とその孝子伝を再検討したいと考えたからである。

参考までに挙げておくと、松平忠房に続くのは岡山藩である。前節で述べた通り、岡山藩主・池田光政が承応三年（一六五四）～明暦二年（一六五六）、寛文五年（一六六五）～八年（一六六八）に集中的に表彰した孝子は、『備陽善人記』（写本。延宝年間〈一六七三～一六八一〉成）という漢字平仮名交じり文の叢伝にまとめられている。ただしこれは忠房がはじめて林家に孝子伝を依頼してから十年以上後のことである。さらに言えば、この『備陽善人記』は藩主の命で書かれたものではなかった。むしろ藩儒が個人的に編んだとおぼしき作品なのである。こうしてみると、忠房孝子伝の執筆がいかに他より早いものであったかが分かるだろう。

このような先駆性を踏まえると奇異に思えてくるのは、忠房孝子伝が漢文表記だということである。近世における孝子伝の表記を通覧すると、圧倒的多数の作品は漢字平仮名交じり文で書かれている。このことは孝子伝が庶民教化の役割を果たすものと考えれば、至極当然の傾向と言って良いであろう。しかし江戸時代でもっとも早く孝子伝を書かせた大名である忠房は、なぜ庶民への教訓という意味では明らかに不便である漢文を選んだのだろうか。漢文孝子伝の始まりである忠房孝子伝を整理することを通じて、漢文孝子伝の執筆意図を検討することは、近世孝子伝とは何か、という問題を考える上で重要なことだろう。

加えて、近世孝子伝の展開に、忠房孝子伝がいかなる影響を与えたかという問題も考えねばなるまい。忠房孝子伝は後代の孝子伝に受け継がれたのか。受け継がれたのであれば、その表記はどのようなものであったか。またその際、忠房が孝子伝に込めた意識は、受け継がれたのだろうか。

松平忠房の孝子伝をもとに、およそ右のような問題を考えて行くのが本稿の目的である。

三　忠房の孝行奨励の全体像

まずは忠房孝子伝の全体像を明らかにしておきたい。

孝子伝の本文が集められているものには、『詩文雑書』写本二冊（島原図書館松平文庫蔵）および川口長兵衛編『丹波肥前豊後孝友伝／島原領孝子伝』（寛政二年（一七九〇）十一月識語。国立公文書館蔵写本）がある。また孝子伝を著した林家の側でも、『鵞峰先生林学士文集』（元禄二年〈一六八九〉刊）等に文章を書き留めている。

さらに単伝の孝子伝もある。『丹州孝子　芦田為助翁』[注6]、林田第壱号『加津佐郷土史　加津佐史話』[注7]など近代の地方史研究には、孝子の子孫が保存する巻子本の孝子伝が紹介されている。また『島原半島史』には松平子爵家に巻子本の孝子伝が残ることも紹介されている。これらについては実物を確認できない憾みはあるものの、後にも述べる通り、忠房孝子伝の役割を考える上ではきわめて重要な資料である。

孝子伝が編まれた背景などについては、藩政資料も手がかりとなる。福知山藩時代については『福知山藩日記』が、島原藩時代については『藩日記』『深溝世紀』[注8]といった記録が残されている。また忠房孝子伝のほとんどを手がけた林家の側の資料では『国史舘日録』が参考になる。

これらを用いて、【表7】に、忠房孝子伝の概観を試みた。かっこ内の西暦は私に付したものである。

6　大正十五年四月、天声社。

7　昭和四十八年六月、加津佐町。

8　三点とも島原図書館松平文庫蔵。『福知山藩日記』は『福知山市史　史料編二』（昭和五十三年十二月、福知山市役所）に翻刻が備わる。『藩日記』は松尾司郎氏によって活字翻刻が進行している（島原図書館松平文庫蔵）。

【表7】松平忠房関連の孝子良民伝年表

①芦田為助（丹波国天田郡土師村）

林鵞峰「丹州孝子伝　賛論附」（丁未〈一六六七〉孟冬　弘文院林学士）

②市左衛門・与三郎（丹波国天田郡平野村）

林鵞峰「丹州兄弟事実」（寛文戊申〈一六六八〉孟春下旬弘文院学士林叟識）

③松平好房（松平忠房長子）

林鵞峰「従五位下大炊頭源好房行実」（己酉〈一六六九〉之秋）[注9]

④安永安次（肥前国加津佐村津波見名）

吉田捌「肥州加津佐村孝子伝」（延宝八庚申年〈一六八〇〉四月望日／…中略…／臣吉田捌記）

林鳳岡「肥前国孝子伝」（延宝九年〈一六八一〉辛酉仲秋上旬／整宇林戇直民甫識）

⑤喜左衛門（肥後国天草郡大矢野組今泉村）

人見竹洞「大矢野孝子事実」（成立年等未詳）[注10]

⑥伊兵衛妻（肥前国高来郡山田村）

人見竹洞「山田村孝子伝」（貞享甲子〈一六八四〉之冬／隺山野節）

表彰は天和三年（一六八三）三月二十八日（『藩日記』）

⑦弥左衛門（肥前国高来郡山田村）

孝子伝未詳。貞享四年（一六八七）四月二十九日に表彰の記録のみ残る（藩日記）

⑧弥右衛門（肥前国高来郡千々石村）

林鳳岡「肥前千々石村孝子記事」（貞享五年戊辰〈一六八八〉二月下旬／経筵侍講弘文院学士整宇林戇直民識）

⑨宮（豊後国国東郡芝崎村磯町）

9　識語は『鵞峰先生林学士文集』（元禄二年〈一六八九〉刊）による。

10　『詩文雑書』掲載の喜左衛門伝は識語等を欠く。『人見竹洞全集』には載らない。

人見竹洞「芝崎村孝女事実」（元禄五壬申〈一六九二〉春三月竹洞野宜卿識）

このうち③の松平好房は、他の孝子伝とはやや趣を異にする事例である。伝の主人公の松平好房は、寛文九年（一六六九）六月二十三日に二十一歳で没した忠房の長子である。

この好房の伝は、母（鍋嶋勝茂娘）が鵞峰に作成を依頼したものであった（『国史舘日録』寛文九年〈一六六九〉九月二十四日）。つまり好房は孝をもって表彰されている訳ではなく、そのため伝記の文章にも、孝以外のことが数多く書かれている。その意味では他とは同一視しがたい面もある。それでいてこの伝記を孝子伝として本稿に取り上げる理由は、その後の顛末による。伝記中には「若し孝子伝を編むこと有らば、則斯の人漏すべからず」（原寛文）との一文があるが、これを受けた藤井懶斎『本朝孝子伝』は、「今世」部として当代の人物二十名を集める巻頭に好房を置き、「従五位下大炊頭源好房行実」の中から孝行に関わる部分を抜き出して掲載しているのである。

四　忠房孝子伝の役割〈一〉——林家との関わりの中で

さて、近世孝子伝の嚆矢たる忠房孝子伝は、なぜ漢文で書かれたのか。この問題を考えるためにまず検討せねばならないのは、忠房孝子伝の主な担い手となった林家との関わりであろう。

深溝松平家には、早くから受け継がれてきた文事の伝統があった。四代家忠には天正五年（一五七七）から文禄三年（一五九四）までの日記『家忠日記』が、続く五代忠利にも寛永九年（一六三二）までの日記『忠利公日記写』『殿中日記』があり（ともに島原図書館松平文庫蔵）、戦国から近世初期の日常を窺うことが可能である。その中での文事はと見ると、すでに安藤武彦[▼注11]他に論考が備わる通り、

11　安藤武彦「昌琢と徳元——昌琢点「飛蛍」の巻連歌懐紙をめぐって——」（「みをつくし」第五号　昭和六十二年十月、上方芸文研究みをつくしの会。のち『斎藤徳元研究』〈平成十四年七月、和泉書院〉所収）に詳しい。

連歌が大変盛んである。しかし一方、本稿が興味を持つ林家との交流は見られなかった。父の時代までには、林家との関わりは極めて希薄だったと考えておくべきである。

その忠房が林家と交渉を持ち始めた時期について、井上敏幸「西国大名の文事」[注12]は遅くとも慶安四年（一六五一）と指摘している。忠房は慶安二年（一六四九）二月、三十一歳で刈谷藩から福知山藩へと転封しており、それと相前後してのことと思われる。

《図 38》松平忠房墓（愛知県幸田町、本光寺）。福知山藩へ移った頃から林家との交流が深まった。

注目されるのは、折しも同年六月、白河からこれまた好学で知られ、林家とも夙に交流のあった榊原忠次が近隣の姫路へ入封していることである。林家・榊原忠次・松平忠房の交流については、右に挙げた井上稿のほか、竹下喜久男、藤實久美子、朝倉治彦らによる研究が備わる。[注13]朝倉稿によれば、榊原忠次の方は寛永十七年（一六四〇）から林羅山との交流が見える。この榊原忠次と松平忠房も、慶安四年（一六五一）に交流している記事が榊原家『江戸日記』（上越市立高田図書館蔵）に見えることを竹下稿が指摘している。つまり松平忠房にとって、慶安二〜四年前後は、福知山藩への移封、榊原忠次との交流、林家との交流、と、文事として大きな変化が起こった時期なのであった。

さてこの林家と大名という関係の中で考えると、忠房の孝子伝執筆とはいかなる文学行為だっ

12　『日本の近世』第十二巻（平成五年五月、中央公論社）所収。

13　竹下喜久男『近世の遊びと学び』（平成十六年三月、思文閣出版）第Ⅳ部第二章「好文大名榊原忠次の交友」、藤實久美子『近世書籍論』（平成十八年一月、吉川弘文館）、朝倉治彦「榊原忠次の文事（一）〜（三）」（『四日市大学論集』第十七巻二号〜十九巻二号、平成十六年二月〜十八年二月）。

たと捉えられるのであろうか。

忠房孝子伝の第一作、①芦田為助を扱った鵞峰「丹州孝子伝　賛論附」について、『国史舘日録』寛文七年（一六六七）十月六日の条はその成立経緯を次のように記している。

> 昨夜石習に口授し、丹波土師村孝民伝并賛論を作る。今日、龍泉をして浄書して之を浄書せしむ。土師村は福地（ママ）山城下の邑《むら》なり。彼《か》の孝民のこと、城主松平主殿頭、三年以前より其の伝を作らんことを請へども、諾して未だ果さず。今般頻に之を請ふ。故に已むを得ざるなり。且つ彼の孝民の志、以て感ずべし。城主の請、亦た以て嘉すべし。是を以て詳しく之を記す。其の趣、其の伝に見ゆ。今晩、館事畢て後、龍泉を寝に喚び、之を口授し、訓点を加へ畢んぬ。明日、主殿頭宅へ赴くに依てなり。（原漢文）▼注[14]

これを読む限り、この孝子伝は三年以上前に忠房（主殿頭）から依頼されながらも書かないでいたが、忠房が頻りに請うので作ったという。また特に傍線部からは、孝子伝の執筆が鵞峰の希望というより、忠房からの強い依頼であった様子を見て取ることができる。

また同年十一月六日の条に見える②市左衛門・与三郎兄弟の伝記作成についての記事も同じ色合いを見せている。

> 主人（引用者注…忠房）談じて曰く、「丹州福地（ママ）城下の民、兄弟相睦じき者有り。先日孝子伝既に成れり。此の兄弟も亦た其伝を作らんことを請ふ」と。余（引用者注…鵞峰）、友元に譲らんとすれども、友元之を辞す。余、止むことを得ずして諾す。乃ち其の和字の事実を示す。乃ち之を携へて帰る。▼注[15]

前作に続いて孝子伝（厳密には兄弟伝）を忠房に依頼されたが、鵞峰は一旦は断って友元こと人見竹洞に任せようとした。しかし竹洞に拒絶され仕方なく書くことにしたというのである。先に見た

14　『国史舘日録』の引用は、『史料纂集　一一四　国史舘日録』第二（平成十五年五月、群書類従刊行会）の活字翻刻による。一九九ページ。

15　二三一ページ。

記事と同様、忠房と鵞峰との温度差を見て取ることができる。

さらに注目されるのは、和字で兄弟の事実を示されたという点である。もともと鵞峰に示すだけの仮名書の資料があり、それを鵞峰に漢文に仕立てるよう頼んでいるらしい。つまり忠房にとっては、鵞峰作の漢文であることが重要だったのである。

こうした林家への文章依頼を、深溝松平家の側から明らかにする資料が『詩文雑書』二巻（写本、島原松平文庫蔵）である。ここには松平忠房が儒者たちに書かせた序跋や碑文などが百点以上収められている。近世孝子伝のはじまりとしては異質とも見える漢文の忠房孝子伝も、この中に置いて考えると理解の道筋が見えてきそうである。

たとえば上巻に収められる、寛文元年（一六六一）十二月成の林鵞峰作「杜若香奩記」を挙げてみよう。忠房が刈谷藩主であったころ、『伊勢物語』第九段、杜若の歌で著名な八橋の跡地とされている箇所を掘り、八橋に使われていたものであるらしい一本の木材を得た。これを福知山へ移ってのち、香箱として細工させ、杜若の絵を描いたという。忠房は江戸参府のおり鵞峰にこれを語り、記を作ってこれを証させたというのである。

この木材が本当に八橋の断片であったかどうかは問題ではない。ここで重要なのは、寛文期の忠房が、刈谷藩時代から手に入れていた木材を福知山藩に移ってから香箱と成し、さらにこれに添える記の作文を林家に依頼した、という事実である。

この他にもたとえば、「祖宗紀巧碑」は万治三年（一六六〇）八月朔日、松平忠房の依頼によって鵞峰が執筆した、先祖の勲功を記す碑文である。▼注[16] このような例は枚挙に暇がない。

忠房は林家とのつながりの中で、こうした作文依頼を頻繁に行い、自らの為政者としての活動を彩っていたのである。そして忠房孝子伝もこの中の一つであった。つまり忠房の孝子伝には、領民

16 『深溝世紀』によれば、実際の碑が建てられたのは、寛文十二年（一六七二）七月十八日まで下るらしい。

教化というよりも、忠房の文事としての一面が大変強かったのである。誤解を恐れずに言えば、忠房にとって孝子伝を依頼することは、「杜若香奩記」の執筆依頼と、通底する面があったのである。

本節冒頭にも述べた通り、忠房以前にも孝子表彰を行っている大名は少なくなかった。そうした中、忠房が他に先んじて孝子伝を成すに至った理由を考えようとすると、右のような文事としての側面を考慮しない訳には行かないのである。

五　忠房孝子伝の役割〈二〉――孝子伝の流布

次に、忠房孝子伝の流布という側面から、そのあり方を考えてみたい。忠房孝子伝の残存状況からその流布を推測しようとすると、書かれた孝子伝が孝子自身の家に与えられたという事実に注目させられる。たとえば①芦田為助、④安永安次の伝記が孝子の子孫の家に保存されていることは先述の通りである。また⑤喜左衛門の場合には、現物の存在は未詳ながら、『深溝世紀』天和三年（一六八三）三月二十八日条に「此の日和泉村の孝子喜左衛門を召し、白金を賜いて之を賞す。後、人見友元に嘱して其の伝を作り之を賜う」と、孝子伝を孝子に与えた事実が記されている。記録が残らない他の孝子伝についても同様に、孝子自身に授けられていたと考えて良いであろう。

孝子伝が孝子の家に存する、というのは一見当然と思われるかもしれない。しかし私がここで指摘したいのは、この忠房孝子伝が一般への流布を意図したものではない、ということである。忠房孝子伝は広く流布したという形跡がない。流布の範囲はかなり限定されていたようなのである。

孝子伝といえば、孝行を領民へ広める教訓のために書かれたもの、という見方が一般的であろうし、後代の刊行された孝子伝のほとんどがそのために作られたことは疑いない。しかし忠房孝子伝に関しては、そのような広める意識は極めて希薄であった。それよりもむしろ、孝子だけに与える一点物、というべき性質を持っていたのである。これは忠房孝子伝が内容ではなく、モノとしての価値が重視されていたことを示しているのではないだろうか。

孝子に与えるモノとしての価値を考えるならば、誰が孝子伝を書いたか、という点も重要な要素となって来よう。そうした意識を鮮明に表す事例として、④安永安次をめぐる顛末を紹介したい。忠房は延宝七年（一六七九）十二月五日に肥前国加津佐村の孝子、安永安次を表彰した。そして、その約半年後の延宝八年（一六八〇）四月十五日、吉田捌なる人物に孝子伝「肥州加津佐村孝子伝」を書かせた（『詩文雑書』下所収）。この孝子伝の末尾には「臣吉田捌記」とある。

吉田捌は号・伯春。彼については佐賀藩儒・武富廉斎による孝子伝的な写本教訓書『月下記』が一章を設けてその伝を記している。それによってまとめておけば、彼はもと肥後国長洲沖洲という塩焼浜の人であった。はじめ京都で林玄伯に医学を学ぶ。のち島原に帰り、塩焼・農業をした後、延宝五年（一六七七）より医学を以て島原藩で二百石の扶持を得た。天和四年（一六八四）二月一日には、初めて「祖公の鍮を執るの紀」及び「馬を賜うの紀（賜馬の紀は伝わらず）」を講じる（『深溝世紀』巻八「烈公　中」）。正徳六年（一七一六）六月十五日（一説に正徳元年）致仕、享保三年（一七一八）十月二十六日没。吉田伯春が孝子伝を執筆した延宝八年は、彼が仕官してさほど経っていない時期であった。

さて、『深溝世紀』延宝七年十二月五日条は、分かち書きに次のような興味深い記事が見える。

初め吉田伯春をして伝を作らしめ之を賜う。天和三年四月に至り、林子の文成る。団竹右衛門をして之を換へしむ。▼注[17]

つまり、伯春に孝子伝を書かせた四年後、忠房は改めて林家（林鳳岡）に孝子伝を依頼しているのである。そればかりか、鳳岡の孝子伝が完成すると、藩士の団竹右衛門を遣わして、わざわざ孝

17　『深溝世紀』の引用は、島原松平図書館本による。また『「深溝世紀」巻八　烈公　中　仮名交じり文』の活字翻刻を参考にした。二一ページ。

《図 39》安永安次頌徳碑（長崎県島原市加津佐町）。いったん藩儒が伝記を書いたが、のちに林家による伝記に差しかえられた。

子伝を取り替えたというのである。

一度与えた孝子伝を別のものと取り替える。忠房は、なぜわざわざこのようなことをしたのだろうか。まず検討すべきは文章であろう。両者の文面を比べてみると、伯春作の孝子伝では五男一女の長子とされているのが鳳岡孝子伝では四男一女の長子とされている等の違いはある。どちらが正しいかは未詳だが、仮に鳳岡孝子伝が正しくても、この箇所を訂正するためだけに他人の作に文章を差し替えたとは思われない。むしろ目に付くのは、親のために草鞋を編むなど、伯春作の孝子伝に載るエピソードの多くを、鳳岡がそのまま利用しているという点である。鳳岡は伯春作の孝子伝をかなり参考にしたのではないかという節さえ見えるのである。

となると交換の理由となったのは、やはり執筆者の問題であっただろう。先の一覧で見たとおり、他の忠房孝子伝はすべて林家の手になるものであった。このことを考慮すれば、重んじられたのは書かれた文章の巧拙の問題というよりは、林家の儒者による孝子伝であることだったと考えるべきであろう。

このように忠房孝子伝をモノとして見ると、領民への教訓と言うよりも、孝子自身に与えることで、その孝子に権威を与えて讃えるという、賞品としての役割を強く果たしていたことが分かる。

ついでながら、この孝子伝と、金や米、租税免除といった従来の表彰との関係についても考えておこう。『藩日記』（前出）天和三年（一六八三）三月二十八日条には、⑤喜左衛門への表彰の様子を次のように記す。

一、大矢野組ニ和泉村百姓喜左衛門、親ニ孝行之様子御聞被遊、則昨日被為御呼、今日御玄関迄呼寄、三之丞、竹右衛門、新蔵罷出、御意之段申渡、則拝領仕候銀子三枚相渡候事。▼注[18]

島原城の玄関へ招かれた喜左衛門は、出てきた藩士から忠房の褒詞と銀子とを与えられている。しかしこの場で孝子伝が授けられた様子は無い。これは、孝子伝が表彰からかなり遅れて成るという事情を考慮してもなお、褒詞や銀子が依然として表彰の中心にあったことを窺わせる。『藩日記』には⑥伊兵衛妻、⑨宮の表彰の記事も見られるが、事情は同じである。忠房にとっての孝子伝は、孝子への賞品と言っても、従来の金や米、租税免除に取って代わった訳ではないのである。むしろ、それらの副賞のごとき位置にあったと考えた方が実情に即するようである。

18　『藩日記』の引用は、松尾司郎『島原藩日記　巻二（天和）』（平成十五年夏、私家版）の翻刻による。一五五ページ。

六　忠房孝子伝の役割〈三〉——表記と教訓

もちろん忠房の孝子表彰に、領民への孝行奨励という意識が皆無だった訳ではないだろう。しかし見てきた通り、孝子伝の扱いは庶民に広く読ませるというような物ではなかった。また漢文で書かれたこの孝子伝は、孝子や庶民に理解できたかも疑問である。となると、忠房孝子伝は教訓の道具としての機能を果たし得たのか、ということが問題となってくる。忠房には、孝子伝を用いて領民を教訓しようという意識はあったのだろうか。

山口加米之助・荒木良雄『丹州孝子　芦田為助翁』（前出）は興味深い一本を紹介している。「片岡丑蔵氏が、熊本市に於て持帰られた一巻」として全文掲載している「丹州孝子伝」一巻は、先に挙げた林鵞峰による漢文伝記「丹州孝子伝　賛論附」を、漢字平仮名交じり文に改めたものなのである。その識語には「右厳命に任せ奉つて弘文院の文記をやはらげ、仮名にやつし書写者也／寛文壬子孟秋日」とある。筆者架蔵の太田芦陰雑記にもこの平仮名「丹州孝子伝」が採録されているが、これには識語後半の年次に関する記載がない。寛文壬子は十二年（一六七二）、鵞峰の漢文「丹州孝子伝」が書かれてから五年後のことである。「厳命に任せ」とある所からすれば、松平忠房の命によるのであろう。執筆者は林家ではなく、藩士のいずれか、と考えておけば十分だろう。

つまりこの一本は、忠房が林家に漢文孝子伝を誂えておきながら、後年、忠房が自らの命で平仮名に書き改めさせていたということを示している。林家の儒者たちに誂えていた漢文孝子伝は、そのままでは庶民や童蒙への教訓として使うには難しかった。孝子伝における表記の問題が、松平忠房にとって早くも意識されていたことが分り興味深い。

しかしこの一本の存在をもって、忠房が孝子伝を読ませることでひろく庶民教化を志した、と考えるのは早計にすぎよう。この仮名本は広く読まれた形跡が見えないし、忠房の孝子伝のうち、忠房の命で仮名に改められたものは、これ以外には知らない。こうした仮名化の試みが続かなかったことは、逆に忠房が孝子伝を教訓の道具として重視していなかったことを示していよう。

今まで見てきた孝子に与えられた漢文孝子伝は、読ませることよりも格を持った林家の漢文を賞品として与える、ということの方が重視されていたのである。

以上ここまで、近世の為政者ではじめて孝子伝を書かせた松平忠房の孝子伝の特徴について、〈一〉林家との関わり、〈二〉孝子伝の流布、〈三〉表記と教訓、という三つの面から考えて来た。その結

▼注[19]
19　該書は墨付三十二丁半。縦二五・一センチ×横一七・三センチ。様々な料紙を鉄製のクリップで止めたもので、「丹州孝子伝」は縦一五・〇センチ×横一〇・八センチ枠の十行罫紙四丁を用いて書き留められている。ほかに「頼亭翁墓誌銘」、葛西羆「遊藍田観音院記」（寛政五年五月五日）、藤原為明「奉悼歌并序」などを集める。太田芦陰旧蔵本であることは、購入した古書店主の御示教による。

果忠房孝子伝は、この孝子伝を読ませて領民を教導しようという意識がさほど高くないものと分かった。忠房自身にとっては文事としての意味合いが強く、孝子に対しては表彰の副賞とも言うべき存在だったのである。

七　『本朝孝子伝』への影響

ここからは、忠房孝子伝が後代に与えた影響について考えて行きたい。近世において初めての孝子伝は、どのように受け継がれて行ったのであろうか。そのさい一点ものとしての特色や、漢文であるという特色はいかに生かされて行ったのであろうか。とくに本稿では、近世前期において最大の孝子伝である藤井懶斎『本朝孝子伝』（貞享二年〈一六八五〉十月刊）への影響を中心に考えて見たい。

『本朝孝子伝』は漢文表記。「天子」「公卿」「士庶」「今世」部に分けて、計七十一名の孝子を掲載している。ほとんどの章は「伝」「賛」「論」から成るが、この「伝」「賛」「論」という形式は、当時刊行された叢伝の中では珍しかったらしい。『本朝孝子伝』が刊行された貞享期ころまでには、一つのテーマに絞った叢伝が多く刊行されている。そのうち漢文表記のものを挙げれば、野間三竹『古今逸士伝』（万治四年〈一六六一〉序刊）、元政『扶桑隠逸伝』（寛文四年〈一六六四〉刊）、林読耕斎『本朝遯史』（寛文四年〈一六六四〉刊）、黒沢弘忠『本朝列女伝』（寛文八年〈一六六八〉刊）、宇都宮遯庵『日本古今人物史』（寛文九年〈一六六九〉九月刊）、勇大『扶桑往生伝』（天和三年〈一六八三〉九月刊）などがある。しかし右に挙げたうち、『扶桑隠逸伝』『本朝遯史』が「伝」「賛」から成っており、『本朝列女伝』が「伝」と「頌」から成っているという例はあるが、『本朝孝子伝』のように「伝」「賛」「論」という形式を持ったものは見えない。そのような中で、『本朝孝子伝』が「伝」「賛」「論」という形式を採ったのはなぜだったのだろうか。

その理由を考えるためには、『本朝孝子伝』の成り立ちについて検討する必要がある。各部のうち「天子」「公卿」「士庶」部は中世以前の孝子を収め、「今世」部は江戸時代の孝子二十名を収める。既に述べた通り、「今世」部のうち『本朝孝子伝』編纂以前に明確な文章化が成されていたのは、岡山藩と松平忠房に関わる物のみで、その他はすべて藤井懶斎がはじめて文章化したものであるらしい。このうち忠房孝子伝の方には掲載に際して特別の配慮が行われている。忠房孝子伝は、一「大炊頭源好房」、十三「芦田為助」、十四「安永安次」、十五「大矢野孝子」の四話が掲載されているが、一「大炊頭源好房」を除く三章においては、「右の伝及び賛論は皆林学士の作れる所なり。今一字を換ず」（十三「芦田為助」。原漢文）などと注記して、そのままの形で引用しているのである。このことは井上敏幸「近世的説話文学の誕生」[注20]がすでに指摘し、「思想的に同じ立場に立つ林家の人々に対する信頼度の高さ」と結論づけている。

忠房孝子伝から採った四章の構成は様々である。一「大炊頭源好房」は長大な文章を懶斎が要約したもの。十三「芦田為助」は「伝」「賛」「論」から成り、十四「安永安次」は「伝」「賛」、十五「大矢野孝子」は「伝」のみから成っている。

『本朝孝子伝』の、これ以外の章段はどのような形式で書かれても良かったはずである。しかしそれでも「伝」「賛」「論」という形式が採られたのは、一字もゆるがせにせず掲載した忠房孝子伝、中でも最も構成要素の多い十三「芦田為助」に形式をそろえたものと考えられる。

この推測が許されるなら、忠房孝子伝は『本朝孝子伝』の素材の一つとなったばかりでなく、形式の手本にもなっていたことになる。忠房孝子伝が『本朝孝子伝』に与えた影響は、従来考えられて来たような単なる一典拠にとどまらず、作品の構成にまで関わるものだったのである。

20 『説話文学の世界』（昭和六十二年十一月、世界思想社）所収。一六九ページ。

八　忠房孝子伝の変質

従来の研究では、『本朝孝子伝』の著者・藤井懶斎は、忠房孝子伝の作者である林家の儒者たちと深い関わりがあったと考えられてきた。[注21]しかし本書第四章の宝永四年（一七〇七）の項で述べるとおり、実際には、林家との間には晩年まで面識が無かったらしい。懶斎が忠房孝子伝を入手した経路は、林家からではなく、懶斎も長年住み、深く交際していた九州の儒者たち、たとえば貝原益軒や武富廉斎らを想定した方が自然である。

『本朝孝子伝』が刊行後短期間に増刷・改版を重ね、かなりの流行を見せたことについては、第三章第三節「『本朝孝子伝』刊行直後」で詳述する通りである。また該書は刊行後しばらくして著者・藤井懶斎自身の手によって漢字平仮名文化され、『仮名本朝孝子伝』（貞享四年五月刊）として刊行された。さらに元禄十年（一六九七）正月には、『仮名本朝孝子伝』全七十一話から二十四話を抜出した『本朝二十四孝』（半紙本三巻三冊）が松倉宇兵衛から刊行される。これは藤井懶斎の存命中にも関らず彼の与り知らない所で刊行された海賊版的な書物であったらしい。ここに選ばれた二十四話の中にも、忠房孝子伝の四話は全てが入集した。さらにその章題下には、「此伝は弘文院学士／林春斎翁つくれり」（二十二「芦田為助」）のように、林家の作であることまで記されていたのである。[注22]詳細は省くが、この後も忠房孝子伝は、日本史上の孝子の代表として、数多くの書籍に採られることになる。

しかしこうして受け継がれる過程で、忠房孝子伝が変質を余儀なくされてもいることには注意したい。『本朝孝子伝』などを知る後代の我々の目からすると、忠房孝子伝も『官刻孝義録』ら後続の多くの孝子伝のように、孝子伝を広く読ませようとしていたかのように見えてしまう。しかし見

21　井上敏幸「近世的説話文学の誕生」（先述）は、天和二年（一六八二）終わりから同三年ごろ、林家の孝子伝を手に入れるために江戸へ懶斎が取材旅行を行ったとしているが、確証は無い。

22　拙著『『本朝孝子伝』本文集成』（平成二十三年三月、明星大学）参照。

てきた通り、忠房孝子伝は本来、文事としての側面や、孝子に与える副賞というべきモノとしての性質を持っており、広く文章を読ませて教訓とする意識はそもそも希薄であったのである。

忠房孝子伝の広まって行く過程は、忠房の漢文孝子伝独特のあり方が、後代の仮名孝子伝のあり方に取り込まれて行く過程でもあったのである。

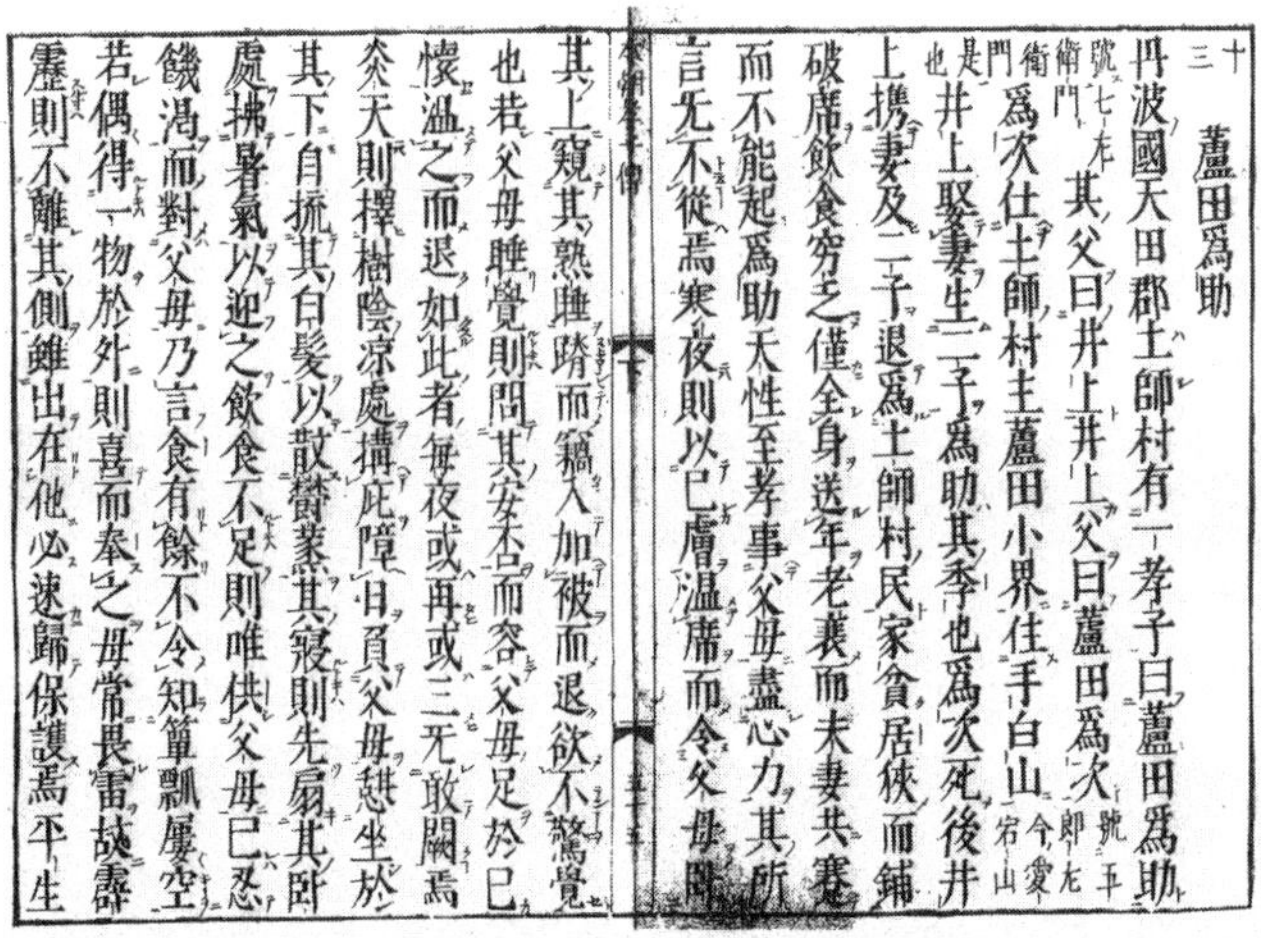
十三 蘆田爲助
丹波國天田郡土師村有一孝子曰蘆田爲助（號平次郎左衛門）其父曰井上井上父曰蘆田爲次（號七郎左衛門）爲次仕土師村主蘆田小界住手白山（今愛宕山）是也井上娶妻生二子爲助其季也爲次死後井上携妻及二子退爲土師村民家貧居陜而鋪破席飲食穿乏僅全身送年老衰而夫妻共蹇而不能起爲助天性至孝事父母盡心力其所言无不從焉寒夜則以己膚温席而令父母臥其上窺其熟睡躋而竊入加被而退欲不驚覺也若父母睡覺則問其安否而容父母足於己懐温之而退如此者毎夜或再或三无敢闕焉炎天則擇樹陰涼處構庇障日負父母憇坐於其下自梳其白髪以散鬱蒸其寝則先扇其臥處拂暑氣以迎之飲食不足則唯供父母已恐饑渇而對父母乃言食有餘不令知簞瓢屢空若偶得一物於外則喜而奉之母常畏雷鼓霹靂則不離其側雖出在他必速歸保護焉平生

《図40》『本朝孝子伝』「今世」部十三「芦田為助」。『本朝孝子伝』各章の体裁はこの章段に揃えられた。

九　おわりに

以上本稿は、孝子表彰と孝子伝とを区別し、孝子伝を文学史の問題として考える、という立場から、近世において初めて当代の孝子伝を書かせた大名である松平忠房を取り上げた。忠房孝子伝はその始発に位置するにも関わらず、後代から見ると奇異な漢文で書かれている。この点に着目して、彼の孝子伝がなぜ漢文であったのか、また漢文で書かれた孝子伝はどのように受け継がれ（または受け継がれず）後代に至ったのか、という二点について考えようとした。

忠房孝子伝は、この孝子伝を読ませて領民を教導しようという意識が思いのほか低いものであった。むしろ忠房自身にとっては自らを飾る文事としての意味合いが強く、孝子に対しては表彰の副賞とも言うべきモノとしての性質が強かったのである。

また忠房孝子伝は『本朝孝子伝』をはじめとして後代に広く受け継がれて行ったが、その過程で、右に述べたような本来持っていた性質が薄れて見えにくくなっているのであった。

近世を通じて見れば孝子伝は漢字平仮名交じりが主流であるが、忠房以後も漢文孝子伝は絶えることなく、断続的に書かれて行く。それらは忠房孝子伝に見て来たような意識を受け継いでいるのだろうか。その検討のためには性急な一般化を急がず、今後も忠房において行ったように、個々の事例を積み上げて行くしかない。

第三章　孝子日本代表の形成

第一節　明代仏教がリードした江戸の孝子伝——元政『釈氏二十四孝』と高泉『釈門孝伝』　　172

第一節

明代仏教がリードした江戸の孝子伝

——元政『釈氏二十四孝』と高泉『釈門孝伝』

一　孝子伝と護法

中国に仏教が入ってきて以来、儒仏の間には長い論争の歴史がある。▼注[1] 唐の韓退之《たいし》『原道』をはじめとして、宋の欧陽脩、朱子、程子、楊亀山、張南軒などの儒者によって仏教への非難がなされた。対して仏教側も、牟子《ぼうし》『理惑論』をはじめとして、反論や弁護を行って来た。こうした仏教側からの書物は「護法書」と総称されている。

その儒仏間の応酬におけるさまざまな論点は、すでに道端良秀『中国仏教と儒教倫理』▼注[2]、木村清孝「中国仏教における孝倫理の受容過程」▼注[3]、栢原祐泉「護法思想と庶民教化」▼注[4]らによって整理されている。それらによれば、孝の問題は時代を通じて大きな論点であり続けた。たとえば、後漢あるいはそれ以降の作とされ、知られる限り最も早い護法書である牟子『理惑論』においても、孝の問題は議論されている。親の宝を他人にあげたり、二親がいるのに他人の代わりに命を断つのは親孝行とは言えないだろう。なのに仏教では釈迦の前身である須大拏太子《しゅたぬ》が父の宝を他人に与えたりしている。不孝不仁を仏家では尊ぶのか?との疑問に対するやりとりが記されている。▼注[5] これに対し牟

1　道端良秀仏教史全集第九巻『中国仏教と儒教倫理孝との交渉』(昭和六十一年十一月、書苑。初出は『中国仏教と儒教倫理』〈昭和四十三年十月、平楽寺書店〉)、鎌田茂雄『新中国仏教史』(平成十三年七月、大東出版社)等に詳しい。

2　右注道端稿に同じ。

3木村清孝「中国仏教における孝倫理の受容過程」(「東方学」三十九号〈昭和四十五年三月、東方学会〉一一四～一二五ページ)。

4　「護法思想と庶民教化」(『日本思想大系五十七近世仏教の思想』〈昭和四十八年六月、岩波書店〉所収)。

5　第十五条。

子は、文王が長男でないのに世を継ぎ、舜が母に告げずに娶るといった儒の世界での類例を挙げる。大事のために小事に拘るべきではない。成仏するにあたって父母兄弟を得度させた須大拏が孝仁でない訳がない、と反論している。

ただしその論争を通史的に見れば、互角の戦いではなかったと考えられている。木村清孝はその中国におけるありようを「かくて仏教は、総体的にいえば、次第に孝の論理に屈服する、あるいは包摂されていく過程をたどる」として、仏教側による対応策を、

〈1〉儒仏一致、あるいは三教一致の方向をおし進める中で、孝を強調する「儒仏一致型」

〈2〉積極的に孝倫理を説く偽経を作成する「偽経作成型」

〈3〉仏教の孝経典の選択と拡大解釈を行なう「仏典活用型」

の三つに分類した。

いっぽう日本の江戸時代においてはどうであったか。仏教が既存宗教であり儒教が外来宗教である、という立場の逆転はあったものの、儒教の優勢は揺るがなかった。これについては前掲の栢原稿が、次のように整理している。

> 排仏論は倫理的立場、人間主義的立場、経済的立場、科学的立場、或いは神国観に基づくものなど種々であったが、キリスト教の神学的立場によるものは別として、それらはおおむね近世的な時代精神によるものであったから、これを反駁し切ることは不可能であり、したがって究極的には妥協し、各排仏論の論旨を認めたうえで自己主張をする程度に終わっている。▼注[6]

本書の研究対象である孝子伝も、儒仏間の最大の対立点である孝を扱うのであるから、必然的に、儒者が書けば排仏書の色彩を帯び、僧が書けば護法書の色彩を帯びた。その議論の趨勢も、おおむね右に論じられたところと同じで、仏教の劣勢は免れなかった。

6　五三六ページ。

しかしながら、所見の限りでは、こと十七世紀、すなわち幕初から貞享・元禄ごろまでの間の仏教は、右のような図式をはみ出す事例がたいへん多いようなのである。

分かりやすい例として、江戸時代ではじめての儒者による大部な孝子伝である、藤井懶斎『本朝孝子伝』（貞享二年十月　京都西村孫右衛門刊）の序文を挙げてみよう。

緇衣《しい》▼注[7]の中《う》ち、偶《たま》たま『釈氏二十四孝』霞谷の僧元政著はす、『釈門孝伝』仏国寺性潡著す有り。然れども、亦た啻《ただ》、家に在る者《もの》の与《あづ》からざるのみに非ず、抑《そも》そも其の人を采《と》るや、本朝に専ならずして、而も反て中華西域の髡徒《こんと》▼注[8]をして之れが領袖《りやうしう》▼注[9]たらしむ。其の意、蓋し唯だ以て自家棄恩の嘲りを解くに在るのみ。奚《なん》ぞ世教に於て裨《たす》くる所有んや。▼注[10]

たまたま僧が『釈氏二十四孝』『釈門孝伝』といった孝子伝を編んでいる。しかしこれらは、出家していない人々には関係ないものである。それだけではない。人選において、日本の人物よりも中国や西域の僧を優先させている。その創作意図は、ただ「僧が恩知らずだ」という嘲りを弁解するためだけである。こんなものが世の中の教えに役立つはずがない、というのである。

ここで注目したいのは、懶斎の右の論調からは、いくぶんかの焦りが窺えることである。『釈氏二十四孝』『釈門孝伝』といった僧の手になる孝子伝のほうが、儒学者の著作よりも早く世に出てしまった。先を越された負い目によって、筆鋒がいっそう鋭くなっている。そんな焦燥を感じ取らざるを得ないのである。

じっさいこの頃は、儒者・藤井懶斎があわてるのも無理もないような状況だった。次の表は、幕初から先に挙げた『本朝孝子伝』（貞享二年〈一六八五〉）刊行までの約八十年間における、日本人が登場する孝子伝の一覧である。〇印が儒者によって書かれた孝子伝、●が僧によって書かれた孝子伝である。

7　僧のこと。
8　僧のこと。
9　主要な人物。
10　上巻序二丁裏。

【表8】近世前期における日本人が登場する孝子伝の一覧

○	1	寛永二十～二十一年（一六四二～三）	写	林羅山（儒）	『十孝子』	漢文
●	2	明暦元年（一六五五）	刊	元政（僧）	『釈氏二十四孝』	漢文
●	3	明暦元年（一六五五）	刊	宗徳（僧）	『勧孝記』	平仮名
○	4	寛文元年（一六六一）	写	林鵞峯（儒）	『本朝言行録』	漢文
●	5	寛文五年（一六六五）	刊	了意（僧）	『大倭二十四孝』	平仮名
●	6	寛文六年（一六六六）	刊	高泉（僧）	『釈門孝伝』	漢文
○	7	延宝二年（一六七四）	写	林鵞峰（儒）	『続本朝人鑑』	漢文
○	8	貞享二年（一六八五）	刊	藤井懶斎（儒）	『本朝孝子伝』	漢文

実際には儒学者も孝子伝を書いていた。しかしそれは懶斎のところまで届いていなかったらしい。本章第一節で見た通り、それらはみな特定の大名の求めに応じて書かれたものであり、出版されていなかった。流通範囲が限られていたのである。

いっぽう僧たちは、孝子伝を早くからさかんに出版し、世に広めていた。親孝行は儒学のもの、とつい考えてしまいがちだが、こと幕初から八十五年の間について言えば、明らかに僧の方が執筆刊行に熱心だったのである。

僧が盛んに孝子伝を執筆し、世に広めていたのはなぜか。先に見た従来の研究を参考にすれば、儒仏論争における護法のため、弁解のため、という理由が真っ先に思い浮かぶだろう。中国でも日本でも繰り返されてきた仏教側による釈明が、孝子伝においても縮小再生産されたと結論づければ、いちおう納得は行く。

しかし、それだけだったのだろうか。江戸時代には江戸時代の社会状況、文化状況があり、そこで生まれる孝子伝も、おのずから他の時代や国のそれとは異ったはずである。

以上のような問題意識に立って、江戸時代初期に僧の手によって書かれた孝子伝における、江戸時代前期特有の側面に光を当ててみよう、というのが本節である。

まず始めに、僧の手になる孝子伝でも最も早く編まれた元政『釈氏二十四孝』について考察する。

二　孝子・元政

『釈氏二十四孝』の編者・元政は、文学者、宗教者、そして孝子という、多面的な魅力を有する京都の文化的なスターであった。文学者としては、江村北海がその『日本詩史』において「戒律堅固にして雅尚風雅、…其の詩、韻格高からずと雖も、意義平実なり」▼注[11]（原漢文）と評した。日本で初めて袁宏道の詩論「性霊説」を持ち込んだ主情派の漢詩人としてよく知られる。

《図41》元政。『釈氏二十四孝』の著者であり、自身も孝子として知られた（平塚市隆盛寺蔵）

孝子としての側面について、やや詳しく見ておこう。寛永十八年（一六四一）十九歳の時には、母と泉州和気に赴き、日蓮聖人の像を見て三願を立てた。「一には、我れ必ず出家せん。二には、父母の寿長くして、我孝心を竭《つく》さん。三には、天台の三部経を閲せん」とい

11　『日本詩史』の引用は、『詞華集日本漢詩』第二巻（昭和五十八年九月、汲古書院）の影印本（底本富士川英郎氏蔵本）による。第三巻六丁表。

うものであった（『日本詩史』）。慶安元年（一六四八）二十六歳の時には、彦根藩を致仕して出家剃髪。京都妙顕寺日豊の弟子となった。この際も、九条の宅にいた父母を一条に移して近くに住ませた（「羅漢稿并引」）。

三十三歳の明暦元年（一六五五）、本節で問題にする『釈氏二十四孝』を執筆、刊行する。これは元政にとってはじめての著書であった。またこの年、深草霞谷に隠棲した。その翌年の明暦二年（一六五六）には、父母を九条に迎える。万治元年（一六五八）、三十六歳で父・元好が没すると、その翌年には、母を連れてはるばる甲斐の身延山へ詣でた。旅の途中、尾張で陳元贇《ちんげんぴん》に会い、袁宏道の詩論を知ったことは、江戸文学史上でも有名な出来事である。元政はこの旅を紀行文にしたため、後年『身延道の記』として刊行した。

その後は仏道修行の傍ら、母に孝養を尽くした。万治三年（一六六〇）に著した『法華題目和談抄』は、序文によれば母の依頼によって著したものである。

孝心は漢詩にも現れている。たとえば寛文七年（一六六七）四十五歳の夏に詠んだ『艸山集《そうざんしゅう》』所収の詩「病来　其三」は、元政の孝心を示すさいに今でもよく引用される。

夢裡鳴鳩林日閒なり　満堂客無く昼年の如し
一生多病これ何の幸いぞ　白髪の残僧、母に傍《そ》ひて眠る（原漢文）▼注[12]

自分は多病だが、その病ゆえに母と添い寝できるのだから、自分は幸せだ。こう言ってみせるところには、純粋さを通り越して凄みさえ感じさせる。

三　『釈氏二十四孝』

12 『艸山集』の引用は、国文学研究資料館日本漢詩文コレクション（請求番号八七／七。延宝二年、村上平楽寺）による。巻二十四、五丁裏。

さて、その元政が編集した孝子伝『釈氏二十四孝』に目を向けよう。該書は大本一巻一冊。全二十七丁。外題「釈氏二十四孝」、内題「釈氏二十四孝」。自序「承応乙未（一六五五）孟春上澣沙門日峯于洛寺之寓居」。本文は漢文で書かれ、二十四話から成る。各話は見開きの右面に挿絵、左面に伝記という構成を持つ。

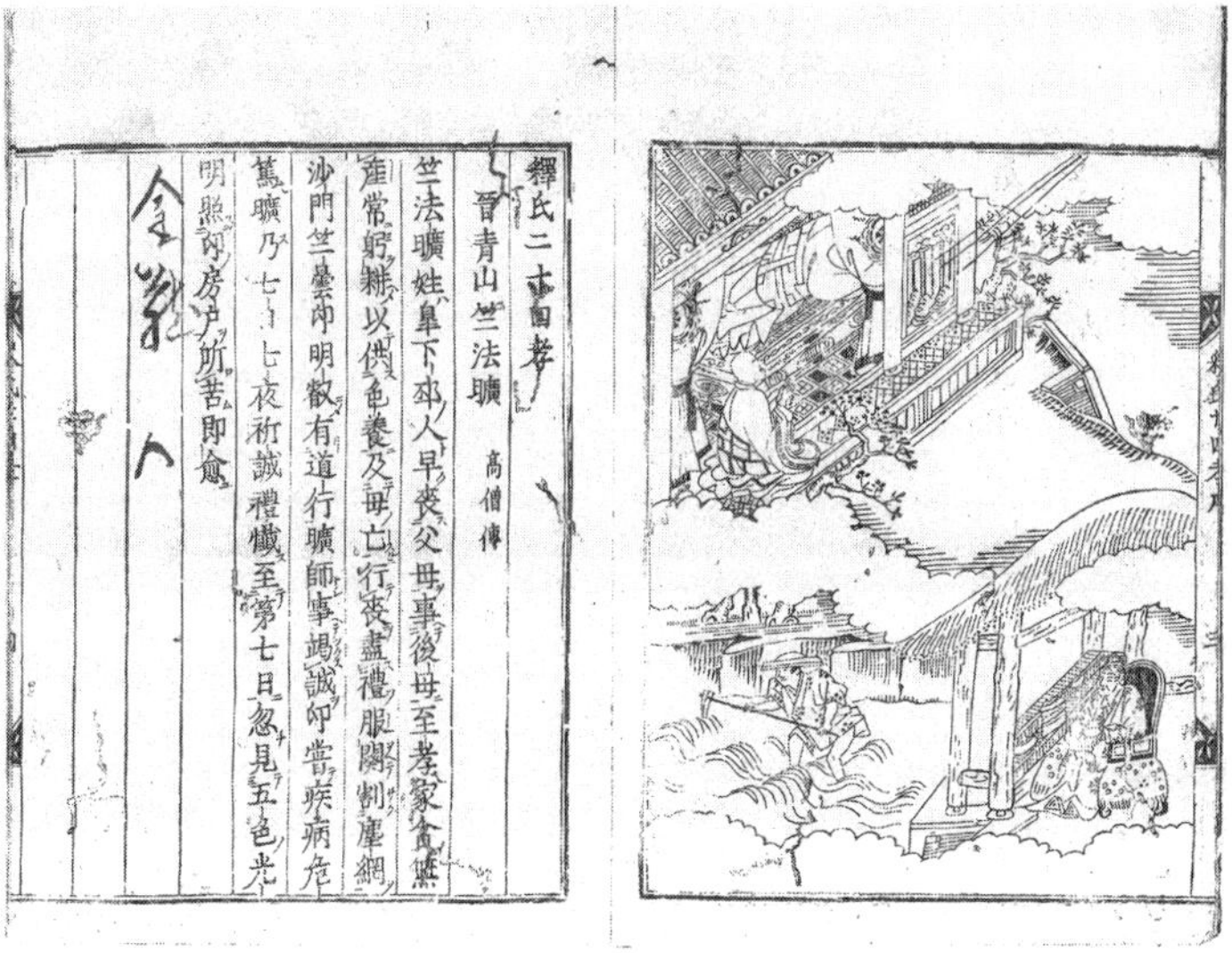

《図42》元政『釈氏二十四孝』（架蔵本）。刊年は従来間違って伝えられて来た。

刊年は、従来間違って考えられて来ている。たとえば上野洋三編『元政　弱者の奇蹟』▼注[13]は「寛文十年（引用者注…一六七〇年）庚戌秋九月　銅駝坊書林平楽寺　村上勘兵衛刊行」の刊記を持つ国文研蔵本を初版とする。しかし今回の調査で、津市立図書館橋本文庫本のように、「二条通松屋町山屋治右衛門板行」の刊記を持つ本が初印本だということが分かった。《図43》《図44》の通り両者の刊記を並べてみれば先後は明らかだろう。橋本文庫本は罫線に欠損がなく刊記もその中へ自然に収まっている。これに対し、従来初印とされて来た寛文十年云々の刊記を持つ本は、罫線に欠損が多く、刊記のバランスも不自然である。村上勘兵衛の刊記は、あきらかに後から彫り加えられ

13　平成十二年六月、ニチレン出版。

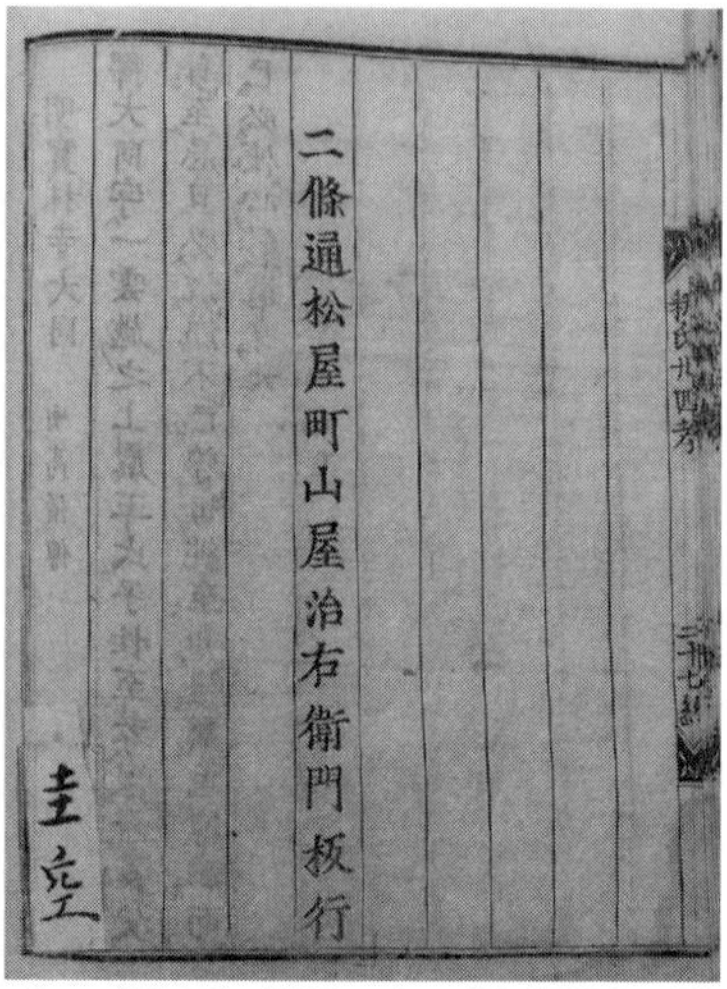

右―《図43》『釈氏二十四孝』初印本の刊記（津市図橋本文庫本）

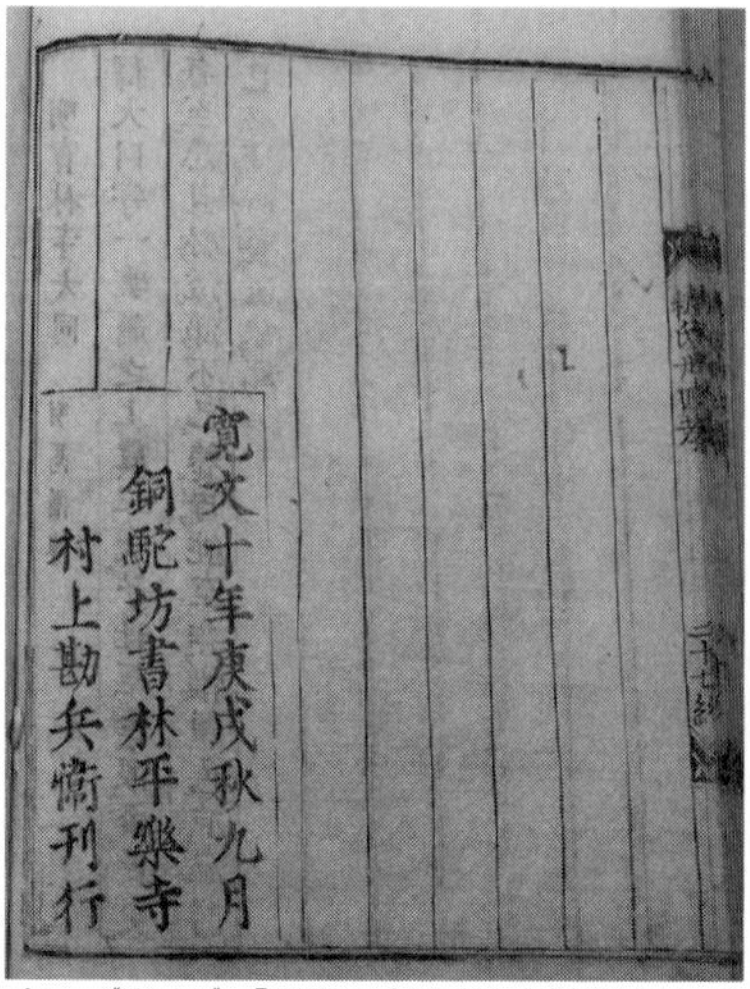

左―《図44》『釈氏二十四孝』従来初印とされて来た刊記（津市図橋本文庫本）

たものである。

したがって刊行年次も、従来のように寛文十年と考える訳には行かない。初印本の刊記には刊年が記されていないので、自序の承応四年（一六五五）に近い時期の刊行と考えておくべきだろう。つまり『釈氏二十四孝』の刊年は、通説より十五年ほど早かったことになる。

『釈氏二十四孝』に取り上げられた二十四名の孝子と出典は左の通りである。（　）で示したのは出典についての記載で、すべて原本通り引用した。●を付したのが日本の僧である。

【表9】『釈氏二十四孝』の各章

1 晋青山竺法曠（高僧伝）
2 宋定林寺僧鏡（高僧伝）
3 斉鄴下道紀（続高僧伝　輔教編）
4 斉荘厳寺道慧（高僧伝）
5 梁光宅寺法雲（続高僧伝）
6 梁開善寺智蔵（続高僧伝　輔教篇）

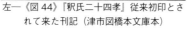

7梁草堂寺慧約（続高僧伝　輔教編）
8周中興寺道安（続高僧伝）
9隋慧日道場敬脱（続高僧伝）
10唐韶州六祖（宋高僧伝　輔教編　仏祖統記）
11唐睦州陳尊宿（五燈会元　正宗賛　禅苑蒙求）
12唐普光寺慧璡（続高僧伝）
13唐安国寺子鄰（宋高僧伝）
14唐大梵寺代病（宋高僧伝）
●15本朝和州栄好（元亨釈書）
●16本朝智泉（釈書）
●17本朝高野山祈親（釈書）
●18本朝陽勝（釈書）
19周福光寺道丕（宋高僧伝　輔教編）
●20本朝睿山禅喜（釈書）
●21本朝信誓（釈書）
●22本朝三井證空（釈書）
23宋景徳寺法雲（行業記）
24明宝林寺大同（明高僧伝）

日本人僧はすべて鎌倉時代末期の仏教史書『元亨釈書』（元亨二年〈一三二二〉成。虎関師錬著）から採っていることが分かる。配置としては中国人僧が先で、日本人僧はその後に置かれている。このことは、先に見たとおり、藤井懶斎『本朝孝子伝』に「中華西域の髠徒をして之れが領袖たらしむ」と非難された。

四　元政の「無為報恩」観

さて、この孝子伝の編纂には、元政のどのような意図が込められているのだろうか。『釈氏二十四孝』序文の全文に眼を通してみよう（原漢文。改行、番号、傍線は引用者が適宜ほどこした）。

①童蒙、予に問て曰く、「仏法の万行、何を以てか本と為す」と。

②予、之に応へて曰く、「蓋し万行は戒を以て首《はじ》めと為し、孝を以て本と為す。我が大覚自尊、其の因縁出世の初めに当て、大戒を説し。便ち言く、『孝を名て戒と為す』と」。

③「孝とは何ぞや」。

④「順の謂なり」。

⑤「順とは何ぞや」。

⑥「性に順ふの謂なり。是を以て行は万殊なりと雖ども、孝を挙ぐれば則ち収り、徳は無量なりと雖ども、性を語れば則ち摂す。孝の道たるや、是のごとく、大にして且つ備れり。

⑦悲しひかな、能仁没して慈氏未だ出でず。魔説並行し、異端競起る。其の放曠虚頭▼注[14]の徒は則ち謂く、『何ぞ細行に膠《かう》▼注[15]して大道を妨げん。父を殺すも亦た得たり。母を殺すも亦た得たり』と。是れ、漫に卓犖不羈の跡を見て、其の常に反きて道に合ふ所以を知らざるなり。庸魂不肖の類は、則ち謂く、『出家の人、恩を棄てて道に入る。即ち是れ恩を報ず。曷んぞ定省に労せん』と。

14　のんびりして物にこだわらないこと。

15　固執する。

是れ又僅かに無為報恩の言を聞て、其の恩を棄てて恩を報ずる所以を解せざるなり。此れ皆な後世闡提《せんだい》[16]の党を引きて、真に背き、妄に向て、同く火坑に入る。悲しまざるべけんや。嗚呼、子、逆して之を逃れよや。

⑧　予、嘗て自《み》づから予を起んと要して、日課の暇有るごとに、僧史等の書を読て、高僧の最も親に篤き者を纂む。之を両朝に采りて、二十四人を得たり。諸を他人に貽《おく》らんことは、則ち吾れ豈に敢てせんや。白璧繅藉《さうしや》[17]、幾《ほと》んど年あり。今ま幸に之を子に示す。子、去りて熟《つら》つら読して久しきときは、則ち之に類せんか」。

⑨　数日の後、童、巻を袖にし、来て曰く、「孝僧の篇、漸く読て略々通ず。但だ法曠と僧鏡とは、乃し恃怙《じこ》[18]を喪して後ちに出家す。或《もし》くは今の選に異なるか」。

⑩　予が曰く、「梵網を聞かずや、『一切の願を発して、父母師僧に孝順せよ』と。曠師の兼て師に奉するに謹める、固《まこ》とに法《のつ》とるべし。鏡師の亦た始め有るや、卒《をは》り有ること無からんや」。

⑪　曰く、「諸師の徳、唯だ此に止まるか」。

⑫　曰く、「是れ弘法の高僧、道貴く、徳卲《たか》し。今は則ち孝の一事を取るのみ。他日自《み》づから検せよ。此れ吾が細かに出拠を点する所以なり。」

⑬　童蒙出でぬ。予、遂に其の言《こと》を廃てず記して[19]、以て序と為すと云ふ。

承応乙未孟春上澣　沙門日峯洛寺の寓居に書す

従来の研究は、①〜⑥に注目して、その執筆意図を見て取ってきた。たとえば『草山元政教学の研究』[20]第一章一七ページは、①〜⑥を引用した上で、「これを以てみるとき、上人が孝を万行の基とした草山学風の根本理念が、誠によく表示されていて、余す所が全くない」とする。

該当箇所の元政の言説は、『梵網経』の次の箇所によるところが大きい。

16　成仏できない人たち。

17　玉を置く敷物。死蔵していたことを指す。

18　父母。

19　『釈氏二十四孝』の引用は、津市立図書館橋本文庫本（請求番号…橋一八／二／二九三）による。一丁表〜三丁表。

20　平成十四年五月、山喜房仏書林。

爾《そ》の時に、釈迦牟尼仏、初め菩提樹下に坐して無上覚を成たまふを、初めに菩薩の波羅提木叉を結したまふ。「父母と師僧、三宝に孝順し、至道の法に孝順すべし。孝を名けて戒と為し、亦は制止と名く[注21]」と。（上巻「長行」。原漢文[注22]）

たしかに、元政が『梵網経』を自らの孝を仏教の中で正当化するための理論的支柱としていることは、押さえておくべきことがらだろう。『釈氏二十四孝』に取り上げられた人物のうち、1の法曠と2の僧鏡が親にではなく師に対して孝を尽くしている人物であるのも、序文⑨～⑩の議論に明言されているとおり『梵網経』の影響である。

しかしながら、『梵網経』は仏教と孝の問題について論じられるさい、古来必ずと言って良いほど用いられて来た資料である。これを踏まえた箇所をもって元政の孝思想の特徴と見なすのは適切ではない。

むしろ注目すべきは、⑦の波線を施した部分である。できの悪い僧たちは、「無為報恩」、すなわち親の恩を棄てることこそが真に恩に報いることになる、という教えを誤解して、出家したら直接的な親孝行をする必要はない、とうそぶいている。そのような馬鹿な話があるか。僧も、親に孝行すべきである、というのが元政の主張である。

ここで気づかされるのは、彼の孝主張が、儒学者への反論を意図している訳ではない、ということである。むしろ元政が非難しているのは、自らと同じ、僧に対してであった。

「無為報恩」の句は唐・道世『法苑珠林』巻第三十「入道篇」第十三之一「剃髪部」に見える。

三界の中《う》ちに流転して　恩愛を脱することあたはず　恩を棄てて無為に入るは　真実に恩を報ずる者なり。[注23]（原漢文）

元政はこれが誤解されているという。「其の恩を棄てて恩を報ずる所以を解せざるなり」、つまり恩を

21　悪を止めること。

22　『梵網経』の引用は、『梵網経古迹記』（明治二十年十二月、出雲寺文次郎）による。下本二十五丁表。

23　『法苑珠林』の引用は、多和文庫本（請求番号…二三／一～四。江戸時代前期刊）の。国文学研究資料館マイクロフィルムによる。二十四丁ウラ。

棄てることが、いかに恩を報ずることにつながるのか、という原理が理解されていないと嘆くのである。

五　僧へ孝を説く

僧も親へ直接的な孝行をすべし、あるいは、僧も親へ直接的な孝行をしてきた、との主張自体は、決して当時の僧において珍しいものではない。しかし元政の特色は、それが儒者への対抗意識で書かれた訳ではなく、僧に対して述べられたところにある。その違いは、同じ明暦元年（一六五五）に刊行された仮名草子『勧孝記』[注24]（【表8】の3）と比べると一層明らかになる。

『勧孝記』は出雲国松江の浄土真宗僧・宗徳によって書かれた。その序文では、「その肝文を拾ひ、その故事を引合せて、儒道にも、仏道にも、孝行を宗とする事を示べし」（上巻第四章「外典内典ともに孝行を宗とする事」）と、仏教と儒学とが、ともに孝を重んじてきたことを示すために書いたと断ってはいる。しかしその本文を確認してみると、儒学が主、仏教が従という関係があきらかである。

まずその枠組みが儒学に基づいている。『勧孝記』の全体は、次の五部から成る。

「第一に、父母居するとき、敬を致すこと」の部…例話なし
「第二に、養ときんば、其楽を致すこと」の部…儒26話のあと、仏1話
「第三に、父母病とき、其憂を致べきこと」の部…儒6話のあと、仏1話
「第四に、喪には即その哀みを致べきこと」の部…儒22話のあと、仏1話
「第五に、祭ときんば、其厳を致べきこと」の部…儒1話のあと、仏2話

それぞれの章題は、すべて『孝経』の文言による。さらに各章の構成も、まずは儒書に載る孝子を数多く挙げ、そのあとで仏教に関わる孝子をかろうじて一、二例のみ挙げるのみである。『勧孝記』

24　二巻二冊。京・西村又左衛門刊。

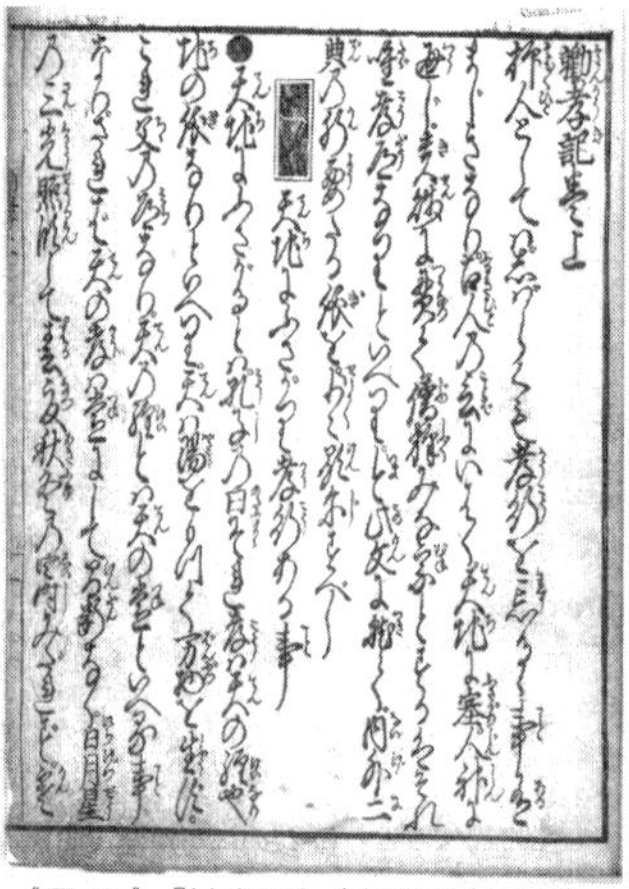

《図45》『勧孝記』（青裳堂書店蔵）。僧の著作だが、儒学の孝を主とする。

が儒学を主とし、仏教を従としていることは明らかである。その執筆意図は、孝は儒学のもの、とする通念に対する「弁明」の域を超えるものだとは言いがたい。もちろん、近世初期の仏教が孝を語る場合、このように儒教への対抗意識が前面に出るのは自然なことであった。

　一方で元政は、そのような儒学への対抗意識をまったく示していない。むしろ、僧が孝を行うのは元政にとって自明なことであり、儒学者からの非難に対して目くじら立てて反論する必要さえない、といった風情である。元政の主張が、当時としてはかなり異質なものであったことが分かる。儒仏間で戦わされていた孝をめぐる攻防に加担せず、ひとり僧に対して矛先を向ける元政。この異質さに、我々はもっと注目すべきではないだろうか。

六　明僧・袾宏の影響

　このような元政の孝に関する独自の主張は、いかにして生じたものだろうか。

　元政の場合、その孝心は彼の篤実かつ純粋な人柄のあらわれ、と手放しで称賛されることが多かった。揖斐高「元政の詩歌――多情多感のゆくえ――」▼注[25]は、元政の本質的な性質として、「多情多感」「人にこだわる性」という特徴を指摘して、それが詩、孝、信仰のそれぞれに結実した、という見取り図を示した。称賛に終始する従来の説とは一線を画しているが、元政の性質、というところに帰してい

25　『古典講演シリーズ7　芭蕉と元政』（平成十三年三月、臨川書店）。のち揖斐高『近世文学の境界―

《図46》明・袾宏（『仏祖道影』）。元政の孝行観に影響を与えた。

るという点では、従来の説と似た構図だと言えよう。

本稿も、元政の孝心が、彼の本質的なところから生じていることは否定しない。それでも気になるのは、彼の孝が、先に確認したような独特な主張をするに至ったのはなぜか、という問題である。性霊説の主張に陳元贇との出会いがあったように、彼の孝が独自の色合いを帯びたのにも、それなりの外的な要因があったと考えた方が自然である。元政の孝についての主張は、単なる個性の賜物と片付けてしまわず、いったん時代の中で考える必要があるのではないだろうか。

そう考えて調べ直してみると、元政の孝に関する主張が、明末の僧、袾宏《しゅこう》（一五三五〜一六一五）のそれに似ている、ということに気づかされる。袾宏は日本へは来なかったが、『自知録』や『竹窓随筆』などの著書は江戸文化に少なからぬ影響を与えたことが知られている。

袾宏の著書のうち、承応二年（一六五三）に和刻もされた『竹窓三筆』第六十二話「為僧宜孝父母」では次のように言う。

> 僧と為りて父母に孝ならざる者有り。予、深く之を責む。或るひと曰く、「出家は既已《すで》に親を辞し愛を割く。之を責むる時んば、則ち反つて其の恩愛の心を動かさん」と。
> 曰く、「悪《ああ》是れ何の言《いひ》ぞや。大孝は、釈迦尊累劫《るいごふ》、親恩を報じ、積因正覚を成ず。而して『梵網』に云く、『戒は万行なり』と。孝を以て宗と為す。『観経』に云く、『父母を孝養するは、浄業

個我と表現の変容』（平成二十一年二月、岩波書店）収録。

正因なり』と。古人、堂を作り母に奉ずる者、母を担いで食を乞ふ者有り。未だ嘗て恩愛を以て累とせざるなり。奈何《いかん》ぞ親に於いて愛を割かんや。而も交わりを施主に締《むす》んで、餽遺《きい》[注26]を絶たず、弟子を畜養すること、骨肉よりも過ぐ。是れ親無くして親有り、一愛を出て復た一愛に入るなり。何ぞ顛倒《てんだう》すること乃《けだ》し爾《しか》るや。且つ已れ十方の供養を受け、飽暖安居して、坐から父母の饑寒寥落《りょうらく》を視て、汝安くば之を為《せ》よ」。（原漢文）[注27]

親への直接な助けは、親を出家させて浄土に生まれ変わらせることに比べれば小さい孝だが、けっしておそろかにすべきものではない、というのである。

ここでの主張は、元政のそれと極めて近いと言って良いだろう。元政とて「無為報恩」を否定していた訳ではない。彼が非難していたのは、「僅かに無為報恩の言を聞て、其の恩を棄てて恩を報ずる所以を解せざる」、すなわち、「無為報恩」の真の意味を知らない者に対してだった。

先にも触れた通り、元政は明の詩論「性霊説」を受容した先駆者として知られている。ただし、その明からの影響は、詩論に限ったもの、さらに時期的にも限られたもの、として捉えられて来た。たとえば松下忠『江戸時代の詩風詩論　明・清の詩論とその摂取』[注28]は、元政が性霊説をはじめて主張した時期を、寛文六年（一六六六）、四十四歳とする。これは没する二年前であり、『釈氏二十四孝』の刊行から十一年もあとのことである。

しかし、広く明学の受容というレベルでいえば、それはもっと早いものだったと考えて差し支えない。先に挙げた袾宏『竹窓随筆』『竹窓二筆』『竹窓三筆』は、元政が『釈氏二十四孝』を執筆・刊行する二年前の承応二年（一六五三）には和刻されていた。さらに、元政が当時にあって随一の蔵書家であり、恵まれた読書環境にあったことも忘れてはならないだろう。『深草元政―彦根ゆかりの詩僧―』[注29]は、元政が本の調達や貸借を、昵懇の本屋・村上勘兵衛に依頼していたことを明らか

26　食物および金品を贈ること。

27　『竹窓三筆』の引用は、『和刻本漢籍随筆集』第十五集（昭和五十二年八月、汲古書院）所収複製（底本国立公文書館本）による。三十丁裏～三十一丁表（複製本三二九ページ）。また、解釈に際しては、荒木見悟監修・宋明哲学検討会訳注『竹窓随筆　―明末仏教の風景―』（平成十九年六月、中国書店）を参考にした。

28　昭和四十四年三月、明治書院。各論第五節「元政上人と陳元贇」二四八～二四九ページ。

29　平成九年九月、彦根城博物館。一八～一九ページ。

にしている。こうした読書環境を考えれば、元政が和刻本のみによらず、唐本で明の学問を吸収していた可能性も否定できない。

その推測が許されるのであれば、同じく袾宏が編んだ伝記集で、当時はまだ和刻されていなかった『緇門崇行録《しもんそうこうろく》』（万暦十三年〈一五八五〉自序▼注[30]）の、次のような記述も目にしていたかも知れない。

今猶を僧を嫉《そねみ》て蛇蝎の如くする者有るは、則ち僧の罪なり。即ち痛恨すべし。其の罪、三あり。安く十方の供を享《う》けて其の親を念《おも》はざる者、一なり。高く舟車に坐して、其の親をして牽《ひ》き輓《ひ》かしめて工僕の如くする者、二なり。愛を割《さ》き、家を出て、別に他の男女を礼して、以て父母とする者、三なり。願はくば諸世の人、此の三つの不才僧を以て一切を病《うれ》ふることなかれ。（原漢文▼注[31]）

――「孝親之行第四」のうち「総論」

親を軽んじる一部の僧を痛罵した文章である。こうした袾宏の孝論を、元政は浴びるように受容していたのではなかったか。

となれば、『釈氏二十四孝』についても、従来のように作者・元政の人格や個性に帰するばかりでなく、俯瞰的に見直してみる必要がある。つまり該書は、明代仏教の最新の孝論を日本に持ち込み、孝子伝という形で具現化してみせた書物だと言うことができるのである。

七　明代仏教を踏まえた生き方

江戸時代において、孝子伝の出版は儒学者ではなく僧が先駆的な役割を果たした。中でも元政『釈氏二十四孝』は、邦人の手になる孝子伝としては、最も早く刊行されたものである。

そこに見える孝に対する意識は、一般的に考えられているような僧から儒者に対する弁明ではな

30　全十部。1清素（十五名）、2厳正（十二名）、3尊師（十名）、4孝親（十二名）、5忠君（十一話）、6慈物（十七名）、7高尚（十八名）、8遅重（十名）、9艱苦（十五名）、10感応（十五名）、のそれぞれの徳目について、仏世から元代までの僧の事蹟、賛を記す。また各部の最後に「総論」として編者の意見を記す。和刻本は寛文元年（一六六一）、京都田原仁左衛門。

31　『緇門崇行録』の引用は、国会図書館本（寛文八年〈一六六八〉、京都山本平左衛門常知）による。二十丁裏～二十一丁表。

かった。明の説をいち早く取り入れ、それを他の僧にも及ぼそうとする、きわめて進取の気性に富んだ、意欲的な一冊なのであった。

ここまで見て来ると、彼自身の孝心にも思いをいたさざるを得ない。

本節のはじめに整理して述べた元政の親に対するさまざまな行動や詩歌は、彼の高潔な人柄の表れとして、高く評価されて来た。揖斐高はそれを「人にこだわる性」と称した。しかしその姿は、すべてが彼の内面からあふれ出たものであっただろうか。僧こそ親への孝に励むべきだとする明の学問に触れていた元政である。彼自身の生き方こそ、そうした明の書物に見える孝論の実践ではなかっただろうか。

八　孝子説話の展開についての研究史

つづいて、高泉《こうせん》性潡《しょうとん》編『釈門孝伝』（寛文五年〈一六六五年〉刊）に目を転じる。調査してみて明らかになったのは、この書物が、従来考えられてきた孝子説話の歴史を修正しうる存在だということである。そしてその背景には、またも明代仏教の影響があった。

まずは従来の研究史について確認しておこう。近世の孝子説話の歴史において、はじめて明確な見取り図を描いて見せたのは、井上敏幸「近世的説話文学の誕生」▼注[32]である。井上稿は江戸時代前期の流れを、次の三段階に図式化してみせた。

中国古典の受容　→　日本古典への注目　→　日本の当代への視点転換
（『二十四孝』）　（『大倭二十四孝』他）　（『本朝孝子伝』「今世」部）

井上によれば、まず御伽草子『二十四孝』が書かれたのをはじめとして、慶長年中の美麗な嵯峨本『二十四孝』や、承応ごろの普及版たる松会版『二十四孝』など、さまざまな版が日本で出版されて、

32　『説話文学の世界』（昭和六十二年十一月、世界思想社）所収。すでに「はじめに」の「二　近世孝文化の研究史」でも触れた。

広汎に流布した。こうした流布を背景にして、浅井了意作とされる『孝行物語』（万治三年〈一六六〇〉刊）、『勧孝記』（明暦元年〈一六五五〉刊）、独庵玄光『孝感編』（延宝五年〈一六七七〉刊）など、広く中国の孝子説話を集めた書物も刊行された。

この一方で、日本人の孝行説話を紹介しようとする動きも始まった。井上は『大倭《やまと》二十四孝』を代表として取り上げる。この作品の各章は小説的な創作を多く交えるが、その「典拠を、中世あるいはそれ以前のものに求めなければならない点に、時代の限界があったといえる」と、古典を題材にした点を強調した。

こうした前史をふまえて井上は、藤井懶斎『本朝孝子伝』（貞享二年〈一六八五〉刊）に着目する。該書が「天子」部、「公卿」部、「士庶」部、「婦女」部、「今世」部を立てたことは先にも述べたが、▼注[33]井上はこのうち「今世」部が、当代の孝子二十名を集めたことを高く評価する。該書が凡例で根拠の無い説を排除する方針を強調している点を踏まえて、次のように結論づけている。

> この、「事実」への異常なまでのこだわりは何であったのか。私は、このこだわりこそが、近世の孝子説話を、そのまま生の形で掬い取る方法であったと考える。生の形で掬い取られた近世社会の説話こそは、まごうかたなき当代社会が生んだものであり、真の意味での、近世孝行説話集の誕生がこの「今世」部に見られたのである。▼注[34]

『本朝孝子伝』の「今世」部によって、初めて当代の孝子に目が向き、江戸時代における真の意味での孝子説話が誕生した、と高く評価したのである。この見取り図は明快かつ中国文化輸入の一般的傾向にも即しており、納得の行くものである。

しかしながら、いま問題にしたいのは、井上稿の右の見取り図の中に、僧によって編まれた孝子伝のうちで、重要な作品のいくつかが検討されていない、ということである。

33　第一章第四節の五「逸話の多様化—表彰から二年後以降の展開」参照。

34　一六六ページ。

もちろん、僧の手になる孝子説話集の多くは、井上稿の見取り図に収まる。たとえば本節で見て来た元政『釈氏二十四孝』は、井上の見取り図のうち二段階め、「日本古典への注目」に属する典型的な作品である。

しかしながら、これから取り上げる高泉『釈門孝伝』の方は、その見取り図に収まらない。むしろ、井上の見取り図を書き直さなければ位置付けができない書物である。該書を考えに入れることで、孝子説話史の見取り図はどのように書き直されるのか。以下に、その根拠と新たな見取り図を示してみようと思う。

九　高泉『釈門孝伝』について

『釈門孝伝』（大本一巻一冊）は、外題すなわち表紙に「扶桑撰述釈門孝伝」と、書名の上に説明書き（「角書《つのがき》」という）がある。わざわざ扶桑、すなわち日本で編まれたことを断っているのには理由がある。この本は、作者が中国人であり、漢文で書かれた書物でありながら、いわゆる和刻本（漢籍を日本で彫り、印刷したもの）ではなかった。日本の地で書かれ、日本で刊行された書物だ、ということをアピールしているのである。

よく知られている通り、長崎在住の中国人たちは和風の仏教にあきたらず、承応三年（一六五四年）、中国から臨済僧・隠元隆琦《いんげんりゅうき》を迎えた。この中国の最先端を伝える明朝風の禅宗は、日本で黄檗派と称され大きな文化的ブームを巻き起こした。徳川四代将軍家綱が帰依して、寛文元年（一六六一）に宇治へ万福寺を創建したことはよく知られている。▼注[35]

『釈門孝伝』の著者、高泉性潡も、隠元と同様に渡来した黄檗僧の一人である。著作の数が多く、

35　辻善之助『日本仏教史』第九巻近世篇之三（昭

とくに日本人の高僧伝である『東国高僧伝』（貞享五年〈一六八八〉刊）はよく知られている。

まず、『釈門孝伝』初印本の全章題の一覧を示してみる（大谷大学本による）。

【表10】『釈門孝伝』初印本の全章題　◎は中国当代の人物。●印は日本人僧（ただし中世以前）

1 蘭盆勝会（仏世ノ大目犍連）
2 啓仏供親（仏世ノ畢陵伽婆蹉）
3 啓母断殺（罽賓国ノ沙門求跋摩）
4 躬耕供母（晋ノ青山釈ノ竺法曠）
5 泣血三年（宋ノ定林寺釈僧鏡）
6 母必親供（斉ノ道紀）
7 孝通冥感（梁ノ草堂寺釈慧約）
8 居喪不出（梁楊都建元寺ノ沙門法護張）
9 新林旅松（梁ノ庚沙弥顗川）
10 居喪不食（梁法雲羨人）
11 泣血哀毀（隋智聚）
12 荷担聴学（隋敬脱）
13 鬻薪供母（唐曺渓宝林六祖大師）
14 鑿井報父（唐慧斌）
15 礼塔救母（唐子鄰范氏ノ子）
16 隔江度母（唐黄檗断際希運禅師）

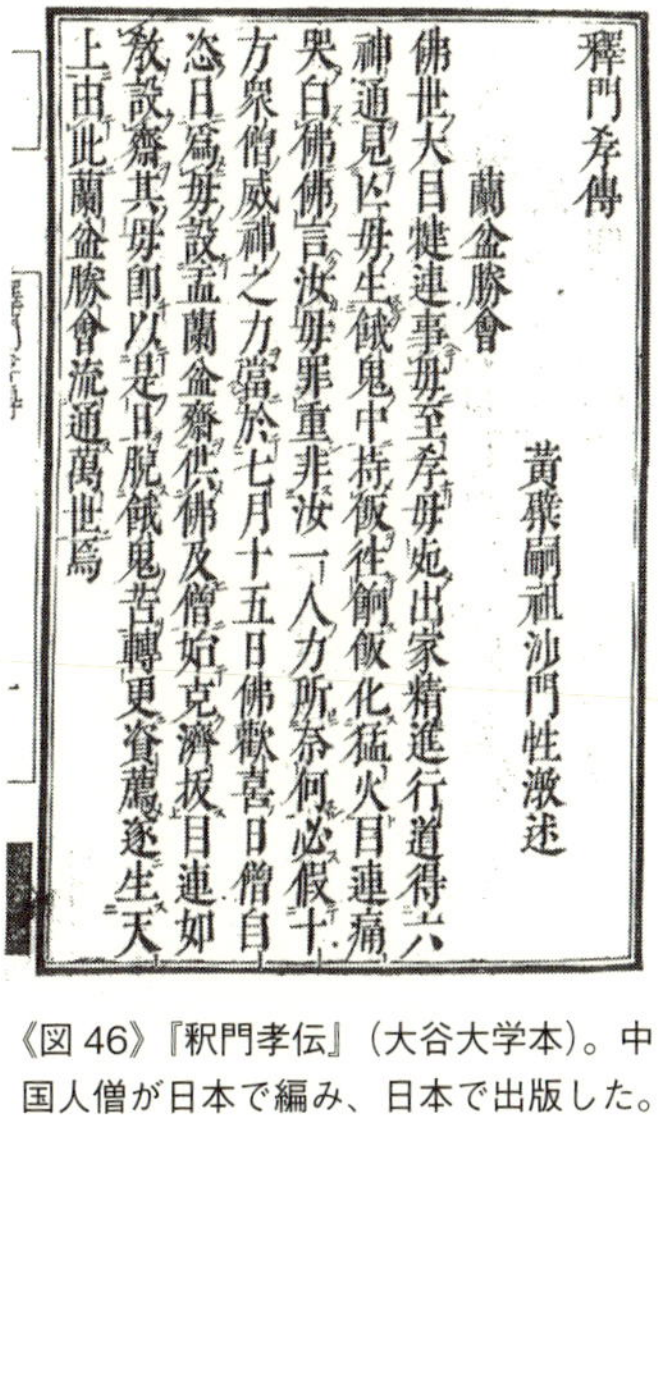
釋門孝傳
蘭盆勝會　黄檗嗣祖沙門性潡述
佛世大目犍連事母至孝母殁出家精進行道得六神通見亡母生餓鬼中持飯往餉飯化猛火目連痛哭白佛佛言汝母罪重非汝一人力所奈何必假十方衆僧威神之力當於七月十五日佛歡喜日僧自恣日爲母設盂蘭盆齋供佛及僧始克濟拔目連如教設齋其母即以是日脫餓鬼苦轉更資薦遂生天上由此蘭盆勝會流通萬世焉

《図46》『釈門孝伝』（大谷大学本）。中国人僧が日本で編み、日本で出版した。

和二十九年四月、岩波書店）第十章第十二節「江戸時代中期に於ける仏教の復興　其一　黄檗の開立」。

17断指懇親（唐袁州仰山禅師）
18織蒲供母（唐睦州ノ陳尊宿）
19出家報親（唐瑞州洞山良价禅師）
20刲股出家（唐鑒宗）
21悟道報父（唐玄沙師備禅師）
22捨身報答（唐福感寺定蘭）
23負母脱難（唐益州福勝寺釈道興）
24感母除患（唐鄧州興国寺釈智勤）
25感母目明（唐明州棲心寺蔵奐禅師）
26感親息争（五代杭州慧日永明寺智覚禅師）
27誠感父骨（後周道丕）
28躬行奉養（周道安）
29念仏度母（宋宗賾）
30養母純至（明宝林寺釈大同）
31著論示心（宋藤州鐔津東山明教大師）
32謝事帰寧（宋普潤＝潙山普潤）
33知時報答（明雲棲蓮池大師＝雲棲袾宏）
◎34万里尋父（明黄檗隠元琦禅師）
◎35刲肝寿母（明雪峰即非禅師）
◎36喩母以法（明海南常熙禅師）

◎37乞法号慟（明黄檗沙門時黙）
◎38三年侍病（明獅巌良照禅師）
◎39苦行薦親（明釈惟一）
●40鐫像献食（扶桑国釈禅喜）
●41伝法救母（扶桑国釈智泉）
●42写経薦母（扶桑国釈法蔵）
●43親苑再生（扶桑国釈信誓）
●44持経祈親（扶桑国釈祈親）
●45養母尽敬（扶桑国釈栄好）
46刲股救療〔補遺〕（宋無準禅師）

●印、41〜45に掲載された中世以前の日本人僧は、すべて『元亨釈書』から採ったものである。先に見た元政『釈氏二十四孝』も同書を用いていたから、江戸時代に日本史上から孝僧を選びだそうとする場合、『元亨釈書』が数少ない情報源の一つだったということが分かる。

そして、◎を付した34〜39の六名が、中国当代の孝子である。彼らを詳しく見てみると、日本に来た僧が34隠元隆琦（一五九二〜一六七三）、35即非如一《そくひにょいつ》（一六一六〜一六七一）、39惟一道実《ういつどうじつ》（一六二〇〜一六九二）の三名で、日本に来なかった僧が36常熙興燄《じょうきこうえん》（一五八二〜一六六〇）、37無住（生没年不明。編者のおじ）、38良照性杲《りょうしょうしょうこう》（一六三三〜一六六一）の三名である。日本に渡来した僧も、中国で生涯を終えた僧もまじっている。▼注[36]

このように、仏教の孝子伝は、いちはやく当代の孝子を掲載していたのである。そしてその孝僧

36　僧の生没年に関しては大槻幹郎・加藤正俊・林雪

たちは、日本人ではなく中国人だった。

十　灯史の影響

中国人黄檗僧の著作がいち早く「当代」に目を向けたことには、どのような背景があったのだろうか。私見では、明末仏教の中に、当代の人物に注目する素地があったことが注目される。

長谷部幽蹊『明清仏教教団史研究』[注37] 第十章「明代における燈録の編述印行」は次のように言う。

禅門では宗師が出世開堂する際に、嗣法の師を名指して一弁の香を捧げ、法乳の恩に謝することが宋代以来行われ、明代では少なくとも嘉靖三十年頃[注38]までこれが続けられていたようである。……中略……明末以後、費隠通容《ひいんつうよう》の黄檗山萬福寺開堂の際に見るように、曹谿正脈第三十四世と、世数を挙げることが行われるようになり、（費隠の門下は多くこれに倣う）、……中略……宋元時代には例を見出し得ない。これは、宗派や世代等について明確な意識が生まれたことの自然な反映と言えるであろう。[注39]

禅宗が明末以後に入ってから、みずからが所属する宗派と、自分が自らの宗派の祖から何代目にあたるか、という問題を、たいへん強く意識するようになった、との指摘である。

そして同書は、次のようにも言う。

万暦四十年代[注40]から、開堂の際、本師に拈香《ねんこう》して謝恩する法儀が再び一部に行われ、やがてそれが一般化する方向を辿ったことが知られるが、それに伴って師資関係も漸く明確となり、また、正宗の主張は禅門諸派に宗派意識を換起する一契機をなしたとみられるのである。その間、諸派の宗師が競って法幢《ほうどう》を掲げたが[注41]、そこにおいて伝灯の不備欠落を充填補足することが、宗派

光編『黄檗文化人名辞典』（昭和六十三年十二月、思文閣出版）を参考にした。

37　平成五年四月、同朋社出版。

38　一五五一年。

39　三七七ページ。

40　一六一二～一六二〇年。

41　禅門で結制安居すること。

の体制を整備するための、緊急にして必要な手続き作業と目されるに至った。かくて諸派の間に相次いで灯録が編輯印行されることとなったのである。中国仏教の灯録編纂の歴史においては、数の上からいうも、量の点からするも、明末から清初の間に最も多くの灯録が成立したのは上述のごとき事情経過によるものと考えられる。▼注[42]

その意識の反映として、灯録が多く編集出版されるようになる。灯録というのは、灯史とも言い、禅宗における僧伝である。長谷部稿はつづけて、明末から清初にかけて成立した灯史を、二〇点以上挙げている。もと宋代に編まれた『五灯会元《ごとうえげん》』の増補版を刊行し、宋代から明代に至るまでの法統をつなげているのである。

このように明末の禅宗は、自らを古来の仏教の系譜にいかに位置づけるか、ということを意識するようになった。渡来した黄檗僧・高泉が『釈門孝伝』で、中国古代の孝僧たちと、中国当代の孝僧たちを並列させたのも、こうした明末黄檗僧の意識からすれば自然なことであったと思われる。

42　三七九ページ。

十一　当代日本人僧の追加

この『釈門孝伝』はのちに、もう一つの「はじめて」をもたらした。「当代」の「日本人」孝子をはじめて掲載したのである。

このことは、『釈門孝伝』の修訂（部分的な彫り直し）と深く関わっている。該書は知る限りで三度の修訂が行われた。▼注[43]

やや煩雑になるので、先に要点を述べておこう。最初の修訂（①→②）で、五名の中国人が加えられ、二度めの修訂（②→③）では、はじめて当代の日本人僧（鉄牛）が加えられる。さらに三度めの修訂（③

43　修訂に関しては、すでに大槻幹郎「高泉禅師語録類の解題」（『高泉全集Ⅳ　解説・索引篇』〈平成二十六年三月、黄檗山万福寺文華殿〉所収）に備わるが、今回諸本を増やすなどしてより正確を期した。

↓④）では別の日本人（超宗）が加えられた。

① 初印本（四十六伝）《図47》参照

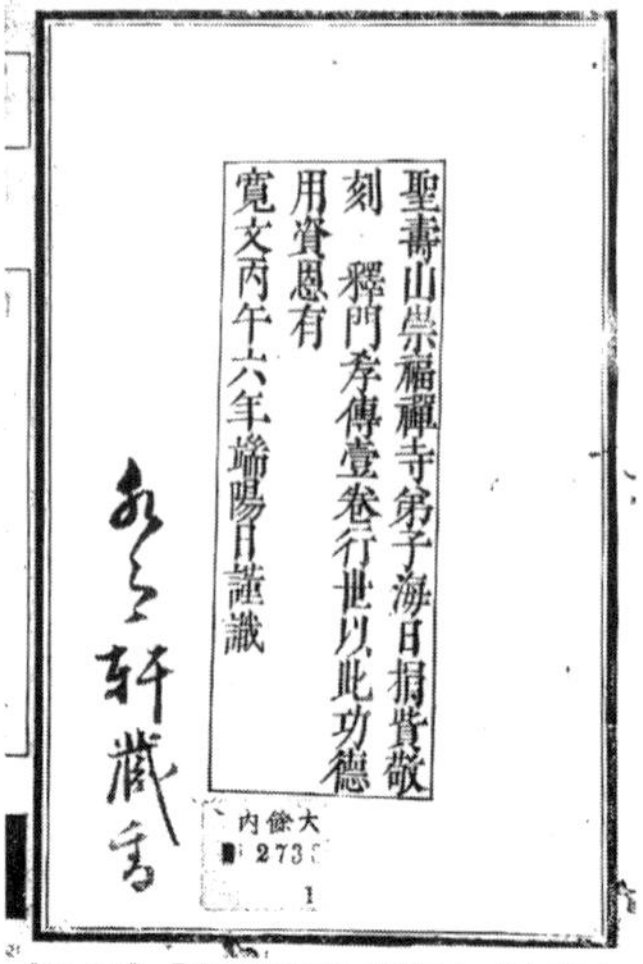
聖壽山崇福禪寺弟子海日捐貲敬
刻　釋門孝傳壹卷行世以此功德
用資恩有
寛文丙午六年端陽日謹識

《図47》『釈門孝伝』初印本（大谷大学本）の刊記

【所蔵】大谷大学、駒澤大学B、東洋大哲学堂文庫、津市立図書館橋本文庫。【丁付】一〜二十四丁。

【要点】目録最終話に「補遺」の語が見える。しかしこれを初印本と見なして良いと考えている。なぜなら、見返しが朱刷りかつ魁星印を捺すなど、印刷が良く他にこれより刷りの早い諸本を見ないからである。

② 第一次修訂本（五十一伝）

【所蔵】龍谷大学・福井市立図書館　【丁付】一〜二十八丁。

【章の増減】

追加五章…◎47「三封股肉」（明・檗山独湛）、48「十年求母」（宋・僧導）、49「舁母乞食」（恭行巳）、50「刲股別肝」（元・優婆夷陳氏妙珍）、51「悟道報母」（宋・泐潭広道）。

【要点】巻末に四丁を補い、五話を追加。すべて中国人である。このうち「三封股肉」の独湛は渡来した当代の黄檗僧である。

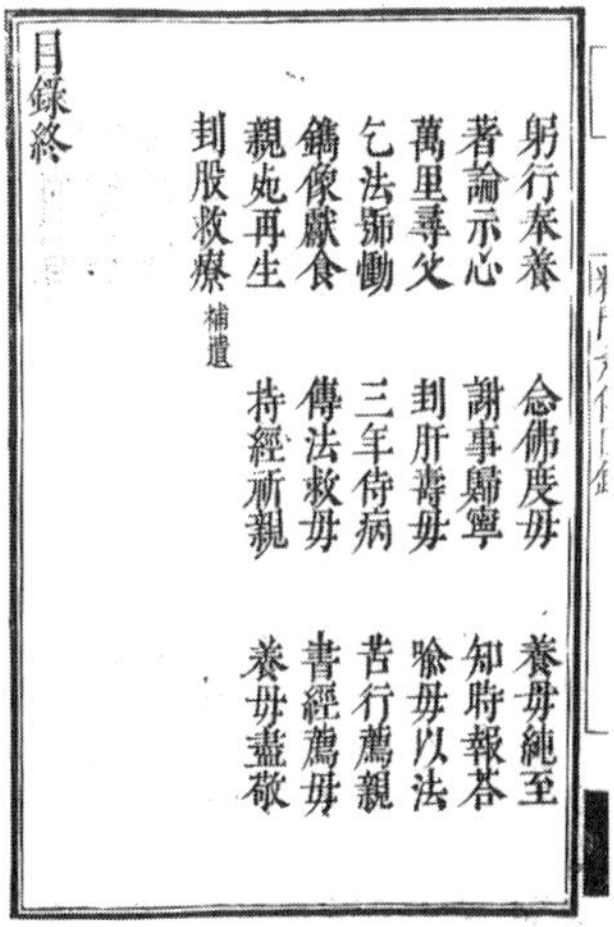
躬行奉養　念佛度母　養母純至
著論示心　謝事歸寧　知時報荅
萬里尋父　刲肝壽母　喩母以法
乞法輙慟　三年侍病　苦行薦親
鑄像獻食　傳法救母　書經薦母
親宛再生　持經祈親　養母盡敬
刲股救療　補遺
目録終

《図 48》『釈門孝伝』初印本目録
（大谷大学本）

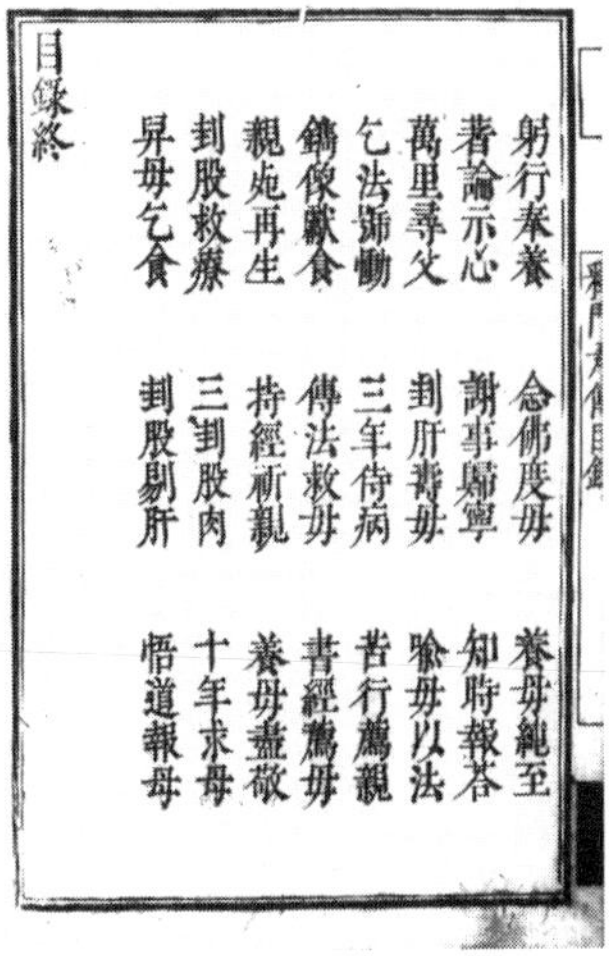
躬行奉養　念佛度母　養母純至
著論示心　謝事歸寧　知時報荅
萬里尋父　刲肝壽母　喩母以法
乞法輙慟　三年侍病　苦行薦親
鑄像獻食　傳法救母　書經薦母
親宛再生　持經祈親　養母盡敬
刲股救療　三刲股肉　十年求母
昇母乞食　刲股剔肝　悟道報母
目録終

《図 49》『釈門孝伝』第一次修訂本目録
（龍谷大学本）

③　第二次修訂本（五十一伝）

【所蔵】京都大学　石川武美記念図書館　【丁付】一～二十七丁、丁付ナシ2丁

【話数】

・追加一章…●52「孝徳難忘」（扶桑・瑞聖鉄牛機公）。

・削除一章…◎47「三刲股肉」（明・檗山独湛）を削除。

【要点】

・巻末に当代日本人僧の一話を増補。そのさい元の最終丁である第二十八丁を履刻（一行目第九文字「然トシテ」の送り仮名の位置参照）。さらに二丁を加える。

・第一次修訂本で加わった◎47「三刲股肉」（明・檗山独湛）を削除。当時独湛は存命。何らかの苦情による削除であろうか。

・目録は、削除した47「三刲股肉」の箇所に巻末追加の52「孝徳不忘」を埋木。よって本文とは順序が異なる。

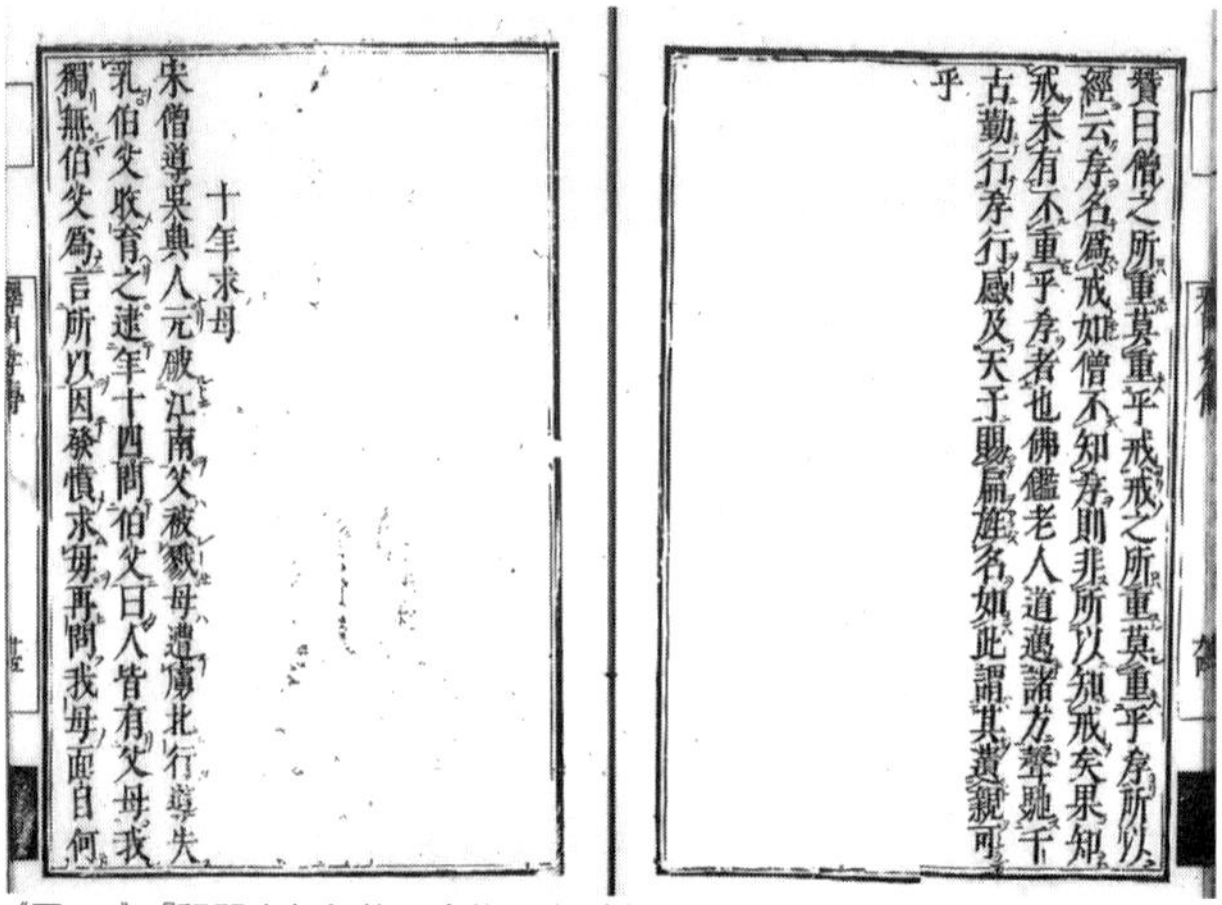

贊曰僧之所重莫重乎戒戒之所重莫重乎孝所以
經云孝名爲戒如僧不知孝則非所以爲戒矣果知
戒未有不重乎孝者也佛儻老人道遍諸方聲馳千
古勤行孝行感及天子賜扁旌名如此謂其遺親可
乎

十年求母
宋僧導果典人元破江南父被殺母遭虜北行導失
乳伯父收育之逮年十四問伯父曰人皆有父母我
獨無伯父爲言所以因發憤求母再問我母面目何

《図50》『釈門孝伝』第二次修訂本（京都大学本）。明僧・独湛の逸話が文字通り削除された。

④　第三次修訂本（五十二伝）

【所蔵】駒沢大A　【丁付】一〜三十丁

【話数】・追加一章…●53「流孝万古」（扶桑・超宗格公）

【要点】・さらに一話が増補されている。そのさい、第二十九丁を履刻。第三十丁を追加。

・追加されたのは日本人黄檗僧、超宗如格。
・目録の順序を現状に合わせて修訂。

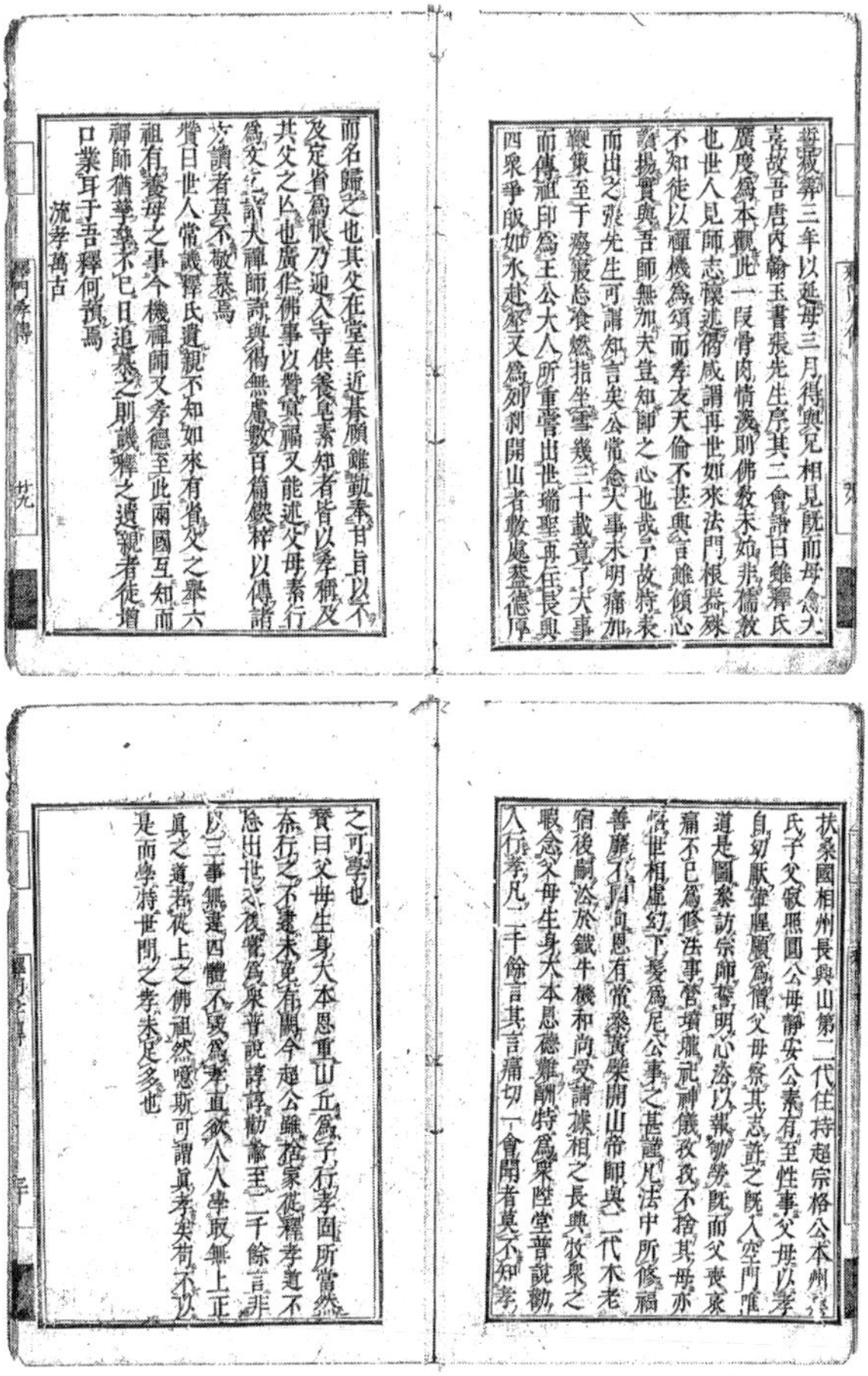

《図 51》『釈門孝伝』第三次修訂本（駒澤大学本Ａ）。
末尾に一章「流孝万古」が加えられた。

十二　日本人僧追加の背景

このように『釈門孝伝』は修訂を重ね、そのたびに人物を加えていった。この背景には、『釈門孝伝』刊行直後にさまざまな反響や情報が寄せられたことが想像できる。第三章第三節「『本朝孝子伝』刊行直後」でも見る通り、藤井懶斎『本朝孝子伝』が刊行された際にも起こった現象である。

この営為を一歩引いて見れば、中国から流入した文化が日本を刺激した、という構図が窺える。『釈門孝伝』は、渡来した中国人僧によって、日本で書かれ、刊行された孝僧伝である。これには中国の古代から当代までの孝僧が掲載されていたが、日本人は『元亨釈書』から採った中世以前の人物が掲載されているのみだった。これを目にした日本人僧たちが、「いや日本の当代にも孝僧はいるよ」と情報を寄せ、当代に生きる日本人の孝僧が掲載されるに至ったことは疑いない。

これまでは貞享二年（一六八五）年刊の『本朝孝子伝』「今世」部が、日本の当代の孝子を集成したもっとも早い事例と考えられ、「真の意味での近世孝子説話の始発」と評価されて来た。しかし仏教の世界では、同様の試みが十年以上前に行われていたのである。

また、その『本朝孝子伝』は序文で、『釈門孝伝』の名を挙げて非難していた。▼注[44]『釈門孝伝』のことを知っていたのである。『本朝孝子伝』が「今世」部に当代孝子を掲載するという趣向は、『釈門孝伝』から得た着想であったことを否定しがたいだろう。

44　本節「一　孝子伝と護法」参照。

十三　おわりに

さて、ここまで見て来たことを踏まえて、本節の八で触れた、孝子説話史の見取り図について再検討しよう。

従来、江戸時代の孝子説話の展開は、次のように図式化されてきた。

中国古典の受容　↓　日本古典への注目　↓　日本の当代への視点転換
（『二十四孝』他）（『大倭二十四孝』他）（『本朝孝子伝』「今世」部）

しかし近世初期における僧たちの取り組みを勘案した結果、その実態が次のようなものであったことが分かった。

中国古典の受容　↓　日本古典への注目　↓　中国当代への注目　↓日本の当代への視点転換
（『二十四孝』他）（『釈氏二十四孝』）（『釈門孝伝』初印本）（『釈門孝伝』修訂本）

また本節で見て来た僧たちの文事は、我々が従来漠然と持っている「僧と孝」についてのイメージを大きく裏切るものであった。ここに見える僧の姿は、新興勢力である儒学者たちに「不孝だ」と責め立てられ、対応に奔走させられる時代遅れの存在、というものではない。長らく培って来た文化的な実力や、早くからの出版業界との強いつながりを背景に、海外の新しい文化を取りこみ、自らの血肉とする、先進的で、活発で、たくましい姿である。

日本の十七世紀のある時期においては、仏教こそが孝道徳を牽引していたのである。

第二節

儒者が選んだ日本史上の孝子

一　代表選出の季節

江戸時代前期には、特定のテーマにおける代表的な人物を中世以前の古典から選んだ書物が数多く編まれ、しばしば刊行された。たとえば隠者を集めた書物では野間三竹『古今逸士伝』（万治四年〈一六六一〉序刊）や元政『扶桑隠逸伝』（寛文四年〈一六六四〉刊）、林読耕斎『本朝遯史』（寛文四年〈一六六四〉刊）。また女性を集めた書物では、浅井了意『本朝女鑑』（寛文元年〈一六六一〉刊）、黒沢弘忠『本朝列女伝』（寛文八年〈一六六八〉刊）、『名女情比《なさけくらべ》』（延宝九年〈一六八一〉刊）、『本朝美人鑑』（貞享四年〈一六八七〉序刊）などが生まれた。

また林家周辺では、和漢の代表的な事物を十挙げて詩歌にする遊びが行われていた。寛永十九年（一六四二）九月から承応二年（一六五三）までのあいだ、林羅山、息子の鵞峰と読耕斎、高野山興山寺の僧・応昌、同じく立詮、羅山門人の坂井伯元、人見卜幽軒らを中心として、あるテーマの代表的なものを十選んで詩歌に詠む、という遊びが行われた。この遊びは計四十三回行われ、詩歌は三千首にも及んだ。その全貌は国立公文書館蔵『倭漢十題雑詠』（写本五冊）によって知ることがで

きる。▼注[1]

出版文化の隆盛により、多くのテキストへの目配りが比較的容易になったこと、林家の知のあり方など、複数の要因が相俟って、いわば日本代表選出の季節が訪れたのである。

二　林羅山『十孝子』をもとめて

では日本における孝子列伝、すなわち孝行者の日本代表選出を最初に行ったのは誰だろうか。知る限りでは、林羅山の周辺で行われたものが最も早い。林確軒（名・忞《びん》）『本朝孝子伝』（宝永元年〈一七〇四〉成、写本）の中に、次のような文が見える。

羅山子、曽て『十孝子』を撰し、以て台命に奉ず。一に曰く、美濃国孝子。二に曰く、大伴祖父《おじ》麻呂。三に曰く、家主《やかぬし》。四に曰く、逸勢《はやなり》の娘。五に曰く、藤吉野。六に曰く、福依売《ふくよめ》。七に曰く、賀茂保憲。八に曰く、大江挙周《たかちか》。九に曰く、大江佐国《すけくに》の子。十に曰く、祐成《すけなり》・時宗（ママ）。（原漢文）▼注[2]

林家の祖・林羅山が、十人の孝子を選んだことがあるという。そしてそれは、台命、すなわち将軍からの命によるものであった。

あらかじめ正直に言っておくと、じつはこの『十孝子』の本文をまだ見つけられないでいる。羅山の全集には一通り目を通したが、それらしい記事は

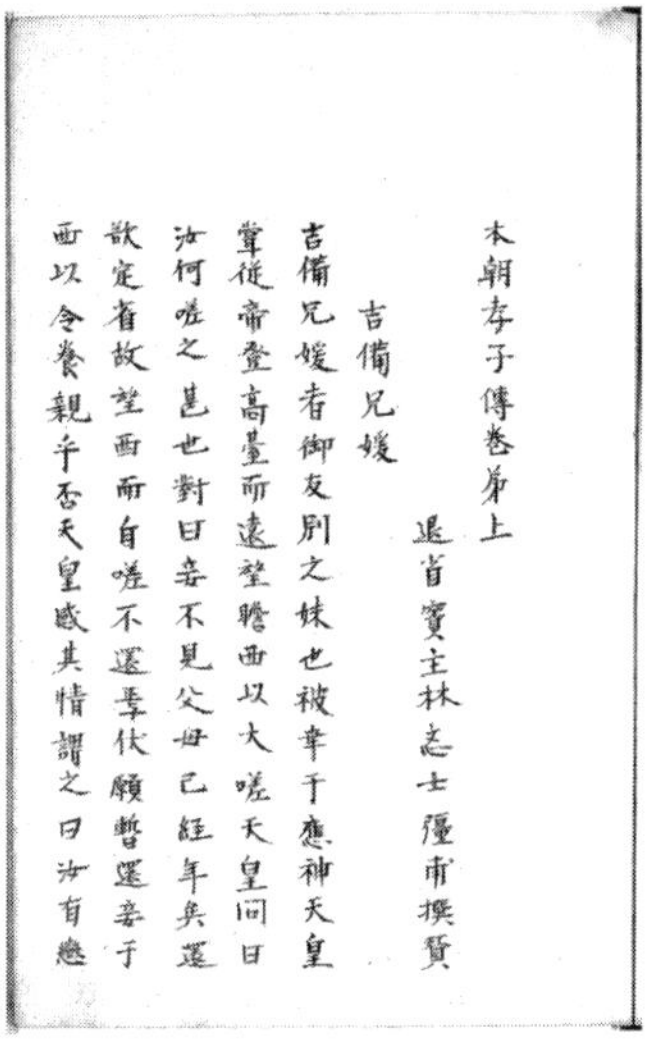

《図 52》林確軒『本朝孝子伝』（国立公文書館蔵）。林羅山に孝子選出の試みがあったことを記す。

1　宮崎修多「古文辞流行前における林家の故事題詠について」（『近世文芸』第六十一号〈日本近世文学会、平成七年一月〉所収）に詳しい。

2　林確軒『本朝孝子伝』の引用は、国立公文書館本（請求番号…一五八／六二）による。上巻十三「伴家主」の章。

見出せなかった。

それでも、手をこまねいているには惜しい。羅山によって日本で初めて選ばれた孝子の代表はどのような顔ぶれであったのか、そしてどのような資料に基づくのか、ということを一通り眺めてみよう。

三　孝子の顔ぶれ

第一に挙げられる「美濃国孝子」は、養老の滝説話で著名である。元正天皇の七一七年、その孝にちなんで霊亀から養老へと年号が改められた、という『十訓抄』の逸話はよく知られている。▼注[3]

また第十「祐成・時宗」は言うまでもなく『曽我物語』の主人公、曽我十郎祐成と五郎時致《ときむね》兄弟のことである。父・河津祐泰を工藤祐経に殺されたが、十七年後の建久四年（一一九三）に富士の狩場で仇討を果たした。

《図 53》美濃国の孝子。養老の滝説話はあまりにも著名である（『本朝孝子伝』）

第二〜六、八〜九は、六国史および中世説話集からの選出である。

第二「大伴祖父麻呂」は『続日本紀』に載る。父の丈部寸石勝が漆を盗んだ科で遠国へ流されようとした際、子の祖父麻呂（十二歳）、安頭丸（九歳）、乙

3　金永昊「『養老の縁起絵巻』の成立と性格　―『養老寺縁起』との関連性を中心に」（「日本言語文化」第十八輯〈韓国日本言語文化学会、平成二十三年四月〉所収）は養老伝説の成立について、本文に基づき明快に考察しており有用である。

《図54》大伴祖父麻呂。兄弟で父の罪に代わろうとした（『本朝孝子伝』）

《図55》大江挙周。命に代えて自分の病を治そうと祈った母を助けるため、自分を元通りの病に戻すよう祈った。（『本朝孝子伝』）

麻呂（三歳）が、役所へ参って父の罪に代わろうとした（《図54》参照）。第三「家主」は『続日本後紀』に載る伴直《とものあたい》家主のこと。父母が没した後、その像を作ってこれに孝養を尽くした。第四「逸勢の娘」は『文徳実録』に載る。父が伊豆へ流罪となった際、それを慕って護送に着いて行った。父が遠江で没すると、その墓のほとりに庵を結んで父を弔った。第五「藤吉野」（藤原吉野）は『続日本後紀』に載る。家に新鮮な肉があり、吉野は料理人にこれを父に差し上げるよう命じてから参内した。戻ってみると料理人が肉を惜しんで父に差し上げていなかった。吉野は料理人を責め、以来ながく肉食しなかった。第六「福依売」は『文徳実録』に掲載されている薩摩の女性。老いた父に二十年のあいだ孝養を尽くした。

第八「大江挙周」は女流歌人・赤染

衛門の子である。あるとき挙周が重病となった。母は住吉社に詣でて自分の命と引き替えに挙周を救うよう祈り、「かはらむと祈るいのちはおしからでさてもわかれんことぞかなしき」の和歌を書き付けた。その甲斐あってか病の癒えた挙周は母の祈りを知り、住吉に詣でて自らの病を元に戻すよう祈った、という逸話である（《図55》参照）。『古今著聞集』に掲載されている。

四　奏上文からの選出

第七「賀茂保憲」は平安時代中期の陰陽師。安倍晴明の師であり、晴明に天文道を伝えた人物として知られている。[注4]『池亭記』の作者として著名な漢詩人・慶滋保胤はその弟。娘は歌人で自撰歌集『賀茂保憲女集』が残る。

保憲といえば、よく知られているのはその才子ぶりを記した『今昔物語集』巻二十四「賀茂の忠行、道を子の保憲に伝へたること」の説話である。父の賀茂忠行は、当時ならぶ者のない陰陽師であった。ある人のところへ祓いに行くのに当時十歳ばかりの子、保憲を連れて行った。帰りに保憲が鬼神を見たと言ったので忠行はその才能に驚いた。忠行でさえ幼童のときには鬼神が見えなかったからである。そこで忠行は知る所を全て教え伝えた、というのである。

しかし羅山が選んだのはこの逸話ではなかったらしい。確軒『本朝孝子伝』上巻二十六「賀茂保憲」の項は次のように言う。

賀茂保憲は、吉備麻呂の裔孫、正六位上忠行の子なり。世々伝へて陰陽・天文の両道を兼ね掌《つかさど》る。保憲に至りて最も其の道に精し。村上天皇の朝に任ぜられて、暦書を奉る。天暦六年、詔《みことのり》ありて従五位下に叙せられる。保憲上表し、之を辞して曰く、……（原漢文）

4　賀茂保憲の伝については藤田明子「賀茂保憲女研究（二）――その出自と眷族」（『国語国文研究』十八・十九号〈昭和三十六年三月、北海道大学国文学会〉所収）を参照した。

保憲は陰陽・天文の家に生まれたが、学問を究めて、村上天皇の代には暦書を奉るに至った。そして天暦六年（九五二）、従五位下に叙せられたのだが、上表してその位を辞したというのである。確軒『本朝孝子伝』にはこのあと上表文の本文が引用されている。これによれば、辞する理由は従五位下という官位が父の位を越えてしまうことから、不孝にあたると考えたためであった。保憲は自らが辞する代わりに、父の昇進を訴えたのである。

さてこの逸話の出典は、六国史のような史書や『十訓抄』『古今著聞集』のような説話集ではない。平安期に編まれた漢文の模範文集『本朝文粋』巻第六に掲載される奏上文、大江朝綱「賀茂保憲、帯ぶる所の爵を以て親父忠行に譲らんと請ふ状」である。人物の逸話を記す史書や説話集ではなく、実際に書かれた上表文の内容から孝子を選び出す、というのは、羅山一流の凝った選出、と言って良いのではなかろうか。▼注[5]

五　仏教説話から孝子説話へ

次に第八「大江佐国の子」について見てみよう。説話の世界で大江佐国といえば、花を愛する人物として知られている。この逸話が広く知られているのは『発心集』巻一の八「佐国、華を愛し、蝶となる事　并六波羅寺幸仙、橘木を愛する事」による。あらすじは次のようなものである。

ある人が円宗寺の近くの家に休んだ。その家を見ると、さほど広くもない庭に、前栽を見事に植えて花が咲き誇り、様々な蝶がいくらともなく遊びあっている。珍しく思って主に尋ねると、その主が言うには、「自分は佐国という博士の子です。父は在世中たいへん花が好きで、折に触れて賞翫し、詩にも『六十余国見れども、未だあかず。多生にも、定めて花を愛する人たら

5　なお版本『本朝文粋』には羅山が序文を寄せており（「寛永己巳仲冬下旬／羅山道春」）、彼がよく読んでいたことは間違いない。

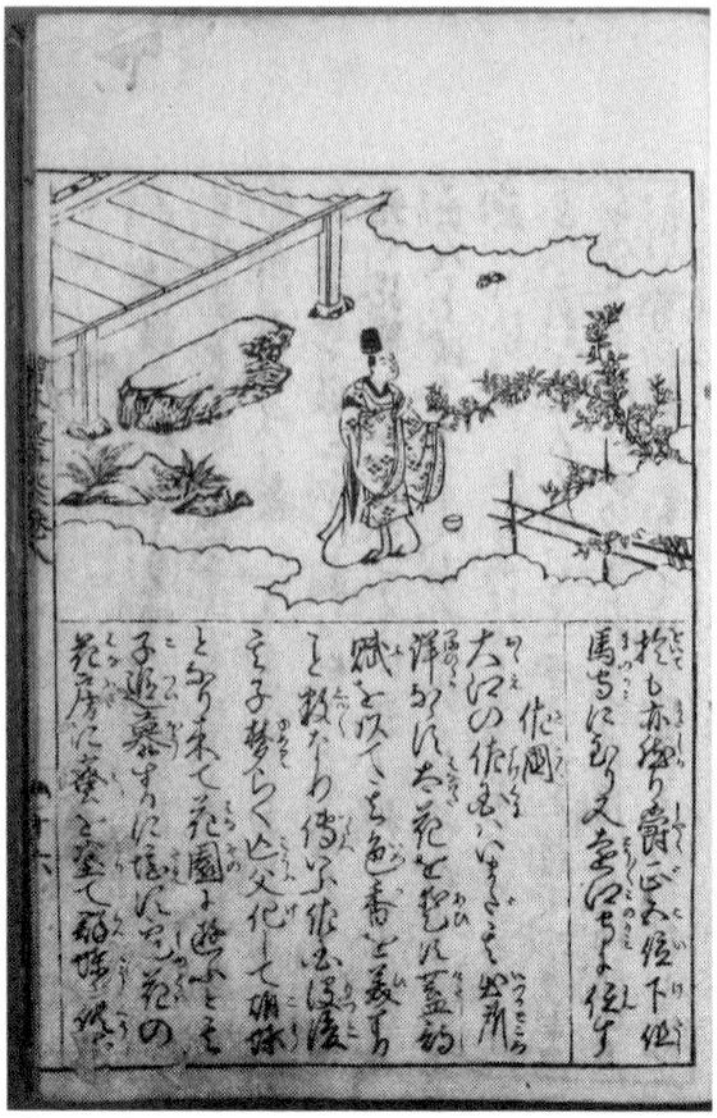

《図56》大江佐国の子。蝶と化した亡父のため、花に蜜を注いだ（『絵本故事談』）

ん（日本中の花を見たがまだ飽きない。生まれ変わっても、きっと花を愛する人となるだろう）』と詠んでいました。それが執着にならないかと心配していましたところ、ある者の夢に、父が蝶になっているのを見たといいます。罪深く思われて、もしかしたらこの辺りにも迷っているかもしれないと考えて、心の及ぶ限り植えているのです。花だけでは不十分なので、蜜などを毎朝注いでいます」とのことであった。

徳江元正「すけくに・サコク・ソコク――『佐國物語』小攷」▼注〔6〕は、花好きの佐国が時にサコクと読む異国の人物として捉えられ、また室町物語『佐国物語』（別名『胡蝶物語』）が、本文には佐国という名が一度も出てこないにも拘わらず、花好きという理由からこの書名となっていることを明らかにしている。

なおこの話は美談ではない。すくなくとも『発心集』はそう扱わなかった。この章段の末尾は次のように結ばれている。

加様《カヤウ》ニ人ニ知《シラ》ルルハマレナリ。スベテ念々《ネンネン》ノ妄執《マウシフ》、一々《イチイチ》ニ悪身《アクシン》ヲ受《ウク》ル事《コト》ハ、ハタシテ疑《ウタガヒ》ナシ。実《マコト》ニ、恐《ヲソレ》テモヲソルベキ事《コト》ナリ。▼注〔7〕

評語は父・佐国についての言及である。佐国は「念々《ネンネン》ノ妄執《マウシフ》」、つまり物事に執着する心によって、死後に「悪身《アクシン》ヲ受《ウク》ル」、つまり人間ではなく虫に生まれ変わってしまった。恐ろしいことだ、とい

6　石川透編『魅力の御伽草子』（平成十二年三月、三弥井書店）所収。

7　『発心集』の引用は、早稲田大学古典籍総合データベース画像（請求番号…文庫三〇／E〇一五五。慶安四年〈一六五一〉二月刊、中野小左衛門）による。第一巻二十丁裏～二十一丁表。

うのである。『発心集』は、妄執によって虫になってしまった悪しき例を示して執着を戒める、仏教説話なのである。

これに対して羅山『十孝子』は、同じ説話を孝子伝として取り上げた。そのさい主人公を佐国から、その子供の方へと転換させた。佐国が花を愛していたため、死後はきっと蝶へと生まれ変わっているだろうと信じ、蜜を与える孝行者、という視点で、息子の方を孝子の代表十名のうちに入れたのである。

この羅山が行った主人公の変更は、近世における古典文学の享受という意味で興味深い。それは、単に主人公の交代というだけではなく、仏教説話から孝子説話への読み替えである。中世の仏教説話は、近世前期の儒者たちからすれば、その思想は到底納得できるものではない。しかし中世の人物伝として、仏教説話集は大変貴重なものであり、これらを無視すると情報量があまりに乏しい。そこで、このように近世儒者による仏教説話の読み替えが起こっているのである。こうした例は後代にも何例か見受けられる。

つまり近世における孝行者日本代表の選出とは、「孝」という近世以降主流となった価値観によって、異なる価値観で生きていた中世以前の人物を切り取る、という、思想的な荒技でもあった訳である。

六　林鵞峰の孝子選出――『本朝言行録』と『続本朝人鑑』

林羅山『十孝子』に続く日本の儒者による孝子伝は、知る限りでは羅山の長男・林鵞峰によるものが早い。鵞峰は『本朝言行録』と『続本朝人鑑』という二つの著書で孝子選出を行っている。

『本朝言行録』(寛文元年〈一六六一〉成)は写本四冊。「本朝嘉言録」二巻と「本朝善行録」二巻から成る。

表記は漢文。鵞峰の生前には刊行されなかった。彼の没後二百年ほど後の明治十五年（一八八二）に以文会から刊行されたものが最も早い刊本である。

その以文会版には欠けているが、伝本の一つである島原図書館本（《図57》参照）には鵞峰の自跋が存する。ここから成立事情を窺っておこう。

本朝言行録跋

『本朝言行録』四冊、侍従河内守源忠明の請ふに依て、新たに纂《あつ》むる所なり。昔朱文公『宋朝言行録』を作りて、『小学』に「嘉言」「善行」の二篇を挙ぐ。今其の書に名づけて二類に分かつ。皆な其の例に倣ふなり。桑華異域の隔る、古今人物の品、相同じからずと雖《いへど》も、然ども聊《いささ》か言行の取るべき有るときは、則ち人を以て其の言を廃《す》つべからず。又た賎を以て其の行を廃《す》つべからず。終りを克《よ》くせざる者と雖も、卑下の人と雖も、亦た焉《これ》を漏らさず。一読の間、訝《いぶか》るべからざるなり。

寛文癸丑（引用者注…寛文元年〈一六六一〉）仲秋／弘文院林学士跋（原漢文）▼注[8]

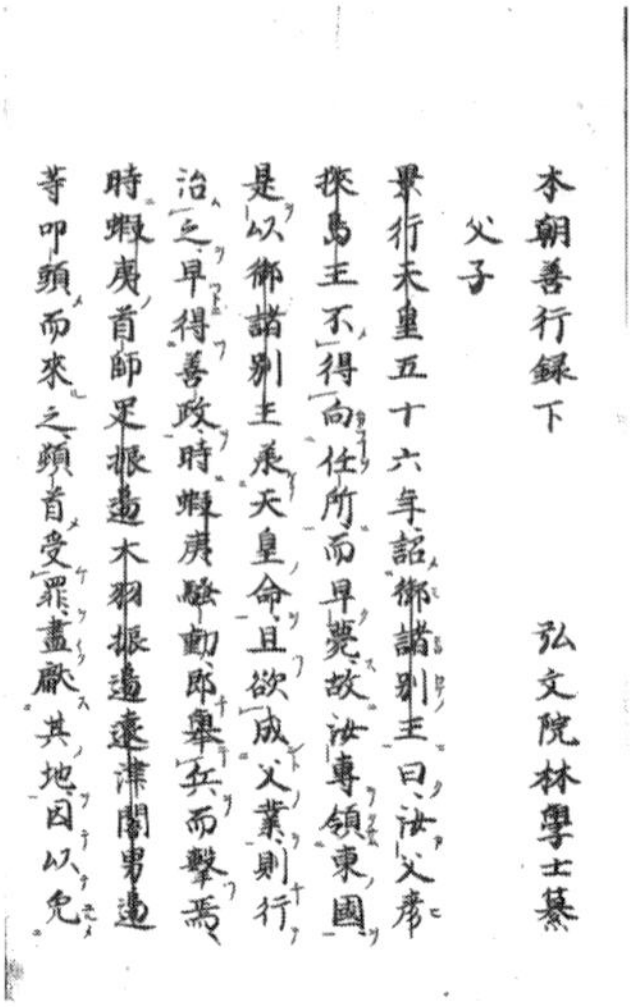

《図57》林鵞峰『本朝言行録』（島原図書館本）。姫路藩主の求めに応じて編まれた。

鵞峰に編纂を依頼した「侍従河内守源忠明」とは、奥平松平家の始祖である松平忠明《ただあきら》のこと。天正十一年（一五八三）生、正保元年（一六四四）没、六十二歳。寛永三年（一六二六）に従四位下・侍従に任ぜられている。寛永十六年（一六三九）から没するまで姫路藩主を務めた。鵞峰が跋文を記した寛文元年（一六六一）には忠明

8　『本朝言行録』の引用は、島原市松平文庫本（写本二冊。請求番号…四五／三）による。

は没して久しいので、実際の成立時期は正保元年（一六四四）以前と考えるべきだろう。
「本朝善行録」は君臣部、父子部、父母部、兄弟部、朋友部から成る。このうち孝子は父子部に載る。
具体的な人選は左の通りである。

1御諸別《みもろわけの》王　2丈部路祖父麻呂《はせつかべのみちのおじまろ》・安頭麻呂《あずまろ》・乙麻呂《おとまろ》　3網引金村　4藤原衛　5風早富（ママ）麻呂
6伴家主　7財部《たからべの》継麻呂　8藤原吉野　9仁明天皇　10橘逸勢娘（女）　11小野篁　12福依売
13山田古嗣　14藤原良仁　15秦豊永　16紀夏井　17賀茂保憲　18藤原俊生《としなり》　19大江挙周　20源実基　21大江佐国の子　22桂川の僧　23伊東祐兼　24平知章　25加藤景廉　26曽我十郎祐成・五郎時宗（ママ）　27微妙　28武田信忠　29藤原光綱　30源親行　31美濃国男子（養老孝子）　32藤原阿新（日野阿新丸《くまわかまる》）　33楠木正行　34那須五郎　35菊池武光　36山名熙氏《ひろうじ》　37吉川元春

林鵞峰が著したもう一点の孝子伝『続本朝人鑑』（写本）に対する鵞峰の関わりは、全面的なものでは無かったらしい。正篇たる『本朝人鑑』の序文では、鵞峰が成立の経緯を記している。引用してみよう（原漢文）。

……芸陽侯、源光晟の世子、綱晟は、好んで本朝の記を読み、常に歴世の人を論ず。其の取るべき者を択び、之を分類表出す。曰く仁厚、曰く忠義、曰く英雄、曰く敏捷、曰く貞節、曰く雑品。凡そ三十八件。後素《こうそ》▼注[9]色を設け、以て一帖と為す。頃間、其の書生、黒川道祐をして余に示し、其の図説を請ふ。

余、其の言を聞き、其の絵を看れば、則ち余情を千歳に感じ、霊魂を九原に招く。尋常の花鳥雪月の丹青《たんせい》▼注[10]と、同年にして語るべからざるなり。是に於て聊《いささ》か其の大概を述べ、其の要領を叙し、以て其の需《もと》めを塞《ふさ》ぎ、且つ其の帖に名づけて『本朝人鑑』と号す。

熟《つら》つら其の志の嚮《む》かふ所を推せば、則ち忠以て上に奉るべく、仁以て下を愛すべく、勇以て

9　絵画のこと。

10　絵画のこと。

軍を統べるべく、智以て衆を使ふべし。是の如くせば則ち其の邦家の助を保ちて、其の禄名の端を得たらんか。

寛文壬寅季冬某日、向陽林之道甫識▼注[11]▼注[12]

綱晟とは広島藩三代藩主・浅野綱晟《つなあきら》のこと。寛永十四年（一六三七）生、寛文十二年（一六七二）より藩主、延宝元年（一六七三）没、三十七歳。鵞峰序が書かれた寛文二年（一六六二）は二十六歳。序によれば、綱晟は歴史上の人物が好きで、仁厚、忠義、英雄、敏捷、貞節、雑品という部立てで三十八人の人物を撰び、絵にしていた。そしてこれに伝記の文章を加えるよう林鵞峰に依頼してきた、というのである。

ここでまず注目したいのは、該書における人選が鵞峰によるものではないということである。広島藩主・浅野綱晟が人選し、絵を描いただけの作品がまず存した。鵞峰はこれに文章を加えるよう依頼されたに過ぎないのである。

もう一つ注目したいのは、この正編たる『本朝人鑑』の時点では、孝行者が掲載されていないということである。該書が集めたのは「仁厚」「忠義」「英雄」「敏捷」「貞節」という徳目のみであった。孝子が掲載されるのは、『本朝人鑑』

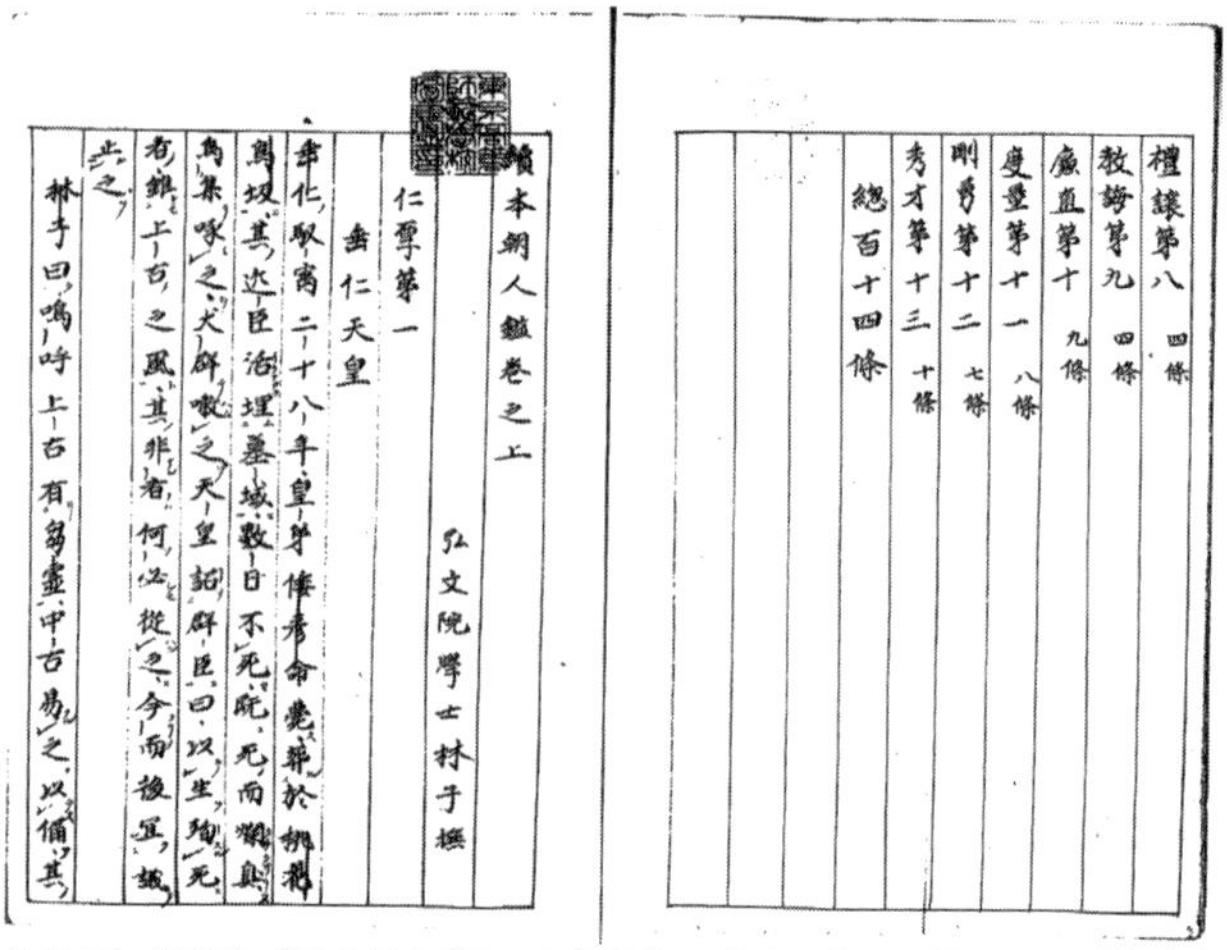
禮譲第八　四條
教誨第九　四條
廉直第十　九條
度量第十一　八條
剛勇第十二　七條
秀才第十三　十條
總百十四條

續本朝人鑑巻之上
弘文院學士林子撰
仁厚第一
垂仁天皇
垂仁馭宇二十八年皇弟倭彦命薨葬於身桃花鳥坂其近臣活埋墓域數日不死既死而爛臭鳥集啄之犬群噉之天皇詔群臣曰以生殉死有雖上古之風其非者何必從之今而後宜議止之
林子曰嗚呼上古有殉葬中古易之以偏其

《図58》林鵞峰『続本朝人鑑』。広島藩主の求めに応じて編まれた（筑波大学附属図書館本）

11　寛文二年（一六六二）十二月。

12　『本朝人鑑』の引用は、東京大学附属図書館本（請求番号…H二〇／二八六）による。

が成って十二年後の延宝二年（一六七四）、その続編として編まれた『続本朝人鑑』まで待たねばならないのである。▼注[13]

ではその『続本朝人鑑』の序文から、成立について探ってみよう（原漢文）。

往歳、故《もと》の芸陽国主、拾遺源君綱晟の需《もとめ》に応じて『本朝人鑑』を作る。既に成りて、拾遺、其の事の多からざるを以て遺念と為し、之を増益せんことを求む。然れども、余、時に国史を編輯するに当る。諾して果さず。

累歳の間、拾遺、其の書生石習に命じて、類を立て、事を挙ぐ。其の草、漸く成るに及んで、余も亦た官事を畢《を》ふ。拾遺、懇請益々切なり。是に於て、閑暇有る毎に、乃ち習をして筆を執らしめ、其の類条に就きて頗る其の草を改め、毎段評語を加ふ。未だ編を終らざるに、拾遺、館を捐《す》つ。▼注[14] 涙を抑《おさ》へて筆を閣《さしを》く。半途にして廃《やみ》ぬ。

令嗣《れいし》君綱長、封を襲《つ》ぐの後、光侯の志遂げざることを痛み、其の事を成さんことを求む。族祖因州太守長治、余と奕世《えきせい》▼注[15]の旧識を以ての故に、令嗣の為めに屢々《しばしば》再び筆を起さんことを勧む。余も亦た固く辞すること能はず、時々《をりをり》展閲《のべみ》て年を踰《こ》へ、遂に功を為すことを得たり。

凡そ類を分つこと十三品、百十四条。分けて二冊と為し、之を名づけて『続本朝人鑑』と曰ふ。乃し是れ先侯の素志なり。

（中略）

延宝二年▼注[16]冬十有一月吉辰

賜弘文院学士林恕之道序▼注[17]

綱晟は『本朝人鑑』に登場人物が少ないことを残念に思い、林鵞峰に増補を求めていた。しかし鵞峰は『本朝通鑑』の編集で忙しく取りかかれなかったため、綱晟は書生の石習なる人物に命じて

13　なお『続本朝人鑑』は諸本によって表記がさまざまである。所見の範囲では漢文表記が筑波大学蔵本（二巻二冊）、宮内庁書陵部本（一冊）。片仮名表記が岩瀬文庫本（五冊）。平仮名表記が国会図書館本（五巻九冊）である。大洲図書館本（五巻五冊）は未見。ただし見た限りでは、表記の違いによる内容の違いというのは、さほど大きくないようである。

14　没した。

15　累代。

16　一六七四年。

17　『続本朝人鑑』の引用は筑波大学本（請求番号…タ／四八〇―二）による。

独自に原稿作成を進めていた、という。[注18]

しかしこの続編が完成するまえに、綱晟は没してしまった。跡継ぎの四代藩主・綱長が父の願いの果たされないことを残念に思い、それを完成しようとした。綱長は万治二年（一六五九）生、延宝元年（一六七三）より藩主、宝永五年（一七〇八）没、五十歳。序が書かれた延宝二年（一六七四）には十六歳とまだ若かったことになる。鵞峰との間を取り持ったのは、伯父にあたる三次《みよし》藩初代藩主・浅野長治であった。これで鵞峰は断れずに再び筆を執り、完成させたというのである。

ここでも気づかされるのは、広島藩内において、ある程度編集が進んでいたという事実である。『続本朝人鑑』の部立ては、正篇より大きく増えている。「仁厚第一」「忠義第二」「英雄第三」「敏捷第四」「貞節第五」「雑品第六」は正編と同じで新たな人物を選ぶのみ。これに七章が新たに加わる。「孝行第七」「礼譲第八」「教誨第九」「廉直第十」「度量第十一」「剛勇第十二」「秀才第十三」である。

本稿の興味である「孝行第七」篇は、十一組を選んでいる。その人選は次の通りである。

1顕宗天皇　2美濃国孝子　3丈部祖父麻呂　4橘逸勢女　5山田古嗣　6大江佐国の子　7桂川の僧　8明月娘　9平重盛　10平知章　11曽我祐成時宗

その人選を確認してみると、鵞峰がある程度人選に関わっていた様子が見て取れる。まず、林家がいままで選んできた人選を継いでいることが注目される。羅山『十孝子』と鵞峰が先に選んだ『本朝言行録』との重複は、2美濃国孝子、3丈部祖父麻呂、4橘逸勢女、5山田古嗣、6大江佐国の子、7桂川僧、10平知章、11曽我祐成・時宗の十一組中八組におよぶ。中でも、大江佐国の子を選んでいることは目を引く。この人選が羅山による奇抜なものであることは先に述べた通りで、広島藩が独自で選んだものとは考えにくい。鵞峰からの情報提供があったと考えたほうが自然である。

18　『広島県史』近世1（昭和五十六年三月、広島県）第七章「宗教と封建文化」一一五四ページは、「綱晟は書生（黒川道祐か）に命じて事蹟を集めさせて草稿を作り」とする。

以上見て来た通り、鵞峰が編んだ孝子伝は、ともに大名の依頼によって作られたものであった。その人選が比較的常識的・微温的に見えるのも、そうした成立の場と事情によるのであろう。そこではとくに極端な主張をする必要はなかった。羅山が選んだ人選をそのまま受け継ぐのも、その権威付けという面では意味のあることだったのである。

七 『本朝孝子伝』の古典章段

時系列で考えて鵞峰編著に続くのは、藤井懶斎『本朝孝子伝』（貞享二年〈一六八五〉十月 京都西村孫右衛門刊）である。該書は「天子」部四章、「公卿」部十六章、「士庶」部二十章、「婦女」部十一章、「今世」部二十章の計七十一章から成る。

自序から該書の編集意識をうかがってみよう。

頃歳、星、奎《けい》に聚《あつ》まり、国、史に富めり。其の已に帙《ちつ》を成す者、曷《なん》ぞ翅《た》だ数十種のみならん。『本朝神社考』『本朝編年録』『京都鎌倉将軍家譜』『寛永諸家系図伝』『日本百将伝』『本朝人鑑』及び『遯史』▼注[19] 等の類、是なり。俗間又た、『日本古今人物史』『扶桑隠逸伝』『本朝列女伝』等の書有り。皆な燦然として世に伝播すと雖《いへ》ども、独り未だ孝子婦に遵《い》ひ及ぼす者の有るを見ず。遺憾無きこと能《あたは》ざるなり。（原漢文）▼注[20]

懶斎は先行する史書を引き合いに出して、『本朝孝子伝』の位置づけを明確にしようとしている。目を引くのは、幕府に仕えた林家やそれ以外の儒者の著作に、日本の孝子を集めた史書がない、と嘆いている点である。どうやら、林家が編んだ『十孝子』『本朝言行録』『続本朝人鑑』といった孝子伝のことを、懶斎は知らなかったらしいのである。

しばしば誤解されているが、『本朝孝子伝』の儒者・藤井懶斎と江戸の林家の人々との間には、

19 本朝遯史。
20 二丁表～同丁裏。

ほとんど交流がなかったらしい。[注21] 実際にはすでに羅山「十孝子」、鵞峰『本朝言行録』、同『続本朝人鑑』という本朝もの孝子叢伝が編まれていた訳だが、これらの存在を懶斎は知らずにいた訳である。

八　鵞峰・懶斎が選んだ孝子たち

さて、ここまで見てきた羅山『十孝子』、鵞峰『本朝言行録』、同『続本朝人鑑』、懶斎『本朝孝子伝』の人選について整理することとしよう。

○は『本朝孝子伝』に見えて羅山・鵞峰編著に見えない人物である。●は『本朝孝子伝』には見えない、羅山・鵞峰編著独自の章段である。

中段のアラビア数字は、『十孝子』『本朝言行録』『続本朝人鑑』の章段番号である。

最下段「出典」欄のうち、（　）に入っていない記述は本文中に明記されているもの。（　）内の記述は筆者が補足したものである。

【表11】近世前期の儒者による孝子伝人選比較

		懶斎『本朝孝子伝』部立て	懶斎『本朝孝子伝』章題	十孝子	本朝言行録	続本朝人鑑	出典
1	○	書題	天照大神				（『止由気宮儀式帳』）
2	○	書題	事代主神				（『日本書紀』神代巻下（第九段）正文）
3	○	書題	木花開耶姫				（『日本書紀』神代巻下（第九段）一書第二）

21　第四章「藤井懶斎伝」、宝永四年（一七〇七）の項参照。

4	○	天子部1	仁徳天皇				日本書紀（巻十応神天皇四十年、巻十一仁徳天皇四年）
5		天子部2	顕宗天皇			1	続日本後紀（巻十五顕宗天皇即位前紀）
6		天子部3	仁明天皇		9		日本書紀（巻二十仁明天皇嘉祥三年）
7	○	天子部4	後三条院				古事談（五十六「後三條天皇北斗御拝ノ事」）
8	○	公卿部1	久我太政大臣（源雅実）				古今著聞集（巻八孝行恩愛第十「久我大相国雅実幼少の時外祖父の沓を懐中の事」）
9	○	公卿部2	帥内大臣（藤原伊周）				栄花物語（巻五「浦浦の別」）
10		公卿部3	平重盛（小松内大臣）			9	平家物語（巻二「教訓状」「烽火之沙汰」）
11		公卿部4	藤原吉野	5	8		続日本後紀（巻十六仁明天皇承和十三年八月）
12		公卿部5	小野篁		11		文徳実録（巻四文徳天皇仁寿二年十二月）
13	○	公卿部6	藤原道信				今昔物語集（巻二十四「藤原道信朝臣送父読和歌語第三十八」）
14		公卿部7	藤原良仁		14		三代実録（巻四清和天皇貞観二年八月五日）
15		公卿部8	藤原衛		4		文徳実録（『三代実録』天安元年十一月）
16		公卿部9	山田古嗣（山田宿祢古継）		13	5	文徳実録（巻五仁寿三年十二月二十一日）
17	○	公卿部10	藤原良縄				三代実録（巻十五清和天皇貞観十年二月十八日）
18	○	公卿部11	藤原岳守				文徳実録（巻三仁寿元年九月二十六日）
19		公卿部12	紀夏井		16		文徳実録▼注[22]（『三代実録』巻十三清和天皇貞観八年九月）
20		公卿部13	大江挙周	8	19		古今著聞集（巻八孝行恩愛第十「赤染右衛門大江挙周母子が恩愛の事」）
21		公卿部14	藤原阿新（日野阿新丸）		32		太平記（巻二「長崎新左衛門尉意見付阿新丸殿事」）

22　本文中には「同上」と記すのみである。前章同箇所の記載は『文徳実録』なのでこれを指すものと思われる。ただし『文徳実録』に夏井についての記載はなく、『三代実録』とすべきところである。

22	○	公卿部15	藤原長親				新葉和歌集（巻第十九哀傷歌「右近大将長親」）
23	○	公卿部16	北条泰時				倭論語（武家部上）東鑑（巻二十六貞応三年六月）
24		士庶部1	養老孝子	1		2	十訓抄（巻中六ノ十八）
25	○	士庶部2	伴宿祢野継				文徳実録（『続日本後紀』巻六仁明天皇承和四年五月）
26	○	士庶部3	丸部明麻呂				続日本後紀（巻十八仁明天皇嘉祥元年十月）
27	○	士庶部4	矢田部黒麻呂				続日本紀（巻三十二光仁天皇宝亀三年十二月）
28		士庶部5	秦豊永		15		三代実録（巻十一清和天皇貞観七年十一月三日）
29		士庶部6	伴家主（伴直家主）	3	6		続日本後紀（巻五仁明天皇承和三年十二月）
30		士庶部7	風早審麻呂（風早富麻呂）		5		続日本後紀（巻二十仁明天皇天長十年十月）
31		士庶部8	財部継麻呂		7		続日本後紀（巻六仁明天皇承和四年十一月）
32	○	士庶部9	丹生弘吉				三代実録（巻十八清和天皇貞観十二年十二月）
33		士庶部10	丈部路祖父麻呂・安頭麻呂・乙麻呂（丈部三子）	2	2	3	続日本紀（巻八元正天皇養老四年六月）
34	○	士庶部11	信州の孝児				沙石集（『沙石集』巻三の六）
35		士庶部12	桂川の僧（母を養う孝僧）		22	7	古今著聞集（巻八孝行恩愛第十「随身公助逃げずして父に打たるる事」）
36		士庶部13	曽我氏昆季（曽我兄弟）	10	26	11	曽我物語
37	○	士庶部14	鎌倉の孝子				沙石集（巻九の七「母ノ為ニ忠孝アル人ノ事」）
38	○	士庶部15	本間資忠				太平記（巻第六「赤坂合戦事付人見本間抜懸事」）

39	○	士庶部16	大蔵右馬頭頼房				太平記評（『太平記評判秘伝理尽抄』巻三十一「新田起義兵事」）
40		士庶部17	楠木正行		33		太平記（巻第十六「正成首送故郷事」ほか、巻第二十六「楠正行最期事」）
41	○	士庶部18	左衛門佐氏頼				太平記評（『太平記評判秘伝理尽鈔』巻第三十七「尾張左衛門佐遁世事」）
42	○	士庶部19	武州の孝子				沙石集（巻九の五「亡父夢ニ告テ借物返タル事」）
43	○	士庶部20	随身公助				古今著聞集（巻八孝行恩愛第十「白河院殺生禁断の時貧僧孝養の為に魚を捕ふる事」）
44	○	婦女部1	兄媛				日本紀（巻第十応神天皇二十二年三月）
45	○	婦女部2	信紗氏直（佐紀民直）				続日本紀（巻六元明天皇和銅七年十一月）
46	○	婦女部3	波自采女				続日本紀（巻二十九称徳天皇神護景雲二年二月）
47	○	婦女部4	難波部安良売				日本後紀（巻三十六天長五年三月。『類聚国史』五十四節婦）
48		婦女部5	橘逸勢女（橘氏妙沖）	4	10	4	文徳実録（巻一文徳天皇嘉祥三年五月）
49		婦女部6	福依売（薩州福依売）	6	12		文徳実録（巻五文徳天皇三年七月）
50	○	婦女部7	僧を請する孤女				金葉和歌集（巻第十雑部上「読人不知」）
51	○	婦女部8	衣を供する貧女				今昔物語集（巻二十四「七月十五日立盆女読和歌語第四十九」）
52	○	婦女部9	南筑紫女				発心集（六「高野の南に筑紫上人出家登山の事」）
53		婦女部10	微妙女（舞女微妙）		27		東鑑（建仁二年）
54	○	婦女部11	板東僧女				沙石集（巻四の三「商人ノ看病シタル事」）

55	●		賀茂保憲	7	17		（『本朝文粋』巻第六大江朝綱「賀茂保憲の帯ぶる所の爵を以て親父忠行に譲らんと請ふ状」）
56	●		大江佐国の子	9	21	6	（『発心集』巻一の八「佐国華を愛し蝶となる事」）
57	●		御諸別王		1		（『日本書紀』巻第七景行天皇五十六年八月）
58	●		網引金村		3		（『続日本紀』巻二十九称徳天皇神護景雲二年二月）
59	●		藤原俊生		18		（『江談抄』巻四の二十七）
60	●		源実基		20		（『栄花物語』巻二十「御賀」）
61	●		伊東祐兼		23		（『吾妻鏡』養和二年二月十五日）
62	●		平知章		24	10	（『平家物語』巻九「知章最期」）
63	●		加藤景廉		25		（『吾妻鏡』養和二年二月）
64	●		武田信忠		28		（『吾妻鏡』健保元年五月二日）
65	●		藤原光綱（寿王）		29		（『北条九代記』巻第五の九「伊賀判官光季討死」）
66	●		源親行		30		（『吾妻鏡』承久三年八月二日）
67	●		美濃国男子		31		（未詳。『本朝通鑑』文永八年六月にも載る）
68	●		那須五郎		34		（『太平記』巻三十二「東寺合戦の事」）
69	●		菊池武光		35		（『太平記評判秘伝理尽鈔』巻三十三「菊池合戦事」）
70	●		山名煕氏		36		（『明徳記』中巻二十七丁裏～）
71	●		吉川元春		37		（『陰徳記』巻十三「大内勢後詰之事付宮崎合戦之事」）
72	●		明月娘			8	（幸若舞『築島』）

このように一覧化して気づかされるのは、藤井懶斎『本朝孝子伝』と羅山・鵞峰編著とで、共通する人選がさほど多くないということである。懶斎『本朝孝子伝』は古典から人選した章段が

五十四章ある（本篇五十一章＋書題三）。このうち半分以上にあたる三十二章は、羅山も鵞峰も撰んでいなかった人物ということになる。また鵞峰『本朝言行録』の方から言えば、撰んだ三十七章のうち、半数に近い十六章が懶斎に採られていないことになる。

懶斎が羅山・鵞峰編著を参照していないことは既に述べた。しかしそれにしても大きな異なり具合だと言わざるを得ない。これは、それぞれの編集方針、依拠した資料、孝に対する考え方など、様々な違いが反映された結果だと考えるべきであろう。以下、その違いの内実について検討してみることとする。

九　依拠資料の違い

羅山・鵞峰と懶斎とで共通しているのは、史書を重視していることだろう。まず上代・中古についてはいわゆる六国史、『日本書紀』『続日本紀』『日本後紀』『続日本後紀』『文徳実録』『三代実録』から多くを引用している。また人選も、六国史については羅山・鵞峰と懶斎とで、さほど揺れは見られない。この理由は六国史の資料としての信頼性もさることながら、孝行者が明確な形で記されているという特色による面が大きい。六国史に出てくる孝子は、ほとんど表彰されているのである。孝であることが「表彰」という形で明確に記されているわけで、選者としては撰びやすいだろう。羅山・鵞峰と懶斎とで人選が重複しているのも頷ける。

いっぽう中世については依拠資料に違いが見られる。

『平家物語』『太平記』という軍記物は、羅山・鵞峰、懶斎ともに多く用いている。しかし『太平記』から誰を撰ぶか、ということになると重ならない点が多いのが興味深い。このような違いが生じる理由は、『太平記』の分量の多さもさることながら、表彰の記載の有無に求められるだろう。六国史と違って『平家物語』『太平記』『太平記評判秘伝理尽鈔』では、孝行者が表彰されることはまずない。よって羅山・鵞峰、懶斎がそれぞれ独自に孝行者であるかどうかの判断を自ら下さなければならない。『平家物語』『太平記』『太平記評判秘伝理尽鈔』に対して同じように信頼を置きながら結果的に異なる人物を選んだのは、こうした資料の性質を勘案しておくべきだろう。

『今昔物語集』『沙石集』『古今著聞集』といった中世説話集については、依拠具合が大きく異なるようだ。羅山・鵞峰は、20大江挙周（古今著聞集）、24養老孝子（十訓抄）、35桂川の僧（古今著聞集）、56大江佐国の子（発心集）の四章で用いるのみである。

対して懶斎は、羅山・鵞峰と共通する20大江挙周、24養老孝子、35桂川の僧のほか、8久我太政大臣（古今著聞集）、34信州の孝児（沙石集）、37鎌倉の孝子（沙石集）、41武州の孝子（沙石集）、43随身公助（古今著聞集）、51衣を供する貧女（今昔物語集）、52南筑紫女（発心集）、53板東僧女（沙石集）の八章でも中世説話集を利用している。

羅山・鵞峰は中世説話集に対して比較的冷淡であった代わりに、『吾妻鏡』をよく読んでいる。27微妙女、61伊東祐兼、63加藤景廉、64武田信忠、66源親行と五名を選んでいる。対して懶斎『本朝孝子伝』は23北条泰時と53微妙女の二名のみである。このうち北条泰時は典拠として『倭論語』を併せて挙げている。また微妙は先んじて盟友・中村惕斎著『比売鑑』（延宝元年〈一六七三〉写本成）紀行篇巻之四が収めていたし、『本朝列女伝』巻之七「妓女」にも掲載されていた。懶斎が『吾妻鏡』を熟読せずにたどり着けた可能性も高い。

十　神と天皇の孝子――『本朝孝子伝』人選の特徴①

つぎに人選に目を転じる。羅山・鵞峰、藤井懶斎の人選を比較検討すると、藤井懶斎『本朝孝子伝』が、かなりクセの強い人選を行っているということが分かってくる。

まず気づかされるのは、懶斎『本朝孝子伝』が天皇を多く選んでいるということである。懶斎『本朝孝子伝』は「天子」部を立てて4仁徳天皇、5顕宗天皇、6仁明天皇、7後三条院と四名の天皇を挙げている。また次節の九「神代に孝子をさがす」で詳しく触れるが、懶斎が自ら平仮名に改めた『仮名本朝孝子伝』（貞享四年〈一六八七〉五月　京都西村孫右衛門刊）では、天照大神、事代主神《ことしろぬしのかみ》、木《この》花開耶《はなさくや》姫《ひめ》といった神代の神々も加えている。

羅山・鵞峰の挙げる天皇が仁明天皇だけであることを考えると、神や天皇を孝子に選ぶことは、懶斎独自の傾向であった。

これにはいくつかの理由が考えられる。たとえば時代は下るが、紀伝体で記された『大日本史』では、天皇は本紀で詳細に記されるため、列伝には選ばれていない。対して『本朝孝子伝』が「天子」部という部立てを設けた念頭には、『孝経』の五孝、すなわち「天子・諸侯・卿大夫・士・庶人」があったはずである（《図59》参照）。また漢籍『二十四孝』が冒頭に虞舜・漢文帝を置いていることも参考にしたはずである。懶斎が天皇を冒頭においた理由は、彼が中国の孝言説を強く意識し、それになぞら

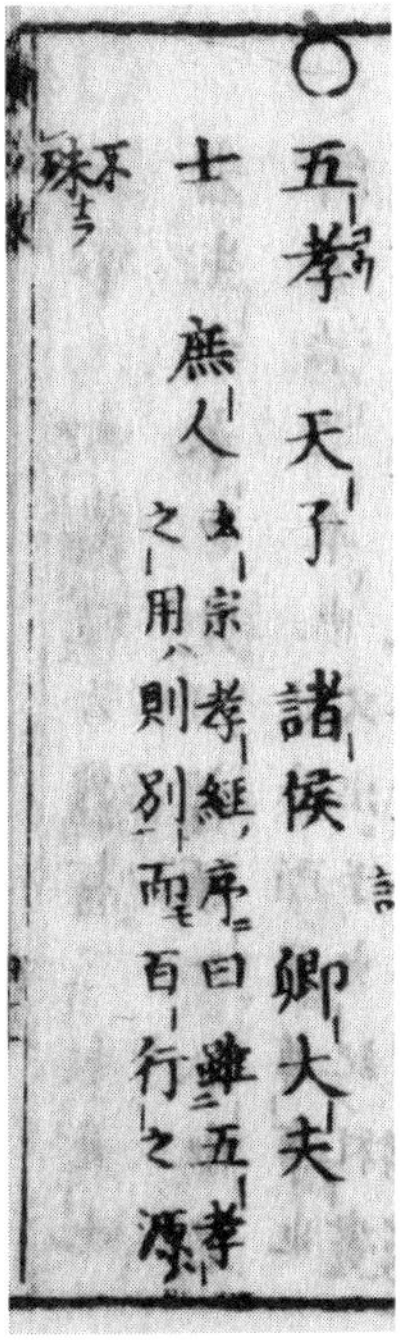

《図59》五孝（『続和漢名数』）。『本朝孝子伝』の部立てはこれに基づく。

えようという意識が強かったことの表れだと言えそうである。
しかし人選の理由は右のような先行資料との関係だけですべて説明できる訳ではない。彼自身の思想の問題によるところも大きかったと考えるべきだろう。それが具体的にどのようなものであるかは、他の要素を見た上で述べることにしよう。

十一　仏教批判と典拠主義――『本朝孝子伝』人選の特徴②

二つ目の『本朝孝子伝』人選の特徴は、仏教批判の意図である。このことは先に見た自序にも明言されていたが、それが思わぬ形で表れている章段を挙げておきたい。

懶斎『本朝孝子伝』の凡例には「一、伝毎に必ず書の名を記して、以て其の出る所を著明にす。其の一をも妄作せざることを示すとなり」（原漢文）という一条がある。創作でないことを示すため、各章に典拠を明記した、と謳《うた》っている訳である。たしかに該書の各章は、章題の下に出典名が明記されている。

しかし各章と出典との文章を実際に比較してみたところ、無視できない例を見出した。52南筑紫女（婦女部九）である。左に出典と『本朝孝子伝』（比較の便宜上平仮名版）の全文を、比較しやすい形で掲載してみる。

【表12】『本朝孝子伝』婦女部九「南筑紫女」における出典との比較

	『発心集』巻一の六「高野《カウヤノ》南ニ筑紫《ツクシ》上人出家登《トウ》山ノ事」	『仮名本朝孝子伝』婦女部九「南筑紫女」
①上人の発心	中比《ナカゴロ》、高野《カウヤ》ニ、南ツクシト云《イフ》テ、貴《タット》キ聖人《シャウニン》アリケリ。本《モト》ハ筑紫者《ツクシノモノ》ニテ、所知《ショチ》ナムドアマタ有中《アルナカ》ニ、彼国《カノクニ》ノ例《レイ》トシテ、門田《カドタ》多持《オオクモチ》タルヲイミジキ事《コト》ト思《ヲモ》ヘル習《ナラヒ》ナルヲ、此男《コノヲトコ》ハ、家ノ前《マヱ》ニ五十町《テウ》バカリナム持タリケル。 八月バカリニヤアリケン、朝指出《アササシイデ》テ見《ミ》ルニ、ホナミユラユラト「出《イデ》トトノヲリテ、露心《ツユココロ》ヨク結《ムス》ビ渡《ワタ》シテ、ハルバル見《ミ》ヘワタルニ、思《ヲモ》フ様《ヤウ》、「此国《コノクニ》ニ階《カナ》ヘル聞《キコ》ヘ有《ア》ル人多《ヲヲ》カリ。然《シカレ》ドモ、門田《カドタ》五十町《テウ》持ル人《ヒト》ハアリ難《ガタク》コソ有《アラ》メ。下《ゲ》ラウノ分《ブン》ニハアワヌ身《ミ》カナ」ト、心《ココロ》ニシミテ思居《ヲモヒヰ》タル程《ホド》ニ、サルベキ宿善《シユクゼン》ヤ催《モヨホ》シケム、又思《マタヲモフ》様《ヤウ》、「抑《ソモソモ》、是《コレ》ハ何事《ナニゴト》ゾ。此世《コノヨ》ノ有様《アリサマ》、昨日有《キノフアリ》ト見《ミ》シ人《ヒト》、今日《ケフ》ハ無《ナシ》。朝《アシタ》ニサカヘル家《イヱ》、夕《ユフベ》ニヲトロヒヌ。一度眼閉《ヒトタビマナコトツ》ル後《ノチ》、惜《ヲシミ》タクハヘタル物《モノ》、何《ナニ》ノ詮《セン》カアル。ハカナク執心《シフシン》ニホダサレテ、永三途《ナガクサンヅ》ニ沈《シヅミ》ナン事《コト》コソ、イト悲《カナシ》ケレ」ト、忽《タチマチ》ニ、無常《ムジャウ》ヲ悟《サト》レル心《ココロ》ツヨク発《ヲコリ》ヌ。 又思様《マタヲモフヤウ》、「我家《ワガイヱ》ニ又返入《マタカヘリイリ》ナバ、妻子《サイシ》アリ、	承保《せうほう》のころにや。つくしに何がしとかやいひて、とみさかへたる民《たみ》ありけり。Bある時、ふと世の常《つね》なさをおもひとり、家をすてて、ひそかにのがれ、まづ京のかたへと行けるを、

	眷属《ケンゾク》モ多《ヲホ》カリ。定《サダメ》テサマタゲラレナムズ。唯《タダ》此処《コノトコロ》ヲ別《ワカレ》テ、知《シ》ラヌ世界《セカイ》ニ行《ユキ》テ、仏道《ブツダウ》ヲ行《ヲコナ》ハム」ト思《ヲモフ》テ、白地《アカラサマ》ナル躰《テイ》ナガラ、京《キヤウ》ヘ指《サシ》テ行《ユ》ク。	
②娘との決別	其時《ソノトキ》、サスガニ物《モノ》ノケシキヤ知《シル》カリケン、往来《ユキキ》ノ人《ヒト》アヤシガリテ家《イエ》ニ告《ツゲ》タリケレバ、驚《ヲドロキ》サハギテケル様《サマ》、コトハリナリ。 其中《ソノナカ》ニ、悲《カナシク》シケルムスメノ十二三バカリナル者有《モノアリ》ケリ。泣々《ナクナク》ヲヒ付《ツキ》テ、「我《ワレ》ヲ捨《ステ》テハ、イヅクヘヲハシマス」トテ、袖《ソデ》ヲヒカヘタリケレバ、「イデヤ、ヲノレニサマタゲラルマジキゾ」トテ、刀《カタナ》ヲヌキ、カミヲ押切《ヲシキリ》シ。A ムスメ恐《ヲソレ》ヲノノキテ、袖《ソデ》ヲバハナシテ返《カヘリ》ニケリ。	あひしれる人の見つけて、其家につげければ、家こぞりて追ゆきける程に、やがてをひつきぬ。 むすめひとりあり。父がたもとをとりて、「あらかなし。いづこへとてか、ゆかせ給ふ。ただとどまらせ給へ」といへば、父、たもとを引さけて、「わが志、汝がためにさまたげられなんや」といひて、刀《かたな》をぬきて、みづから、もとどりきりて、さりぬ。
③娘の孝養	斯《カク》シツツ、此《コレ》ヨリヤガテ高野《カウヤ》ノ御山《ヤマ》ヘ上《ノボツ》テ、頭ヲソリテ、本意《ホンイ》ノゴトクナム行《ヲコナヒ》ケリ。彼《カノ》ムスメ、恐《ヲソレ》テトドマリタリケレド、猶《ナヲ》、跡《アト》ヲ尋《タヅネ》テ尼《アマ》ニナリテ、彼山《カノヤマ》ノフモトニ住《スミ》テ、死《シ》ヌルマデ物打洗《モノウチススギ》、タチヌフワザヲシテゾ孝養《ケウヤウ》シケル。	C むすめ、立わかるるに忍びず、父が跡をしたひつつ、ゆくに、D 父は紀《き》の国の高野《かうや》の山に入て、僧となりて、なにがしの院におこなひすましてゐたり。人みな「南つくし上人」とよべり。 E むすめ、なれぬる国をもわすれ、とみさかへたる家をもすてて、ひたすら父をのみしたひ来けるが、かの山は女をいめば、おなじ庵にはえすまで、ふもとにありて、尼《あま》となりて、父が事をつとめけるとぞ。

④上人の高僧譚

此聖人《コノシヤウニン》、後ニハ徳高成《トクタカクナツ》テ、高《タカキ》モ賎《イヤシキ》モ、帰《キ》セヌ人《ヒト》ナシ。堂《ダウ》ヲ作《ツクリ》、供養《クヤウ》セントシケル時《トキ》、其《ソノ》導師《ダウシ》ヲ思煩《ヲモヒワヅラフ》間《アヒダ》ニ、夢《ユメ》ニ見様《ミルヤウ》、「此堂《コノダウ》ハ、其日《ヒ》、其時《ソノトキ》、浄名居士《ジヤウミヤウコジ》ノオワシマシテ供養《クヤウ》シ給《タマフ》べキ也」ト人ノ告《ツグ》ル由《ヨシ》、見《ミ》ケレバ、即《スナハチ》、枕《マクラ》障子《シヤウジ》ニ書付《カキツケ》ツ。イトアヤシケレド、「様《ヤウ》コソ有《アラ》メ」ト思《ヲモフ》テ、自《ミヅカ》ラ日ヲ贈《ヲクリ》ケリ。

正《マサシク》其日ニ成《ナツ》テ、堂荘厳《ダウシヤウゴン》シテ、心《ココロ》モトナク待居《マチヰ》タリケレバ、朝《アシタ》ヨリ雨《アメ》サヘフリテ、更《サラ》ニ外《ホカ》ヨリ人ノ指入《サシイル》モナシ。ヤウヤウ時《トキ》ニナリテ、イトアヤシゲナル法師《ホフシ》ノ蓑笠《ミノカサ》キタル出来《イデキタツ》テ、礼《ヲガミ》アリク有《アリ》ケリ。即此《スナハチコレ》ヲトラヘテ、「待奉《マチタテマツ》リケリ。トク此堂《コノダウ》ヲコソ供養《クヤウ》シ給《タマハ》メ」ト云《イフ》。法師《ハウシ》驚《ヲドロキ》テ云《イハク》、「都《スベ》テ左様《サヤウ》ノ才覚《サイカク》ノ者《モノ》ニハ非《アラズ》」ト云《イフ》。「アヤシノ物《モノ》ノ、自《ミヅカ》ラ事《コト》ノ便《タヨ》リ有《アツ》テマイリ来《キタ》レル計也《バカリナリ》」トテ、事外《コトノホカ》ニモテナシケレド、兼《カネ》テ夢《ユメ》ノ告《ツゲ》ノ有《アリ》シ様《ヤウ》ナンド語《カタリ》テ、書付《カキツケ》タリシ月日《ツキヒ》ノタシカニ今日《コンニチ》ニ相階《アヒカナ》ヘル事《コト》ヲミセタリケレバ、遁《ノガ》ルべキ方《カタ》ナクテ、「サラバ形《カタ》ノ如《ゴト》ク申上侍《マウシアゲハンベ》ラン」ト云《イフ》テ、ミノ笠《カサ》ヌギ捨《ステ》テ、忽《タチマチ》ニ礼盤《ライバン》ニ上《ノボツ》テ、ナベテナラズ目出《メデタ》ク説法《セツポフ》シタリケリ。此導師《コノダウシ》ハ、天台《テンダイ》ノ明賢阿闍梨《ミヤウケンアジヤリ》ニナムアリケル。彼山《カノヤマ》ヲオガマントテ、忍《シノビ》ツツ、様《サマ》ヲヤツシテマウデタリケル也《ナリ》。此《コレ》ヨリ、此《コノ》阿闍梨《アジヤリ》ヲ、高野《カウヤ》ニハ、浄名居士《ジヤウミヤウコジ》ノ化身《ケシン》ト云《イフ》ナルベシ。

サテ此聖人《コノシヤウニン》ハ殊貴《コトニタツト》キ聞《キコ》ヘアリテ、白河院《シラカハノイン》ノ帰依《キヱ》シ給《タマヒ》ケル。高野《カウヤ》ハ此聖人《コノシヤウニン》ノ時ヨリ殊ニ繁昌《ハンジヤウ》シニケリ。終《ツイ》ニ臨終《リンジウシヤウネン》正念ニシテ往生《ワウジヤウ》ヲ遂《トゲ》タル由《ヨシ》、委《クワシ》ク伝《デン》ニ見《ミヱ》タリ。惜《ヲシ》ムベキ資材《シザイ》ニ付《ツケ》テ厭心《エンシン》ヲ発《ヲコシ》ケム、イトアリガタキ心《ココロ》ナリ。

⑤論評

賢《カシコ》キ人ト云《イフ》、二世《ニセ》ノ苦《ク》ヲ受《ウク》ル事ハ、財《タカラ》ヲ貪心《ムサボルココロ》ヲ源《ミナモト》トス。人モコレニフケリ、我《ワレ》モ深《フカク》著《チヤク》スル故《ユヘ》ニ、諍《アラソヒ》ネタミテ貪欲《トンヨク》モ弥《イヤ》マサリ、瞋《シン》恚《イ》モ殊栄《コトニサカヘ》ケリ。人ノ命《イノチ》ヲモ絶《タ》チ、他《タ》ノ財《タカラ》ヲモカスム。家《イヱ》ノホロビ、国《クニ》ノカタブクマデモ、皆是《ミナコレ》ヨリ発《ヲコ》ル。此故《コノユヘ》ニ、「欲深《ヨクフカ》ケレバワザハヒ重《ヲモ》シ」トモ説《トキ》、又《マタ》、「欲《ヨク》ノ因縁《インエン》ヲ以《モツ》テ三悪《サンアク》道《ダウ》ニ堕《ダ》ス」トモ説《ト》ケリ。カカレバ弥勒《ミロク》ノ世《ヨ》ニハ、財《タカラ》ヲ見《ミ》テハ深《フカ》ク恐厭《ヲソレイトフ》べシ。此釈迦《コノシヤカ》ノ遺法《ユイホフ》ノ弟子《デシ》、「此《コレ》ガ為《タメ》ニ戒《カイ》ヲ破《ヤブ》リ、罪《ツミ》ヲ作《ツクリ》テ地獄《ヂゴク》ニ堕《ヲチ》ケル者《モノ》ナリ」トテ、「毒蛇《ドクジヤ》ヲ捨《スツ》ルガ如《ゴト》ク、道《ミチ》ノホトリニ捨《スツ》べシ」ト云《イ》ヘリ。▼注[23]

ある人とふ。「父子の愛は天性《せい》なり。ともに断《たち》がたし。しかるに、むすめは、かばかりしたひて、父の、いかでなさけなかりし」。(懶斎)いはく、「父子の愛は天性なり。むすめはその性にしたがへり。父は利心のためにおほはる」。「利心とは、何ぞ」。いはく、「わが死後にくるしみあらむ事をおそれて、つとめてその安楽《らく》をもとむること、いきて富貴をむさぼるごとし。これをもとむるが、はなはだしきにいたりては、妻子はいふにや及ぶ、父母をすて、君をもわすれて、ただ仏のみへつらひつかへ、戒《かい》などうけたもちては、ひとつの虫をも愛して、そこなはず、あやまりてそこなふ事あれば、ふかくいたみかなしめり。彼すてられたる父母のよるかたもなきは、飢《うへ》て死するも、などかなからむ。

23 巻一の十五丁裏〜十八丁裏。

父母の飢て死するは、かへりも見で、ひとつの虫のそこなはるるを、身にしめて、かなしと思ふ。さかさま事にあらずや。みなこれ、をのが身ひとつの安楽をえむがために、父も君も目にだに見えず。是いはゆる利心なり。利は義と対《たい》す。その心、義なきを見るべし」。

（ある人）いはく、「義あらば、いかが心うべき」。

（懶斎）いはく、「たとへばただいま牛頭《ご》馬《め》頭《づ》の鬼《おに》が火の車引来て、『君父をすてて仏をたのめ。さらずば、この車にのせて億劫《をくごう》があいだせむべし』と云とも、しばらくも君父をすてて、身の安楽をばもとめじ。是、義なり。君父をえすてさりしがために、火の車にのりたらば、火のくるま、いかばかり涼《すず》しからむ[注24]」。

上段に挙げた原典の『発心集』は出家した南筑紫上人を中心に描いている。①では裕福であった南筑紫上人が発心するに至る契機をたっぷりと描く。そして②では引き留めに来た娘への思いを断ち切るために、その場で刀でもって自らの髪を押し切った。加えて傍線Aの通り、娘は恐れて自ら手を離した、と記している。③にある通り、父は出家して高野山に入り、娘はそれを慕って山の麓で父の世話をする。④ではこの上人に白河院が帰依したこと、上人が往生を遂げたことを記し、⑤では財を貪る心の罪深さ、それを振り捨てることの貴さを述べている。

24 『仮名本朝孝子伝』の引用は、国立公文書館本（請求番号…一五八／五七）による。第五冊十九丁表〜二十二丁表。

《図60》南筑紫上人の娘（『本朝孝子伝』）。出家の娘を主人公にすることで、仏教説話を孝子説話に読み替えた。

これに対して下段の『本朝孝子伝』では、①の父親が発心に至る経緯については傍線Bの通り「ふと」とするのみである。また原典では傍線Aの通り娘が自ら父の袂を手放していたが、この箇所が省略されている（②）。③では娘が父を慕う様子が傍線C・Eの通り「立わかるるに忍びず」「ひたすら父をのみしたひ来ける」などと積極的に描かれている。

いっぽうで④の南筑紫上人の高僧譚や彼が成仏したことなどは省略して傍線Dのように名前を記すのみとし、⑤の「論」では、家財というしがらみを断って出家した父を評して、彼こそが自分一人の安楽を得ようと、利にとらわれているのだと非難している。

このように、高僧の発心譚は、懶斎の恣意的とも言うべき取捨選択によって、自己本位に家族を捨てて出家してしまう父と、それをいつまでも慕うけなげな娘の孝行譚に変えられてしまった。この章においては、典拠主義という『本朝孝子伝』の編集方針よりも、仏教批判という執筆意図の方が勝ったのである。

仏教説話集『発心集』を題材にして、本来脇役である人物を孝子として読み替える事例は、本節五「仏教説話から孝子説話へ」で見た林羅山『十孝子』にも大江佐国の子の例があった。だが懶斎が羅山と大きく異なるのは、この読み替えによって、仏教を批判しようという意図が明確なことである。

十二　葬祭の重視――『本朝孝子伝』人選の特徴③

『本朝孝子伝』の人選でもう一つ気づかされる特色は、親が没して悲しんだとか、親が没して喪に服した、親を丁重に祭った、というような章段が大変多いことである。『本朝孝子伝』に独自の章段のうち、このような例は十章ある。具体的には13藤原道信、17藤原良縄、18藤原岳守《おかもり》、22藤原長親、27矢田部黒麻呂、32丹生弘《にゅうのひろ》吉、46波自采女《はじのうねめ》、47難波部安良女《なにわべのやすらめ》、50僧を請する孤女、51衣を供する貧女、がそれにあたる。先にも述べた通り『本朝孝子伝』独自の章段は三十二あるが、そのうち十と約三分の一が葬祭に関わる章段というのだから、これは少なくない数であろう。

そしてこの十話のうち、七話が六国史からの人選である。羅山・鵞峰も懶斎も六国史から多くの人物を採っていることは先に述べた。その中で懶斎が独自に撰んでいるのは、ことごとく葬祭に関わる章段だということは興味深い。

葬祭に関わる孝子を扱った章段の一つ、50僧を請する孤女をみてみよう（原漢文）。

> 女有り。姓氏を知らず。夙《つと》に父母を喪す。家、之が為に窶《やつやつ》し。一日、其の親に追薦せんと欲し▼注[25]て、一僧を屈請《くつしやう》す。▼注[26]僧来て其の居に入れば、荒涼最も劇《はげ》し。斎厨《さいちゆう》▼注[27]索然として伊蒲饌《いぶせん》▼注[28]も亦た設くべからず。僧、為に心を用て、急に仏事を畢《を》へて、而して出づ。女、手づから自ら衣一領及び描金の小匣《こばこ》一枚を出して、以て嚫物▼注[29]と為す。僧乃ち之を受て、帰て其の匣を開く時は、則ち新たに倭歌一首を内に書するを見る。切に父母を慕ふの情、言表に溢る。其の倭歌に云く、
>
> 玉匣《くしげ》かけごに塵もすへざりしふたおやながら無き身とをしれ　　金葉和歌集▼注[30]

25 死者の年忌における供養。
26 丁寧に招く。
27 台所。
28 僧に供する食物。
29 布施。
30 中巻十二丁表。

《図61》僧を請する孤女（『本朝孝子伝』）。和歌とその詞書を孝子説話に仕立てた。

出典となっているのは『金葉和歌集』である。この和歌は懶斎の著書『蔵笥百首』にも掲載されている。彼が『蔵笥百首』を編んだのは寛文七年（一六六七）だから、『本朝孝子伝』刊行の二十年近く前にはすでに注目していたらしい（第四章、寛文七年の項参照）。葬祭が懶斎にとって早くから重要な問題であったことが分かる。

十三　人選の背景にあるもの

羅山・鵞峰編著と比較して、『本朝孝子伝』の人選には①神と天皇の重視、②仏教批判、③葬祭の重視、という特色があることを見てきた。こうした傾向の背景について考えて見よう。

まず①天皇・神の重視をする姿勢は、たとえば『倭論語』という、神社と漢籍とを融合させた書物（ちなみに偽書とされる）を孝子伝の典拠として用いている点からも窺うことができよう。こうした傾向は、彼の漢文随筆『睡余録』にも見える。たとえば次のような章段がある。

伊勢皇大神宮は、本朝始祖の大廟なり。公侯大人と雖も、亦た軽しく参謁せざるべし。況んや微賤をや。（原漢文）▼注[31]

伊勢神宮を「廟」と儒の文脈で捉えようとしている訳である。

②仏教批判は、同じ『睡余録』で端的に次のように言う。

31　『睡余録』の引用は、東北大学狩野文庫本（写本。請求番号…四八七／一。宝永三年〈一七〇六〉増田立軒序）による。第一条。

古人の曰く、「孝は妻子に衰ふ」と。吾も亦た曰く、「孝は仏法に衰ふ」▼注[32]と。

このほかにも『睡余録』は、枚挙にいとまが無いほど仏教批判の言辞で充ち満ちている。

③葬祭は、懶斎の考える孝にとって重要な問題であった。彼自身も第四章「藤井懶斎伝」の寛文元年（一六六一）の項で見る通り、久留米藩医時代に父が没してから三年の間、喪に服したらしい。また彼は、朱熹作とされる儒式の冠婚葬祭手引書『文公家礼』から葬と祭の二礼を抜き出し、平仮名に改めてその要点を記した著書、『二礼童覧』がある。その跋には次のように言う。

ある人いはく、「（中略）本朝中世よりこのかた、葬祭おほやう定法あり。今もしそれをかへて『家礼』によらば、これ俗を変じて其国の故のごとくせざるなり。いかむ」。

予いはく、「しからず。今の二礼は是中古異端《いたん》の教《おしへ》におこりて、わが国初《しよ》神聖の遺《い》法にはあらず。是を国の故ぞとおもふは、たとへば官《くはん》人の子の、民間《みんかん》におふしたてられて、農業《のうげう》をわが家法とおもへるがごとし。本朝上古の礼文は、我いまだつまびらかに考へしらずといへど、其法今の俗礼にちかく似て、家礼に遠しといはば、信ぜじ。▼注[33]

中国の古礼への違和感を表す問いかけに対し、今の日本の葬祭こそ、中古になって異端の法（仏教）によって始まったもので、古来の礼ではないとする。▼注[34]

懶斎にとって「孝」は日常の生活規範に留まるものではなかった。葬祭をも含めた儒教的行為であったということができる。そして他に対しても、生活道徳としてのみではなく、儒式の葬祭という儀礼をも含めた形で、儒の孝を広めようとしていたことが分かる。

①②③の思想的特徴は、要するに藤井懶斎の思想的背景である闇斎学のそれであると言って良いであろう。闇斎学の思想を、日本の古典から孝子を選ぶという行為にも反映させ、従来にない独特な人選を行ったのが『本朝孝子伝』であったと位置づけることができる。

32 第二十四条。

33 『二礼童覧』の引用は、国立国会図書館本（請求番号…一三九／二／二六三。元禄元年〈一六八八〉十一月、西村孫右衛門刊）による。下巻十八丁裏〜十九丁表。

34 該書の特色について、田尻祐一郎「懶斎・惕斎と『文公家礼』」（『文学研究』一一三〈昭和六十一年九月、日本文芸研究会〉所収）は、「懶斎『二礼童覧』の墳墓の規定や、惕斎『慎終疏説』での昭穆制度をはじめとするこれら両儒の独自の主張は、「国法」「俗礼」の中にあって、葬祭の礼が仏者の手に委ねられた現実を単に悲嘆するのではなくして、その社会的所与の中から、『文公家礼』扶植のための積極的媒介を発掘し、その上に立つことで『文公家礼』的感覚を育成してゆこうと

さて、このようなクセの強い人選であるにも関わらず、次節に見る通り、『本朝孝子伝』は発売当初よりかなりの流行を見せたようである。比較的穏当な人選と言って良さそうな林家の孝子伝が江戸時代を通じて刊行されなかったのとは、その点対照的である。こうした流布の違いは当然孝子日本代表の選出に影響を及ぼしてくるはずである。

する営為の所産であることは間違いない」と、懶斎『二礼童覧』が、日本の現状と鋭くは対立しない範囲で、儒式の葬祭を広めようとした、と指摘している。

第三節

『本朝孝子伝』刊行直後

一　あまりに早い改編

書物の出版は、到達点ではなくスタート地点である。文学研究と言うとつい、書物が出版されるまでの作者の工夫や苦労に注目しがちである。しかし実際には、書物は広まって多くの人に読まれたところから血が通い、役割を果たすのである。

藤井懶斎著『本朝孝子伝』は、このことを再認識させてくれる特別なタイトルである。なぜ特別なのか。左にその出版直後の簡単な年表を挙げてみよう。

【表13】『本朝孝子伝』関連略年表

①貞享二年（一六八五）十月　『本朝孝子伝』初版本刊行（京都　西村孫右衛門）。
②貞享三年（一六八六）八月　『本朝孝子伝』改版本刊行（京都　西村孫右衛門）。
③貞享三年（一六八六）十一月　井原西鶴『本朝二十不孝』刊行（大坂　千種五兵衛ほか）。
④貞享四年（一六八七）五月　『仮名本朝孝子伝』刊行（京都　西村孫右衛門）。

まず第一に、初版の出版からたった十ヶ月後に、改版本（②）が出ているということ。改版とは、全丁を彫り直すことであるから、これは容易なことではない。たった十ヶ月でこのような挙に出るのは、何らかの理由があったことを予想させる。

また初版刊行から一年七ヶ月後に、漢文を平仮名に改めた『仮名本朝孝子伝』（③）が出ているということも興味深い。漢文著作の平仮名版というと、海賊版というイメージが強い。しかし後にも述べるが、どうやら漢文版の著者・藤井懶斎自身が平仮名化に関わっていたようなのである。漢文版の著者がみずから平仮名版も刊行したという事例は、日本においては『仮名本朝孝子伝』が最初だったのではないだろうか。

『本朝孝子伝』がはじめて刊行されてから十七ヶ月の間に何が起こったのか。その背景には何があったのだろうか。このことを跡づけて行くことで、藤井懶斎が『本朝孝子伝』に懸けた意欲がどのようなものであったかを問いたい。またこの検討を通じて、江戸時代前期において道徳的な書物出版とはどういうものであったか、という問題も明らかになるはずである。

なお、従来『本朝孝子伝』の修訂・改版についての従来の研究[注1]は、井原西鶴の浮世草子『本朝二十不孝』研究のためになされて来た感がある。佐竹昭広は、『本朝二十不孝』の各章が、藤井懶斎著『本朝孝子伝』「今世」部二十章それぞれのパロディーであるとした[注2]。以来、その当否を検証するために、出版状況に関する詳細な調査が必要となった。すなわち、西鶴は『本朝二十不孝』執筆にさいし、『本朝孝子伝』をどの程度意識したのか、という点が問題とされて来たのである。これに対し本稿では、今までのような浮世草子の補助学としてではなく、あくまでも『本朝孝子伝』自身の問題として考えて行くつもりである。

1　暉峻康隆「一六八六年の西鶴」（『国文学』第二十四巻七号〈昭和五十四年六月〉。後に『西鶴新論』〈昭和五十六年十月、中央公論社〉所収）。佐竹昭広「『本朝二十不孝』私見」（『文学』第五十巻四号〈昭和五十年四月〉）他一連の論考。後に『古典を読む26　絵入本朝二十不孝』（平成二年一月、岩波書店）所収。谷脇理史「転換期の西鶴」（『西鶴への招待』〈平成七年三月、岩波書店〉所収）。

2　『古典を読む26　絵入本朝二十不孝』（平成二年一月、岩波書店）および『新日本古典文学大系76　好色二代男　西鶴諸国ばなし　本朝二十不孝』（平成三年十月、岩波書店）。

二　修訂とその先後

『本朝孝子伝』は貞享二年（一六八五）十月に初版が刊行されてから、頻繁に刷られたらしい。少なくとも一度刷って終わり、というものではなかった。

そのことは、本文の異同によって分かる。貞享二年版（略年表①）の諸本を確認してみると、本文に二箇所の違いがあった。

まず第一は、今世部十八「三田村孝婦」の章の冒頭である。この孝女の出身地について、「窪田郡」としているものと、「窪屋郡」としているものとがある。地名として正しいのは「窪屋郡」のほうである。地名を改悪するということはまず考えられないので、「窪田郡」と誤っているものが早く刷られたものであり、「窪屋郡」とされているものが修訂本、ということになる。

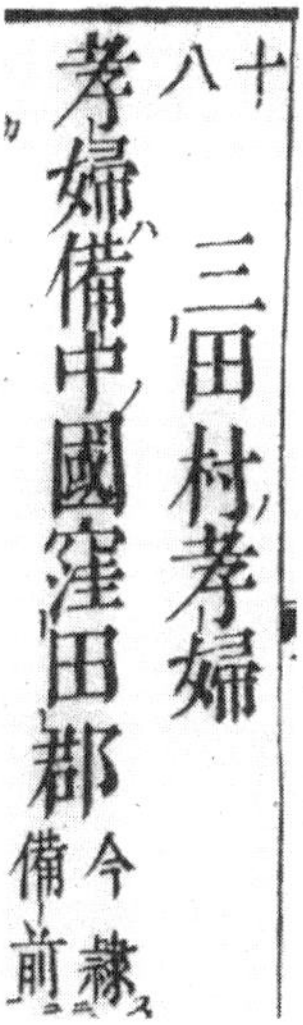
《図62》修訂前（東北大学狩野文庫本）。「窪田郡」とする。

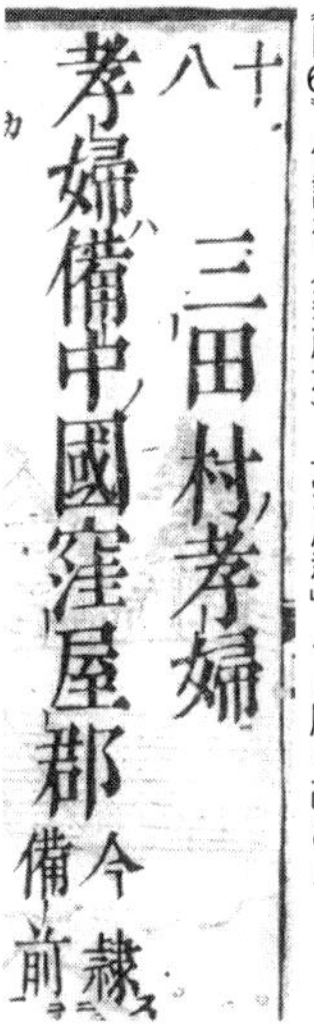
《図63》修訂後（架蔵本）。「窪屋郡」へと彫り改めた。

もう一点の異同は、今世部十六「中原休白」の章の論の部分である。中原休白は、筑前国遠賀郡の人で占いを生業としていた。家田の田植えのさい、隣人の助けを受けているにも関わらず、父を慕うあまりに、父の小倉出遊に付いていってしまったという逸話を持つ。このうち、「當《き》ニレ憎」という箇所が「憎ニ於《メル》」へと修訂されている。

三　七冊本と三冊本

じつは『本朝孝子伝』は、同じ版木で印刷された本が、七冊と三冊との二種類で製本された。丁付には最初から三冊本と七冊本で印刷するための工夫がなされている。[注3] ここから考えると、当初から二種類の製本が予定されていたらしい。

先に見た二箇所の修訂と、冊数とを整理してみた。

【表14】『本朝孝子伝』貞享二年版における今世部十六「中原休白」の章の本文異同

	七冊本	三冊本
「窪田郡」かつ「當《き》レ憎ニ」	東北大学本（狩二／四六三二／七） 神宮文庫本（六／一三四） 玉川大学本（WA三二／ホ）合一冊[注4]	国文学研究資料館本（ヤ一／九三） 無窮会図書館平沼文庫本（平沼／六二六四） 京都大学附属図書館本（一―八四／ホ／三）
「窪屋郡」かつ「當《き》レ憎ニ」		宮城県立図書館本（M一五二／ホ／一）
「窪屋郡」かつ「憎ニ於《メル》」	岩瀬文庫本（一四三／四〇）	久留米市民図書館本（七／二〇四） 架蔵本A 架蔵本B（下巻のみ存）

貞享二年版は、二度にわたって修訂が行われたことが分かる。まず「窪田郡」が「窪屋郡」に彫り改められ、そのあとしばらくして、「當《き》レ憎ニ」が「憎ニ於《メル》」へ彫り変えられた。このことは、『本朝孝子伝』の初版である貞享二年版に、少なくとも三度（恐らく実際はもっと多くの回数）刷りの時期を違えた本が有ったということを示す。

3　丁数の上に「初」の字が冠されている丁が、七冊本の場合の初丁になる。上巻のうち「又十二」丁目までが「上本」へ、「初十三」から後が「上末」へと二分冊される。中巻は「二十八」丁までが「中本」、「初二十九」丁から後が「中末」へと二分冊される。下巻は、下巻は「二十六」丁までが「下本」、「初二十七」丁から「五十四」丁までが「下中」、五十五丁より後が「下末」となるように三分割されるのである。題簽も、当初から二種類用意されていた。三冊本の題簽は無窮会図書館平沼文庫本等に完備しており、「本朝孝子傳　上」「本朝孝子傳　中」「本朝孝子傳　下」。また、七冊本は、東北大学狩野文庫本等が題簽を完備しており、「本朝孝子傳　上本」「本朝孝子傳　上末」「本朝孝

さらに強調しておきたいのは、こうした修訂及び異なった体裁の本を出すことが、決して何年もかけて行われたのではないということである。先にも述べたように、貞享二年版の板木の寿命は、貞享二年十月の刊行から翌八月の改版本刊行まで、わずか十カ月しかなかった。この短い間に何度も刷られているのであるから、ここに『本朝孝子伝』刊行直後の盛況を見て取って良いだろう。

四　なぜ改版されたのか

『本朝孝子伝』は、初版刊行から僅か十ヵ月後の貞享三年八月、全丁を彫り改めた改版本が出版された。書物を出版して、わずか十ヶ月で全丁の版木を彫り改めるというのは、あまりに早すぎる。なぜ、このような事態が生じたのであろうか。

従来この問題は、文章に差し障りがあったからだ、とされてきた。

谷脇理史「転換期の西鶴」[注5]（以下、「谷脇稿」と略称）は、今世部に載る、筑前の孝子「中原休白」の章が、再版にさいして大きく文章が改められたことに注目する。貞享二年版のこの章の「論」で著者は、中原休白が他の藩の孝子と違っていまだ藩主に表彰されていないことを嘆いていた。貞享三年版ではその部分が差し替えられて、休白を売卜の徒であるからと軽んじてはいけないという、全く別の論旨となっているのである。谷脇稿はこの箇所に着目し、貞享三年の改版は流行のためではなく、筑前藩主黒田侯への批判とも取れるこの箇所に差し障りがあったからだと推測する。さらに、火事などによって版木が消失したという可能性をも視野に入れて、いずれにしろ流行のために改版されたのではない、としているのである。[注6]

ちなみに、谷脇稿が改版を流行のためではないと強調した背景には、本節の「一　あまりに早い

子傳　中本」「本朝孝子傳　下本」「本朝孝子傳　下中」「本朝孝子傳　下末」である。

4　もとの冊数は、下小口の墨書により判断した。

5　『西鶴への招待』（平成七年三月、岩波書店）所収。

6　この異同については、谷脇氏に先んじて井上敏幸「孝婦子伝」（『福岡県史』通史編福岡藩文化（下）平成六年三月）も指摘している。

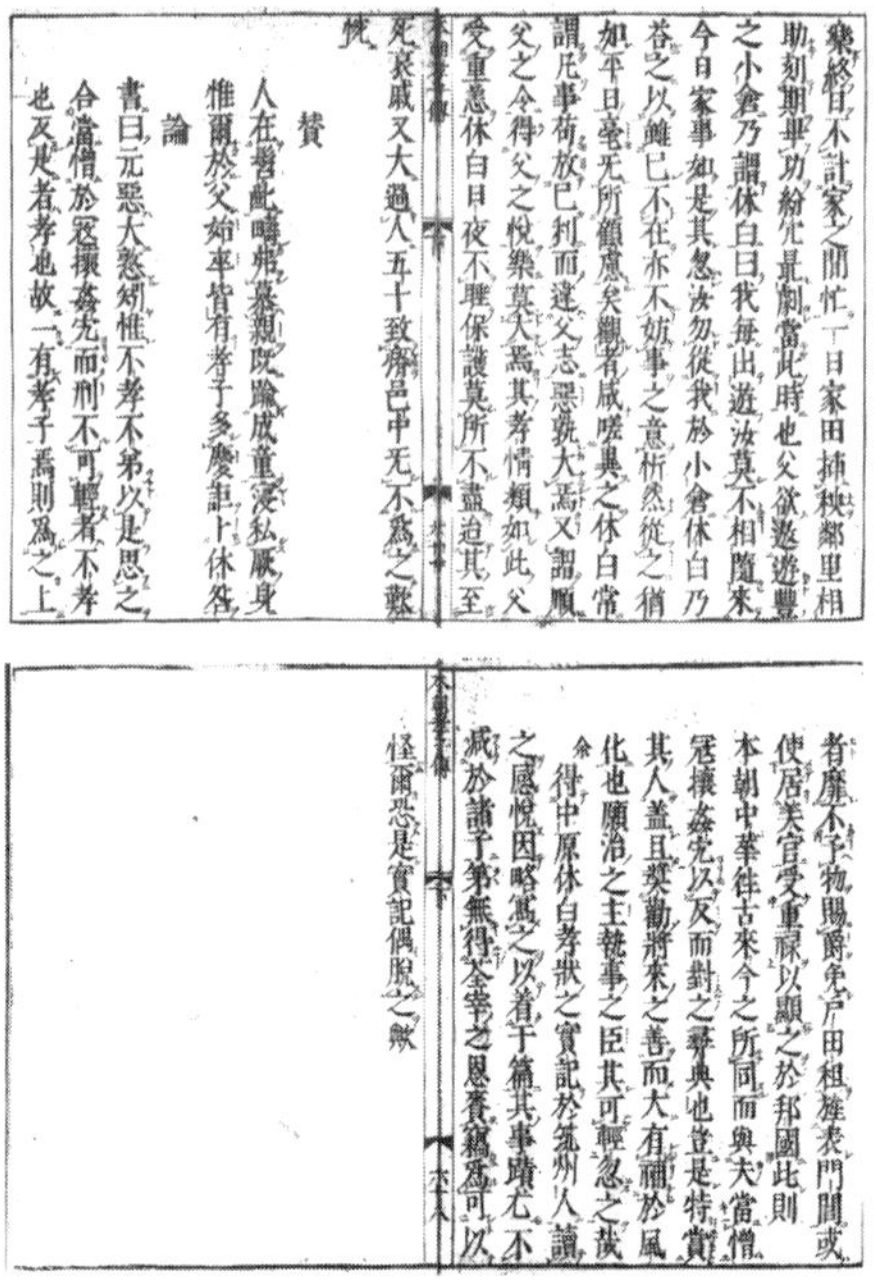
衆終日不計家之間忙一日家田挿秧鄰里相
助刻期畢功紛冗最劇當此時也父欲遨遊豐
之小倉乃謂休白曰我毎出遊汝莫不相隨來
今日家事如是其忽汝勿從我於小倉休白乃
荅之以難已不在亦不妨事之意析然從之猶
如平日毫无所顧慮矣觀者咸嗟異之休白常
謂凡事苟放已判而違父志惡孰大焉又謂順
父之令得父之悅樂莫大焉其孝情類如此父
受重患休白日夜不匱保護莫所不盡迨其至
死哀戚又大過人五十致毀邑中无不爲之歎
惋
贊
人在此畸弗慕親既踰成童淺私厥身
惟爾於父始卒皆有孝子多慶詎卜休咎
論
書曰元惡大憝矧惟不孝不弟以是思之
合當情於冠攘姦宄而刑不可輕者不孝
也反是者孝也故一有孝子焉則爲之上
者靡不予物賜爵免戸田租旌表門閭或
使居美官受重祿以顯之於邦國此則
本朝中華往古來今之所同而與夫當憎
冠攘姦宄以反而封之者與也豈是特賞
其人蓋且奬勸將來之善而大有補於風
化也願治之主執事之臣其可輕忽之哉
余得中原休白孝狀之實記於筑州人讀
之感悦因略寫之以着于篇其事蹟不
滅於諸子弟無得孝之恩養竊爲可以
怪爾恐是實記偶脱之歟

《図64》貞享二年版の中原休白「論」。藩主への非難と取られかねない（東北大学本）

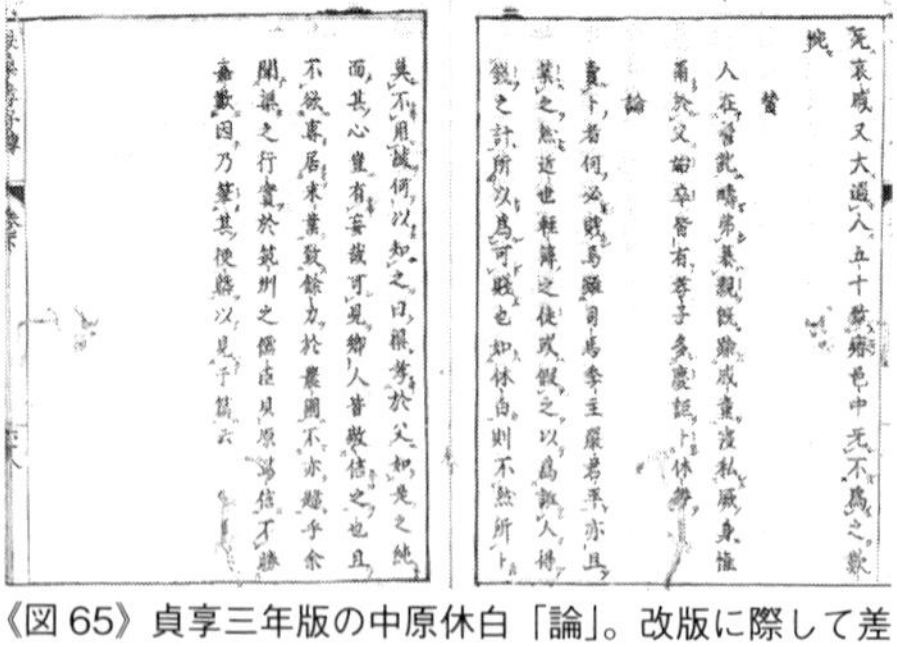
死哀戚又大過人五十致毀邑中无不爲之歎
惋
贊
人在此畸弗慕親既踰成童淺私厥身惟
爾於父始卒皆有孝子多慶詎卜休咎
論
貴卜者何必賤焉雖司馬季主嚴君平亦且
棄之然近世輕薄之使或假之以爲誣人得
錢之計所以爲可賤也知休白則不然所卜
異不用誠何以知之曰服孝於父初是之純
而其心豈有妄哉可見鄉人皆敬信之也且
不欲專居末業致餘力於農圃不亦賢乎余
聞諸之行實於筑州之儒生見原端信不勝
嘉歎因乃筆其使験以見于篇云

《図65》貞享三年版の中原休白「論」。改版に際して差し替えられた（架蔵本）

改編」で記した通り、佐竹昭広稿の存在がある。谷脇稿は『本朝孝子伝』が刊行当初あまり流行していなかったと強調することによって、当時の『本朝孝子伝』がパロディの土台とするほどの知名度を持っていなかった、と異議を唱えようとしたのである。

しかし、谷脇稿には二つの理由から承服できない。

第一の理由は、指摘する箇所が、全丁を彫り直す理由たり得ないからである。

谷脇稿が指摘した、今世部十六「中原休白」章の「論」は全十三行。かなり大きな箇所ではある。しかし版木のレベルで言えば、こうしたまとまった箇所の変更というのは、比較的容易なのである。具体的には、版木を一丁まるごと取り替えて、のこり三行分は、版木を削って新しい文字を埋め込めば済んでしまう。この一箇所だけのために、他の問題ない二百三丁を全て彫り改める必要など、全くないのである。

では、全丁を彫り改めねばならなかった理由は何か。それはむしろ、細かい訂正点が数多くあったからだと考える。

洲本市文化史料館蔵の仲野安雄著『孝子伝萱葉抄』（延享元年ごろ成、写本）は、この件に関する興味深い記事を記す。安雄は第四章元禄十一年（一六九八）【淡路の懶斎連】の項で記した通り、藤井懶斎の学問の流れを汲む学者である。記事が書かれた年代が比較的近いこともあり、傾聴に値する。

孝子伝、二本有り。一本は貞享二年乙丑八月、西村孫右衛門の印行する所。一本は同三丙寅同人の翻刻する所なり。或いは曰く、「前板に舛誤《せんご》（引用者注…誤り）有り。故に改梓す。新刊を以て正本と為すなり」と。

誤謬の多さが改版の理由であったという。

これを踏まえて実際に貞享二年版と貞享三年版とを比較してみたことがあるが、変更は返り点や送り仮名、漢字の変更など、細かいものが百箇所近くに及んだ。[注7] こうした数多くの細かな訂正を施すためには、全てに手を入れるよりは改版した方が手軽だった、というのが全丁を改めた理由ではなかっただろうか。

第二の理由は、新たな版木を彫る、ということの経済的な意義が見過ごされているからである。

中野三敏は、寛永末に古活字本が衰退し、版木による整版本が取って代わるその理由を、この頃より商業出版が成り立った為に、財産として原版を残せるという整版本の利点が重んじられたからだと述べている。[注8] このように、板木そのものが利害と密接に関わるものであるからには、板本の全丁を彫り直す改版という行為も、そうした経済的な側面を無視することはできない。

その上で、改版がどのような時になされるのかを考えてみよう。そこには二つの側面がある。一

7 山崎純「地蔵寺蔵『本朝孝子伝』の本文」（『上方文芸研究』十号〈平成二十五年六月、上方文芸研究の会〉所収）は、貞享三年版において、早印本と後印本とを比べてみると、修訂による語句の訂正が見られることを報告している。懶斎が細かい字句にこだわり続けたことの傍証となる事例だろう。

8 中野三敏『書誌学談義 江戸の板本』（平成七年十二月、岩波書店）。第二章の一「製版と活字版の盛衰」三四〜三五ページ。

つは、もとの版木が使えなくなるという後ろ向きの側面、もう一つは、新たな版木を全丁彫ろうという前向きな側面である。

版木が使えなくなる理由は、火事であったり、版木の疲労であったりと、さまざまな可能性が考えられる。しかし、その失われた理由と、新たに版木を彫り直す意識とは、全く別物である。版元は、その時点までの売れ行きなどから、状況をシビアに見据えた上で、改めて全丁を彫り直すという投資をすべきかどうかの判断をしなければならない。例えばその時点までで採算が取れていなかったような売れない本の場合、版を改めたからといって、飛躍的に売れ行きが伸びるということは考えられない。むしろそのまま絶版としてしまったほうが堅実であろう。この時点まで売れていた本であっても、今後も同様に売れ続けて投資を回収できるとは限らない。

つまり、板本が改めて彫り直されたという事実の背後には、版元側に、今後も採算が取れるだけ売れるはずだという見通しがあったものと考えなければならないのである。

ひるがえって『本朝孝子伝』について考えてみよう。それまでの売れ行きから、恐らく相当な手応えを感じていた版元は、需要の熱が冷めない内に新たな版木を彫り直せば十分に採算がとれると判断し、改版本の刊行に踏み切ったのではないだろうか。初版刊行より僅か十カ月後という短い期間での改版本刊行は、こうした版元の即断即決の結果であり、また、『本朝孝子伝』の流行を示すものであると考えなければならないのである。

上記二つの理由から考えれば、『本朝孝子伝』は、一部の記述に問題があったために改版を余儀なくされたとは考えがたい。当時かなり流行を見せていたからこそ、改版が可能になったと考えるべきである。

五　刊行後に寄せられた指摘

興味深い資料に出会った。杉山正仲・小川正格共編の筑後国地誌『筑後志』▼注[9]（写本。安永六年〈一七七七〉杉山正仲序）の巻四「氏族」の部で、筑後ゆかりの人物を挙げる中に、「孝子市右衛門」の章がある。そこでは市右衛門の孝状を概ね示した後、「尚其詳なる事、伊藁子（引用者注：藤井懶斎）の記伝にあり。爰《ここ》に記して後鑑に備ふ」と記して、藤井懶斎作の文が掲載されているのである。その文は左のようなものである（以下「孝子市右衛門伝」と称す。改行は私に施した）。

筑之後州下妻郡志村ニ有二リ一民一焉。曰二フ市右衛門一ト。天資頗ル好シ。里人推テ為二ス村老一ト。其事レルヤ親ニ也、靡レシ不レ竭《つく》レサ力ヲ。

父嘗テ有レテ過而為レニ親ノ所レル疎《うとん》ゼ。諸子亦怨ム。市愈々孝アッテ而如下シ不二ル之ヲ知一ラ者上ノ。蓋シ謂フニ人之於レル父ニ、何ゾ見三ン其有二ヲ不レノ是処一也。郷人悉《ことごと》ク嗟ヿ異ス之一ヲ。

是歳夏六月、父没シテ而市哀亦過二グ諸子一ニ。母氏年踰二ユル一膳一ヲ者六。羸憊《るいはい》▼注[10]殊ニ劇シ。且ツ罹二リ風病一ニ、與レ死為レリ隣。市不レ離レレ側ヲ、日夜不レ眠ラ。亹々《びび》▼注[11]トシテ保ヿ持之一ヲ、寝食起居、無レシ不レルコト如二クナラ母ノ意一ノ。幸ニ免レル死ヲ。市喜テ而事レヘテ之ニ罔《な》レシ倦ムコト。

母、性好レミ吸二コトヲ煙草一ヲ、不レ舎《す》二テ昼夜一ヲ。市也毎夜数シバ起居シテ、先ヅ慰二メ苦寂一ヲ、令レメ吸二煙草一ヲ、一宵モ無レシ闕《かく》ルコト。母遊二ビ于外一ニ、及詣二レバ蕭寺《せうじ》一▼注[12]ニ、則必ズ躬《みづ》カラ負テ而往キ且ツ還ル。或ハ母聴二テ説法一ヲ而坐久ケレバ則亟シバ問二ヒ労苦一ヲ、進二メ茶及ビ烟草一ヲ、事畢テ敬テ扶ヿ持シテ之一ヲ而出ヅ。習以テ為レ常ト、凡ソ母ノ所レ命ズル、莫レシ不二ルコト服従一セ。

市有二リ女兄一。寡ニシテ而少レシ事。母欲三ス往テ居二ント其舎一ニ。市不二ズ敢テ逆一ハ、即令レム在二ラ女兄ノ所一ニ。然ドモ其定省之勤メ、甘旨之供、猶二ホシ己ガ舎ニアル時一ノ、不二敢テ少シモ廃一セ。隣里咸《み》ナ言フ、「人之事二ルヤ其

9　編者の杉山正仲（享保十年〈一七二五〉生、寛政五年〈一七九三〉没、六十九歳）はのちに久留米藩校講談所の教官となった人物である。彼には他に『米府紀事略』などの久留米藩に関する著作があり、郷土資料について広く集めていた事が想像される。小川正格（名志純。延享三年〈一七四六〉生、文化十一年〈一八一四〉没、八十五歳）は町奉行などを勤めた久留米藩士だが、彼もまた郷土史に志があり、いくつかの著作がある。

10　衰え疲れる。

11　つとめて倦まぬさま。

12　寺院。

親一ニ也、不レズト可レカラ不下ンバアル以二テ市右衛門一ヲ為中サ儀表上ト也。」事聞二ユ于府一ニ。府君鳳閣某公惻然トシテ感二ジ彼ノ孝情一ニ、賜レフニ母ニ以二シ霊丹一号二ス烏犀円一ト、賑レスニ市ヲ以二ス白金一ヲ。封君之仁沢ナリ也。

僕近《このご》ロ纂二述シ『本朝孝子伝』一ヲ、蒐二輯ス諸州今世之孝子二十人ヲ於末篇一ニ。是ノ時未レダ聞三カ筑之後州志村ニ有二コトヲ孝子一。迨二ンデ其聞一レニ之ヲ、則チ孝子伝已ニ梓行セリ焉。故ニ不レ著二ハサ于篇一ニ。不レ能ハレ無二コト遺憾一矣。然ドモ聞ク、府君賞恤《しやうじゆつ》之厚キ、使二トキハ民ヲシテ大ニ勤一メ、則知ンヌ、自レ今之後国中孝子不レコトヲ匱《とぼ》シカラ。又知ル、異日必有下リテ続二ク於孝子伝一者上、而国中之孝子如二キ志村ノ人之属一ノ、亡慮《おほむね》収二メ載セン之一ヲ也。然ラバ則彼レ也今日遺二脱ストモ於吾ガ編纂一ニ、亦何ゾ憾《うらみ》ンヤ哉。因テ略《ほぼ》記二シ其所一レヲ聞ク、以テ貽《おく》ルト二来哲一ニ云フ。

貞享丙寅季秋穀旦　洛西散人懶斎藤臧謹記▼注[13]

右の文の中でまず注目せねばならないのは、その年次である。貞享丙寅季秋穀旦、すなわち貞享三年（一六八六）七月は、『本朝孝子伝』初印本刊行の九ヶ月後、同書の改版本刊行の一ヶ月前、『仮名本朝孝子伝』刊行の十ヶ月前にあたる。つまりこれは、『本朝孝子伝』の改版本刊行直前（【表13】でいえば②の直前）に、藤井懶斎が書いた孝子伝なのである。

次に注目すべきは、『本朝孝子伝』『仮名本朝孝子伝』との関係である。この孝子市右衛門は、『本朝孝子伝』には収められていない。いっぽう『仮名本朝孝子伝』では、「追加」として新たに加えられた三人の一人なのである。

つまり懶斎は、『本朝孝子伝』刊行以後、右に挙げた「孝子市右衛門伝」を書き、それを原型として『仮名本朝孝子伝』に収録した、ということになる。このことは『本朝孝子伝』刊行以後に寄せられた周囲の反響と、それに応ずる増補改訂があったことを、明確に示している。

改めて「孝子市右衛門伝」の内容に目を向けてみよう。その評語は次のように言う。このごろ『本

13 『筑後志』の引用は、活字本（明治四十年三月、本荘知新堂）による。二六四〜二六五ページ。

朝孝子伝』を編み、巻末に、近い時代の孝子二十人を集めた。しかしこの時には、筑後の孝子市右衛門の事は耳に入っておらず、聞いたときには『本朝孝子伝』はすでに刊行されていたので、収録できなかった。遺憾とせざるを得ない。しかし筑後君（四代藩主・有馬頼元）の恩賞と施しの厚いことは、民をして大いに勤めさせている。よって、これから筑後国に出る孝子は少なくないであろうと知られる。また、後日、『本朝孝子伝』の続きを書く者がいるであろうが、筑後国中の、志村の人のような孝子は、必ず載せるであろう。だから今回私の編纂に漏れたからと言って、どうして憾むことがあろうか。そこで、聞くところを記し、来るべき哲人に贈るものである、と。

孝子市右衛門の存在を懶斎が知ったのは、『本朝孝子伝』の刊行以後であった。それをあわてて文章化して、久留米の地に送ったのが、この「孝子市右衛門伝」だったのである。第四章で見るとおり、久留米は懶斎が寛永十九年（一六四二）から延宝二年（一六七四）までの三十三年間、医師として仕えた藩であった。恩ある藩の孝子を、懶斎は『本朝孝子伝』に採り漏らしていたのである。文中に見える久留米藩主への過剰とも言える褒詞は、単なる社交辞令という以上のものを持っているようにも思われる。

六　『仮名本朝孝子伝』へ

先に挙げた「孝子市右衛門伝」の評語で懶斎は「異日に孝子伝を編む者」にこの市右衛門の伝記を採録するよう託していた。しかし彼は、新たな編者の出現を待たなかった。懶斎自身が『本朝孝子伝』を仮名に改めた『仮名本朝孝子伝』を執筆し、そのさいに孝子市右衛門伝を書き加えたからである。『仮名本朝孝子伝』は「追加」と題して三章を書き加えるが、その中に市右衛門の伝記を掲載した。

一　志村《しむら》孝子

筑後の国下妻《つま》のこほり、志村といふ所の里のおさは、市右衛門となんいひけり。かれ父母をやしなひて孝なり。父はひがひがしく、あやまちおほきものにて、一類にもしたしまれず。その子、むまごといへど、皆うとくてありけるを、ただ市右衛門のみぞ、ふかく愛して、よくつかへける。母はちかごろやまひにいねて、いとあやうかりけるが、市右衛門かたはらをはなれず、ひるよるいねず、心のかぎりあつかひきこえて、からうじてながらへしめたり。これにつかふるさま、殊にせちなり。よろづの事ただ母の心のごとくせずといふことなし。母つねに、たばこといふ物をこのめり。市右衛門よるといへども、しばしばおきて母のふし所にいり、寒《かん》温《うん》をとひ、たばこをすすむ。ひと夜もかかず。又母外にあそび、あるひは「寺にまふでん」といへば、ずざ《（ママ）》ありといへど、それを用ひず。市右衛門かならず、みづから負《おひ》て行かへれり。市右衛門、あねあり。やもめにして事なし。母その家にあらんことをねがふ。市右衛門さかはず、はやくあねのもとにすましめ、日ごとにゆきてつかふるさま、をのが家にありし時にかはらず。されば、ひと里の人みな感じあひて、「人の子のおやにつかふる、市右衛門をもて、のりとせずばあるべからず」といへり。貞享のはじめつかた、事つゐに城府にきこふ。府の君有馬公ふかく感ぜさせたまふて、物お

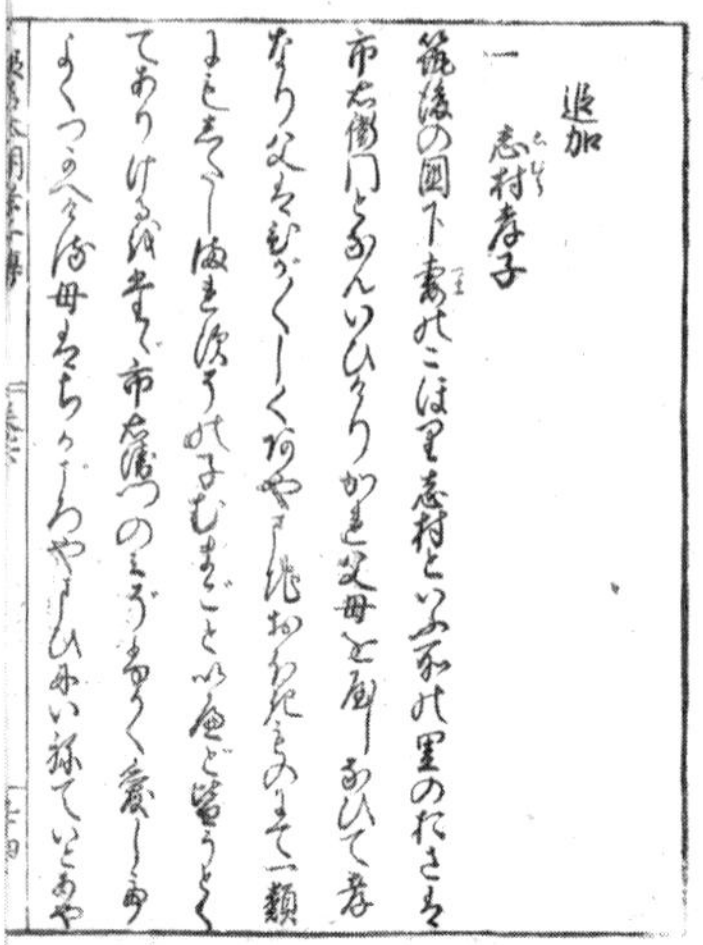

《図66》『仮名本朝孝子伝』「追加」。漢文版刊行後に寄せられた情報を付け加えた。

ほくたふで、かれが孝行を賞じ、母にもたへなる薬《くすり》などあたへて、病のあまりをくすさしめ給ふ。▼注[14]

父が没した挿話や、説法を聞きに行く母に孝養を尽くす挿話を省いた他は、ほぼ同じ構成である。文章レベルでは、烏犀円《うさいえん》という薬名や母の年齢を省くなどといった、簡略化・平易化を旨とした変更が見られる。これは『本朝孝子伝』と『仮名本朝孝子伝』とを比較して見られる一般的傾向と同様である。

「追加」部は、今見てきた一「志村孝子」に、二「対馬太田氏」、三「神山孝女」を加えた全三章より成る。そのうち三「対馬孝子」の伝の末尾には、一段下げて、部全体を総括した次のような評語が付されている。

右三人の孝状、誠にあはれふかし。ことにその国々の人のかたりきこえて、いささかうきたる事にあらねば、聞すてがたく覚え侍りて、筆のつゐでにかきくはへ侍る。此のち猶このたぐひあらば、たれもたれも、しるしそへ給へ。人の善をおほはざるのみにあらず、人の子を感激《かんげき》して孝道を世にひろむるのわざ、何事か是にすぐべき。▼注[15]

「その国々の人のかたりきこえて」と言う箇所からは、孝子市右衛門のみならず、他の二章も、『本朝孝子伝』刊行以後に周囲から寄せられた孝子伝であったことが想像される。

七　漢文版の著者自身による平仮名化

いま、『本朝孝子伝』刊行後に寄せられた市右衛門に関する情報を懶斎が漢文孝子伝にまとめ、それを『仮名本朝孝子伝』に追加の形で掲載したことを述べた。この経緯から考えても、『仮名本

14　下巻九十四丁表～九十五丁裏。

15　下巻百丁表～百丁裏。

朝孝子伝』が藤井懶斎の著書であることは疑いを容れない。

ことわって置かねばならないが、じつは『仮名本朝孝子伝』を手にとって見る限り、書物のどこにも作者が藤井懶斎だと記されている訳ではない。それどころか「年ふるおきな」なる人物による序文には、『本朝孝子伝』の作者と『仮名本朝孝子伝』の作者とが別人であるような書き方がなされている。

> 此ごろ、たそや我朝の孝子伝つくりいでて、世のおやもたる人の、もてあそびぐさとなせり。やくなきにあらず。されど、まんなにものして、からのふみめきたれば、文字しらぬ児、めのわらはなどの、これをよみがてにするを、あかぬ事となんおもほす人もおほかり。常にむつれきこゆる、ふたりみたり、又しかおもへり。ここにやつがれ、みづからのつたなきをわすれ、ひそかに彼ふみをまきかへし、をよそ、ななそぢあまりひとりが孝のよつかず、めでたきありさまども、つくづくと見そなはし、わがやまとことのはの、今の世にいひならはして、あやしのしづ山がつといへど、ききたどるまじきをもて、つゐに翻訳《ほんやく》の筆にならひ侍る。▼注[16]

また本文中にも、次のように、仮名訳者が藤井懶斎（伊蒿子）とは別人であるような書きぶりがなされている。

> 右三の伝ひとつの論は、二林、人見、▼注[17]三名儒《じゅ》の筆作なれば、此ふみの本書つくりし伊蒿《かう》子とかや、その文字ひとつをもたがへずして、うつしのせ侍けるを、我今かんなにかへむとするに、筆つたなければ、をのづから本文にたがふ方やおほからん。其事実《じじつ》もまた、いささかはぶけり、罪まことに恐るべし。▼注[18]

つまり懶斎は、『仮名本朝孝子伝』がみずからの著作であることを隠そうとしているのである。

この奇妙な韜晦は、懶斎の平仮名本に対する意識に基づく。第四章の貞享二年（一六八五）十月【懶

16　上巻一丁表～一丁裏。

17　林鵞峰、林鳳岡、人見竹洞。

18　下巻七十七丁表。

斎著作と署名】の項で詳述する通り、儒者である懶斎は、平仮名本を刊行する際には、みずからの名前を記したがらないという意識を持っていたのである。当時の儒者にしては珍しく平仮名本を積極的に執筆・刊行するものの、品下った平仮名本に自分の名前を出したくはない、というのが、藤井懶斎の出版意識だったのである。

八　平仮名本出版の両面

さて、一般論として見た場合、漢文を原拠とした仮名本は、単に簡略化・平易化を旨としたものであることが多い。『仮名本朝孝子伝』を懶斎が刊行した目的の一つも、たしかに簡略化・平易化にある。序文では次のように編集方針を述べている。

> さりとて、字ごとにうつし、句ごとにかへて、本書のことばをさとさむとにはあらず。諸伝ただそのおほむねをのべて、よみ見ん人の心に心をつたへむ事をこひねがふのみならし。賛《さん》は、かんなのまねぶべきものならねば、もらす。論も、かならずしも、そのもとによらず。とると、すつると、くはふると、そぐと、すべてをのが臆裁《おくさい》にまかす。其事しりやすく、そのむね得やすからしめんとてなり。これみな本書に罪をえぬべきことはしれど、幼蒙獃痴《ようもうがいち》のためとなんおもへば、かくはからざることをえず。ねがはくば、ゆるされむ。▼注[19]

これによれば『仮名本朝孝子伝』編集に際して作者は、仮名文であることを考慮して賛を全て省き、文章は簡明さを旨とし、取捨選択は自己の裁量で行ったとする。

じっさい漢文版と比較してみると、各伝記のあとに付される「論」を平明な論旨に改めたり（「公卿」部十二「紀夏井」）、故事や典籍からの引用を省略したり（「婦女」部一「兄媛」の「論」）という箇所が散

19　上巻一丁表〜二丁裏。

見される。▼注[20]

しかし『仮名本朝孝子伝』には、もう一つの目的があった。それは「孝子市右衛門伝」の追加を見れば明らかである。懶斎は『仮名本朝孝子伝』をさえ、漢文版での本文訂正につながる、新たな読者からの反応や意見を反映させるチャンスとして利用したのである。

書物の刊行後に寄せられた意見を著者は何らかの形で書物に反映させたい。しかし木版本の修訂やその増刷は、あくまでも商業的な行為である。つまり、売れない本には本文改変の機会がないのであり、それは即ち申し開きの機会が与えられないことを意味する。訂正や反論の必要が意識されながら、商業的な理由でなされなかった例も少なくはなかったと想像される。

一方、さいわいよく売れた『本朝孝子伝』は、修訂や改版だけでなく、平仮名版の『仮名本朝孝子伝』をも刊行する機会に恵まれた。これを懶斎は、漢文が読めない読者のためだけでなく、自分のためにも利用して、周囲からの反響や意見を反映させたのである。

九　神代に孝子をさがす

『仮名本朝孝子伝』における、『本朝孝子伝』の発展的な本文改編としての側面は、「追加」部に市右衛門ら三名の孝子を付け加えただけではない。あと二点を挙げておこう。

まず第一は、序文の直後に「書題」と題する文章が加わったことである。『本朝孝子伝』には無かったこの部分は、次のようなものである。

① ある人、われにかたりていはく、「わが国は神国なり。わが道は神道なり。今この孝子伝を作りて、千はやふる神代の事より端をおこさざるは、是もとをうしなへり。真字《まんな》のほんはすで

20　このほか、『仮名本朝孝子伝』の「論」部に、「本論」なる語が散見されるのも簡略化の一手法である。たとえば「我幸に孝子がありさま、これかれ人に聞侍て、ここにつづりつけ侍る。柴木村より下四人と巻の末なる二女これなり。外はすべて後の人のえらびにゆづりきこゆるとぞ、本論に見えたる」(「今世」部十一「赤穂惣太夫」)というように、『本朝孝子伝』の記事を参照させることで済ませようとしている。

に成ぬ。此ふみ、などて本によらざる。

②　いはゆる本とは、あまてるおほん神は、人にさとして、とをつみおやの止由気《とよけ》のおほん神を、丹波の国より伊勢にむかへて、あがめまつらしめ給ふ。事代主《ことしろぬし》の神は、その父おほあなむぢのみことをいさめ給ふて、この御国を天孫《あめみま》にゆづりて、父の御身をやすくたもたしめ給ふ。木花《このはな》開耶《さくや》姫《ひめ》は、大山祇《ずみ》の神の御むすめなり。天孫見たまひて、『妻とせん』とのたまひけるを、『やつこ父あり、問たまへ』とて、とみにはうけひき給はず。父のおほせをうけて、天孫にちぎりたまひにけり。これみな孝の御心せちなるにあらずや。

③　されば孝は神代より、かくめでたくおこなはれて、千代よろづ代、我国民の、そのかぞいろにつかふまつれる、心の水のみなもととなれば、ながれきよくて孝なる人は、その心、神の御心にかなひて、いみじきさいはひをうけたもち、にごりて孝ならざる人は、其心、神の御心にたがひて、おそろしきわざはひにあふ事、それまた影ひびきのごとし。人しらでやはあるべき。ねがはくば、とく是をしるせ」となんいへり。

④　此こと、誠にたうとし。我すなはち、ここにしるして、巻をひらくの第一義とせり。よみ見ん人、それつつしめや。これに継で、本文の、天子、公卿、士庶、婦女、今世、五しなの孝にこころをとどめ、たかきいやしき身におこなはば、つゐに比屋《ひをく》封ずべくなりて、唐虞《たうぐ》はさながら、この御世の天が下なるべし。▼注[21]

①〜③は、『本朝孝子伝』に対する、ある人からの意見である。神代の孝子三件を挙げ、これらを記さず、人代の天皇から語り起こしているのは何ごとか、という批判である。④で著者は賛意を表し、これと本文とを併せ読んで実践すれば、この世はさながら唐虞、すなわち中国上古の聖王である堯《ぎょう》や舜《しゅん》の御代のように治まるだろうとしている。

21　上巻三丁表〜四丁裏。

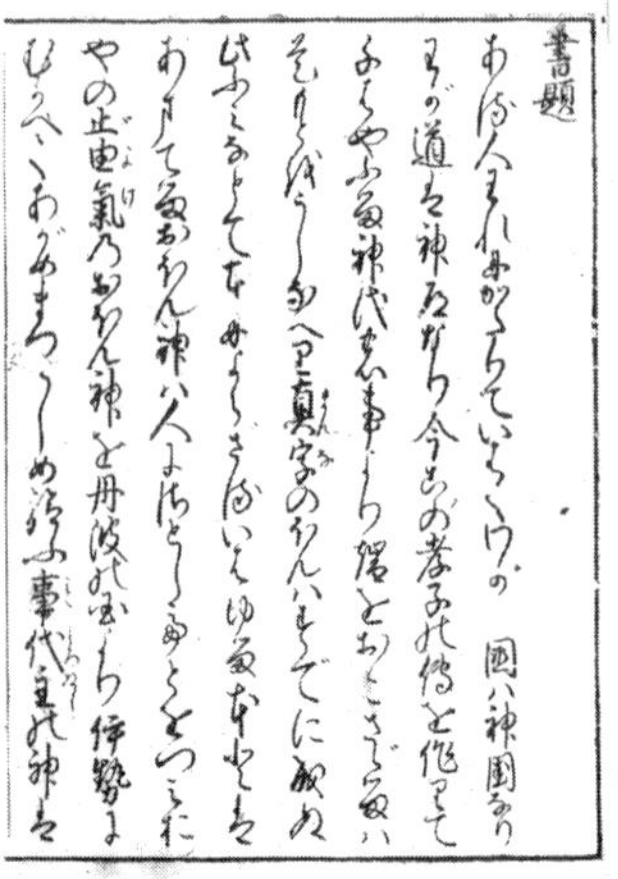

《図67》『仮名本朝孝子伝』「書題」。神代の孝子を加えた（架蔵本）

挙げられた三柱の神々について確認してみよう。

「あまてるおほん神」は天照大神。「止由気のおほん神」は伊勢外宮の祭神である豊宇気比売神《とようけびめのかみ》である。『止由気宮儀式帳《とゆけぐうぎしきちょう》』（延暦十三年〈八〇四〉撰）によれば、雄略天皇の夢に天照大神が出てきて、丹波国比治《ひじ》の真奈井《まない》に座す豊宇気比売神を呼び寄せるよう教え諭したという。豊宇気比売神と天照大神は親子ではないが、これを「とをつみおや」すなわち祖先とみなして、孝の枠組みに当てはめたのである。▼注[22]

事代主の神の逸話は『日本書紀』神代巻下（第九段）正文にある。子である事代主の神のアドバイスによって大己貴神は国譲りに同意したが、同意しなかった神々は、のちに二柱の神によって誅伐された。「父の御身をやすくたもたしめ給ふ」というのは、このことを指しているのだろう。

木花開耶姫の逸話は『日本書紀』神代巻下（第九段）一書第二に見える。天孫すなわち瓊瓊杵尊の求婚に対し、「妾が父大山祇神在り。請はくは、以て垂問ひたまへ」、つまり、父の承諾を得てくださいと答えた、という逸話である。

闇斎学者である懶斎にとって、神代を排除する積極的な理由はない。『仮名本朝孝子伝』「書題」成立の背景に、『本朝孝子伝』刊行後に寄せられた批判・指摘があったことは想像に難くない。

22　鎌田純一『神宮史概説』（平成十五年三月、神社新報社）を参照した。

十　新たな文献の提示

《図68》『本朝孝子伝』「大蔵右馬頭頼房」。仮名版で源頼朝の死に関する情報が書き加えられた。

『仮名本朝孝子伝』の各章段は、基本的に孝子の行状を記す「伝」と、それについて編者の意見を述べる「論」とから成る。

これを『本朝孝子伝』と比較すると、「伝」部に関してはあまり大きな違いは見られない。『本朝孝子伝』は典拠を明示しており、『仮名本朝孝子伝』も基本的にはそれを踏襲しているためである。ただし『古今著聞集』など、仮名文を原典とする章段の場合は、『本朝孝子伝』には採られなかった和歌を新たに掲載するなど、平仮名表記であるという『仮名本朝孝子伝』の特徴を生かして、原典に一層忠実たらんとする例が見える（「公卿」部十三「大江挙周」の章段ほか）。

いっぽう「論」部の方は、その性質上、文章の改編が多い。まず気付かされるのは、平易化・簡明化という基本方針の一方で、『本朝孝子伝』に無かった故事が『仮名本朝孝子伝』で付け加えられることである。左に二例を挙げよう。

第一の例は、「士庶」部十六「大蔵右馬頭頼房」の章段である。頼房は父・石堂某と共に足利尊氏に仕えていた。新田義宗・義興との戦いの時、頼房の父が謀反を企てようとしたのを耳にした。父が謀反者となることを留めようと、将軍に計画を密告し、結果として主君と父を助けたという説話である（《図68》参照）。

『本朝孝子伝』の「論」では、孔子の「父は子の為に隠し、子は父の為に隠す。直その内に在り」

という要言を引き、これに悖《もと》るがごとき頼房の行動は、「変の正」を得るものであったとする。そして楚の弃疾《きしつ》・唐の徳宗《とくそう》李璀《りさい》や、本邦の伊藤九郎祐清・松田左馬助などといった、父の叛心を主君に告げ知らせた人々の例を引き合いに出した後、話題は保元帝に謀反を企てる父・源為義を殺した義朝に及ぶ。編者はこれを「是れ五刑三千、焉《これ》より大なるは莫《な》きの罪人なり」（原漢文）▼注[23]とし、父の没後間もなく義朝も戦死したのは天誅であったとする。義平・朝長・義円・範頼・義経といった子等もことごとく非業の死を遂げている。ただ頼朝だけは志を得たが、それについては次のように説明する。

しかも世伝ふ、「其の終りを令《よ》くせず」と。『東鑑』に卒月を闕《か》き、地を書せず、葬りを書せず。以て証すべし。（原漢文）▼注[24]

頼朝さえも良い死に方が出来なかった。『東鑑』に頼朝の死亡に関する記事を欠くのが、その証拠だとしているのである。

『仮名本朝孝子伝』当該章段の「論」は、漢文版とほぼ同じ趣旨である。だが頼朝の最期に関する『東鑑』の記述の後に、『本朝孝子伝』に無かった傍線部のような文章が書き加えられている。

その子義平、朝長、義円、範頼、義経がともがら、一人その死をえたるなし。女子にをゐても又しかり。ひとり頼朝、さいはひに志をえられけれど、世につたへて云、「その終りをよくせられず」と。『東鑑《あつまかがみ》』に逝《せい》去の月と所とをしるさず、はふむりをいはず。是を証とすべし。又『百練抄』といふふみには、「正治元年正月十一日、頼朝所労によりて出家せられ、十三日におはらる」としるせり。かく終焉《しゆうゑん》のすみやかなるも、又一証とすべきか。▼注[25]

この一文が加えられた経緯は容易に想像できる。無いと思っていた頼朝の死亡記事を、『本朝孝子伝』刊行後に『百練抄』に見出したのである。幸いに、と言うべきか、その記事は『本朝孝子伝』

23 中巻三十五丁裏～三十六丁表。

24 中巻三十六丁表。

25 中巻四十六丁表～同丁裏。

《図69》『本朝孝子伝』「楠帯刀正行」。仮名版で彼の縁談についての逸話が追加された。

の論旨に大きく変更を迫るものではなかった。この『百練抄』の発見が、懶斎の自力によるものだと考える必要はないだろう。『本朝孝子伝』刊行後に寄せられた反響で、『百練抄』のこうした記事を教示してくれる者があった。それを仮名化の機会に書き加えた、と考えるのが自然である。

第二の例は、『本朝孝子伝』随一の長編、「士庶」部十七「楠帯刀正行」の章段である。正成の長子正行は、父の遺戒に従って足利尊氏を討たんとし、ついに果たさず力尽きた（《図69》参照）。

本章の「論」ではまず、正行の無謀とも言える戦いは、南朝を世に立てようという父の遺志を継ぐとは言えないのではないか、というある人の問いを記す。それに対し、北朝に傾いていた時勢の中で、たとえ待ったとしても成就の時は来なかったであろうと指摘し、また病気がちの正行にとって、病床に臥せるよりも早く軍門に死ぬことを選んだのは、「先見の明、勇敢の義、皆な至れりと謂つべし」（原漢文）▼注[26]と弁護している。

『仮名本朝孝子伝』の「論」もほぼ同旨であるが、その末尾に『本朝孝子伝』に無い次のような記事を付しているところが興味深い。

ある人の物がたりに、「みかど、ある時、弁内侍《べんのないし》ときこゆる優《ゆう》なる女房を正行に給はんとのみことのり有ければ、正行、

とても世にながらふべくもあらぬ身のかりの契をいかでむすばん

とよみて奉りて、かたく辞《じ》し申けるよし、『吉野拾遺』といふふみに見えたり」となん。これ

26 中巻四十丁裏。

を見ても、正行が父の遺言、露わするるひまなかりしことをしるべし。▼注[27]

天皇が弁内侍という美しい女性を正行に与えようとしたが、正行は、「どうせ長く生きる身ではないので、妻を迎えるなどという仮初の契りをどうして結ぶ必要がありましょうか」という和歌を詠んで固辞した、という記事が『吉野拾遺』に載っている、というのである。

この記事は、正行が父の遺命に従う者であるとする「論」の論旨に付け加える傍証として、大変有効な説話である。本文中に「ある人の物がたり」によるものだと言う通り、『本朝孝子伝』刊行後に教えられたものであろう。

ここまで、『仮名本朝孝子伝』の段階で新たに書き加えられた箇所を「追加」章、「書題」、そして新たな文献の提示二例と、さまざまに確認して来た。『本朝孝子伝』から『仮名本朝孝子伝』に至る平仮名化の目的が、単に読者を広めるための平易化だけではなかったことが分かる。『本朝孝子伝』刊行後に寄せられた反響や情報に対応するための、増補改訂版の役割も果たしていたのである。▼注[28]

十一　おわりに

以上見てきた通り、『本朝孝子伝』はその刊行直後の数年間で、修訂、改版、平仮名版刊行を繰り返した。その背景にあったのは、刊行直後に寄せられた反響と、それを訂正して世に出そうという著者・懶斎の熱意と、その熱意を実現するに足る、該書の流行であった。

刊行後の反響とそれへの対応をめぐるやりとりは、現代でもしばしば見られるものではある。しかし『本朝孝子伝』の事例が面白いのは、それが木版本という当時のメディア事情のもとに行われている点である。初版の刊行後たった十ヶ月で全丁を彫り改めた理由も、平仮名版の刊行のさいに、

27　中巻五十二丁裏～五十三丁表。

28　妻鹿淳子『近世の家族と女性　善事褒賞の研究』（既述）は、岡山大学池田家文庫本『孝子伝仮名書近世』を、「小原大丈軒と藤井懶斎との交友関係から、池田家文庫本は懶斎の『仮名本朝孝子伝』を出版する前の段階のものを書写したのではないかと考えることもできる」とする（三九ページ）。しかし本節で見

単なる平易化だけではなく増補改訂という側面も含めた理由も、版木というメディアの物理的、商業的な条件下ならではの現象だったと言えるだろう。

最後に問いたいのは、この増補改訂の熱意を支えたものは何だったのか、という問題である。著書の内容に対する多くの意見や、それに対する著者の誠実な対応は、当時のあらゆる種類の書物においてなされていただろうか。おそらくそうではないだろう。たとえば同じ時代の小説である浮世草子で、著者が刊行後のここまで責任を持って改稿していた事例を他に知らない。

『本朝孝子伝』の刊行直後がこれほどまでに白熱した理由は、それが歴史書であったからであり、伝記集であったからであり、そして、「孝」という多くの人々が関心を持ち、著者が真摯に訴えたいテーマだったからだと言えよう。つまり著者・懶斎にとっても、読者にとっても、それは読み捨てられるような慰み草ではなく、思想と歴史認識に関わる重要な書物だったからである。当時「孝」が持った文化力は、こうしたところにも発揮されているのである。

て来た『仮名本朝孝子伝』の出版経緯を考えれば、その可能性は極めて低い。岡山藩で独自に平仮名化したものと考えた方が自然だろう。

第四節

弥作が孝子日本代表になるまで

――水戸藩の表彰と顕彰

平成十六年度、筆者は非常勤講師先の立教大学で「日本文学特講7」という授業を担当した。その受講生であった当時文学部史学科二年生の矢吹美貴氏（平成十八年度卒、現・読売新聞社）は、期末レポートを卒業論文「孝子弥作を通して見る江戸時代の孝子表彰」に発展させた。この論文は従来注目されて来なかった水戸藩前期の孝子表彰と孝子伝について、新資料を紹介しつつ、孝子顕彰の本質にも迫ろうとするものであった。筆者は、これを学術論文として整備し公表したい旨を矢吹氏に相談し、快諾を得た。

右の経緯を経て成ったのが本節である。全体としておおむね矢吹論文に基づくが、論旨・構成・文章について筆者が大きく変更した箇所も少なくない。また引用資料等については筆者がすべて確認したので、不備があればその責めは筆者に帰するものである。

一　顕彰される理由は

天和二年（一六八二）三月、徳川綱吉は駿河国の農民・五郎右衛門を孝子として表彰し、当時彼が所有した田地九十石の年貢を永代免じる旨の朱印状を与えた。『徳川実紀』はこれを「これ当家の世となり、孝子節婦等を旌表せらるるはじめなり」、すなわち江戸時代に入って初めて行われた孝子表彰だと記している。

しかし第二章第一節「綱吉による孝行奨励政策の背景」に見た通り、将軍よりも先に、地方の大名が領内の孝子良民を表彰していた。水戸藩二代藩主・徳川光圀もその一人である。綱吉による表彰の八年前にあたる延宝二年（一六七四）、玉造（現・茨城県行方《なめがた》市）の孝子・弥作を表彰している。

弥作は現在、茨城で最も著名な孝子と言って良いであろう。明治時代前期に宮内省から刊行され、各学校に下賜された『幼学綱要』では、日本の孝子を集めた八名のうちの一名に選ばれている（《図70》参照）。また川島先則「弥作の親孝行　東福寺の孝子弥作祭」[注1]によれば、大正四年（一九一五）には弥作二百回忌の供養が行われ、子孫である塙富太郎の依頼で、栗田勤の撰文による碑が建てられた。また昭和四十年には孝子弥作顕彰会が発足し、牛久にあった弥作の銅像を弥作の菩提寺である玉造東福寺に移設。岡里利隆撰文による碑も建てられている。

この弥作についての研究史を眺めると、岡里利隆著・菊池謙二郎校訂『孝子弥作伝』（昭和五年十月序刊。以下「岡里稿」と略称する）によって、大きな成果が成し遂げられている。[注2]

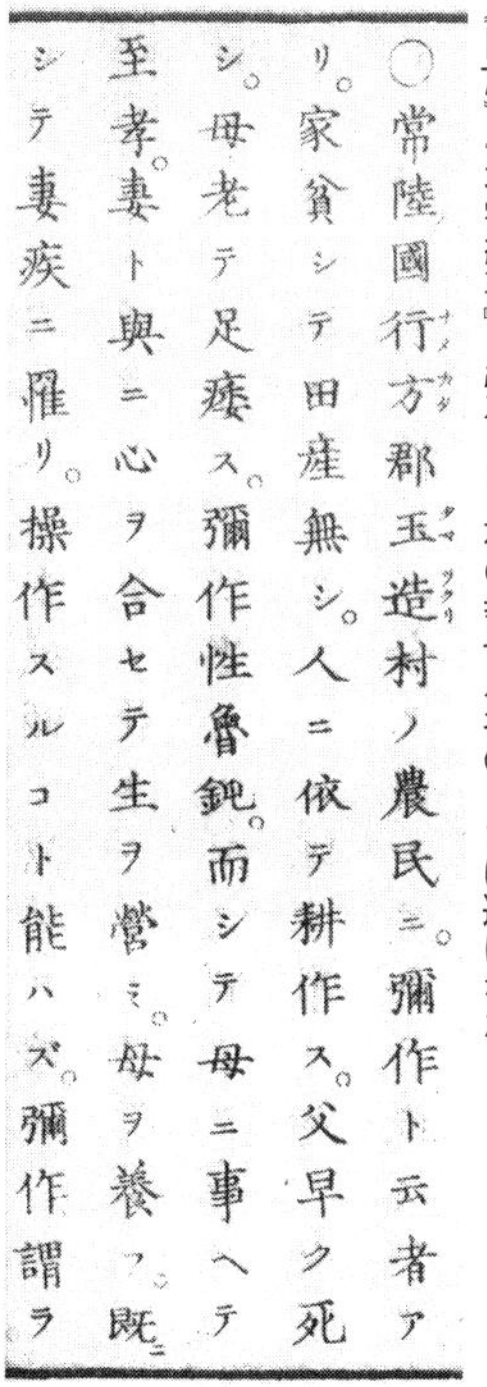
○常陸國行方《ナメカタ》郡玉造《タマツクリ》村ノ農民ニ。彌作ト云者アリ。家貧シテ田産無シ。人ニ依テ耕作ス。父早ク死シ。母老テ足痿ス。彌作性魯鈍。而シテ母ニ事ヘテ至孝。妻ト與ニ心ヲ合セテ生ヲ營ミ。母ヲ養フ。既ニシテ妻疾ニ罹リ。操作スルコト能ハズ。彌作謂ラ

《図70》『幼学綱要』。弥作は日本の孝子八名のうちに選ばれた。

該書は『甲寅紀行』『桃源遺事』「常陸孝子弥作伝」『義公遺事』などを資料として挙げ、さらに東福寺過去帳、小宮山楓軒添書、大場惣介宛吉成又右衛門書翰、大場家旧記などにも既に眼を通している。このあとも鼓乙吉「孝

1　『全国の伝承江戸時代人づくり風土記（8）ふるさとの人と知恵　茨城』（平成元年三月、組本社）所収。

2　活字版。なおこれに先んじて二種のこより綴じガリ版刷り本が存する。早く成ったと思われる一点は、表紙に篆書で「孝子弥作伝／岡里利隆」とし、見返しに目次と岡里の「はしがき」（昭和五年九月十日稿）を付す。三点とも大場家蔵。

子弥作」[注3]を始めとして、少なからぬ数の弥作研究が発表されているが、資料的には岡里稿を越えるものはほとんど見えない。あらたに加わった資料といえば、古文書整理を学ぶ会「孝子弥作建碑に関する楓軒書状と画六枚」[注4]による、孝子弥作の表彰を描いた短冊画の紹介が挙げられる程度である。つまり弥作に関する資料は、すでに岡里稿の時点でほぼ整備されていると言える。

自序によれば、当地の小学校長に赴任したばかりの岡里は、地元の孝子が時の流れに埋もれることを憂え、また自らの今までの不孝を顧みて、弥作伝の編纂を思い立ったという。当時の近世孝子の研究は、古くは地元の偉人の顕彰として、さらには孝という徳目の普及を目的として行われるのが常であった。岡里稿もそうした例に漏れなかったと言って良いだろう。

ところで、この岡里稿へ菊池謙二郎が寄せた序文は、次のような興味深い指摘をしている。

> 義公の心を動かして特に其の恩賞を蒙つた孝子は三人あつた。玉造村中の浜の弥作と山形村の大串武次衛門と村松村の治兵衛とである。三人の中で最も名高いのは弥作であつて武治衛門でも治兵衛でもない。これは一体どういふ理由であらうか。三人とも同じく名君義公から褒賞され其の孝行にも等差があつたと想はれないのに独り弥作の名声だけが人口に膾炙してゐるといふのはいかなる事情に原づくのであらうか。是はちよつと考へさせられる問題である。[注5]

まず菊池は、他にも光圀に表彰された孝子はいたのに、なぜ弥作だけがこうも名高いのか、と疑問を投げかけている。たしかに光圀が表彰した孝子は弥作だけではない。元禄四年（一六九一）には那珂郡山方村（現・茨城県常陸大宮市）の大串武治衛門[注6]を表彰し金若干を与えている。また同十二年（一六九九）には同郡村松村（現・茨城県東海村）の治兵衛を表彰し、金一包を与えている（『桃源遺事』ほか）。彼ら三名は、ともに光圀から表彰されたことに変わりは無いのに、現代における扱いは同様ではない。弥作は先述の通り大々的に顕彰されて来たが、他の二名が近代に入って派手に顕彰

3　「玉造史叢」第五集（昭和三十九年六月、玉造町郷土文化研究会）所収。

4　「玉造史叢」第四十四号（平成十五年四月、玉造町郷土文化研究会）所収。

5　一ページ。

6　武治衛門の漢字は、史料によって、武「治」衛門、武「次」衛門と表記にゆれがある。本稿では武治衛門に統一した。

された形跡は、ほとんど見られないのである。

菊池の着眼は、当時としてはかなり斬新であったように思われる。孝子を手放しで顕彰することが多かった当時の近世孝子研究の中にあって、顕彰される孝子とされない孝子との境目は何なのか、という問題を投げかけているのである。そしてこの視点は、今なお十分に有効である。

この問いかけに対する答えとして、菊池は二つの理由を挙げている。まず弥作が特に貧しかったことを挙げ、「この極貧が世間から同情を寄せられた上に『父ははやく死し母は老たりしかも腰ゐ▼注[7]となれり』といへる一家の不幸なる事情が強く世間の同情を惹き起したものであらう」▼注[8]としている。もう一つの理由には性格を挙げる。弥作は他の二名と異なって愚鈍な人物であり、「微塵の才気も悪気もない小供《（ママ）》のやうな無邪気の鈍物に対して可憐の眼を向け同情の念を寄せるのは人情の自然である」▼注[9]としている。つまり菊池は、弥作が脚光を浴びた理由は、その行動ではなく、貧しくかつ愚鈍であったという境遇や性格のほうにあった、と結論づけているのである。

なるほどたしかに、弥作にはそのような境遇や性質の特色はあったかもしれない。しかしそうした弥作自身の問題だけで、彼が受けた顕彰は説明しきれるのだろうか。孝子の顕彰は、孝子自身でなく弥作を評価した周囲の人々、また後代の人々が行うものである。彼らの事情も考えない訳にはいかない。

このような問題意識から、本稿では、弥作の周囲や後代の人々の視点に立って、弥作の顕彰について考えてみたい。弥作がかくまで顕彰された経緯とその理由について、できる限り資料に即して考えてみたいと思うのである。

7 腰抜け。

8 一ページ。

9 一〜二ページ。

二　弥作の表彰から、伝記が書かれるまで

延宝二年（一六七四）四月二十二日、徳川光圀は領内巡視を兼ねて水戸城を出発し、五月九日に江戸小石川藩邸に至った。光圀の生涯で最も長旅だったといわれるこの道中を記した『甲寅紀行』（写本）には、出発二日目の二十三日に次のような記事が見える。

○二十三日、微《スコシ》ク雨フル。辰ノ刻、小川ヲ出テ玉造村ヲ過ル。此地ニ村民弥作ト云者アリ。至孝、国中ニ聞ヘタリ。事ハ別記ニアリ。自ラ黄金十両ヲ投ジテ、イササカ其孝行ヲ旌《セイ》ス。▼注〔10〕通りかかった領内の玉造村で、光圀は孝子弥作に黄金十両を与えたという。先述の通り、駿河の五郎右衛門が幕府から孝子として表彰されるより、八年前のことである。

しかしこの弥作は、以後しばらくの間、大きく扱われた様子がない。たとえば藤井懶斎『本朝孝子伝』（貞享二年〈一六八二〉十月刊）は当代の孝子二十名を集めて「今世」部としているが、その中に弥作は収められていない。またほぼ同時期、当代の孝子説話を積極的に収集した人物に椋梨一雪がいる。彼の編んだ説話集『古今犬著聞集』に収められた少なからぬ数の孝子説話にも、弥作は収められていないのである（第一章第一節の【表1】および【表2】参照）。

弥作の孝子伝が成ったのは、表彰の二十年後、元禄七年（一六九四）夏まで待たねばならない。これは綱吉に表彰された五郎右衛門の伝記が書かれた天和三年（一六八三）九月からも約十年遅れたということになるのである。

では、このようにさほど注目されていなかった弥作の孝子伝が、表彰から二十年も経って突然書かれたのはなぜだったのだろうか。

この問題を考える上で手がかりとなりそうなのが、光圀が没してさほど経たない時期に書かれた

10　『甲寅紀行』の引用は、徳川圀順『水戸義公全集』中（昭和四十五年十月、角川書店）の活字翻刻による。二一九ページ。

と思われる[注11]光圀の逸話集『義公遺事』（写本）の記事である。

一、先年南領御巡ノ節、玉造浜村ノ小民弥作孝行ノ段達㆓御耳㆒、金子若干ヲ被㆓下置㆒。其後山形村ノ武治衛門孝行ノ段、達㆓御耳㆒、恩賜有㆑之、西山ヘモ切々被㆑為㆑召、村役人ニナル。中村彦五郎、武治衛門伝ヲ作ル。偶《たまたま》御覧ニ備リテ、「弥作伝モ書セ候様ニ」ト被㆓仰付㆒ルルニ付、郡奉行ノ方ヨリ、委細ノ書付ヲ取、伝ヲ書綴リ、備㆓御覧㆒。両人孝行ノ委曲ハ伝ニ見タリ。（下略）[注12]

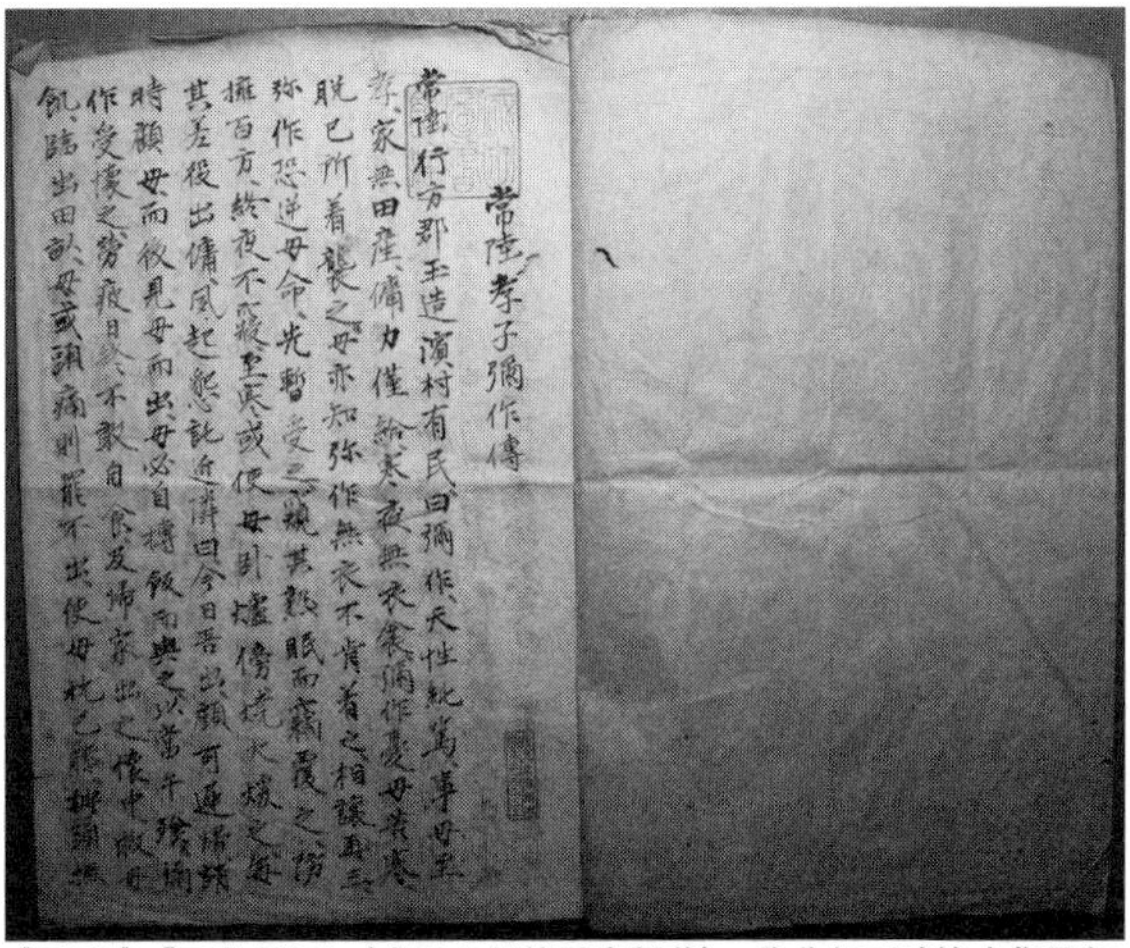

《図 71》『二孝子伝』（成田山仏教図書館蔵）。弥作伝が武治右衛門伝の続編として書かれたことを示す。

武治衛門の伝記は、光圀が命じて作ったのではなかった。中村彦五郎が自主的に作った武治衛門の伝記を、光圀がたまたま見たものだという。しかも光圀は、そのたまたま見た伝記が気に入ったのか、弥作の伝記も書くよう良直に命じたというのだ。

この経緯を具体的に証明するのが、成田山仏教図書館蔵『二孝子伝』（写本）である。該書はこの一本の他に今のところ所在を知らず、従来の弥作研究でも言及するものを見ない資料である。

書誌事項について簡単に記しておく。こより綴じ大本一冊。墨付三丁の薄冊である。題名は表紙に「二孝子伝」と打付書きするのみ。巻末

11　該書には序跋文などが無い。しかし文中に「先年」とあることを始めとして、没後さほど経っていないことを示す文言が散見される。

12　『義公遺事』の引用は、常磐神社・水戸史学会編『水戸義公伝記逸話集』（昭和五十三年七月、吉川弘文館）の活字翻刻による。底本彰考館蔵本。

に「元禄七年甲戌之夏　中村良直識　此時十六歳」と記されて著者が裏付けられる。巻末には無署名の識語があり、これによると、この一本は山方（形）村からの求めがきっかけで写された物と思われる。▼注[13]

該書の構成は「常陸孝子弥作伝」と「常陸孝子昌徳伝」（武治衛門伝）とから成る。先に見た『義公遺事』では、良直の書いた武治衛門伝を見た光圀が弥作の伝をも誂えたというが、この『二孝子伝』こそ、まさにそのような事実があったことを示す物証である。このほか写本で伝わった『義公遺事』諸本のうち茨城県立歴史館本も、巻末に「常陸孝子弥作伝」と「常陸孝子昌徳伝」を付載する。成立事情そのままに、「常陸孝子弥作伝」と「常陸孝子昌徳伝」とは一組として伝わっている訳である。▼注[14]

さてその「常陸孝子弥作伝」を、『二孝子伝』から引用しておく。『義公遺事』茨城県立歴史館本掲載の同伝記とは若干の異同があるので、その異同は（　）で付記した。

常陸孝子弥作伝

常陸行方郡玉造浜村、有民曰弥作。天性純篤、事母至孝。家無田産、傭力僅給。寒夜無衣衾。弥作憂母苦寒、脱己所着襲之。母亦知弥作無衣、不肯着之。相譲再三、弥作恐逆母命、先暫受之、窺其熟眠而窃覆之。防擁百方、終夜不寝。至寒或使母臥炉傍、焼火煖之。毎其差役出傭、夙起懇託近隣曰、「今日吾出顧可遅帰、請時顧母」。而後見母而出、母必自搏飯而与之、以当午飧（餐）。弥作受懐之、労疲日（終日）終不敢自食。及帰家出之懐中、救母飢。臨出田畝、母或頭痛則罷不出。使母枕己膝、按頭撫額、昼夜不離側。待母復常而後出。母又有思魚味之色、則弥作抛擲家事、行赴水際。自捕魚蝦、或拾田螺、調味而供之。凡其平日飲食、所進母者欲精、（而自）日喫者不厭粗。母時（時）々（詣）諸仏寺、遊村里、則弥作必自負以慰其意。弥作及四十才（歳）而未有妻。母常勧娶妻。弥作辞謝曰、「吾素貧窘、水菽之奉、猶不能供。胡然娶妻為」。遂不肯焉。（篤行）行有年、里民服之、郡吏感之。延

13　識語は「右玉造村弥作事大田郡（ママ）に不聞といへども、山形（ママ）村無事（ママ）右衛門至孝の故を以、二孝子伝を山方村え被下候由、村より申出候間、不省斯に載者也」とある。太田郡とは、当時の行政区分である郡（「組」ともいった）の一つであり、武治衛門の生まれた山方村の属する地域である。当時は、他に、武茂・南・松岡・野々上の四郡があり、弥作の玉造村は、南郡に属していた。太田郡では弥作のことはよく知られていないと言っているが、山方（形）村からの求めは、太田郡山方村の孝子・無事右衛門と、太田村の孝子との両方の伝記であった。

14　著者に関する記述は『二孝子伝』とは異なり、「右中村新八郎顧言所筆記也」とある。なお国文学研究資料館ホームページ「日本古

宝二年、水戸公在藩、南巡過於此。聴其事、嘆賞不已、辱召見於馬前、賜黄金若干以励之。弥作感恩之辱、弥勤《（作）》弥謹。隣里郷党、皆称其孝、以為邦家美談。孝養遂志、後六年母終天年。里民相議、以其余金、買田娶妻、以編農戸。弥作今年六十歳、見猶存矣。

讃曰、

弥作弥作　一个《（介）》貧児　為傭致力　励孝不衰
貯飯于懐　捕魚于川　脱衣禦寒　通宵不眠
呉猛之志　王祥之心　昔人得金　今尓賜金
感于邦家　不可掩誠　孰致伊祉　昊天日明

二つの伝記の執筆者、中村良直は彰考館総裁・中村篁渓の子である。林鳳岡に学び、宝永五年（一七〇八）に水戸藩に仕え、[注15]『中村雑記』の著者としても知られている。「常陸孝子弥作伝」と「常陸孝子昌徳伝」はともに、良直が十六歳の時に記したものである。

このように弥作の伝記作成は、武治衛門に便乗するような形で行われることになったのである。たしかに武治衛門に関する資料を探ると、彼が当時、かなり大きな扱いを受けたことが分かる。先にも見た『義公遺事』には、武治衛門が「西山へモ切々召カセラレ、村役人ニナル」とあり、村役人に召し上げられたことが分かる。また後代の資料となるが、藩の命によって小宮山楓軒が編んだ地誌『水府志料』（写本、文化四年〈一八〇七〉成）には武治衛門について「又郡奉行に命じて、国中に令し知らせらる。（中略）武次衛門名を無事衛門と改給りしと云」[注16]と記す。その孝行は国中に広められ、光圀の命で名前まで改めることになったらしい。『山方町誌』[注17]「一四人物（二）大串無事衛門」には、元禄六年（一六九三）八月、郡奉行鷲尾覚之允による達《たっし》が写真掲載されており、実際に武治衛門の孝行が藩内で広く顕彰されていたことが分かる。

典籍総合目録データベース」には、旧彰考館蔵書として『常陸孝子伝』（一冊、中村良直作、元禄七年成立）二部の所蔵を記す。詳細は不明ながら、これもおそらくは『二孝子伝』と同様の構成ではなかったかと推測する。

15　『国書人名辞典』第三巻「中村浩然窩」の項による。

16　『水府志料』の引用は、国立国会図書館本（請求番号…八二六／一三）による。第四巻「山方村」。二丁表。

17　昭和五十二年四月、山方町文化財保存研究会。

つまり、光圀の時代に孝子として著名であったのは、弥作よりもむしろ武治衛門の方だったのである。武治衛門の表彰が、そして、伝記がなかったら、弥作の伝記が作られることはなかったかもしれない。ましてや、後世において弥作が日の目を見ることも無かったであろう。

三　弥作伝の系譜

右に見た「常陸孝子弥作伝」のすぐ後、別種の弥作伝が書かれた。『桃源遺事』（写本。一名『西山遺事』）である。該書は、光圀が没した翌年の元禄十四年（一七〇一）に、三木之幹、宮田清貞、牧野和高の三人によって編集された光圀の伝記・逸話集である。複数ある光圀の伝記の中でも、最も広く流布した書物とされている。

その巻三に掲載される、弥作に関する記述は次のようなものである（傍線引用者）。

一、茨城郡玉造村の中の浜（浜は玉造村の内の小名也）と申処に、弥作といふもの有。家至つてまづし。父ははやく死して、母老たり。しかも腰居となれり。弥作、性究て愚鈍なれども、母に仕へて孝行成事は、おさおさ聖賢にも不レ可レ恥。弥作妻と共に心をあはせて渡世をいとなみ、母を養んと存候に、其妻いつとなく病身に成て、力を合する事能はず。弥作おもひけるは、「斯ては母の養も、却て闕こと有なん」とて、あかぬ中ながら妻を去て、母と我とのみ住けり。元来田畑も持ざりければ、人の田畑を受作と云事にして作れり。扨田をすき、畑をうたんとする日は、母独家におらしめん事を悼み、藁にて笈などのやうなる物を組み、母を乗せて負ひ、前には農具をかかへ、手には母の飢渇をたすけんが為、喰もの并にやくわんに茶を入て携行、其所に至ぬれば、夏は涼しく、冬は暖かなる方を求て、母をおろし居て、田にまれ畑にまれ、一うね二うねうなひぬれば、母が側へ寄て顔色をうかがひ、ものいひ慰め、茶酒食事など望に任せて進レ之、田畑をうなひ申候。母常に酒を好めり。日毎に酒を求め貯へて、ともしからざらしむ。家に在ては、日夜心を尽せる事、筆にも尽し難し。尓レ時延宝のはじめ、西山公此事を聞召及れ、南領へ御出の節、弥作が門に御立寄、彼ものをめし、金一すくひ、左右の御手を並べ御持候て、弥作が頭の上に御さしかざし、孝行の段御褒被レ遊、「此金を以て、母を心よく育申べし。此金我があたふる所にあらず。天より汝にあたへ給ふ所也」とて被レ下候。扨所の役人をめし、弥作は勝れて愚鈍なる者と聞しめし被レ及候。此金人に奪ひとらるる事も有べし。汝ら能く計ひ、田畠をと丶のへとらすべし。亦向後懇に可レ仕よし被二仰付一。其後儒臣に被二仰付一、弥作が伝を御書せ被レ成候。▼注[18]

末尾の破線部に弥作の伝記が書かれたという記述がある所から考えて、この伝記が先に見た「常陸孝子弥作伝」より後に出来たものであることは間違いない。

「常陸孝子弥作伝」と『桃源遺事』所収の弥作伝とを比べると、その間にはいくつかの違いがある。『桃源遺事』で実線を施した箇所がそれで、「弥作が門」に立ち寄って褒美を与えたとの記述や、「父ははやく死し」「弥作性きはめて愚鈍」など、「常陸孝子弥作伝」に出てこない内容がある。

そして最も大きな違いと思われるのは、それぞれに実線を施した、弥作の妻に関する記述である。「常陸孝子弥作伝」は、弥作が四十歳になった時、母は妻を迎えるように勧めたが、弥作はそれを拒否し、母と二人で暮らしていったという内容である。これに対し『桃源遺事』では、弥作は妻とともに母を養っていたが、その妻が病気にかかり、弥作は「このままでは母を十分に養うことができない」と思い、妻を里に返し別れたと書かれている。

これ以降、弥作の孝養を伝える文章が書かれる場合、それらは全て、この「常陸孝子弥作伝」か

18 『桃源遺事』の引用は、常磐神社・水戸史学会編『水戸義公伝記逸話集』（昭和五十三年七月、吉川弘文館）の翻刻（底本国立国会図書館本）による。一三〇〜一三一ページ。

『桃源遺事』のどちらかを源流とする系統に属するようである。「常陸孝子弥作伝」の系統を引くものは、安藤為章『年山紀聞』（正徳期成、文化元年〈一八〇四〉刊）、小宮山楓軒「孝子弥作墓表」（文政五年〈一八二二〉成）や、『常陸国史』（明治二十七年〈一八九四〉成）などである。『桃源遺事』の系統を引くものには、小宮山楓軒『水府志料』（写本、文化四年〈一八〇七〉成）や飯田忠彦『野史』（嘉永四年〈一八五一〉成）、『幼学綱要』（明治十五年〈一八八二〉刊）などがある。

四　百年の黙殺

右にいくつかの弥作伝を挙げたが、弥作伝の二源流となる「常陸孝子弥作伝」と『桃源遺事』とを除けば、ほとんどが文化期以降のものである。ここから分かる通り、弥作は元禄期に二つの伝記が書かれはしたものの、それからおよそ百年ほどのあいだ、さほど顧みられて来なかったらしいのである。「常陸孝子弥作伝」は、その残存状況や引用のされ方からして、さほど流布したとは見られない。また『桃源遺事』も、あくまでも光圀の逸話集であり、孝子伝として独立して取り上げられた様子は見出し難いのである。

安藤為章の写本随筆『年山紀聞』は、為章が正徳六年（一七一六）に没する直前まで書き続けられたものらしい。▼注[19] その中に「孝子弥作」の一章があり、これは弥作を取り上げた早い例と言うことができる。しかしこれもあくまで写本随筆として伝わったものであり、刊行されるのは文化元年（一八〇四）まで待たねばならないのである。

象徴的なのは『官刻孝義録』（享和元年刊）であろう。該書の巻之八「常陸国」の目録には、四百人を越える孝行者・貞節者・奇特者らが掲載されている。時代も元禄八年に褒美を受けた多賀郡大

19　『日本古典文学大辞典』第四巻（一九八四年七月、岩波書店）「年山紀聞」の項（福田耕二郎執筆）による。

久保村の奇特者新五郎、元禄十四年に褒美を受けた久慈郡沢又村の奇特者忠三郎など、早い時期のものも掲載されている。しかし光圀時代の「孝子」は一名も掲載されていないのである。『官刻孝義録』に各藩が寄せた史料の性質は藩によってまちまちである。弥作をはじめとする光圀時代の孝子三名が漏れたのも、藩内の措置によるものであると思われるが、なぜ弥作らが漏れたのか、はっきりした理由は明らかではない。ただ少なくとも言えるのは、この時期までの弥作は、どうしても欠かせない存在と藩内では認識されていなかったということである。

このように弥作は、近世中期においては、ほとんど顧みられることがなかった。現代では著名な弥作伝にこのような百年があったことは、近世における孝子評価の問題を考える上で重要な材料となるのではないだろうか。孝子に対する評価は絶対的なものではなく、時代によって大きく変わるのだということを、弥作の享受史はよく示してくれているのである。

五　文政期の碑建立と小宮山楓軒

しかしこの弥作も、文政期に入って再顕彰の動きが見られるようになる。文政五年（一八二二）二月、弥作の墓表が菩提寺である玉造村（現・行方市）の東福寺に建てられたのである。墓表の文面は次に示す通りである。

孝子弥作墓表

水戸留守居物頭　小宮山昌秀　撰文

予嘗承乏治民、管南郡。聞玉造浜民談孝子弥作事、益知義公仁沢入民之深也。蓋弥作細民、無田産。父死母病躄、不能立。弥作佃田傭作、以養之。居常黎藿不厭、日事耒耜。躬負母、往田、選便所居之。一鋤一話、輟畊省視、容色和愉。供茶食慰藉之。奉養竭其力。母好酒。捕魚蝦勧其飲。母信仏。負之詣寺観。又与訪鄰舎、絮話移刻。寒夜脱衣着母。々不受。及其熟睡、窃掩之。凡先意承色。母之所欲、毫釐不差。母病則枕己膝、抑掻扶掖、不敢少懈。偶有公事差役、則懇托鄰人而出。母搏飯与之。飢尚不食、持帰差母。弥作年四十。母命娶。不肯曰、「貧不能養母。何妻之娶」。如此者、十年如一日也。人未嘗睹其厭倦不平之色。母是以予楽忘其貧。延宝二年、義公巡視封疆、召見弥作。手匊黄金、賜之曰、「是天賜汝也。以養母焉」。又命村吏、買田授弥作、編農戸云。而弥作無後。田今為他有。里正大場伊衛門、憫其如此。求其疎属、為之後。復還其田。欲碑其墓、請予表之。予未果而去職。伊衛門又来請如初。弥作死、距今百有余年。其骨既朽而、其名益顕。於戯、義公天縦英邁。表旌孝子、以励風俗。民至今称之、不容口。終為孝子、立其後、碑其墓。何啻甘棠之遺愛哉。詩曰、「孝子不匱、永錫尓類」。弥作之謂也。

文政五年壬午春二月　水戸大番頭藤田貞正書及篆額

（碑の裏面）碑匠　柏崎村　中嶋治兵衛宗義

さて問題は、これまでさほど顧みられてきたとは言い難い弥作の碑が、なぜこの時期になって建てられることになったのか、という点である。

碑文を撰した小宮山楓軒については森銑三「小宮山楓軒」[注20]が備わる。楓軒は名・昌秀、通称・次郎衛門。『大日本史』編纂に携わり、六代藩主・治保の侍読を務めるなど、それまで学者として活躍してきたが、寛政十一年（一七九九）水戸藩南部の紅葉組の郡奉行を務めることになった。紅葉組とは、孝子弥作を輩出した玉造村も含まれる地域で、楓軒はその中でも特に「無類困窮手ニカ、ラザル難村十四ヶ村」（『清慎録』）といわれた荒廃した地域の復興を任された。

楓軒は、この誰からも見捨てられてしまった十四ヶ村の中心部にあたる紅葉村に役所を移し、自

20　『森銑三著作集』第八巻（昭和四十六年七月、中央公論社）所収。解題によれば、昭和十二年五月の『日本及日本人』に発表した「郡奉行としての小宮山楓軒」とほぼ同内容とのことである。

《図 72》弥作顕墓表（茨城県行方市東福寺）。表彰から百年以上経って建てられた。

ら手代たちと共にそこに住み、直接村民に接することで、この荒れ果てた村を立て直そうとしたのである。このように郡奉行が管地の農村に在住することは、農政刷新の上でも、極めて重要な改革であった。文政三年（一八二〇）に水戸へ戻るまで、二十年余りも郡奉行として民政を担当した例は、水戸藩では楓軒以外に見られない。かくしてその紅葉組一帯は、農村の人口も増加して風儀も正しくなり、村民の生活も向上するようになったというのである。

また森稿は、楓軒がこの地に学校を興し、巡回講話をし、年少の吏員には書物講釈をしたり古人の嘉言善行を語ったりしたと記している。このような時、弥作の逸話も話されたであろうことはまず間違いない。先にも述べた通り、楓軒が編んだ水戸藩の地誌『水府志料』に弥作の伝記が掲載されているが、この原稿が成ったのは、楓軒の郡奉行在任中のことだったからである。▼注[21]こうして育まれた学問道徳を好む気風が、地域の古い孝子を顕彰することにつながったのは想像に難くない。

しかし逆に考えれば、弥作の生地にたまたま小宮山楓軒という民政家を得ていなければ、彼がこうして日の目を見ることは無かったと言って良いかもしれない。孝子伝が書かれてからもあまり着目されることがなかった弥作が、百年以上を経た後に改めて着目され、墓表が作成されるに至った

21 「解題」（『茨城県史料 近世地誌篇』〈昭和四十三年三月、茨城県〉所収）。

背景には、楓軒の赴任という偶然の要素が大きいと言わざるを得ないのである。

ただし、この時期の弥作再顕彰を、全て楓軒の善政のためだと片付けてしまうのは大掴みすぎるだろう。そもそも弥作碑は、楓軒が自発的に書いたものでは無いのである。楓軒へ弥作碑を依頼した側にも光を当てる必要がある。

六　弥作家再興と大場家

「孝子弥作墓表」に施した傍線部の通り、大場伊衛門は、楓軒が郡奉行を務めていた頃から弥作墓表の碑文を書いてくれるよう依頼してきたが、楓軒は書くことなく職を辞めた。しかし伊衛門は、楓軒宅にまで訪ねてきて再び懇請したというのである。墓碑建立は、大場伊衛門の強い意欲で進められたものなのであった。

そもそも大場家は、江戸時代、歴代にわたり大山守兼勧農役を務める家であった。大山守とは、藩有林を管理することが主な職掌であったが、他にも、庄屋、治安・警察業務、諸税の徴収など多くの役割を兼ね、事実上玉造村の取りまとめ役であった。[注22]

すでに岡里稿ほか多くの研究が挙げている所なので詳述しないが、大場家文書の中には、当時庄屋を務めていた「大場某」こと大場家十代当主・大場伊衛門可政が碑文を楓軒に頼み、その返答として文政五年（一八二二）二月十八日、楓軒から送られた書状が残っている。[注23] 石碑が大場伊衛門の依頼であることは疑いないようである。

また同じ傍線部の「而弥作無後。田今為他有。里正大場伊衛門、憫其如此。求其疎属、為之後。復還其田」という箇所からは、弥作家が置かれていた状況が分かる。弥作の死後、弥作には子孫が

22　大場浩一「県文化財大場家住宅の歴史を辿って（その二）」（『玉造史叢』第五十集〈平成二十一年四月、玉造郷土文化研究会〉所収）。

23　なおこの書翰は鼓乙吉「孝子弥作」（前出）に翻字が備わり、古文書整理を学ぶ会「孝子弥作建碑に関する楓軒書状と画六枚」（『玉造史叢』第四十四号〈平成十五年四月、玉造町郷土文化研究会〉所収）に写真が掲載されている。

おらず、表彰されて得た田も今や他人の所有になってしまった。このような状態を哀れんだ伊衛門は、弥作の縁戚を探して弥作家を再興させ、他の所有になってしまった田を弥作家に返し、「孝子弥作墓表」を建てようと決心したのだというのである。大場伊衛門による弥作碑の建立は、単に墓碑を建てただけのものではなく、弥作家の再興という大きな復興運動の一環だったのである。[注24]

大場伊衛門のこの情熱はどこから来たのであろうか。もちろん、その土地を治めるものとしての責任感と自負のようなものは当然あっただろう。また、先に見た通り『官刻孝義録』に弥作が掲載されなかったことや、文化八年（一八一一）、旅先の常陸国東蓮寺村で病の床に伏せった父を訪ねて、はるばる豊後からやって来た孝女姉妹のことが大きく話題になっていたことが、[注25]大山守たる大場伊衛門に地元の弥作を顕彰せねばという対抗心のような気持ちを催させたという可能性も、十分に考えられる。理由は一つではなく、複合的なものだと考えるべきだろう。

しかし本稿ではこれに加えて、資料に即して見えるもう一つの側面を示しておきたい。それは、大場家と弥作家とのつながりである。

そもそも大場家住宅は寛永年間、水戸藩初代藩主頼房の時に、宿舎兼藩南部の藩政事務所として建てられたものであった。光圀は京都から井上玄桐を招き、庭園を築かせたという。[注26]その光圀は延宝二年（一六七四）、元禄四年（一六九一）、元禄十三年（一七〇〇）の三度にわたって大場家を利用している。[注27]

しかし先にも見たとおり、『甲寅紀行』では、弥作の表彰された延宝二年（一六七四）四月二十三日の光圀は、朝八時に小川村を出て、玉造村で弥作を表彰し、そして夕方、潮来の旅館に着いたと記されている。表彰が玉造のどこで行われたかは明記されていないのである。また『桃源遺事』も「馬前に召した」とするのみ。わずかに「常陸孝子弥作伝」が「弥作の家に立ち寄った」としている。

24　この弥作家再興は天保期まで続く。その詳細はすでに岡里稿が明らかにしているので、本稿では省略する。

25　豊後国の二孝女研究会編『豊後国の二孝女』（平成十八年三月、同研究会）。

26　大場浩一「県文化財大場家住宅の歴史を辿って（その一）」（「玉造史叢」第四十二集〈平成十三年四月、玉造郷土文化研究会〉所収）。

27　池上和子氏講演「襖の中から見える大場家四百年の歴史」（平成二十一年十月二十五日、於茨城県立図書館）資料による。

これだけから判断すれば、表彰は光圀が弥作の家へ訪れて行われたことになる。

しかし少なくとも大場家の資料・伝承の中では、光圀が弥作に褒美を与えた場所は大場家であった。大場家蔵「孝子弥作ニ関スル書類」のうちの一つは、弥作表彰当時の様子をこう伝えている。

延宝二年寅四月二十三日、義公御領内南郡御巡視之節、行方郡玉造村御殿大場伊右衛門邸宅御旅舘ト相成リ、弥作召出ニ付、里正大場伊右衛門付添へ出頭ス。孝子ナルヲ以テ御手許ヨリ黄金壱枚御下賜ニ相成候。

光圀は南郡巡視の際、大場家に休み、弥作を邸宅に召し出した。庄屋の大場伊右衛門が付き添い、弥作は大場家に出向く。そして、黄金一枚を与えられたというのである。

また大場家には孝子弥作を表彰した六枚組の無署名の短冊画が残されている。[注28] 従来この作者や年代は明らかでなかったが、近年、大正期の画家・椿桜湖の作と判明した。[注29] この短冊画の一つ「賞与之図」は弥作の表彰を描くが、その絵にも大場家に弥作を召し出し、光圀が褒美を与える様子が描かれている。

このように、大場家内部の資料では、光圀が弥作を表彰したのは大場家においてであったという説が定着していたのであった。大場家にとって孝子弥作は、単なる領内の一孝子ではなかったのである。自らの屋敷を旅館とした光圀が、その場に呼び寄せて表彰した、ゆかり深い孝子なのであった。大場家が弥作家再興に熱心であった理由の大きな一つは、この辺りにも求められるのではないだろうか。

28　古文書整理を学ぶ会「史料紹介　孝子弥作建碑に関する楓軒書状と画六枚」（『玉造史叢』四十四集〈平成十五年四月、玉造郷土文化研究会〉所収）に写真掲載されている。

29　池上和子氏（玉造古文書研究会）のご教示による。

七　『野史』への入集

このように近世後期に至ってようやく顕彰の兆しが見え始めた弥作だが、孝子として全国的に取り上げられるようになるのは、幕末まで待たねばならない。

飯田忠彦『野史』（嘉永四年〈一八五一〉成）は『大日本史』に続ける形で後小松天皇から仁孝天皇までの約四百二十年間を記載した史書である。▼注[30] その第二百六十二巻「孝子第二」～二百六十四巻「孝子第三」の間には、計七十一組の孝子が、出典を明記した上で掲載されている。このうちの一人として弥作が取り上げられている。

先にも述べた通り、弥作は孝子説話集のような作品には掲載されて来なかった。ここで掲載されたことで、弥作伝がようやく全国的な表舞台に立ったことになる。

とはいえ、ここで挙げられている水戸藩の孝子は弥作だけではない。先に菊池稿が比較の対象として挙げていた、山方村の大串武治衛門、村松村の治兵衛も「大串昌徳」「治兵衛」の表題で、ともに『西山随筆』を典拠として収録されているのである。▼注[31]

従来ほとんど全国的には注目されてこなかった弥作ら光圀時代の孝子が、該書に至って突如注目されていることが注目される。彼らはなぜ『野史』に収録されたのであろうか。

この問題を考える上では、この『野史』が『大日本史』の影響を強く受けた著作であることを見逃してはならない。その「野史自序」には、次のようにある。

余総丱《そうかん》、▼注[32]司馬遷の史記を読み、慨然として窃《ひそか》に之を欽《よろこ》ぶ。成童に迨《およ》んで、西山君の史記を読み、始めて天子以下外夷迄の紀伝、煥乎として以て徴となすべきを識る。独り惜むらくは、明徳三年に止りて伝はらず。余、其の職にあらずと雖も、大に其の志を啓き、之を続けんと欲す。（原漢文）▼注[33]

「西山君の史記」、すなわち『大日本史』に感銘を受けた飯田忠彦は、明徳三年（一三九二）で記

30 『国史大辞典』「野史」の項（平成五年四月、吉川弘文館。該当項山本武夫執筆）および玉川治三「野史攷」（『本朝史学史論叢』下〈昭和十四年五月、冨山房〉所収）。

31 ただし『西山随筆』（『水戸義公全集』中巻所収）には両孝子の記事はない。『西山遺事』（桃源遺事）との混同か。

32 小児のこと。

33 『野史』の引用は、日本随筆大成刊行会刊の活字翻刻（明治三十七年十月刊）による。主巻一八ページ。

述が止まっている『大日本史』の後を継ごうと、独力で『野史』の編纂を始めたという。言うまでもなく『大日本史』は、徳川光圀の命によって明暦三年（一六五七）から編纂が始まった史書である。これの、言わば続編を編もうとして『野史』は書かれたのである。

このような経緯をもつ『野史』にとって、光圀に関わる資料は、まず読むべきものであっただろう。従来の孝子伝では取り上げられて来なかった水戸藩の孝子が三名も収められたのは、光圀顕彰という意識を抜きにしては考えがたいのである。▼注[34]

光圀に表彰されたにも関わらず、さほど評価されて来たとは言い難い弥作たちであったが、光圀の威光は、こうして思わぬ時期に効力を発揮したのであった。

34　『野史』の孝子部は『本朝孝子伝』に掲載された孝子が軽んじられているなど、注目すべき点が多い。

八　『幼学綱要』への入集

明治時代に入ると、弥作はまた新たな形で姿を現すこととなった。本節一「顕彰される理由は」でも触れた通り、明治十五年（一八八二）に宮内省から刊行された修身書『幼学綱要』に孝子として収録されたのである。

該書は明治天皇の勅令により、侍講・元田永孚《ながざね》によって編集された。「孝行」「忠節」「和順」「友愛」など二十の徳目のそれぞれについて、経書から学ぶべき文章を引用したあと、和漢の人物故事を掲載する、いわゆる要言故事集の構成を持つ。そのうち孝行を記した「孝行第一」では本朝の例話として、神武天皇、仁明天皇、養老孝子、丈部三子、橘逸勢女、京師の僧某（＝桂川の僧）、平重盛、農民弥作の八名を掲載している。▼注[35]この八名のうち、近世の孝子は弥作一人である。近世期には、単独で孝子伝が刊行された孝子も数多くいた。そうした中、従来さほど注目されていたとは言い難い

35　原本には章題が無いため、ここに挙げた名前は私にまとめたものである。

弥作だけがこうして取り上げられているのは、異例の抜擢と言わざるを得ない。
まずはその本文に当たってみよう。『幼学綱要』の該当章の全文は次の通りである（傍線引用者）。

○常陸ノ国行方《ナメカタ》郡玉造《タマツクリ》村ノ農民ニ、弥作ト云者アリ。家貧シテ田産無シ。人ニ依テ耕作ス。父早ク死シ、母老テ足痿《アシナヘ》ス。弥作、性魯鈍。而シテ母ニ事ヘテ至孝。妻ト与《トモ》ニ心ヲ合セテ生ヲ営ミ。母ヲ養フ。既ニシテ妻疾ニ罹リ、耕作スルコト能ハズ。弥作謂ラク、「此ノ如クナレバ。則必母ノ養ヲ欠クニ至ラム」。遂ニ妻ヲ去リ、母ト共ニ居ル。其田ニ往クヤ、母ヲシテ独処セシムルニ忍ビズ。母ヲ負ヒ、農具ヲ挟ミ、又母ノ飲食ヲ携ヘテ往キ、夏ハ涼ク、冬ハ暖カナル地ヲ択ミテ。母ヲ処《オ》キ。且耕シ、且候《コウ》シ、且飲食ヲ薦メテ之ヲ慰ム。母酒ヲ好ム。弥作日ニ酒ヲ沽《カ》ヒ。貯ヘテ乏シカラザラシム。延宝ノ初メ、領主徳川光国之ヲ聞キ、路次弥作ガ家ニ入リ、両手ニ金ヲ掬シテ、弥作ガ頭上ニ擎《ササ》ゲ、其孝ヲ褒賞シ、之ヲ与ヘテ曰ク、「此レヲ以テ善ク母ヲ養へ。此レ我ガ与フル所ニ非ズ。天ノ賜フ所ナリ」。又村吏ヲ召テ曰ク、「聞ク、弥作ハ性魯鈍ナリト。此ノ金、或ハ人ニ奪ハレム。汝等之ヲ計リ、田圃ヲ購《アガナ》ハシメ、常ニ善ク之ヲ視ヨ」。後、儒臣ニ命ジテ。弥作ガ伝ヲ作ラシム。▼注[36]

『幼学綱要』の典拠について、徳田進『孝子説話集の研究　近代篇』▼注[37]第二章第四節「幼学綱要とその説話」は、「我が国のものについて見れば、大日本史、野史、日本外史、扶桑蒙求の類から取ったものが見出せる」と指摘している。さらに弥作の章段については、具体的に『野史』巻二百六十二「孝子一」との本文と並べて掲載し、「行文の順序と大意を同じにしながら、文字の布置と表記とをやや異にしたもの」の一例としている。

弥作がそれまでほとんど取り上げられて来なかったことを考えれば、『野史』だけを参考にして書いたと考えたくなるのも無理はない。しかし実際には、『幼学綱要』の素材は『野史』にヒント

36　『幼学綱要』の引用は、架蔵本（明治十六年二月再版本、宮内省蔵版）による。巻之一、十丁裏～十一丁裏。

37　昭和三十九年九月、井上書房。一三二ページ。

を得つつ、該当章の文末に明記された出典『西山遺事（桃源遺事）』にも当たり直しているらしいことは指摘しておきたい。先の引用に傍線を施した「此ノ如クナレバ。則必母ノ養ヲ欠クニ至ラム」「後儒臣ニ命ジテ。弥作ガ伝ヲ作ラシム」などの文章は『野史』には見えない。原典の『西山遺事』にまで手を伸ばさなければ書けないのである。

さて、このように経緯が明らかになっても、なおその異例さは強調しておいて良いであろう。『幼学綱要』編纂時に参考にしたとされる資料のうち、『大日本史』は孝子十七組、『野史』は七十一組の孝子を集めている。この数多い孝子の中から、近世を通じてほとんど顧みられて来なかった弥作が選ばれたのだから、やはりかなりの抜擢であったと言うべきである。

そうであれば、なぜ弥作が選ばれたかということが大きな問題となる。見てきたとおり、弥作の孝行の逸話は、さほど目新しいものではない。他の孝子伝にもまま見られるような常套的なものが多く、その行動によって多くの孝子の中から弥作が選ばれたと考えるのは難しい。

弥作が他と違うのは、徳川光圀から表彰を受けた、という点である。光圀は江戸時代のうちから明君として知られていたが、明治に世が改まってからは、豊臣秀吉、楠木正成、毛利元就、織田信長、島津斉彬、徳川斉昭らとともに新政府から旌表されるなど、一層その評価は高まった。弥作は、その光圀から直接に表彰された孝子という点が、取り上げられる大きな理由となったのではないだろうか。

ともあれ、全国的な認知度という点で言えば、『幼学綱要』に掲載されたことが以後の弥作受容に及ぼした影響は、これまでとは比較にならない物であっただろう。戸田浩暁『幼学綱要奉体の研究』▼注[38]によれば、明治二十年から昭和十八年までの間に、『幼学綱要』は抄本、注釈書を含めて明治期九種、大正期二種、昭和期十五種と、多くの版を重ねている。▼注[39]この流布と権威によって、弥作が

38　昭和十九年二月、躬行会。第三章「幼学綱要書誌」。八一〜一一四ページ。

39　矢治佑起「『幼学綱要』に関する研究――明治前期徳育政策史上における意味の検討」（『日本の教育史学』第三十三号〈平成二年十月、教育史学会〉所収）はこれを『教育勅語』の出版状況と比較して、はるかに少ないと指摘している。しかし『幼学綱要』が伝記集であるという特色に注目している本稿としては、『教育勅語』と比較してその多寡を論じる必要はないだろう。

一気に代表的な孝子として定着したことは想像に難くない。冒頭に示した、近代における突出した評価の土台は、こうして用意されたのである。

九　おわりに

以上、茨城の孝子弥作について、彼がいかにして顕彰されたかという点を中心に整理してみた。現在、茨城を代表する孝子である玉造村の弥作であるが、彼は決して表彰当時から著名な訳ではなかった。彼の伝記が書かれたのは表彰から約二十年経った元禄八年のことであり、それも武治衛門の孝子伝のついでという形であった。それからも百年以上大きな扱いは受けていなかったが、文政期に至って、郡奉行として赴任した小宮山楓軒が行った善政が当地の古い孝子である弥作を再発見させた。大山守である大場伊衛門が弥作家復興と墓碑建立に心血を注いだのは、楓軒の影響を大いに受けていることに間違いないが、加えて大場家内の資料・伝承に、弥作が光圀から表彰を受けたのが大場家においてであったとされている点も、大きく寄与しただろうと思われる。

その後嘉永期に至って、『野史』が弥作を孝子の一人として収めたのは、弥作が全国的に取り上げられた最初と言って良いが、これは『野史』が従来の孝子説話集の系譜からは離れ、『大日本史』に強く影響を受けたことによる。明治期に入って『幼学綱要』で日本の孝子八人の内に取り上げられたのは、当時評価が高まった徳川光圀に表彰されたからという理由が大きい。これが広く流布して弥作の評価を決定づけ、今に至るのである。

さて、こうして弥作の顕彰史を通覧してみると、孝子の評価というものが、いかに不安定なものであるかを痛感させられる。弥作のように評価が大きく揺れ動いた孝子は近世全体を見ても希有な部類には属するであろう。ただ、似たような消長は、どの孝子にも幾分かはあったと考えておいた方が実情に即するはずである。

そしてその消長に、孝子自身の性質や境遇といった本質的な要素が入る余地は思いのほか多くはなかったようである。ましてや、すべてが為政者の意志と言えるようなものでもなかった。孝子が忘れられ、あるいは顕彰される浮沈を司るのは、孝子の生地や、為政者に表彰されたという事実、また顕彰しようとする個人の強い意志や、資料の問題など、孝子を取り巻く当代、後代のさまざまな要素なのであった。

弥作の事例は、近世孝子研究に右のような視点の転換を求めているように思うのである。

［謝辞］本稿をなすにあたり、大場正二氏（大場家ご当主）、池上和子氏（玉造・玉里古文書研究会）ほか多くの方々のご教示・ご助力にあずかりました。記して感謝申し上げます

第四章

藤井懶斎伝——いかにして『本朝孝子伝』は生まれたか

藤井懶斎《らんさい》。儒医、儒者。姓は藤井、氏は真辺（真鍋とも）。名は臧・玄逸。字は季廉。号は伊蒿子《いこうし》・仲庵・懶斎・よもぎが杣人《そまひと》。元和三年（一六一七）生、宝永六年（一七〇九）七月十二日没、九十三歳。

長寿に恵まれた彼の人生は、延宝二年（一六七四）、五十八歳の時点を節目に前半生と後半生とに分けることができる。

前半生の彼は、久留米藩で藩医として二十年以上を勤めた。当地では医学のみならず、文事においても頼みにされていたようである。五十八歳で致仕、つまり退職を願い出たのは、それほど早いものとも言い難く、少なくとも表向きには仕事をまっとうしての引退と評して良いであろう。

懶斎の儒者・文学者としての本格的な人生は、この時からようやく始まる。生地京都へ戻った懶斎は、延宝六年（一六七八）一月、六十二歳にして初めての著書『蔵笥百首《ぞうしひゃくしゅ》』を刊行した。それ以後、九十三歳で没するまで幸い三十余年にもわたる後半生を過ごし得た懶斎は、『本朝孝子伝』『仮名本朝孝子伝』『国朝諫諍録《こくちょうかんそうろく》』『大和為善録《やまといぜんろく》』『徒然草摘議』『二礼童覧』といった著書を矢継ぎ早に刊行して行くのである。

なかでも貞享二年（一六八五）十月刊『本朝孝子伝』は、江戸時代の孝子説話集の中でも、近世後期に幕府によって編まれた『官刻孝義録』と並んで、大きな影響を世に与えた書物である。本稿を為す理由も、江戸時代前期の孝子説話集を考える上で、『本朝孝子伝』の作者に関する精査が欠かせないからである。この考証作業によって、藤井懶斎がいかなる文化的環境のもとに、いかなる経緯をへて『本朝孝子伝』を編み、刊行することになったのかという問題を明らかにしたい。

さらに彼の事蹟を明らかにすることは、元禄時代の京都文化を考える上でも、重要な事例になると考えている。時に娯楽的な時代と捉えられることのある元禄時代において、仮名草子や漢文伝記集などの教訓的な書物を担った代表的な存在が、藤井懶斎のような、職を辞した（あるいは失った）

《図 73》藤井懶斎墓碑
（京都・西寿寺）

儒学者であった。ただし多くの場合、こうした人物は匿名での執筆も多いため、素性が明らかでない。その点懶斎は、藩に仕官していた期間が長く、儒学者としての交流も多彩であったため、かなり伝記が明らかになる。近世前期における教訓のあり方を考える上で、彼の存在は、またとないサンプルとなる。

まず、懶斎伝を考える上での基礎資料を示しておこう。墓碑銘と武富廉斎『月下記』「藤井懶斎」の章である。年譜に先立ち、それぞれについて紹介・翻刻しておく。

〈一〉墓碑銘

墓石は現在も京都市右京区鳴滝の西寿寺（浄土宗）に存する。表面には「伊蒿子滕翁之墓」とあり、背面に誌文を刻している。その中で「自為之銘是也」と言うように自ら撰したものであり、信憑性という点で第一に挙げるべき資料である。摩滅もあって判読は困難だが、寺田貞次『京都名家墳墓録』▼注[1]に翻刻が備わる。また関田駒吉「藤井懶斎の没年」（『伝記』六の九十〈昭和十四年〉所収）は谷秦山『秦山日抄』から近世前期の和学者・秦山が懶斎墓碑を訪れた際のメモを掲載していて読解の参考になる。これらを参考にしながら、自らの目でも確認して左の通りに試読した。

藤姓、真辺氏。臧名、季廉字。自号伊蒿子。京兆人也。諸世而□林□□之輿□魚伍其所以隠、而処約之故何耶。所謂計窮力屈。才短不能営画者、是也。読書而所庶幾又何耶。所謂、不過苟

1　大正十一年十月、山本文華堂。

免顕然。悔尤者是也以是俟命。命将尽、因廼穿一窌於考妣玄廬之側、自為之銘是也。直雒之乾隅、鳴瀧山中、呼為泉谷、水土最浄。銘曰、山薈且聳、泉□其湧、喜吾首丘、永奉先壠。

〈二〉武富廉斎『月下記』巻三「藤井懶斎」（抄）

編者・武富廉斎については寛文十二年（一六七二）【武富廉斎との交流】の項で改めて述べるが、佐賀藩で儒学に志した人物で、左の引用⑤によれば、久留米藩医時代の懶斎を訪れて、学問について語ることもあったらしい。左に引用する『月下記』は、見聞きした善人の伝記にみずからの所見と考証等を加えたものである。

藤井懶斎

① 藤井懶斎、名は滕蔵。伊蒿子と号す。洛陽の素生なり。壮年の比より出て、鎮西筑の後州久留米の城主に医官を以て事へ、真辺仲庵と云。儒を兼学びて、其徳行あり。父は「栖馴し都を棄て遠く他方へ往の思ひなし」とて、京に居れり。仲庵定省の勤潤《ムナシ》くし、遠国に在るは、父の志を養ふの事なればなり。

② 然るに父病牀に伏て、程なく終り、訃告《ツゲ》を聞て、哭哀み、聞喪の勤、礼に踰《コエ》たり。やがて主に三年の暇を請て登り、京北山鳴滝に葬りし墳墓近くに臨て、哭哀み、其墓所に詣で拝し、位に就て哭し、万に初喪の如くし、行歩徒跣にし、服を易て藤衣を着、塚の上に廬居《イエイ》して、苫に寝《イネ》、塊《ツチクレ》を枕とし、帯をも脱ず、杖つきて起臥し、朝に一溢米《イッペイ》手の裏に入一合、夕べに一溢米を粥にして啜《スヽル》る事三月し、其後は麄《アラ》き飯を食し、水をのみ、一めぐりの期年に至り、小祥の祭し、初て野菜、木の実を食ひ、喪に居る中はさびしく打過し、哀至れば哭哀み、親を思て忘れず。人来てもの言ざれば答へず、浴《ユアミ》み沐《カミアロ》ふ事も虞祔練祥の祭の時のみし、三年めぐり、大祥の祭し、大祥の後、月を中て禫《ヘダテ》の祭し畢て、酒を飲、魚肉を食ひ、万づ常に還りしとなり。喪闋《ヲエ》て筑紫久留

城に帰りて事へ、其職務怠らず、歳月久し。
③ 仲庵思ひ出しは、「古人云る事有、『時の宰相と成て人を済《スクハ》ずんば、名医となりて人を救む』と云。医道の本志なりといへども、我術、我ながらも名医とは信ぜず。況や医は小道なり。しかじ、暇を請て致仕し、隠逸の身となり、聖人の道を楽みて、独其身を善せん」と。主に暇を請へるに、許されし故、洛に登りて姓名を更め、老《チ、》の墓近くに林居せり。
④ 又おもへらく、「野にすみ、山に在にも、時食を費すは遊民なり。陋巷に在る身といへども、世をも人をも思ふ事無むばあらじ。小補にも有んや」と、『本朝孝子伝』『本朝《(ママ)》諫諍録』『二礼童覧』『為善録』、此外『蔵笥百首』『徒然草摘義《(ママ)》』等の書、著述す。これ皆世に行る。
⑤ 余も筑州は近隣の国ゆへ、其名を聞て訪寄《トヒヨリ》、折節は経義を正し、持敬究理の事、葬祭の礼をも問商量《トヒハカリ》り侍る親みにより、余、都に登りし時は、彼の林居近くに旅館し侍るに、懶斎年七十なりしが、麁食して肉を食ず、酒を飲れず、居喪似たり。
⑥ 余問しは、「『君子の耆老は徒食せず』と言るに、魚肉食せず、酒をも飲れず。親戚の服忌有けん。縦然《タトイ》（服忌有とも、五十以上の身は心とせず。況や七十にしては、親の喪といへども、衰麻《サイマ》のみ身に在ばかりにて、他は平日に異らざる事、先王の礼制なる事、先生のしらるる事なるに」と言るに、懶斎の言るは、「吾は極めて不孝の者なり。遂に母をしらず。母吾を生て死せるとなり。鳥さへに反哺《ハンホ》の報ひ有。人として鳥にだもしかざるべけんや。殊更吾が為に死せる親なれば、其報恩をおもはずば、天罰も逃るべからず。せめて追て居喪に似たる勤め有たくおもひ、字を識りて後は、いよいよなさまく思ひ、同志に商量る事しばしばすといへども、同志皆いへるは、『古礼にも見へず、聞し事もあらざるに、いかがや有む』と云るゆへ、強ても勤がたく、空しく過し侍る。近き比『三国史』読見しに、魏書の中に李追《リツイ》と言者の親、李敏《ビン》、

害を避て家属を将て海に入しに、いか成故にや、子の李追は遺りて有しが、塞を出て李敏を求め、二十年を越て娶らず。州里の徐邈これを責て曰、『不孝莫《シ》レ大《ルハ》二于無《ヨリ》一レ後。何《ゾ》可《ン》二終《マデ》レ身《ヲ》不《ル》一レ娶《ラ》乎』と云。是故に李追乃《スナハチ》娶て、子の胤《イン》を生み、妻は遺り去りて、常に居喪の礼のごとく、不レ勝《タエ》レ憂《ニ》有て、程なく卒せし故、胤生て父母を知らず。識事有に及びて、蔬《ソ》食して哀《ミ》戚《イタミ》、亦三年の喪のごとくすと言事有を見侍る日より、予も蔬食などして見侍るなり」と云り。其志ゆへ恙なく勤め闕《ヲハ》られしなり。

⑦　此外、嘉言善行も多しとなれども、余は久しく親炙せざれば、委くはしらず。知ざる事おろかに云むは、云ぬぞまさるなるべし。且よく知れる君子の筆に漏じ。たとへ君子の筆なくとも、其徳行の篤実なるは、両親の喪を執れる、遍く人の知て隠《レ》なし。其知識のはたらきは、著述の書四方に散り、又詩歌をも嗜れて拙からざる事、人の能知る所。知行兼備し君子にて、寿九十有三にて棺を蓋へり。本朝古今出来し書、幾千万巻の数もしられずといへども、『孝子伝』『諫諍録』の二書は、多くの下には有まじと云人多し。さも有ならし。（下略）▼注[2]

主に参考とするのは右の二資料だが、他の近世における懶斎伝についても触れておきたい。従来最もよく知られる藤井懶斎伝は『先哲叢談』（文化十三年〈一八一六〉）巻之四に載るそれであろう。しかし源了圓・前田勉訳注『先哲叢談』▼注[3]や拙稿「先哲叢談聚議　連載その四　藤井懶斎」▼注[4]が明らかにした所によって、ほぼすべての記述に関して、その出典となった資料が明らかになっている。よって本稿ではその出典を直接用いることとして、『先哲叢談』はあまり利用しない。

また『事実文編』巻二十五には「懶斎藤井先生伝」が収められる。しかし安中侯板倉勝明（文化六年〈一八〇九〉生、安政四年〈一八五七〉没、四十九歳）の手に成るこの伝記は『先哲叢談』よりさらに遅れて成ったものである。よってこれも本稿ではほぼ登場機会が無い。

2　『月下記』の引用は、佐賀県立図書館鍋島文庫本による。

3　東洋文庫五百七十四。平成六年二月、平凡社。

4　『雅俗』第四号（平成九年一月、雅俗の会）所収。

以下に懶斎の事跡を年譜形式でたどって行く。
懶斎の事項は○、未確定事項は△、懶斎自身の事蹟ではないものの挙げておくべき事項は□を以て示した。

元和三年（一六一七）丁巳　一歳

○この年、僧了現の子として京都に生まれる。母である三好勘左衛門娘、懶斎を産んで間もなく没する。

懶斎の生没年については、早く『京都名家墳墓録』が西寿寺過去帳に七月十二日没とあることを報告したが、没年や没年齢は明らかでなかった。これに対し、初めて没年を提示したのは関田駒吉「藤井懶斎の没年」（先述）である。関田稿は江戸時代前期の和学者・谷秦山が編んだ『秦山日抄』から秦山が懶斎の墓を訪ねている記事を紹介している。ここに「宝永六年己丑七月十二日没、享年九十有三」とあることに着目して、宝永六年七月十二日没、九十三歳説を唱えた。加えて船木真由「藤井懶斎の文学観」[注5]が武富廉斎『月下記』に「寿九十三にて棺を蓋へり」とあることを指摘して関田説を補強した。これらは共に納得できるものであり、元和三年（一六一七）生、宝永六年（一七〇九）没、九十三歳という点に関しては動かないだろう。

【家系資料】

懶斎の家系に関する資料としてまず挙げるべきは、安芸国竹原地方の地誌『竹原志料』（写本七冊。所見本竹原書院図書館蔵）である。このうち「寺観」編の照蓮寺に関する箇所に「讃州府真行寺先住世系　附外戚系図」という記事が掲載されており、これが懶斎の家系を調査する上で第一の資料となる。該当系図については菅脩二郎・久保昭登編『安芸竹原照蓮寺』[注6]に翻刻が備わる。讃

5　『香椎潟』三十三（昭和六十二年九月、福岡女子大学国文学会）所収。
6　平成十五年十月、照蓮寺。

州高松の松林山真行寺（真宗大谷派・高松市扇町）にも同じ系図の異本が存するが、これは照蓮寺蔵系図の写しで、若干の省略箇所がある。

安芸竹原の照蓮寺はもと曹洞宗仏通寺派で定林寺と称した。開基の時期などは明らかでないが、室町初期には小早川家の学問所とされるなど、当地の文化の中心としての役割を果たした。慶長八年（一六〇三）三月に僧浄喜を迎えて浄土真宗として再興した（先述『安芸竹原照蓮寺』による）。

懶斎の家系資料が一見地縁の見出しがたいこの安芸の地に存するのには理由がある。懶斎にゆかりの深い讃州高松真行寺の十四世・了智が、寺を出てこの安芸照蓮寺に入り、八世恵応となったのである。「讃州府真行寺先住世系　附外戚系図」には「十四世了智」の項に「正徳二年十月為檀越退出寺、正徳五年八月芸州竹原照蓮寺入寺」とある。同系図は了智（恵応）の代で記述が終わっており、彼が編んだものと考えて差し支えない。

また、京都の閑唱寺（真宗大谷派。京都市下京区下珠数屋町）にも懶斎家系に関する資料が存する。後にも述べるが、閑唱寺は懶斎の父・了現が開いた寺である。『法名帖』所収の「当寺略系譜」と歴住の過去帳（以下「『法名帖』所収過去帳」と称す）、『法名帳』所収の「閑唱寺略系譜」「当時法名記」が重要である。

竹原の照蓮寺資料と京都の閑唱寺資料との記述内容には、字句レベルでの共通点も多いが、大きな相違点が二点ある。第一点は閑唱寺資料では懶斎の父・了現の前に大蔵坊往寿、信解庵円寿という二世が見えること、第二点は懶斎の兄弟関係に大きな違いが見えることである。

高松の真行寺の資料は、現在香川県歴史博物館に収められている。このうちの系図が竹原照蓮寺に在ったものの写しであることは既に述べたが、「雑記」（所蔵番号…あ二の十四。仮綴じ写本一冊）は他寺の資料に見られない伝記情報を記しており有益である。

《図74》に「讃州府真行寺先住世系　附外戚系図」の懶斎に関係する部分を翻刻する。加えて閑唱寺資料における異同を補記した。

《図74》讃州府真行寺先住世系　附外戚系図

一、底本は『竹原志料』竹原書院図書館本。
一、※印以下は閑唱寺資料より抜き出したもの。

開基
釈正賢
讃州香川群原荘中城領主藤井将監藤原某季子也。俗名新兵衛。出家号宝蔵坊於香川郡野原荘寺建也。本山存覚上人高弟而讃陽真宗権輿也。

二世
乗賢
伝記不詳

正信(i)
号立蔵坊。香川郡宮脇村正覚及慈雲両寺先祖也。
※号を「法蔵坊」とし、三世とする。

三世
某
法諱不伝

四世
某
同上

五世
某
同上

六世
了珍
伝記不詳

七世
了誓
此時本山賜真行寺号。然推正賢為一世云。

八世
了休(ii)
或曰号宝蔵寺。此時讃岐国主生駒侯一正君寄附田地并田園若干。室真鍋又左衛門某女。
※田地寄付の年時「天正十五年」。真鍋又左衛門の号に「空恩」あり。

九世
了現
咫尺本山教如上人。有功於東本願寺之創建。初任一臈職。中叙法橋。終叙法眼権僧都。本願寺傍経営一院居焉。号洛陽真行寺。贅壻了覚之時改号閑唱寺。室三好勘右衛門女。
※没年「寛文元年辛丑六月廿八日」。

十世
了清
出仕本山。官歴飛檐。叙法橋律師。此時讃州高松城主松平侯源頼重君寄附香川郡飯田郷内秋税二十石之地。永為寺領。室香川与三兵衛某女。
※妻栄順について「上田久兵衛珍行之娘。従（二字不明）当寺。上田家世々本願寺為家司」とある。

女子
或曰以下三子別腹。京師所司板倉侯源重宗君老臣辻権右衛門室

真鍋
仲菴
名臧。字季廉。号伊蒿子。読書室曰懶斎。初以医術仕筑後久留米城主有馬侯。後遁洛西楽儒者之道云

女子
閑唱寺主了学室。今仕東本願寺。

八文字屋八右衛門
居京師室町。或曰別腹。

閑唱寺蔵「当寺略系譜」による
懶斎の兄弟関係

了現——了学
母栄順。
※没年「延宝二年甲寅六月廿三日」

——某
八右衛門号八文字ャ三世浄観。

——某
謂真鍋仲庵。後久留米之城主仕有馬家。専儒業改藤井蘭斎。

——女子(iii)
ハット云。嫁原田氏。

（i）正信は乗賢の左に並べられているが、系図をつなぐ線は引かれていない（照蓮寺本同じ）。
（ii）閑唱寺資料では了休と了現との間に、往寿（寛文元年辛丑三月十八日没。号大蔵坊）、円寿（正保三年丙戌十二月廿七日没。号信解菴）の二代がある。
（iii）「閑唱寺略系譜」では、第三子と第四子とが入れ替わっている。

【父・了現と懶斎の生地】

懶斎の生地は京都、筑後、讃岐と諸説あるが、懶斎墓碑や『月下記』といった信頼すべき資料が記すとおり、京都が正しい。

懶斎の父・了現は、もと讃岐国高松真行寺の住職の子として生まれたが、若年にして京都へ登った。高松真行寺蔵「雑記」には、「寺ハ舎弟ニユヅリ、京師ニ新ニ真行寺ト号シ、御奉公相勤候」とある。了現が上洛した時期については、藤井懶斎著「真鍋氏説」（『竹原志料』所収）に「余の先人は乃ち讃州の人にして真鍋祐重等の族なり。慶長の初め洛人となり、真邊と称す。余は其の庶流なり」（原漢文）とあって、慶長のはじめ頃だと判る。

了現の生年は、前出「雑記」に見える「寛文元年丑年六月二十八日往生、七十六」との記事を参考にすると、天正十四年（一五八六）生となる。すなわち上洛した慶長のはじめ頃は十代前半ということになる。

京都に移り住んでからの了現は《図74》の系図に見える所に明かである。書き下しておく。

本山教如上人に咫尺《しせき》▼注[7]し、東本願寺の創建に功有り。初め一臘職《ろうしょく》に任じ、中に法橋に叙せられ、終に法眼権僧都に叙せらる。本願寺の傍に一院を経営して居す。洛陽真行寺と号す。贅聟《ぜいせい》▼注[8]了覚の時、改めて閑唱寺と号す。（下略）

着目すべきは、了現が教如上人の側に仕え、東本願寺の創建に功があったという点であろう。教如は言うまでもなく真宗大谷派の始祖にあたる僧である。徳川家康の庇護を得て、慶長九年（一六〇四）に本願寺から別れて東本願寺を開いた。東本願寺が成った慶長九年（一六〇四）の時点で了現は十九歳。「功有り」とは言ってもその詳細は不明である。ともかく若年の了現の事跡を要約すれば、彼は讃岐の国高松真行寺の子として生まれたが、少年時に京都へ登り、教如に仕え

7 貴人に拝謁すること。
8 入り婿。

ていたのである。
そののち了現は、洛陽真行寺なる寺を経営し、これはのちに閑唱寺と改称されたと言う。これが【家系資料】の項で挙げた閑唱寺である。以下本稿では、基本的に讃岐の真行寺を「高松真行寺」、京都の真行寺を「閑唱寺」と称して区別する。

【実母と継母】

父・了現と藤井懶斎との年齢差について計算しておくと、懶斎は了現が三十二歳の時に生まれたということになる。

懶斎の母親について「讃州府真行寺先住世系　附外戚系図」は「三好勘左衛門娘」としていたが、「雑記」には「室三好勘左衛門娘　後妻上田久兵衛娘　本山家老」と、後妻に関する記述も見える。先妻については委細未詳。ただし後妻とされる上田久兵衛娘については、閑唱寺蔵「当寺略系譜」に「妻栄順　上田九兵衛珍行之娘。従（二字不明）嫁当寺。上田家世々本願寺為家司」とあり、また同寺蔵「法名帖」所収過去帳にも「釈尼栄順　同（引用者注・寛文）二年壬寅七月十九日」とあって、その輪郭を知ることができる。

懶斎は先妻と後妻のどちらの子であったか。この問題については、『月下記』に懶斎の言として「吾は極めて不孝の者なり。遂に母をしらず。母吾を生て死せるとなり」と記しているのが参考になる。後にも述べるように懶斎はその下にも弟妹がいたようであるし、後妻とされる栄順は、寛文二年（一六六二）没と、懶斎が四十六歳の時まで生きている。つまり懶斎の母は先妻の三好勘左衛門娘であったと考えられる。

ただ先に見た「讃州府真行寺先住世系　附外戚系図」には、懶斎の姉の箇所に「或曰以下三子別腹」とあり、また第五子である八文字屋八右衛門の箇所にも改めて「或曰別腹」とある。これ

―によれば、母親はもっと多かった可能性もあることを断っておく。

【兄弟姉妹】

兄弟関係は、《図74》の系図に記しておいた通り、「讃州府真行寺先住世系　附外戚系図」と閑唱寺蔵資料とで異同が甚だしい。「讃州府真行寺先住世系　附外戚系図」では男（了清）、女（古田斎官室）、女（辻権右衛門室）、男（懶斎）、女（閑唱寺了学室）、男（八文字屋）の兄弟構成で懶斎は次男。いっぽう京都閑唱寺蔵『法名帖』所収「当時略系譜」では男（了学）、男（八文字屋）、男（懶斎）、女（ハツ）の兄妹で、懶斎は三男。また同寺蔵『法名帳』所収「閑唱寺略系譜」では同じく三男としながらも、兄弟構成が男（了学）、男（八文字屋）、女（ハツ）、男（懶斎）と異なっている。これに関しては確定する材料を持っていない。

寛永十九年（一六四二）壬午　二十六歳

△これ以前、京都で医学を岡本玄冶《げんや》に学ぶ。

久留米藩に儒医として仕えた藤井懶斎の医学の師については、久留米藩の資料に言及がある。『筑後志』巻之四に「岡本玄冶が門に遊び、医業を以て府君に勤仕す」、『石原家記』寛文八年（一六六八）の項に「真部仲庵老（玄治弟子）」▼注[9]とする。懶斎自身が玄冶を師であると明確に述べた発言は見出していない。しかし懶斎の随筆『睡余録』第三百十八条には、寛永中に岡本玄冶が子姪門人に語ったという言葉を録するなど、関係を窺わせる記事が散見される。

岡本玄冶は懶斎仕官の三年後にあたる正保二年（一六四五）四月二十日に没している。よって懶斎が学んだのは久留米藩に儒医として仕える前のことだっただろう。

9　『石原家記』の引用は、久留米市民図書館新有馬家文庫本（請求番号…四七〇五～四七〇六）により、不審・不明の箇所は同館蔵別本コピー（請求番号…K二三一／イシ）を参考にした。

□九月三十日、久留米藩初代藩主・有馬豊氏没、七十四歳。十一月五日、二代藩主忠頼（瓊林院）襲封。

△このころより、医学をもって久留米藩に仕え始める。

懶斎の著書『北筑雑藁』に寄せた中村易張の跋に、「甲寅（引用者注…延宝二年〈一六七四〉）の秋、佳恵を承けて京師に帰休す。初めて先生我邦に到始めてより、此に三十有三年」（原漢文）[注10]とあるところから逆算した。久留米藩は二十一万石。前項で見たように、この年の十一月に二代藩主忠頼へと代替わりしている。

鶴久次郎「分限帳等に見る久留米藩医（稿）」[注11]がすでにまとめているが、分限帳の記事を並べておこう。『分限帳　万治元年九月改』には「蔵米／一　三百石　真邊仲庵」。『寛文年中御家中分限帳』には「医師」の部に「一　三百石貳拾人扶持　真邉仲菴」。「寛文六年午年御家中分限帳」の「軍役無」の部に「一　高三百石　弐拾人扶持　此米三十六石但壱ケ年分　医師　真辺仲庵」。また『廃家系譜知行高目録』には「慈源院様御代／一　三百石二十人扶持　真部仲庵／御医師依願御暇於京都藤井懶斎号」とある。

【久留米藩時代の資料】

『久留米市史』[注12]第二巻第七章は、『筑後志』・『石原家記』・『米府年表』・『筑後将士軍談』・『久留米小史』を、筑後地方の五大文献とする。このうち藤井懶斎伝にとって特に重要なのは『石原家記』である。該書は久留米の商家・石原為平（天明八年〈一七八八〉没、七十二歳）が、青年時代から読んだ旧記・書籍をもとに、藩祖豊氏入封の元和七年（一六二一）から天明初年まで、約百六十年間の諸事に関して、年次を追って精細に筆録したものである（『久留米市史』）。この中には「哀詞」

10　『北筑雑藁』の引用は、久留米市民図書館蔵本（請求番号…新有馬文庫六〇六三）による。

11　『久留米郷土研究会誌』三（昭和四十九年六月）所収。

12　昭和五十七年十一月、久留米市。一〇三三ページ。

ほか、他には見られない記事が多く存する。

くわえて近年、筆頭家老を務めた有馬内蔵助の日誌の抜粋である『古代日記書抜』が『福岡県史』[注13]に翻刻され、新たな知見を得ることができた。

【久留米藩医としての活動】

医師としての活動に関しては、『石原家記』寛文八年（一六八八）の項に次の記事が見える。久留米藩医時代の逸話としては、従来知られていた唯一のものである。

一、真部仲庵老ハ病人ニ人参用時、仲庵老方より加遣被申、病家より人参加候得ば、望次第被致、人参を見被申候而用被申。扨又薬礼ニ金銀米銭ハ受納無之。余之品ニ而薬礼致す。

これに加えて『古代日記書抜』には、新たに寛文九年（一六八九）九月の記事として、次のような医療の記事が見える。

稲次杢、真部仲菴療治候へ共、疲衰ニ而無心元、独立薬服用、八月十四日より長崎え罷越、九月廿五日迄ハ、今ニ逗留被罷在候由。[注14]

また同書寛文十年（一六七〇）十一月の記事には、次のように、懶斎が烏犀円《うさいえん》のような製薬においても力を発揮していたことが分かる。

一、烏犀円、御家老中衆病人ためニ候間、前々より調合被仰付置候儀ニ付、今度も真部仲菴へ申付候処、二剤調合可申、薬種之内、飛弾国ニ在之槐膠能ニ付、先年も御所望ニ相成候由、今度も金森飛弾守殿へ被仰遣、槐膠二十目程御所望被差下候様

13　近世史料編　久留米藩初期（下）。平成九年五月、西日本文化協会。

14　『古代日記書抜』の引用は、『福岡県史』近世史料編　久留米藩初期（下）（先述）の活字翻刻による。

□寛永年間、懶斎の兄弟・八文字屋八右衛門、京都鳴滝西寿寺を再興する。

元禄八年（一六九五）【西寿寺の再興】の項参照。

正保元年（一六四四）甲申　二十八歳

□この年、菊池耕斎（東匀）、儒医として久留米藩に仕え始めるか。

菊池耕斎（諱・東匀）は嬾斎と同じく久留米藩初期の儒医者である。耕斎はもと京都の人で、久留米藩に来る前には菅得庵・林羅山に儒を、野間玄琢に医を学んだと言う。『久留米人物誌』「有馬頼利（霊源院）」の項は「先代忠頼の時に招聘された菊池東匀が去ったあとに、山崎闇斎門下の真名部仲庵（のち、藤井嬾斎と改む）を藩医、藩儒として三百石で招聘し、藩士子弟に学を授けさせた」と、嬾斎が耕斎の後釜であったとしている。しかし実際は、嬾斎の方が早く久留米藩に仕え始めたようである。

国立公文書館蔵『耕斎全集』（写本二十巻四冊。宝永三年〈一七〇六〉十二月序）のうち巻之十一「紀行三編」序に「寛永十年癸酉　先生十有六歳初来江都。明年帰洛。十六年己卯二十二歳再来江都。其秋帰洛。正保元年甲申二十七歳往筑之久留米。慶安三年庚寅帰洛」とある。また同書第四冊末の「耕斎先生略伝」（宝永三年七月　小子武雅識）にも「始発正保元年甲申有帰歟」とある。すなわち彼の仕官は正保元年（一六四四）から慶安三年（一六五〇）までである。つまり耕斎は嬾斎より数年遅れて仕官し始め、嬾斎より早く久留米を出たということになる。

久留米における嬾斎との交流も想定されるが、『耕斎全集』の中に嬾斎の名は見出せない。

正保二年（一六四五）乙酉　二十九歳

□四月二十日、医学の師・岡本玄冶没、五十九歳。

寛永十九年（一六四二）の項参照。

○八月九日、京を発ち二度目の江戸行。二十四日の到着までを和文紀行『再往日記』に記す。

該書は国会図書館蔵写本の他に所在を知らない。後補の題簽に「東武再往日記」とあり、『国書総目録』等もその名で採るが、厳密には内題の「再往日記」を優先すべきである。

懶斎自跋の全文を挙げておく（原漢文）。

客有り、余に謂て曰く、「翁、嘗て東武に遊ぶ者、ただ十回のみならず。其の間、幾篇の紀行有りや。請ふ、悉く之を閲《み》せよ」と。余曰く、「初・再の両行、聊《いささ》か記す所の者有り。一は則ち真字、一は則ち国字なり。今並に其の草を失ふ。宜しく吾子《ごし》の為に之を尋ぬべし」と。客曰く、「忘るる勿《なか》れ」と。後数月して再行紀草を故紙堆中に探し得たり。然れども昔時路上の乱藁にして、文字太《はなだ》だ白《あきらか》ならず。他人之を読み、之を写すこと能はざる者有り。故に已むを獲ずして、躬《みづか》ら自ら之を謄写す。即ち是、這《この》一本なり。睠《かへりみ》れば夫れ、余之を紀《しる》すの時、三十未満。指を屈すれば茲《ここ》に五紀（引用者注…六十年）。懐旧の涙、承睫在ることを得ず。嗚呼《ああ》噫嘻《ああ》。

宝永乙酉仲冬中澣　伊蒿子　歳八十九▼注[15]

自跋に記された「宝永乙酉」は宝永二年（一七〇五）であるが、その跋中に「余、之を紀《しる》すの時、三十未満。指を屈すれば茲《ここ》に五紀」とある。つまり若年時に著した紀行文へ、後年になって付したのがこの跋文なのである。「五紀」の「紀」は十二年。この正保二年（一六四五）、二十九歳の時旅を記したの紀行文だったということになる。

また同じ跋に、「翁、嘗て東武に遊ぶ者、ただ十回のみならず」とある。懶斎は晩年までに十度

15　『再往日記』の引用は、国立国会図書館本（請求番号…W二・三三）による。

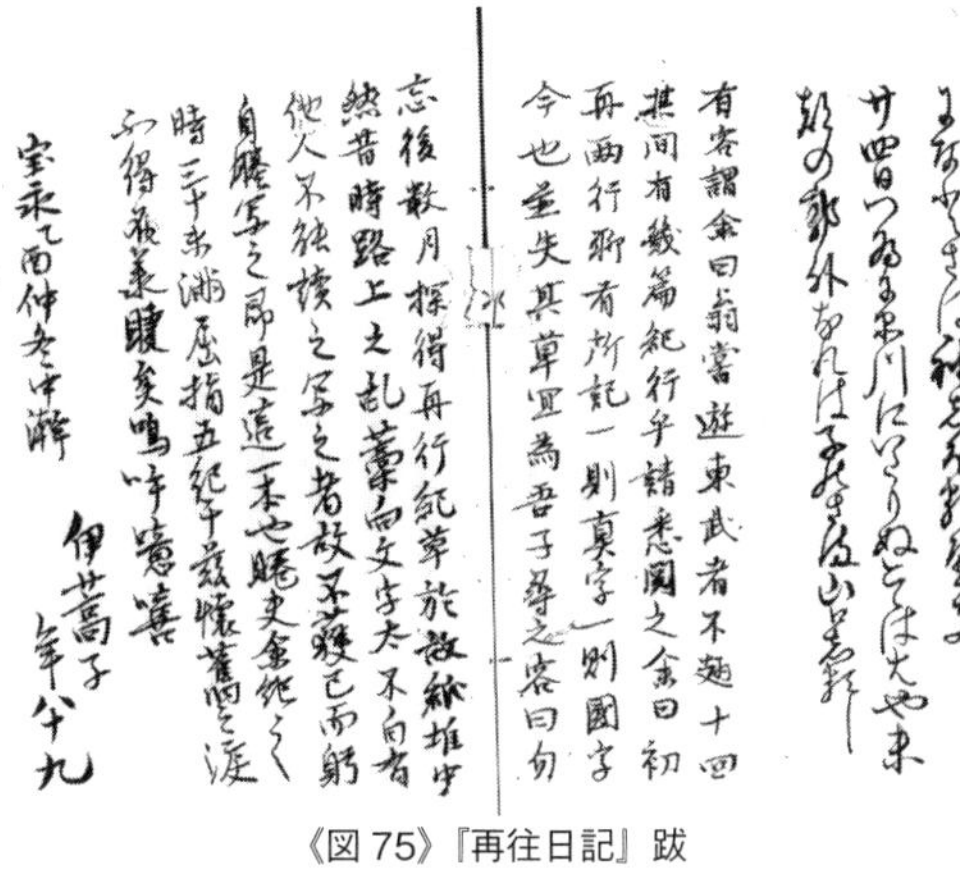

《図75》『再往日記』跋

以上江戸を訪れており、一度目の江戸行きでは漢文の紀行を、二度目の江戸行きでは和文の紀行を草したという。

さてこの紀行文、八月九日深更に京都を発ち、東海道を上って二十四日に品川へ着くまでのものである。旅の理由については文中に「定省をかかむもこころぐるしく覚え侍れど、此秋しも又やむことをえで、秋の露の玉くしげ、ふたたび赴きゆく事に成ぬ」[注16]とある以外明らかでない。

まず問題となるのは久留米発ではなく京都発であるという点だろう。懶斎はこの歳すでに久留米藩に仕え始めている筈である。しかし「定省」が親に仕える意であることを考えるならば、この時期親と同居していたとさえ読める。この時期まだ京都に住んでいたと考えるべきだろうか。あるいは頻繁に久留米と京都とを行き来していたと考えるべきだろうか。

また文中には、自らの和歌（含長歌）・漢詩も少なからず掲載されている。所々で羅浮子（林羅山）、木下長嘯子、烏丸光広、藤原惺窩、六々山人（石川丈山）といった近世初期文人の名と作品とを引用していることは、この時期における近世文人受容として興味深く感じる。

【懶斎と旅】

ところで、懶斎は全国をどのくらい旅したのだろうか。『睡余録』第百八十七条は参考になる。

16　一丁裏。

京都の景勝地を挙げたのち、みずからが訪れた場所について次のように挙げている。

若し外土を以て之を言はば、淡海の湖山、勢州の二見、駿の富士および清見、相の鎌倉・金沢および江の島、武江の隅田、野州の二荒《ふたら》、東奥の松島、南紀弱《わか》の浦、和州の葛城・吉野・談山《たんざん》・長谷・布留《ふる》・龍門の勝状、摂の住吉、播の須磨・明石、淡路の絵島、丹後の与謝・天の橋立、芸陽の厳島、西筑の箱崎および生《いき》の松原の絶景の如き、是なり。以上の佳境、余、未だ往きて観ることを獲ざる者、僅かに一二。其他は皆な目に在るが如し。或いは又夢に入る。嗚呼老たり。豈に復た往て観ることを得んや。（原漢文）

右に挙げたうち、一、二を除いては懶斎が実際に訪れたのだという。松島、野州の二荒山といった江戸以東は、懶斎が訪ねた記録を他に知らない。

慶安年間（一六四八〜一六五二）　三十一〜三十六歳

○慶安年中、大鳥井信兼邸で菅原道真の真筆を見て漢詩を作る。

『北筑雑藁』下妻郡水田社の項による。慶安年中、二代久留米藩主・有馬頼利は水田社（筑後市水田字井手）と太宰府天満宮の宮司を兼ねていた大鳥井信兼の邸を訪ねた。そこで信兼は菅原道真の親翰二軸を披露した。懶斎が末席にいて作した漢詩も書き留められている。

慶安元年（一六四八）戊子　三十一歳

□この年、京都の儒者・米川操軒、山崎闇斎と出会う。
承応元年（一六五二）【懶斎の友人と山崎闇斎】の項参照。

慶安二年（一六四九）己丑　三十三歳

□このころ、京都の儒者・川井正直、山崎闇斎と出会う。
承応元年（一六五二）【懶斎の友人と山崎闇斎】の項参照。

慶安三年（一六五〇）庚寅　三十四歳

□この年、菊池耕斎、久留米藩を致仕する。京都に戻って私塾を開く。
正保元年（一六四四）の項参照。

承応年間（一六五二～一六五五）三十六～三十九歳

△このころ、京都で儒医林玄伯に会う。
『睡余録』第百七条に「承応中、余、玄伯に洛に会ふ」（原漢文。東北大学狩野文庫本より引用。以下同じ）とある。

林玄伯については同条に「玄伯、姓林、諱一之、大方庵と号す」とあり、第三百四十二条には「林玄伯、雍州伏見の人、久しく東武に客たり」ともある。また島原藩の儒医、吉田伯春はこの玄伯に医学を学んだらしい（『月下記』）。

藤井懶斎著「川井正直行状」（『事実文編』巻十九）には「一日、偶々林一之玄伯と会す。玄伯之に告ぐるに、痛飲の身を傷つけ、親を忘るるの罪たるを以てす」（原漢文）[注17]と、川井正直が玄伯から痛飲は不孝だと教えられた記事が見える。正直はこれに従い、以来飲み過ごすことは無かったと言う。

承応元年（一六五二）壬辰　三十六歳

△このころ、はじめて山崎闇斎を訪れる。この頃までに陽明学に傾く時期あったか。

山崎闇斎から藤井懶斎へ宛てた書簡は四通残されている。『垂加文集』上之二「答真辺仲庵書」「与仲庵書」、『続垂加文集』巻中「答真辺仲菴疑目」「答仲庵問目」がそれである。

このうち「暮春日」と日付がなされた「答真辺仲庵書」には次のような部分がある。

二月朔の書、上巳の後五日に至り承る。「海陸恙無くして還る」と。多幸多幸。疎慵旧の如し。遠念を賜はざれ。年来、子、誤りて吾が名を聞き、去冬駕を枉げて蝸廬に過る。将に謂ふ、「一たび無似を見ば、望望然として之を去ん」と。而に今、却て博識力行、考亭の道を任ずるを蒙る。慮《おもんぱか》らざるの誉、慚愧に勝《た》へず。（原漢文）[注18]

懶斎が闇斎の名を誤って聞き、わざわざ立ち寄ってくれた。そして後には考亭の道、すなわち朱子学の道を闇斎に任せてくれた、というのである。懶斎が何をどう誤っていたのか今ひとつ判然としないが、同書簡に「去冬面論の際、吾子其の（引用者注…陽明学の）毒に中《あた》るを疑ふ。今や朱を尊び、陸を悪み、無似を棄てず。将に与に講習せんとす」とあるのを考えれば、当時懶斎が陽明学に傾いており、闇斎も陽明学に理解があるとの予断を持っていたのであろうか。もしこの推測が許される

17　『事実文編』の引用は、『事実文編』（明治四十三年十一月、早川純三郎）の活字翻刻による。四六八ページ上段。

18　『続垂加文集』の引用は、『山崎闇斎全集』下巻（日本古典学会、昭和十二年）の複製による。七八二ページ。

のであれば、闇斎に出会うまでの懶斎は、陽明学に幾分か理解を示していたことになる。随筆『睡余録』等での発言を見る限り、懶斎の陽明学に対する目は大変厳しいが、過去にそのような一時期があったとしたら興味深い。

また同書簡には「頃《このご》ろ先生陸を排するの言を輯《あつ》め、分て上下両巻と為し、題して『大家商量集』と曰ふ。偶々友人取り去る。後便に之を寄せん」と、闇斎が先日編んだ『大家商量集』を闇斎から懶斎へ送ることを約束している。はたして「七月二日」の日付を持つ書簡「与仲庵書」では、「『大家商量集』、此の間友人遠く遣すことを欲せず。則ち為に傭書せしめ、即ち今便風に乗る」[注19]と、友人が複写して一部を郵送することになったらしい。柴田篤「中村惕斎」[注20]（以下「柴田稿」と略称）はこの箇所から書簡の執筆年次を承応年間と考証している。本稿の年次考証はこれに従った。

【懶斎の友人と山崎闇斎】

これも既に柴田稿の考証が備わっているが、山崎闇斎に藤井懶斎が初めて対面した承応年間あたりに、川井正直、米川操軒といった懶斎の朋友たちも相次いで闇斎と出会っている。

山崎闇斎は土佐で南学を学び、二十五歳で京都へ戻った後、正保四年（一六四七）、三十歳にして排仏の書『闢異《へきい》』を著す。また明暦元年（一六五五）には初めて講席を開いたという（『家譜』）。

米川操軒については中村惕斎著の写本『操軒米川先生実記』に「二十二歳、山崎闇斎に見て経旨を講究す。是より交遊漸に広し」[注21]（原漢文）とある。寛永四年（一六二七）生の操軒は慶安元年（一六四八）と、懶斎より四年早く山崎闇斎にであったことになる。

川井正直（延宝五年十一月六日の項参照）については、「川井正直行状」に「年五十に垂《なんな》んとして、始めて学に志し、業を山崎敬義（引用者注…闇斎）に請ふ」[注22]とある。仮に四十九歳とすれば慶安二年（一六四九）ということになる。懶斎より三年早いことになる。

---

19 六八四ページ。

20 『日本の思想家十一 中村惕斎・室鳩巣』（昭和五十八年十二月 明徳出版社）所収。二五～二七ページ。

21 引用は国立公文書館本（請求番号…一五八／四八一）による。

22 四六八ページ上段。

彼らは二十数年後の延宝期（一六七三〜一六八一）、京都市中で儒書講釈に人気を博すことになるのである。

【儒学の師に関する諸説】

『国書人名辞典』など、藤井懶斎の儒学の師を山崎闇斎とする説は現在多い。しかし『先哲叢談』ほか、近世前〜中期の人名録類には儒学の師について触れたものは見ない。知る限りでは、山崎闇斎説を初めて記したのは『日本道学淵源録』（天保十三年〈一八四二〉序）である。その記述は「初め王学を主とし、玄蕃頭有馬侯に仕ふ。後に帰正し、闇斎先生に師事す（中略）中村惕斎と漆膠（ママ）の交を為す。遂に師説に背き、別に自ら一家を為す」（原漢文）[注23]というものである。この根拠となっているのが先に見た山崎闇斎書簡であることは想像に難くない。ただし、書簡中には闇斎に師事したと明記されている訳ではなく、「考亭の道を任ず」「将に与に講習せんとす」とある程度である。また山崎闇斎は元和四年（一六一八）生であって藤井懶斎より一歳年下でもある。懶斎と山崎闇斎との関係を「師事」と断ずるには、さらなる証拠が必要である。

このほか大江文城『本邦儒学史論攷』第八篇第一章「巷間鬱興の儒学」[注24]には、「嘗て業を柏原卜幽に受けた。卜幽は、菅得庵の門弟である」とある。つまり懶斎が人見卜幽軒に儒学を学んだと指摘しているのである。卜幽軒は慶長四年（一五九九）生、寛文十年（一六七〇）没、七十二歳。懶斎より十八歳年上である。もと京都の人であるが、寛永五年（一六二八）に初めて江戸に出て松平定綱の推挙により水戸藩に仕え、藩主徳川光圀の侍講になったと言う。彼が懶斎の師であったとなれば興味深いが、これを裏付ける資料を知らない。明暦二年（一六五六）の項に述べる満田懶斎（古文）と混同したものだろうか。

また、清水浜臣著『泊洦筆話《ささなみひつわ》』（文化十年〈一八一三〉成）「藤井懶斎が読書余吟」の条は、斉明紀

23　『日本道学淵源録』の引用は、昭和九年、東京岡次郎刊の和装活字本による。

24　昭和十九年七月、全国書房。四七九ページ。

の童謡に関する解釈に関して、懶斎が友人である加藤宇万伎《うまき》に助言を仰いだという逸話が書き留められている。宇万伎は享保六年（一七二一）生、安永六年（一七七七）没、五十七歳で、懶斎とは生きた時代が明らかに時代が異なる。『新日本古典文学大系』注釈（中野三敏）も指摘する通り、記憶違いや勘違いの類だろう。

明暦元年（一六五五）乙未　三十九歳

○この頃までに、筑後の清水寺や北野天満宮を訪れる。

ともに『北筑雑藁』による。本吉山清水寺は現福岡県みやま市本吉にある天台寺院。ここへは「二十余年の前、余往《ゆき》て遊ぶ」と言う。そこでの感想は「台殿樹石、頗る洛東清水寺に模倣する者有り」と、京都の清水寺との影響関係を見出すものであった。京都に生まれ育った懶斎らしい感想である。北野天満宮は現久留米市北野町中に鎮座する。ここは先公、すなわち二代藩主忠頼の放鷹の地があったため、しばしば訪れたという。そして自作の詩を記して、「此事、指を屈すれば二十年に余れり」と述べる。

それぞれ、『北筑雑藁』の中村易張跋が書かれた延宝三年（一六七五）から二十年遡ると、この年までの事跡だということになる。この明暦元年が次項に記すとおり二代藩主有馬忠頼の没年である所から考えれば、懶斎が「二十余年の前」「二十年に余れり」というのは、忠頼の在任時というぐらいの意味であろう。

□三月二十日、久留米藩二代藩主有馬忠頼（瓊林院）没、五十三歳。七月三日、三代目藩主頼利、

四歳で襲封。

明暦二年（一六五六） 丙申 四十歳

□この年、満田懶斎、『菅家文草』に識語を施す。

日本古典文学大系に収められた『菅家文草』は、その底本（川口久雄氏蔵、明暦二年写本）を藤井懶斎旧蔵本とするが、満田懶斎の旧蔵本の間違いである。これについては、すでに島本昌一「池田正式の論——怪異小説『あやし草』の作者をめぐって」[注25]が、「その跋文は本書（引用者注…『儒林詩草』）に見出され、内容的にも満田古文であることに疑いはない」と訂正している。

【満田懶斎との混同】

従来の研究でしばしば藤井懶斎とよく混同されているのが、満田懶斎（号・古文）である。彼については島本稿にも詳しいが、便宜上『日本古典文学大辞典』「儒林詩草」の項（植谷元氏執筆）から引用しておく。

満田古文は、字意林、通称亀蔵、号懶斎。天和元年（一六八一）頃没。大和郡山藩本多内記政勝の家臣で、林羅山門の儒学者。羅山の詩文集の編纂等に寄与し、池田正式著『霊怪草《あやしぐさ》』、林宗甫著『大和名所記』に跋文を寄せた。

なお、『揖保郡地誌』[注26]に次のような記事を見出した。

〇満田古文
満田古人《ママ》は揖保郡正条村浄栄寺の子なり。幼にして常ならず。経書一たび教授せば、誦せずと云ふことなし。本多甲斐守政朝、龍野城主の時自元和三年至寛永四年、伊保川に漁猟して正条に至る時に、

---

25 『連歌俳諧研究』五十九（昭和五十五年七月、俳文学会）所収。

26 明治三十六年十月、兵庫県揖保郡役所。八四七ページ。

古文、書を懐にして水辺に遊ぶ。政朝之を奇なりとして、船中に呼びて之に問ふに、能く『古文真宝』を暗誦す。政朝感称して措《お》かず。因《よ》りて命じて古文と名《なづ》く。時に年八歳なり。後年林学士道春の門人となり、学業大に進み、名遠近に聞ゆ。禄三百石を得て本多侯に歴任す（龍野誌）。文集等あり。元禄四年辛未、八十一歳にて姫路に卒す。其子意春、家業父に勝る。子孫今に本多家に仕へて下総古河に住す。今正条の西山に浄栄寺の塋域《えいいき》あり。▼注[27] 其傍に古文の墓石あり。

満田懶斎の生まれが揖保郡（龍野藩）であったことをはじめ、家系、幼年時の逸話、号「古文」の由来、没年、墓所など、さまざまなことが明らかになる。

27　墓地。

万治二年（一六五九）己亥　四十三歳

○七月六日、長女・信誕生。

『石原家記』所収「哀詞」（寛文七年〈一六六七〉の項参照）中に「かれがむまれしは、よろづおさまれる二とせの、文月の六日なりけり」とある。「よろづおさまれる」は万治。懶斎の第一子である。

○九月三日、妻死去。

「哀詞」（同右）に「其年の長月三日になん母はうせける」とある。娘・信が生まれて約二ヶ月後の出来事であった。ただし、このあと男子二人をもうけているので、後妻を持ったらしい。

万治三年（一六六〇）庚子　四十四歳

○三月、久留米藩有馬家の系図を調査する。

『古代日記書抜』万治三年（一六六〇）三月の項に「御系図消失ニ付、真部仲庵へ為取調申渡。別帳ニ有之」とある。

【久留米藩士としての文事】

寛永十九年（一六七二）の項で見た通り、懶斎の久留米藩における役割は医師であった。しかしこの系図調査に代表されるように、文事に関しても重用されていたらしい。『古代日記書抜』寛文十二年（一六七二）七月十三日の項には「一　瓊林院《けいりんいん》様被仰付置候景図（ママ）ニ霊源院様、頼元様事無之候付、真部仲庵へ御書足《かきたし》被仰付可然由御意、御尤ニ存候段申上候」とある。瓊林院は二代藩主有馬忠頼、霊源院は三代藩主頼利、頼元は当代（四代）藩主。つまり二代藩主忠頼が真鍋忠庵（懶斎）に命じた有馬家の系図に、三代藩主頼利、当代藩主頼元を書き足すよう、懶斎が改めて命じられたのである。

また同書寛文十二年（一六七二）七月五日の項には、「一　高良山《こうらさん》記録、瓊林院様御隠密ニ被成候物ニ付、御人払ニ而真部仲庵へ御談せ御聞、御封被成預り役人へ御預可被成由御意、御尤之段申上候」という記事も見える。高良山記録も有馬家系図と同じく、瓊林院（二代藩主）忠頼が懶斎に作らせた物であったのであろう。これを四代藩主頼元の代になって懶斎から封をして提出させたというように読める。

また『月下記』巻一「吉田伯春」の章には、学に志し、語り合う相手を欲していた武富廉斎が久留米城下へ行き、藤井懶斎の名を知って会おうとしたが、「仲菴は城中に居、国法にて容易に旅人に相逢事叶はず」と断られた逸話が載る。儒者としての懶斎と藩医としての役割の重さを示す事例である。

○七月、『二礼童覧』に自序を記す。

該書の詳細については刊行された元禄元年（一六八八）十一月の条に譲ることとして、ここではその成立年次についてのみ触れておく。刊本の序文は無署名だが、代わりに「万治三年七月日」とのみ記されている。このことから、文章そのものはすでに久留米藩医時代に出来上がっていたらしい。寛文七年（一六六七）の項で見る『蔵笥百首』と同じく、久留米藩医時代に写本として完成し、退職帰京ののちに刊行された書物である。

なお久留米市民図書館蔵の写本は、▼注[28]その序に「万治三年七月日／懶斎藤井蔵季廉著述」と署名が見える。しかし万治三年というこの時期は懶斎号を名乗るにしては早すぎる。また該本は識語に「万延元年庚申季秋写於学寮原本松岡氏／森浦樺島敬之写［印］」とある。筆写時期が遅いことや「著述」という書き方が不自然と思われることも考慮すると、この懶斎号は後年の補記とすべきだろう。

28 請求番号…国／十八／1。樺島石梁原蔵本。

寛文元年（一六六一）辛丑　四十五歳

□六月二十八日、父了現没、七十六歳。

高松真行寺蔵『雑記』に「寛文元年丑年六月二十八日往生、七十六」とある。

△このころから懶斎、三年の喪に服するか

前掲『月下記』巻三「藤井懶斎」②に、懶斎が父の没するに際して、三年の喪に服したと記されている。武富廉斎の記したものとあれば、懶斎伝としての信憑性はかなり高いものとせざるを得ないし、記述内容も詳細である。ただし、久留米藩関係の資料ではこの休職に関する記事を見出せなかった。

寛文六年（一六六四）丙午　五十歳

○このころまでに長男・革軒生まれるか。

寛文七年（一六六七）に書かれた「哀詞」（寛文七年閏二月十四日の項参照）に「ひとりはおのこなれど、まだいとけなし」とある所より逆算した。人物に関する詳細は元禄元年（一六八八）【長男・革軒】の項参照。

寛文七年（一六六七）丁未　五十一歳

△このころまでに『蔵笥百首』の原稿成るか。

詳細は刊行された延宝六年（一六七八）の項にゆずり、ここでは成立年次についてのみ触れておく。『蔵笥百首』本文の成立時期について、『江戸時代女性文庫』六十七巻▼注[29]「解題」は、本文中に万治二年（一六五九）刊『大和小学』を挙げる所に注目し、少なくともこれ以後の成立だろうとしている。これに一例を加えて、成立年次をさらに絞りたいと思う。「哀詞」（寛文七年〈一六六七〉閏二月十四日の項参照）には、娘の信が和歌を好んでいたので懶斎が「八代集の中より歌ぬきとりて私にこれを

29　平成九年五月、大空社。吉海直人執筆。

註釈して」与えたとある。ここに書かれている内容が、後に刊行された懶斎の著書『蔵笥百首』の内容と一致するのである。刊本『蔵笥百首』序文にも「しかるを今しゐてなすは、『家に一女児ありて、母さへなし。我いやしければうしろみその人をえず。せめてはかかる事をだにしをきて』とおもふなるべし」と、娘のための著述だと記されている。これらから、本来『蔵笥百首』は娘のために書かれたものであり、それを上京後に刊行したのだということが分かる。

先述の通り娘の信は万治二年（一六五九）生である。よって『蔵笥百首』の成立時期は、そこから信が没するこの寛文七年（一六六七）までの間と絞ることができる。

○閏二月十四日、長女である信、九歳にして疱瘡で死去。懶斎、追悼の和文「哀詞」を記す。

『石原家記』寛文十二年（一六七二）の項に間部仲庵こと懶斎述の「哀詞」が書き留められている。「ことし九になりける」娘である信が、「今年ひのとひつじの春」に没したことを悼む和文である。やや長文にわたるが、ほとんど紹介されていない文章であるゆえ、その全文を掲載しておく。

哀詞　　間部仲庵述 久留米御暇ノ後藤井蘭斎ト改ル

「悲しみの至てかなしきは、老て子におくるるにしく事なし」といへるふる事、おほかたにきく。「すへしらば身にしらぬま」の心なりけり。我いそぢの浪打こへて、只ふたりの子をもたり。ひとりはおのこなれど、まだいとけなし。其あねにて、ことし九に成けるは、礼経の「婦徳なり」といへる言葉にとりて、信と名付てかしづき愛せしを、おもひがけずうしなひ侍て、袖のうへの玉のくだけたりけんよりもあさましく、心をおさむる道なく、身を置に所なし。つとふさがりたるむねのうちのやるかたなきは、人にかきくづしきこゑむもおこがましく、いはで只にもやみがたければ、「せめては硯にむかふ手習にもや」と、涙おしすりつつ筆そめ侍る。

いでや其人がらは、かたちけしうもあらず、心ざまは、あはばすなをにして、ことにふれて、いとこちたく、ねぢけたるおもひなし。つねはふるき歌をとなへ、さうしよむ事をこのめれば、八代集の中より歌ぬきとりて、私にこれを註釈してえさす。又漢の曹大家《そうたいこ》がふみの、かんなにかきたるなど、日ごとにもてあそばしむ。おりぬひの業はまだならふべき時にもあらねば、たれおしふとはなくて、唯人まねのみしけるほどに、いつとなく雛の衣ひとつふたつ、みづからつくりていでけり。さるは二とせのまへなれば、みな人あやしと云あへるを、我いぶかる心有て、秋来てもまだひとへなる衣の袖すこし引ほころばして、「まのまへにこれぬいてよ」といへば、ほほえみて、はりめしいでて、ぬいぬ。年たけたる人のわざにも、おさおさおとらず、手も年のほどよりはすすみて見へ侍れど、みづからは「はづかし」とおもひて、かきもちらさず。

かれがむまれしは、よろづおさまれる二とせの文月の六日なりけり。其年の長月三日になん母はうせけるを、すこし物のこころしれるほどより、つねにしたはしうするものから、言葉にはうちもいでず、月の末に至るごとに、「今いくつねて三日になるぞ」と、しばしば人に問て、さうし物うちしほれたり。

七つに成ける年の、有月の三日の日、人の入来て「いたうおさなきほどは、さうしはせぬ事ぞ」といひてければ、打なみだぐみて物をもいわざりしが、後は声もたててなきけり。かやうの事共、いはばつきめや。親心のおろかさ、「よろづにいみじ」とよろこびて、世に又なきたからなどもてるやうにのみおもほへ、ひるは其たちゐ物ごしに目をとめ、耳をかたぶけ、「よるの衣やぬぎすふる」と、おきて見ぬあかつきもなかりし。

しかるを今年ひのとひつじ▼注[30]の春、世の人おほく、もがさといふもの煩ふときて、何となく心ばしりせらるるころしも、二月の晦日むまのかひききすぐすほどに、「ぐしいたし」とてふ

30　寛文七年（一六六七）。

しぬ。「けさ、ゆする▼注[31]せしが、風にあたりけるにや」といへど、左《さ》にはあらで、身もいとあつく成行ままに、もがさおほく出てけり。日にそひ、くるしみふかく、物くわず、くすりのしるし露も見へで、うつし心さへなくなりにたれば、ありける人々、老たるも若も、こは如何すべき、悲みまどふ。からうじて、後のきさらぎ十日あまりになりてければ、めのとをだにありともしらざりしが、我をのみよばふこゑの、あるかなきかにきこへけるを、「これなむ、ちちぞ」とて、かきいだけば、嬉しげなりつるおももち、いかならん世に忘るべきや。

十四日の、みの時斗《ばかり》に身まかりぬ。されば「悲しみの至てかなしき、是にしくあらじ」とは、今ぞよくこころみてける。其日はさながらにて、人々名残をおしみ、十五日の暮つかたになん、襲斂はしけり。常に愛してもてあそびし物ども、おのおの取いでて、ひつぎの内にいる。我注釈してえさせし歌の一巻も、「此事なん、なやみあつびたまひても、猶のたまひいでしを」とて入ぬ。

くもりもはてぬおぼろ月夜の、すこし打ふくまほどに、ひつぎやり出せは、人々又声たかくさけべる中に、あそびがたきのめのわらはの、十になりけるが、めのとひとしくたふれ、ふしなきしづめるをみるに、人にもなさけはふかかりつるものぞ。今五とせ六とせもすぎば、いかならん人にも見せて、むまごまふけて見むまでの、我よはひこそあやまれ《（ママ）》つれ。ただ今かかるうきめ見んとはおもひきや。「よきことつまぬ家には、わざわひはおほし」といへる、ひじりのいましめをつつしみおもふに、いとかう、ひがひがしき父もたるゆへに、この人はうせけるならし。かれがつみなきをころして、これがむとくのむくひをしめせり。おそるべし。はづべし。かなしきかな。おもひつづくれば、むねいたく、みだりごごち、かきくらせば、いはまほしき事ども、みなもらす。うたは亡者のこのみつれば、おりおり口にうかぶままに、ひとつ

31 洗髪。

づつ書付て、霊座のかたはらにさしおく。其こしおれ歌、

あだなりとうらみならびし花にさへ先だつ人の春ぞかなしき
かくばかり浅きえにしをいかにしておやとこの世にむすぼほれけん
十にだにみたで先だつかなしさはわが身ひとつぞおきどころなき
残る身は人もとひけり埋もれし草場のかげよいかにさびしき
涙川せけどよどまずよしさらば身をなくばかり淵とならなむ▼注[32]

娘を喪った懶斎の痛切な悲しみが伝わる和文であるが、伝記に関しても多くの情報をもたらしてくれる資料である。娘の生没年など年次の判明する事柄についてはそれぞれの年に配したので参照されたい。

懶斎がこの娘のために『蔵笥百首』を編んで与えたことは前項で述べたが、これに続けて「又漢の曹大家《そうたいこ》がふみのかんなにかきたるなど、日ごとにもてあそばしむ」とある。これは『仮名列女伝』（明暦元年〈一六五五〉刊）のことであろう。

【久留米藩における和歌指導】

右に見た「哀詞」と『蔵笥百首』の他にも、懶斎は久留米時代に和歌を作っており、それらは『北筑雑藁』『再往日記』等に収録されている。このこと自体は奇とするに足りないが、興味深いのは、懶斎が久留米藩で和歌を教えていたらしいことである。『久留米市史』（前出）第七章第四節「文芸と美術工芸の振興」は、寂源との交流に触れて、「両者ともに京都の人で、漢詩・和歌の道を同じくしていたので、両者の間に交友があり、この両人により久留米の歌道は啓発された」とする。また「歌道は、二代藩主忠頼に招聘された真部仲庵が国文・和歌を藩士に教えたのに始まる。米藩最初の女流歌人、西以三の女駒子は、仲庵の感化を受けたと言われている」▼注[33]とも記している。

32 『石原家記』の引用は、久留米市民図書館本『石原日記』（請求番号…新有馬文庫四七〇五～四七〇六）にもとづき、『石原家記』（昭和十九年、筑後史談会）の活字本を参考にした。改行は私に施した。

33 一〇四一ページ。

○**秋、友人と日向神峡にて詩を賦す。**

懶斎著の地誌『北筑雑藁』日向神の項に「寛文丁未の秋、余友人と往て観る」とある。日向神は福岡県八女郡矢部村にある矢部川の渓谷。景勝地である。

寛文八年（一六六八）戊申　五十二歳

○**このころ、久留米藩御近習抱えとなる。**

『米府年表』寛文八年（一六六八）の項に左の記事がある。

一、公の御代小性組と申名無之。御近習と唱へ申候。児小性凡四十人程有之。一同眞部仲庵御抱に相成居候。

小性（姓）は職名。おもに藩主の日常座臥の雑務を務めた。「児」小性とあるからには、藩士の子弟がその任にあたっていたのであろう。彼ら四十人ほどを仲庵（懶斎）が抱えていた、というところからは、懶斎が教育係も任されていたことが想像される。これも万治三年（一六五八）【久留米藩士としての文事】の項で見た、久留米藩における医学に留まらない活動の一つである。

□**六月二十四日、久留米藩三代藩主有馬頼利（霊源院）没、十七歳。八月、四代藩主頼元（慈源院）襲封。**

○**七月二十五日、江戸へ発つ。**

『古代日記書抜』この日の項に「内記殿・真部仲菴、今日江戸へ出足」とある。詳細不明。

寛文九年（一六六九）己酉　五十三歳

○五月一日、寂源、高良山第五十世座主となるため筑後へ入る。そのさい書家・松井半平を連れ、懶斎と面会する。

『古代日記書抜』寛文九年（一六六九）五月一日の項に次のような記事がある。

一、稲葉美濃守殿[注34]御家来松井半平と申者、病気為養生高良山座主へ同道、爰元へ罷越、真部仲菴へ逢候由。御家老中へ懸御目度旨申候段、仲菴申出候付、城内ニ而は逢難候間、壱岐[注35]同道、仲菴方へ罷越令面会候

寂源の入山に際し、小田原藩の家臣である松井半平が病気療養のためにやって来て、懶斎に面会した。御家老中へ引き合わせたいと懶斎からの申し出があったが、城内では会いがたいので懶斎の家で面会した、と言う。

【寂源との交流】

寂源は懶斎とともに、近世前期久留米の文事を支えた文人僧である。寛永七年（一六三〇）生、山城国上賀茂の祠官で大師流の書家・藤木敦直の四男。出家して比叡山に入り、四十歳にして高良山座主となった。彼の生い立ちと高良山との関係、さらに僧として書家としての活躍などは、井上敏幸「『高良山十景詩歌』の反響」[注36]に大変詳しい。

井上稿は、『高良山十景詩』の成立に藤井懶斎が深く関与していたことを明らかにした。懶斎著の地誌『北筑雑藁』を見る限りでは、「今の座主法印寂源は其最も好き者。十境を択び、定めて高良山十名所と為す」（原漢文）と、寂源の功績とするのみである。しかし寂源自身は『高良山

34　小田原藩二代藩主・稲葉正則。
35　有馬正盛。
36　『雅俗』第三号（平成八年一月、雅俗の会）所収。

座主旧記之抜書』（高良山蔵）に「右十景之詩歌は、厥《そ》の初め、藤嬾斉（ママ）予が山扉を款《たた》く。日々相倶《あひとも》に丘壑《きうがく》▼注[37]の間を遊歴し、十奇勝を択び、十名所と為し、好士をして伝へて吟詠せしむ」（原漢文）と言う。この選定を懶斎と寂源との共同作業としているのである。この時期の久留米藩における数少ない文学者同士として、懶斎と寂源との交流は知られている以上に深かったのである。

松井半平については、小笹喜三著兼発行『書道大師流綜考』（昭和十六年刊）所収「家蔵大師流書家遺墨目録」の「松井道輔」の項に次の記事がある。

大和の産。通称半平、号拙斎。小田原藩主稲葉正則の侍臣なり。壮時、君命を以て専ら道芳に就て書を学び（濵城温故会田辺密蔵氏調云、半平、明暦二年三月十九歳、御小姓被召出。同三年九月御給仕役御免、手跡修行可致旨被仰付。御屋敷内に而難成修行候はば、町家に而成共勝手次第云々。編者按、道輔世に寂源の弟子となす多し。此年寂源二十七歳にして、東叡山に在り修学中なり。兼ねて儒宗林氏の門に出入す。のち寂源より唯授一人の道統を承《う》く、元禄五年十二月十八日死、享年五十五。▼注[38]

つまり半平は寂源の書道の高弟であった。寂源の高良山入山が、仏教のみならず書道においても久留米藩に新風を吹き込んだということになろうか。

なお、『北筑雑藁』では筑後坂東寺の僧良伯について「余、方外の交を執ること、殆ど二十有余年。唱和絶ゆる無し」（原漢文）と記している。久留米時代にはすでに仏教に対して批判的な発言を始めていた懶斎だが、寂源だけでなく何人かの僧とは詩文を通じた交流を行っていたようである。

37　丘と谷。

38　「家蔵大師流書家遺墨目録」の引用は、『日本人物情報大系』書画編十の複製による。二一六～二一七ページ。

△この頃、武富廉斎と出会うか。

廉斎と懶斎とが久留米で交わった期間について後述井上稿は「寛文十二年以降のわずかの期間であったらしい」としている。懶斎は延宝二年（一六七四）七月に久留米を離れているので下限は明らかだが、両者の出会いの時期に関する明確な資料は未見である。井上稿が寛文十二年からとするのも、筑後の記録『石原家記』の寛文十二年の条に武富廉斎に関する記事が記されていることによるものである。今後の資料出現によって、さらに遡る可能性もある。

【武富廉斎との交流】

武富廉斎については井上敏幸「武富廉斎と『月下記』[注39]」および『佐賀の文学』第四章（二）の２「元禄の俗文芸[注40]」、中山成一「武富廉斎と和学[注41]」に大変詳しい。廉斎は懶斎と同時代を生きた隣国佐賀藩の儒者であり、懶斎自身も『睡余録』でその行状を記している。

さて両者の久留米におけるつながりは、先述の『月下記』⑤に「余も筑州は近隣の国ゆへ、其名を聞て訪寄《トヒヨリ》、折節は経義を正し、持敬究理の事、葬祭の礼をも問商量《トヒハカ》り侍る」とあるように、時折懶斎宅を訪ねて学問について問いただすというようなものであったらしい。また懶斎が京都へ戻った後も交流があったようである（貞享三年〈一六八六〉の項参照）。

39 『中村幸彦著述集　月報』三（昭和五十七年八月、中央公論社）所収。
40 昭和六十二年一月、新郷土刊行協会。
41 『雅俗』十五号（平成二十八年七月、雅俗の会）所収。二一〜一二ページ。

○七月五日、二代藩主忠頼の命で作成した高良山記録を当代藩主へ預けるか。

万治三年（一六六〇）【久留米藩士としての文事】の項参照。

○七月十三日、有馬家系図に三代藩主頼利・四代藩主頼元を書き足す。

万治三年（一六六〇）【久留米藩士としての文事】の項参照。

延宝元年（一六七三）癸丑　五十七歳

○三月、久留米有馬侯に致仕を願い出る。

『北筑雑藁』中村易張跋に、「延宝癸丑の春先、先生病を以て致仕し、且つ骸骨を乞ふ」（原漢文）とある。「骸骨を乞ふ」は辞職の申し出をすること。

懶斎の致仕の理由については、誤診を悔いたためという説が近世のうちからすでに流布していた。所見のうちで早いのは、雨森芳洲『橘窓茶話』（延享四年〈一七四七〉翠巌承堅序。天明六年〈一七八六〉刊）で、巻之中に、「藤懶斎、医を以て久留米侯に仕ふ。一日、薬餌を誤用し、官に告げて自ら黜《しりぞ》きて、終身隠居す。君子なるかな」（原漢文）[注42] とある。これは『諸家人物誌』（寛政四年〈一七九二〉刊）や『先哲叢談』にも受け継がれている。

しかし懶斎著『北筑雑藁』では、先に見た中村易張跋だけでなく、自らも「将に病を以て帰老せ[注43]んとす」と、病と老齢のためとする。また久留米藩の記録にも、『古代日記書抜』寛文十三年（一六七三）正月十五日の項に「一、真部仲菴連々病気、侲《わらべ》も幼少ニ付、無拠《よんどころなく》、御暇相願候由、書付差出」とし、『石原家記』延宝二年（一六七四）の項も「○真部仲庵老頼ニ付而御暇被下、京都ニ被参候ト云」とする。懶斎の致仕の理由は、少なくとも表向きには病気・高齢であったと考えておくべきであろう。

また『月下記』③には、「医は小道なり」として、医学を捨てて隠逸と聖人の道を楽しもうとする決意が記されている。たしかに致仕後の懶斎は医学を捨て、もとは余技であった儒学へと専念してゆくことになる。病気という表向きの理由とは別に、このような意志が本人にあったことは認めて良いであろう。

42　『橘窓夜話』の引用は、『日本随筆大成』第二期7（平成六年九月、吉川弘文館）による。三八〇ページ。

43　故郷に帰って老年を送ること。

なお坂本辰之助『有馬義源公』[注44]附録「久留米教育小史」は、薬を誤用した説の後に「或は云ふ、国老と議論合はずして去れりと」と記しているが、これについて書かれた近世の記事を知らない。

44　明治四十一年、東京郵便通信社。

□十一月、中村惕斎著『比売鑑』成る。

『比売鑑』は写本の女訓もの仮名草子。冊数は諸本によって異なる。「立教の事」「父子の親《しん》」「夫婦の別」「君臣の義」「長幼の序」「敬身の事」という婦女の心すべき六つの徳目について、和漢の古典を引用しながら説明する「述言篇」十二巻と、各々の徳目について模範となるべき人物を和漢の古典や同時代から選んだ「紀行篇」十九巻とから成る。

該書の成立は寛文元年（一六六一）とされて来た。しかし拙稿「『比売鑑』の写本と刊本」[注45]でも記した通り、延宝元年（一六七三）と考えるのが正しい。写本の諸本を比較検討すると、成立後も断続的に増補を続けていたことが分かる。その過程で、貞享四年（一六八七）五月に刊行された藤井懶斎『仮名本朝孝子伝』から、孝女を描いた数章を取り込んでいる。また貞享四年十一月には懶斎が序文を寄せている。

45　『近世文芸』七十号（平成十一年六月、日本近世文学会）所収。

延宝二年（一六七四）甲寅　五十八歳

○秋、久留米より京都へ帰る。京都永昌坊あたりに住んだか。長岡恭斎・沢田氏・森口氏らを招く。

『北筑雑藁』中村易張跋に、「甲寅の秋、佳恵を承け京師に帰休す」とある。致仕を願い出てから実際に久留米を離れて京へ帰るまで、一年半ほどかかったようである。

【居所〈一〉永昌坊寓居期】

『扶桑名賢文集』（元禄十一年〈一六九八〉刊）巻五に、長岡恭斎から藤井懶斎に宛てた書簡「謝懶斎藤徴君書」が掲載されている。考証は後述するため省くが、元禄八年（一六九五）に書かれたものである。この中に次のような文章がある。

粤《ここ》に往時を追観するに、叟、洛下永昌坊の側に寓居せるの日、真率《しんそつ》の佳会に憑《より》て、僕も亦た席に陪す。黙して指を屈すれば、凡《およ》そ十又五蛍を歴《へ》たり（原漢文）[注46]

つまり懶斎が「十五蛍」すなわち十五年前、「永昌坊」あたりに住んでいたというのである。永昌坊は「一坊三条より四条通迄四町朱雀通より大宮迄中に四条坊門あり　二坊大宮より西洞院迄　三坊西洞院より東洞院迄　四坊東洞院より京極まで　凡て六十四町を永昌坊といふ」（『京の水』）。

元禄八年から十五年前といえばちょうどこの、久留米藩を致仕して京都へ戻った頃にあたる。長岡恭斎が「寓居」と言うのは、京都へ戻って本居を定めるまでの仮住まいということであろうか。

【京都での佳会】

長岡恭斎からの書簡は、何らかの会合があったことを記し、続けて「沢田・森口の両老も皆《とも》に黄泉の客たり」と言う。長岡恭斎の他に、当時沢田・森口氏の両名もその会に列しており、書簡が書かれた元禄八年（一六九五）の時点では、すでに没していると言う。

長岡恭斎は京都の儒医。圭斎、丹堂、生白、同寅、赤県逸士、豹蔵門などとも号した。父は儒医・長岡意丹。『扶桑名賢文集』に松永昌三「謝長岡意丹大醫生」が載る。『文翰雑編』に漢詩が載るほか、宮川一翠子らとの和漢連句も多い。拙稿「宮川一翠子覚え書」[注47]参照。

沢田とは京儒でのち加賀藩に抱えられた沢田訥斎（宗堅）のことかと考えたが、彼は宝永四年（一七〇七）八十四歳まで生きた（『訥斎集』）ので、元禄八年時点でまだ亡くなっておらず、合わない。『睡余録』第七十三条に「洛の四条磨工木屋氏」とあってその書き入れに「号八郎兵衛称沢田保房」

46　『扶桑名賢文集』の引用は、九州大学萩野文庫本（請求番号…萩野文庫／フ／五）による。

47　『語文研究』八十一号（平成八年六月、九州大学国語国文学会）所収。

――とある。こちらがふさわしいように思う。森口氏は不明。

○この頃から、京都で儒書講釈を行う。

京都へ戻った懶斎は、市中で儒書講釈を行っていたようである。雨森芳州『橘窓茶話』には「余、童艸の時、米川儀兵衛、中村迪斎《（ママ）》、藤井懶斎、倶に経学を以て京師に教授す。信従の者衆《おほ》し」[注48]とある。雨森芳洲は寛文八年（一六六八）生、宝暦五年（一七五五）没、八十八歳。「童艸ノ時」は、延宝期（一六七三～一六八一）あたりを指すことになる。この講釈がいつまで続いたかは明らかでないが、延宝六年（一六七八）に米川操軒が没し、貞享元年（一六八四）に中村惕斎が伏見へ転居したことなどが目安となるであろう。

延宝三（一六七五）乙卯　五十九歳

○春、『北筑雑藁』成る。

該書は懶斎編による漢文で書かれた筑後地方の地誌である。写本一巻一冊。自序（年記署名等なし）、中村易張跋（延宝乙卯春甲辰）を付す。翻刻は筑後遺籍刊行会『筑後地誌叢書』[注49]に備わる。

久留米市民図書館には三本を蔵し、その全てに頭書が付されている。『本朝神社考』などからの引用が主であるが、日向神について記した項では本文中に「詩三四章、和歌数首有り。余、皆之を忘る」とあって、この地で作った詩歌を失念した由が記されている。これに対して頭注では「真子、日向の神に題する詩に曰く」として漢詩二首を挙げているのは興味深い。懶斎が去った後の筑後の地で、後学が書き加えたものであろうか。なおこの頭注は諸本によって異同があるが、このうちの

48　三七八ページ。

49　昭和四年、菊竹金文堂。

一本（請求番号…新有馬文庫六〇六二）の識語には「時に宝永三丙戌季春中旬、尊命に依て之を写す」（原漢文）とあるので、宝永三年（一七〇六）ごろには書き加えられていたと推測される。

自序には「余、将に病を以て帰老せんとす。故に邦内の山川、名地、故事、郷俗の、凡《およ》そ嘗て目染耳濡する所の者、妄《みだり》に略《ほぼ》之を録して以て遺忘に備ふと云」とあり、懶斎が久留米藩を致仕するにあたって編んだものであると分かる。『久留米市史』第二巻第七章第三節は「久留米藩最初の地誌」とする。

ただし、体裁は地誌であるものの、筑後地方の名所旧跡が網羅的に挙げられている訳ではない。また説明も故事来歴にはあまり筆を費やさず、懶斎自身の意見や思い出、その地で詠んだ和歌・漢詩などが多く記されている（慶安年間、明暦元年〈一六五五〉の記事など参照）。つまり多くの人々に供する地誌というよりは、懶斎の個人的な思い出を地誌の形式に託して記したものというべき書物である。

たとえば、童男草女こと童男山古墳（福岡県八女市山内）に関する章段では、自作の文章「童男草女弁」を掲載する。ここで懶斎は諸説ある童男草女古墳の意義について、「冢壙《ちょうこう》」すなわち墓穴だと断じる。その上で、上古の風儀が親に厚かったことを思い、それが中世の仏教によって薄らいだとする。よって今日から童男草女の名を捨て、孝行塚とすべきだと論じている。

延宝五年（一六七七）丁巳　六十一歳

○十一月六日、川井正直（東村）没、七十七歳。懶斎「川井正直行状」を撰する。

川井正直、号・東村。慶長六年（一六〇一）十月十一日に正次（のち薙髪して道味と称す）の次男と

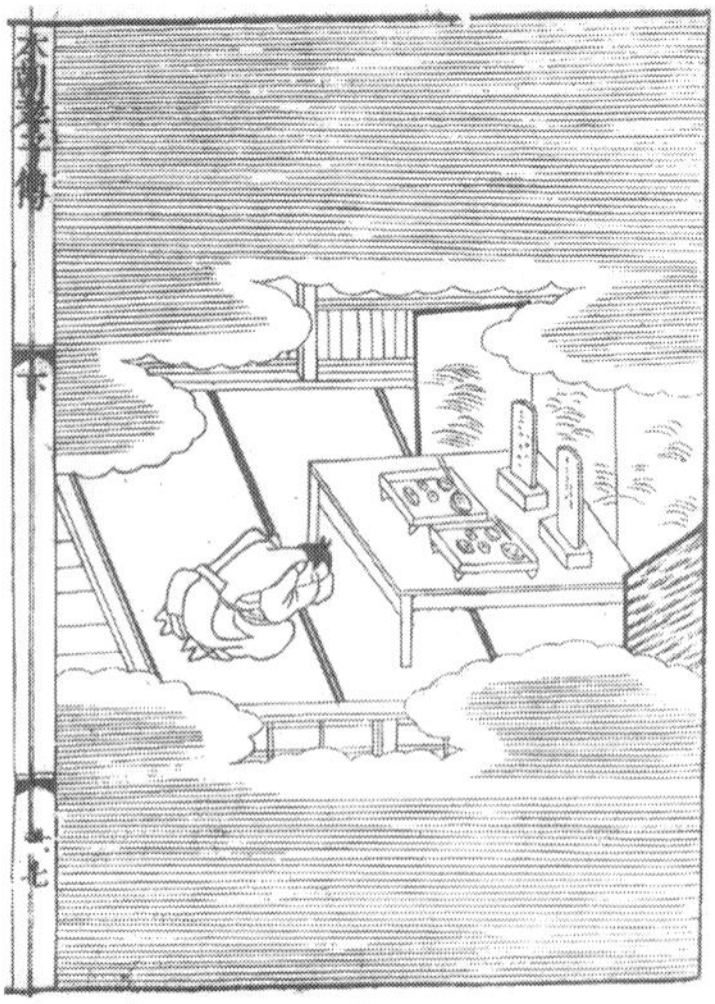

《図 76》川井正直（『本朝孝子伝』）。儒の実践者として懶斎らに認められていた。

して大坂に生まれる。数年で伏見に移り、また数年して京都銅駝坊室町に移る。もと商家であったが、慶安年間、五十歳になろうとして初めて儒学に志した。延宝五年（一六七七）十一月六日没、七十七歳。正直については、柴田稿（二七～三一ページ）が『先哲叢談後篇』巻二、『日本道学淵源録』巻一、『本朝孝子伝』を用いて詳述しているので贅言は避ける。

ただ本稿で付け加えておきたいのは、右の正直伝がすべて藤井懶斎による漢文伝記「川井正直行状」に基づいているということである。藤井懶斎著「川井正直行状」は『事実文編』巻十九に収められている。書かれた年次は記されていないが、懶斎と彼との交流を考えれば、正直の没後まもなく書かれたものとして間違いないだろう。

延宝二年（一六七四）の項で見た雨森芳州『橘窓茶話』には、米川操軒、中村惕斎、藤井懶斎らが京都において儒書講釈を行っていたとあるが、ここに正直は含まれていない。懶斎「川井正直行状」にも彼が講釈を行っていたとは記されておらず、代りにその学びと実践についての記述が目立つ。たとえば正直は晩学を悔い、「小学・四書・近思録等の書を同志に受読」し、自分にとって重要な箇所を抄出して一両巻と成して毎朝大声で読んでいたという。晩学の儒者・正直は、三人とは立ち位置がやや異なっていたものであろう。

実践者としての彼を、懶斎は『本朝孝子伝』「今世」部に孝子の一人として掲載した。

延宝六年（一六七八）戊午　六十二歳

○一月、懶斎著『蔵笥百首』刊。

大本三巻三冊。漢字平仮名交じり文。序あり（序題・序記なし）。全歌に挿絵を付す。

所見本は全て同板で、早印本の刊記は「延宝戊午年孟春吉旦村上勘兵衛彫刻」（京都大学中央図書館本）。『国書総目録』は最も早い版本に「万治年間刊」としてお茶の水図書館本を挙げている。しかしこれは誤りである。該本を確認してみたところ、上巻と下巻途中までを合冊したもので刊記は無かった。「万治年間刊」との年次推定は、付箋に記された墨書と表紙に朱書された徳富蘇峰書付によるもののようだ。しかし、板面の痛みなどから見れば明らかに後印本で、他の諸本より早く刷られたものではない。『蔵笥百首』の刊年は延宝六年と考えておくべきであろう。

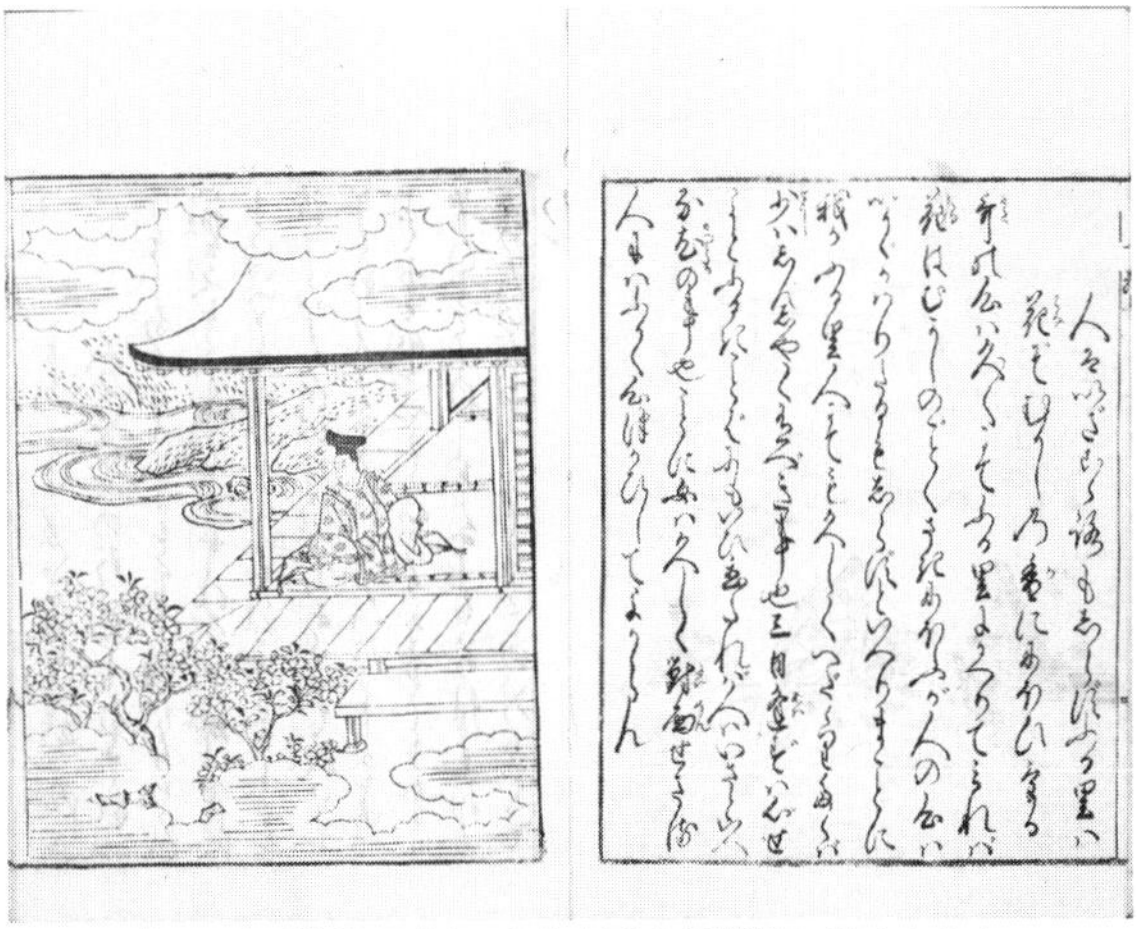

《図 77》『蔵笥百首』。古典和歌を教訓的に読みかえた（国文学研究資料館本）

内容に関しては、二見田鶴子「『蔵笥百首』翻刻と紹介」▼注[50]が備わる。二見稿と重複する所もあるが、そのあらましを述べておこう。

無署名序（おそらくは自序）によれば、「周詩《しうし》の『章《しやう》をたち義《ぎ》をとる』のこころにもとづきて、その歌の本説《ほんせつ》にかかはらず、ひたすら婦道《ふのみち》のうへ

50　『大倉山論集』四十四（平成十一年十二月、大倉精神文化研究所）。

にとりなし、ことばをいやしくして注《ちう》しなさば、かならず女子にたよりはせむか」[注51]、つまり、歌の本来の意味にかかわらず、すべて婦人の道のこととして読み、言葉を卑近にして注を施せば、女子のためになるだろうと考えたと言う。そして「百人一首を見侍て、歌のさまの此道に牽合《けんがふ》しがたきをばのぞき、さらに八代集《だいしう》のうちよりくはえて、数をもとのももうたとなし、をのれがこころにまかせて訓詁《きんこ》す」、つまり百人一首の歌の中でも女性教訓にこじつけられないものは除き、そのぶん八代集歌を加えて百首としたという。

たとえば巻上の第四首「恋《こひ》すてふわが名《な》はまだきたちにけり人しれずこそおもひそめしか」という壬生忠見の有名な恋歌は、次のように解説される。

「まだき」は「はやき」なり。歌《うた》の心は、「恋するといふ我名《わがな》ははやくこそたちけれ。心におもひはじめしは、ただ我ひとりしりての事なりしが」、といへり。ただ我ひとりしりたる事の、やがて世にひろまるは、定《さだま》りたることはりなるに、「ながくしられじ」とおもひけるにや。狐《きつね》狸《たぬき》などいふ物だに、人の心をよくしる事あり。まして天地神明《てんちしんめい》の御まなこのいたらぬ所はなき故《ゆへ》に、人何事にても、おもひよれば思ひよるよりはやく神明《しんめい》のしろしめして世にさとししらしめ給ふ程に、何ほど隠密《をんみつ》の事にても、たれつぐるとなく人皆これをしる。しかれば我心の内といへど、神明《しんめい》の御目《め》のまへなり。わが身を置ところは、いかなる深《ふか》きねや屏風几帳《びやうぶきちやう》の内にても、みな神明の御まへなる事うたがひなし。ここをわきまへざる人、ひとり心におもふ事、物かげにて身になすわざをば「人しらず」とのみおもふゆへに、此歌ぬしのやうに、ゆきあたるなり。よくよくこころえらるべし。

本来の歌意は言うまでもなく、いつのまにか漏れ広まった忍ぶ恋を描いたものである。しかし『蔵笥百首』ではこれを「何事にても」と一般化し、考えや人に見えない所での行動にも自律を求めて

51　『蔵笥百首』の引用は、国文学研究資料館本（請求番号…ナ二／五五九）。

いる。

なお序では百人一首を主としているような書きぶりであったが、実際には百人一首の利用は第一歌から第十二歌までに留まっている。残り八十八首は八代集からの和歌である。

ところで、該書の早印本を手に取る限り、これが懶斎の著作だという情報はどこにも記されていない。匿名での刊行である。しかしこれが懶斎著であることは、万治三年（一六六〇）の条で記した通りである。該書の草稿は一人娘のために書かれたものであり、すでに久留米藩時代に成っていた。懶斎の旺盛な著書出版活動は還暦を過ぎてからであったが、その始まりは、このように旧稿を刊行することだったのである。

【懶斎の著作目録】

国文学研究資料館蔵『蔵笥百首』（享保六年〈一七二一〉大坂大野木市兵衛求板本。請求番号…ナ二／五五九）の裏見返に「藤井懶斎先生作目録」が存する（《図78》参照）。懶斎の著作目録として最も早いものである。その全文を引用しておこう。

本朝孝子伝六冊　大和為善録四冊
国朝諫諍録四冊　蔵笥百首　六冊
二礼童覧　二冊　徒然草摘義三冊
竹馬歌　一冊　ときは木　一冊
右の諸書は藤井らんさい先生の作にして、みな世に行るる処也。いづれも人倫五常の道をとき、善をあげ、悪をこらし、まどひをあきらかにせしむるのおしへなれば、かならずよむべきの書なり。

じつは、この目録に挙げられている書名のうち、少なくとも『本朝孝子伝』は大野木市兵衛が出版・販売にかかわった形跡を見ない。つまりこの目録は、大野木市兵衛の蔵版目録ではない。藤井懶斎の著書でこの時点までに刊行されたものを網羅した目録と考えるのが適切である。

この著作目録は、懶斎が没後この時期に至って、教訓本作者のブランドとして認識されたことの顕れと見て良いのではないかと思う。

中野三敏「談義本 ――その精神と場」▼注[52]は、享保～宝暦期にかけて刊行された教訓本三十部余を列挙し、「実はこの時期が、かかる教訓本の最盛期」としている。藤井懶斎の著作は多様であるが、教訓本の盛期たる享保期にいたって、益軒や蟠竜子のような先駆的な教訓本作者の一人として認められるに至ったのである。

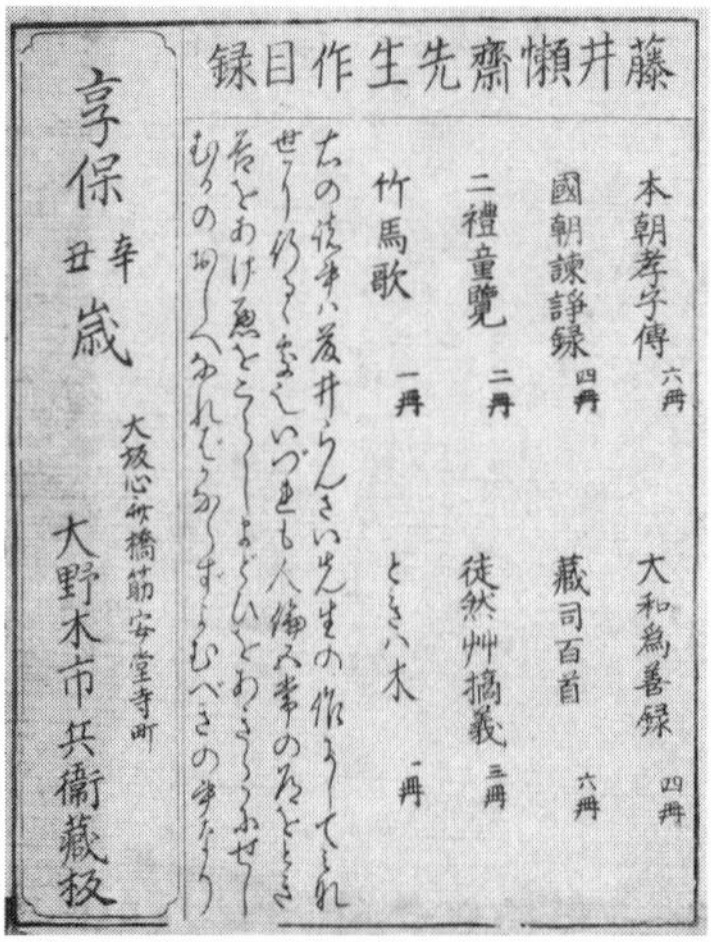
藤井懶斎先生作目録
本朝孝子傳 六冊
國朝諫諍録 四冊
二禮童覧 二冊
竹馬歌 一冊
大和為善録 四冊
藏司百首 六冊
徒然艸摘義 三冊
ときハ木 一冊
享保 辛丑 歳
大坂心斎橋筋安堂寺町
大野木市兵衛藏板

《図78》藤井懶斎著作目録。享保ごろには懶斎がブランド化した。

52『戯作研究』（昭和五十六年二月、中央公論社）所収。

□八月十九日、米川操軒没、五十二歳。

米川操軒、字幹叔。寛永四年（一六二七）生、延宝六年（一六七八）八月十九日没、五十二歳。懶斎より十歳年下にあたる。はじめ三宅寄斎のもとで学び、何人かの師を求めたあと中村惕斎・藤井懶斎らと志を同じくした。

操軒については柴田稿一九～二四、三八～三九ページに詳しい。先に見た『橘窓茶話』に記す通り、懶斎と共に京都市中で儒書講釈を行っていた数少ない仲間の一人である。その伝は中村惕斎が『操軒米川先生実記』を著している。懶斎は京都に戻って間もなく、川井正直・米川操軒という二人の盟友を相次いで失ったことになる。

延宝八年（一六八〇）庚申　六十四歳

□このころ武蔵国の節婦・小沢まつ没する。懶斎著『常盤木』の主人公。

『常盤木』二十一丁表に、「いにし延宝《えんぽう》の頃《ころ》かとよ、まだかたぶかぬよはひながら、同穴《どうけつ》のねがひみてて、いつしか今《いま》はむかしがたりになりぬ」とあるところから判断した。

【常盤木】

大本一巻一冊。漢字平仮名交じり文。所見本はすべて同板である。外題「常盤木」。内題・尾題なし。柱題「常盤木」。無署名序（序題・年記等なし）。

該書ははじめ無刊記で刊行されたらしい。実見した範囲では、土佐山内家宝物資料館所蔵本などが刷りの早いものである。後印本には京都尚古堂ほか一肆の刊記（年記なし）を持つ刈谷市立図書館本がある。

無刊記の早印本は、他の箇所にも刊行年次を示す情報が見あたらない。しかし、懶斎が没した宝永六年（一七〇九）から享保六年（一七二一）の間に刊行されたようだ。無署名序に「この常盤木のものがたりなん、夫

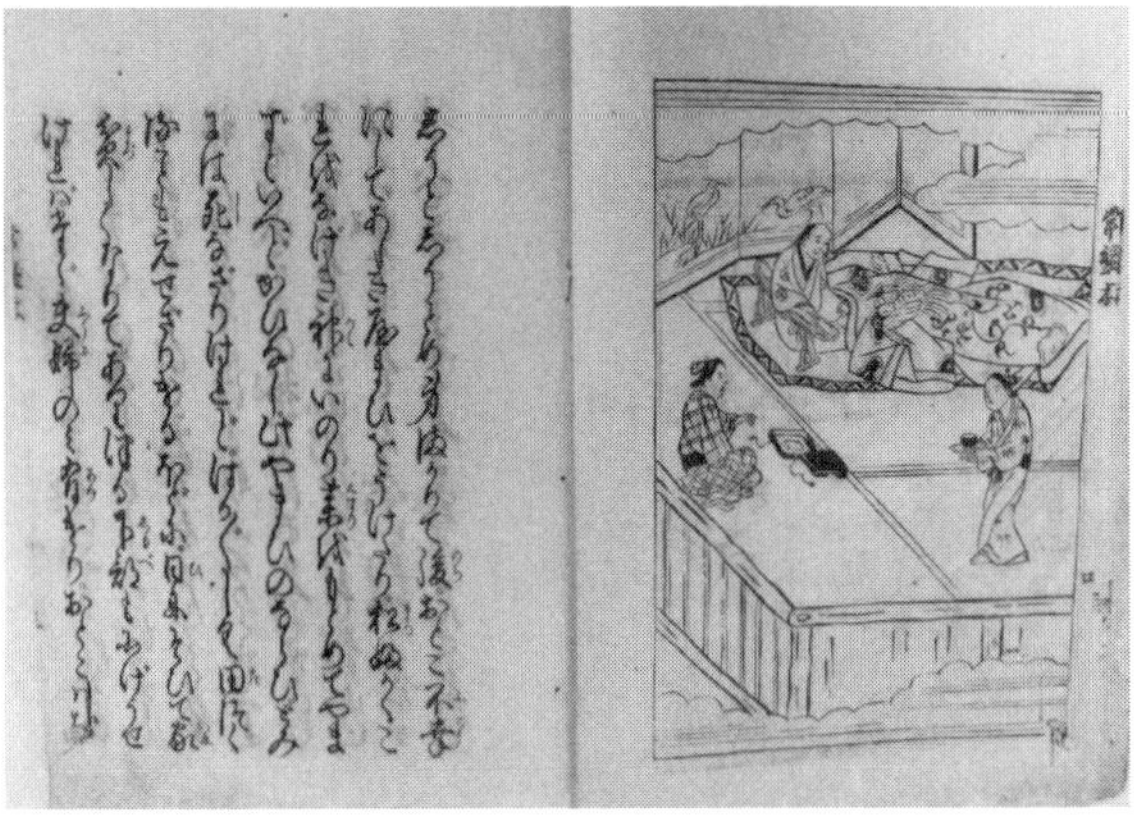

《図 79》『常盤木』。節婦まつの伝記（土佐山内家宝物資料館本）

婦のをしへにとしるし置れたなれど、人につたふるまでもあらで、ゆかをかへたまへり。▼注[53]今にいまそかりせば、猶このたぐひのことをあつめて、前の二のふみにつぎ給ひなんを」▼注[54]とある所から、懶斎没後の刊行であることは明らかである。また、同じ序に続けて「二人の子もまづ世をはやうして、そうさへ絶ぬれば」▼注[55]と、二人の子が没したと記している。次男理定の没年は未詳だが、長男革軒は宝永六年（一七〇九）に没しているので、少なくともこれ以後の刊行ということになる。そして享保六年（一七二一）刊の懶斎著作目録（延宝六年〈一六七八〉【懶斎の著作目録】の項参照）に『常盤木』の書名が載る所から、この年までには刊行されたのであろう。

さて該書は寛文から延宝のころ、武蔵国利根川のほとりに住んだ節婦・小沢まつの伝記である。十七で野口氏に嫁いだまつは、悪しき病にかかった夫を手厚く世話し、十年以上を経て最期まで看取った。それを「ふるきけびゐしなりける石谷入道」、すなわち元江戸町奉行・石谷貞清《いしがやさだきよ》が江戸へ招き入れて表彰しようとしたが、貞清の死亡によって果たされなかったという。

「常盤木」という書名の由来は、文中に次のように記されている。

「はげしきあらしにむせび、さむきつめ霜《しも》をかさねて、しぼまぬ梢《こずえ》の千《ち》とせの色を、いとけなかりしよりこの人《ひと》の名《な》とせしも、かかる貞節《ていせつ》のほまれ、世《よ》にあらはるべききざしにや」など、人のいふめれば、このふみにもゑぼうしさせて、常盤木《ときはぎ》とやよばまし。

つまり「松」という名と、その変わりない貞節とをかけての書名であった。なお『国書総目録』等では書名を「常磐木」と表記するが、右の引用箇所のほか、題簽も序文もすべて「常盤木」と表記されている。

先にも述べた通り該書は懶斎没後の刊行である。これが本当に藤井懶斎の著書であったかは確証がない。しかし先にも記した通り二人の息子の死についても記すなど、序を寄せた人物は懶斎

53　没した。

54　『常盤木』の引用は、土佐山内家宝物資料館所蔵本（請求番号…ヤ九一三／三二）による。

55　家系。

の消息にある程度詳しかったことが想像される。その序に著者を「懶斎の藤井先生」と明記しているのだから、ある程度の信憑性は認めて良いだろう。

なおこの小沢まつの逸話は他書にも載る。今のところ『つぼのいしぶみ』(元禄十一年〈一六九八〉刊)巻九、松崎蘭谷著『鑑袋』(宝暦十年〈一七六〇〉跋、文化元年〈一八〇四〉刊)の二書が確認できた。とくに前者『つぼのいしぶみ』は時代も重なるゆえ、やや詳しく見ておきたい。該書は漢字平仮名交じり文の女訓書である。この巻九「貞女列女判　上」に載る一章は、目録を「むさしの国松《まつ》と云女の事　付り　右同《みぎおなじ》　断《ことはり》」とし、章題を「今乃世　ときわぎ物がたり」とする。内容の情報量は『常盤木』とあまり変わらないが、字句は大きく異なっている。また末尾に「賛」「和歌」「評」「論」を付している。

ここで注目したいのは章題の下部に「ときわぎ物がたり」と題されていることである。懶斎著とされる『常盤木』と共通の書名が記されているのは、単なる偶然とは思えない。懶斎の草稿を『つぼのいしぶみ』が採って字句を改めたのであろうか。あるいは共通する別の出典があるのだろうか。

書肆は無刊記ゆえに確証はないが、大野木市兵衛であったか。そのかすかな根拠は、序文に「このごろ、なにはの何がし、此物がたりを板にえらせて、世につたへんとて」と、大坂の書肆から刊行されたと記されている点である。先に見た懶斎著作目録が大坂の大野木市兵衛による物であることを考えると、両者を同一視したくなってくる。

○晩秋、中村惕斎と宇治の笠取山に登り、紅葉を見て詩を賦す。またこの頃までに北野へ移住する。

『惕斎先生文集』巻二「懶斎老丈の笠取山の紅葉を詠ずるの韻に和す」(原漢文)▼注[56]。笠取山は宇治

56　『惕斎先生文集』の引用は、九州大学附属図書館碩水文庫本(請求番号…テ／一二)による。

北東部にある歌枕。『古今集』秋下「雨ふれど露ももらじをかさとりの山はいかでかもみぢそめけん」（在原元方）で知られる通り紅葉が著名。また『惕斎先生文集』ではこの詩の三つ前に「懶斎先生を北野の隠宅に訪ねし日、その寄する所の雅韻に次ぐ」が置かれている。

【居所〈二〉北野】

ここで惕斎は懶斎を「北野の隠宅」に訪ねている。貞享二年（一六八五）四月の条でも貝原益軒は「往北野　且到懶斎」と記している。この頃までに懶斎は北野へ移住したらしい。

具体的な番地は明らかでない。ただ、先に挙げた惕斎詩には「林坰《りんけい》隔断す北山の南」の一句がある。「林坰」は郊外の意。北山が『擁州府志』に「大北山、凡自鹿苑寺、至石影。惣謂大北山」という大北山のことであるならば、北野天満宮よりはやや北西へ進んだ辺りであったか。

天和元年（一六八一）辛酉　六十四歳

△この年またはその翌年の初夏、中村惕斎と石山へ蛍を見に行く。

『惕斎先生文集』巻二に「懶斎老丈の石山観蛍の韻をつぐ」「懶斎老丈の石山に遊ぶの二律に和す」（ともに原漢文）がある。詩の配列からすると天和元年（一六八一）と天和二年（一六八二）との間の出来事か。石山は近江国の歌枕で蛍の名所。『好色一代男』の世之介も蛍を見に訪れた。柴田稿▼注[57]も記す通り、この時期、中村惕斎との旅行や詩文のやりとりが盛んであるようだ。川井正直、米川操軒という朋友を相次いで亡くした時期とも重なり、行動を共にすることが多かったらしい。

57　四二ページ。

天和二年（一六八二）壬戌　六十五歳

□九月十六日、山崎闇斎没、六十五歳。

承応元年（一六五二）【懶斎の友人と山崎闇斎】の項に見たとおり、承応元年（一六五二）頃に懶斎は山崎闇斎に学んでいたようである。しかしその後闇斎との交流は見て取れない。中村惕斎らとともに別家をなしていたと考えておくべきであろう。

貞享元年（一六八四）甲子　六十八歳

○春分の日、『本朝孝子伝』に自序。

貞享二年の参照。

貞享二年（一六八五）乙丑　六十九歳

○四月、京都滞在中の貝原益軒、懶斎を度々訪ねる。このころまでに北野へ転居。

貝原益軒『日記　五号』[注58]貞享二年四月の条に藤井懶斎との交流が記される。「十三日　往北野且到懶斎」「十七日　懶斎・真祐来」「廿五日　往懶斎依預期也。饗食」。また五月には「二日　宇保氏饗。懶斎・□□幸菴・市村専安・小原新之介等座、晩如流来宿」「八日　饗懶斎・宇保氏・市村専安」。

四月十七日条に「真祐」とあるのは『非火葬論』の著者・安井真祐。五月二日条に「宇保氏」と

58 『日記　五号』の引用は、九州史料叢書二（昭和三十一年、九州史料刊行会）の翻刻による。

あるのは宇保淡庵。彼らについては柴田稿に詳しい▼注[59]ので割愛する。同日に「小原新之介」とあるのは岡山藩儒・小原大丈軒である。彼については第二章第三節「表彰と説話集とのあいだ」に述べた。

他の人物については『惕斎先生文集』によってある程度補足が可能である。

五月二日に「幸庵」とあるのは京都の儒者・植木交庵であろう。巻之二に七言絶句「挽交庵老丈壬午二月」があり、元禄十五年（一七〇二）に没したと分かる。

市村（郗）専庵は『惕斎先生文集』巻二に「送市郗誠伯兄就官於備後集月七」「誠伯兄赴西備臨別贈一章 肌」が見え、備後のいずれかの藩に仕えたらしい。同巻之十「訓蒙短歌序」（元禄十二年〈一六九九〉七月）は専庵の著書に寄せたものである。『訓蒙短歌』については未詳。巻之十「市村元感字説」は専庵の求めで誠伯と字した際の文章である。ここでは「吾友洛人市郗氏子元感」と記している。巻十三「市村元感書云」「市村元感書」は長文の書簡である。内容は学問から門弟の評判までさまざま。市村の方に講席が完成したことを「他国ニ今迄ケ様之事被取立方、一所モ不承及候故、別而珍重存事候」と賛嘆しているのは興味深い。また専庵は『惕斎先生行状』（延享三年〈一七四六〉刊）に跋を寄せている。

○十月、懶斎著『本朝孝子伝』刊。

大本三冊または七冊。表記漢文。刊記「貞享二乙丑歳十月吉日　西村孫右衛門板行」。自序「本朝孝子伝序」に「閼逢困敦春分之日伊蒿子滕臧序旹天和之第四祀也」、惕斎跋「本朝孝子伝後叙」に「歳在甲子仲夏之月／洛汭仲欽書于伏江遯栖」とある。

該書の諸版については、第三章第三節「『本朝孝子伝』刊行直後」に記した。該書は初版のあと何カ所か修訂が施され、また十ヶ月後の貞享三年八月には全丁を彫り直された改版本が刊行される。

59　三九、四六ページ。

改版の際、今世部「中原休白」の章の「論」が大きく書き換えられている。
さて該書は日本の歴史上および当代の孝子七十一人を「天子」「公卿」「士庶」「婦女」「今世」の各部に分けて掲載し、それぞれに伝のほか賛・論を付したものである。本書で何度も言及して来た通り、刊行当初からよく読まれた。儒者による仏教批判という色合いが濃いという点では客観的でない面もあるが、整然とした構成、典拠が明示されている信用度、全話に挿絵が付された親しみやすさ、また日本史上から広く孝子を探すという書物がほかに刊行されていなかった等、広く読まれるべき条件を数多く有していた。

【懶斎著作と署名】

『本朝孝子伝』は『蔵笥百首』（延宝六年〈一六七八〉刊）に続く著書刊行第二弾ということになる。しかし『蔵笥百首』と大きく違うのは、『蔵笥百首』が無署名であったのに対し、『本朝孝子伝』には自身の署名がなされていることである。
懶斎の著書でその生前に刊行されたものは七タイトルある。それらについて、表記と、著書中の署名をまとめると次の通りである。

①『蔵笥百首』（延宝六年〈一六七八〉一月刊）漢字平仮名交じり文。署名なし。
②『本朝孝子伝』（貞享二年〈一六八五〉十月刊）漢文。自序に「伊蒿子滕臧」。
③『仮名本朝孝子伝』（貞享四年〈一六八七〉五月刊）漢字平仮名交じり文。署名なし。
④『徒然草摘議』（貞享五年〈一六八八〉月刊）漢字平仮名交じり文。署名なし。
⑤『国朝諫諍録』（元禄元年〈一六八八〉五月刊）漢文。自序に「伊蒿子滕臧季廉」
⑥『二礼童覧』（元禄元年〈一六八八〉十一月刊）漢字平仮名交じり文。署名なし。
⑦『大和為善録』（元禄二年〈一六八九〉九月刊）漢字平仮名交じり文。序に「よもぎが杣人」。

《図80》懶斎署名（『国朝諫諍録』）。

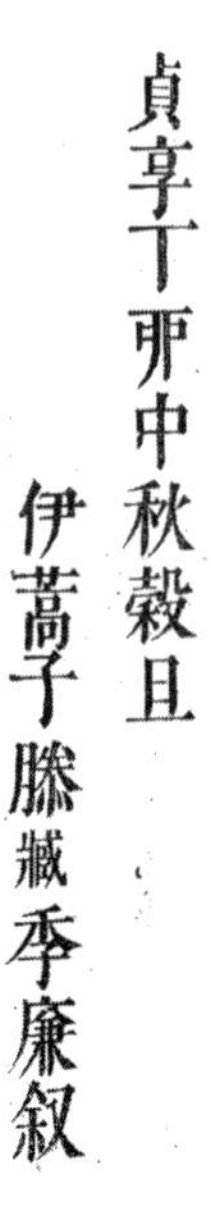

署名には「伊蒿子伊蒿子滕臧（季廉）」と「よもぎが杣人」の二種が見える。しかし「伊蒿子」が実名に近いものであるのに対し、「よもぎが杣人」は匿名に近いものであったと思われる。「伊蒿子」の名は、例えばさほど親密であったとも言えない室鳩巣の詩に「古風二首伊蒿子藤井徴君に呈す」（『鳩巣文集』巻之一）とあるように、広く知られていたものらしい。これに対し「よもぎが杣人」の名は他に見ることができない。第三者がこの「よもぎが杣人」という号から藤井懶斎を想定することは難しかったのではないだろうか。

このようにしてみると、懶斎は生前刊行した著作の中で、漢文著作である『本朝孝子伝』と『国朝諫諍録』だけには署名を施し、他の仮名本は匿名で刊行したことになる。

もちろんこれら仮名本の中には、周辺の情報によってほぼ同時代において懶斎作と知りうるものもあった。例えば『元禄五年刊書籍目録』には「同摘義　藤井蘭斎作」「二礼童覧　藤井蘭斎作」「大和為善録　藤井蘭斎」とあって、懶斎のあずかり知らぬ所では隠された著者が明らかにされていたのである。しかし少なくとも懶斎自身の意識を問題とする限り、これらの仮名本が匿名の形で出版されたことをこそ重視すべきである。

また、同時代の知識人たちが同様の意識を共有していたことも確認しておきたい。元禄九年（一六九六）十月十五日室鳩巣宛遊佐木斎書翰[注60]には、次のようにある。

又聞く、京師に藤井懶斎なるものありと。年七十有余。初名は真辺忠庵。操軒・惕斎の友とする所なり。嘗て本朝孝子伝・諫諍録を記す。その志趣の善、文藻の美、また多く見えたり。[注61]

60　元禄十年（一六七九）六月十八日の項参照。

61　室鳩巣宛遊佐木斎書翰の引用は、『日本思想大系三十四　貝原益軒　室鳩巣』（昭和四十五年十一月、岩波書店）の活字翻刻による。

また元禄十五年（一七〇二）十月二十五日の項に見る宮川忍斎『槎行記』にも次のようにある。

かれは若かりしより深く孔孟の道をしたひ、人にも忠孝をすすめ侍るべき為に『諫諍録』『孝子伝』をあらはし侍りしに、其二編いつ比か異国へ渡り、人の国にもてはやし侍るよし、近頃つたへ承りぬ。[注62]

同時代の人々が懶斎の著作として挙げる書名は『本朝孝子伝』『国朝諫諍録』の二書であった。つまり、懶斎が自らの名を付して堂々と刊行した作品は、表向きにはあくまでも『本朝孝子伝』と『国朝諫諍録』の二書だった。そしてその認識は同時代の知識人にも共有されていたのである。儒者でありながら仮名の教訓書を多く刊行したことは懶斎の大きな特色の一つである。しかしそれは懶斎の意識においては秘密裏に刊行した著作たちであり、一般読者も懶斎の著作だとは認識していなかったのではないだろうか。その懶斎が仮名教訓本の著者として喧伝されるようになるのは、延宝六年（一六七六）【懶斎の著作目録】の項で見たように、享保六年（一七二一）、『蔵笥百首』の巻末に懶斎著作目録が広告として貼り付けられるようになる頃まで待たねばならない。つまり「教訓書作者・懶斎」という認識は、懶斎が没して十年以上経ってからのものだったのである。

【一文字署名のはじまり？】

なお右に見た通り、懶斎は「滕臧」などと姓を一文字に縮めて署名することが多い。この慣習は近世中期に柳里恭（柳沢淇園）、物茂卿（荻生徂徠）などと好んで行われたものだが、その先駆者に懶斎を位置づける説が存する。内藤子興による儒学時評書とも言うべき著『俵ふるひ』（安政三年〈一八五六〉自序、写本）が幸田成友によって紹介・翻刻されている。[注63] その中に次のような言及が見える。

藤井懶斎ガ苗字ノ井ヲ省キテ藤ノ草冠ヲ除テ、勝《ママ》懶斎ト名ノリシヨリ、漢風病ノ逆上仲間ニ

62 『槎行記』の引用は、九州大学附属図書館音無文庫本（請求番号…五四九／サ／九）による。

63 『三田学会雑誌』四十一巻一・二合併号（昭和二十三年二月）初出。『幸田成友著作集』第二巻（昭和四十七年一月、中央公論社）所収。

伝染シテヨキコトシ、夫ヨリ苗字ノ本体ヲ失ハセタル無分別モノ、是等ノ輩迄一々批判ヲ加ヘンモ、紙筆の費ナレハ略之。

【書肆・西村孫右衛門】

該書の書肆は刊行第一作『蔵笥百首』とは異なり、京都の西村孫右衛門である。前項で懶斎の生前に刊行された著書は七部であったことを述べた。このうち『本朝孝子伝』『仮名本朝孝子伝』『二礼童覧』『大和為善録』の四部が西村孫右衛門から刊行されている。

この西村孫右衛門から刊行された他著者の書籍は、松井精『野語述説』(貞享元年〈一六八四〉刊)、『神祇服紀令』(貞享三年〈一六八六〉五月刊)、『福田殖種纂要』(不可亭編。貞享三年刊)、『父母恩重経罔極鈔』(貞享三年五月刊)、『螽草』(元禄三年〈一六八〇〉五月刊。懶斎序)を見ることができた。いずれも教訓的な書物である。

貞享三年(一六八六)丙寅　七十歳

○元旦、詩を作り、中村惕斎に見せる。

『惕斎先生文集』巻二に、「伊蒿老丈見示元旦書懐篇漫次高韻因奉祝誕伏斧正　丙寅正月」あり。そのほか『惕斎先生文集』には懶斎との贈答詩文を多く見出しうるが、残念ながらそのほとんどに年記を欠く。

○八月、懶斎著『本朝孝子伝』改版本刊行。

この間における異同については第三章第三節「『本朝孝子伝』刊行直後」に記したので参照され

たい。初版の版木が失われた理由は明らかではないが、そのあと早急にこの改版本が刊行された所に、該書の流行を見て取るべきであろう。

○九月、筑後の孝子市右衛門に関する伝記を著す。

『筑後志』所収。筑後地方の孝子、市右衛門についての漢文伝記である。「貞享丙寅季秋穀旦 洛西散人懶斎藤臧謹記」とある。該書については第三章第三節「『本朝孝子伝』刊行直後」で述べたので略述に留めるが、要するにこの文章は『本朝孝子伝』刊行後、懶斎が数十年過ごした筑後の孝子を取り漏らしていたことを指摘され、慌てて書いたもの。この文章はのちに漢字平仮名交じり文に書き換えられて、『仮名本朝孝子伝』（貞享四年〈一六八七〉五月刊）に「志村孝子」として追加掲載される。『本朝孝子伝』の反響の一こまを窺いうる事例である。

△この頃、武富廉斎、京都の藤井懶斎を訪れる。

武富廉斎著『月下記』五に「懶斎年七十なりしが……」とある所からここに置いた。寛文十二年（一六七二）【武富廉斎との交流】の項参照。

貞享四年（一六八七）丁卯　七十一歳

○四月庚辰、次男の象水と共に太白を見て、その理を調べさせる。

『睡余録』第三百九十八条による。

○五月、『仮名本朝孝子伝』刊。

大本七巻七冊。刊記「貞享四年五月吉祥日／西村孫右衛門蔵板」。序は「仮名本朝孝子伝序」として末尾に「歳ひのえとらにやどるそれの月それの日それの野に年ふるおきな筆を浅茅が露にすすぎ侍る」とある。他に「書題」（署名なし）を冠する。所見本は全て同板である。

該書は前年刊行された『本朝孝子伝』を漢字平仮名交じり文に改めたものである。先に触れた「書題」のほか『本朝孝子伝』から少なからず異同があり、その詳細は第三章第三節「『本朝孝子伝』刊行直後」に述べた。要するに漢文版『本朝孝子伝』の簡略版である一方、漢文版『本朝孝子伝』刊行時に寄せられた感想や疑問・意見に応える意図も込められていた。

そこでも述べたが、儒者が漢文で刊行した書物を自分の手で平仮名化して刊行した事例は、この時期までにおいてはほとんど例が無いものと思われる。

○八月、『国朝諫諍録』に序を記す。

次年の該当項参照。

□九月、次男藤井理定、『国朝諫諍録』に跋を寄せる。

次年の該当項参照。

○十一月、中村惕斎著の写本『比売鑑』に序を寄せる。

『比売鑑』については延宝元年（一六七三）十一月の項参照。懶斎序は「比売鑑序」として、序記「貞享丁卯冬十一月　伊蒿子滕臧書」。この『比売鑑』が女性のみならず、男性にも益するところ少なくないとしている。

先述のとおり、惕斎は『比売鑑』を写本のまま増補しつづけており、刊行を意図してはいなかった。現行の刊本（紀行篇宝永六年〈一七〇九〉正月、述言篇正徳二年〈一七一二〉正月刊）は、著者の没後、無許可で刊行されたものと考えて良い。よって懶斎が『比売鑑』に与えた序も、『比売鑑』刊行時に付されたものではない。写本『比売鑑』の継続的な増補の一段階で付されたものと考えておくべきであろう。

元禄元年（一六八八）戊辰　七十二歳

○二月、懶斎著『徒然草摘議』刊。

大本三巻三冊。漢字平仮名交じり文。刊記「貞享五戊辰暦／二月吉日／堀川通六角下ル西坪町／栗山伊右衛門板行」。序①…藤井理定漢文序「徒然草摘議序」。序記「歳在㆓強圉単閼㆒ニ 坤月ノ之望藤井理定叔観滌ク㆓筆ヲ于菊潭ニ㆒」。序②…内題のあとに無署名序あり。漢字平仮名交じり文。序題・序記ないが自序と思われる。

作者について、藤井理定（象水）序には「未だ何人の手に出ることを知らず」と不明のように書く。しかし懶斎著の写本随筆『睡余録』第百九十二条は、次のように自著であることを明記している。

俗士、皆な言はく、「兼好が『徒然草』は乃ち吾が邦の魯論なり」と。若し然らば則ち兼好は是れ日本の宣尼か。未だ審《くは》しからず。従来幾人か斯《こ》の書の為に誤らるることを為し了《をは》る。然れども一書尽《ことごと》く人を誤つべしと謂ふには非ず。只だ当に其の去取する所を識るべきのみ。向《さき》に余、竊《ひそか》に『徒然草摘議』二巻を著し、略《ほ》ぼ鄙意を述ぶ。此に復《ま》た贅《ぜい》せず。（原漢文）

加えて、序文を寄せた藤井理定が懶斎の次男であること（元禄元年〈一六八八〉五月【次男・象水】の項参照）を考え併せれば、理定が知らぬふりをしていることは明らかである。

さらに言えば、懶斎の生前から『元禄五年刊書籍目録』にはすでに「三　同摘疑　藤井蘭斎作」とされており、懶斎著作であることは公然の秘密であった。

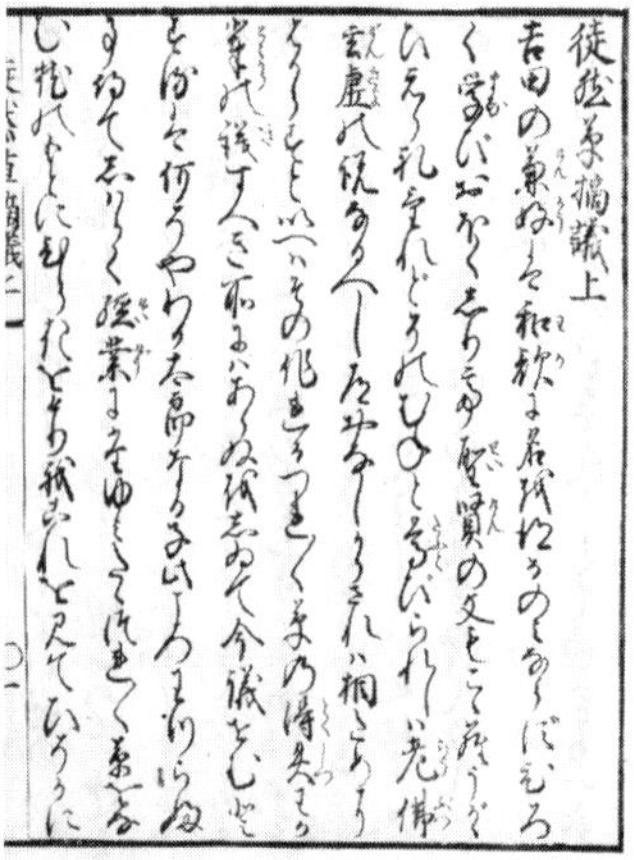
《図81》『徒然草摘議』。道義的な立場から批判した（国文学研究資料館本）

さて該書は、『徒然草』の章段に対し、道義的な面から批判を加えたものである。自序によれば、長男が病を得て、経業にたゆんで『徒然草』を枕元で読んでいた。世にもてはやされるのも理解できるが、中には読まないで欲しいと思う箇所も多い。そこでそうした章段二十七を採り上げて、自分の意見を論じたものであるという。該書の思想面については川平敏文『徒然草の十七世紀　近世文芸思潮の形成』注[64]が、『野槌』以来の徒然草注釈書の展開の中で位置づけを行っている。川平によれば、これまでの徒然草注釈書の三教一致思想的な傾向や文芸的解釈に対し、再び思想・道徳的な見地から反論を加えたものであるという。そして羅山『野槌』に比べるとより「好色」「垣間見」など、日常道徳的な問題に多くの言を費やしているとしている。

○五月、懶斎著『国朝諫諍録』刊。

大本二巻二冊。漢文。自序「国朝諫諍録序」として「貞享丁卯中秋穀旦／伊蒿子滕臧季廉叙」。跋文は題なく「歳次丁卯秋九月日／少男藤井理定謹識」。早印本の刊記「貞享五龍集戊辰仲夏日／

64　平成二十七年二月、岩波書店。第一章第三節「徒然草をめぐる儒仏論争—中世文学知の再編」の四「懶斎—名教のつみ人」。七八～八一ページ。

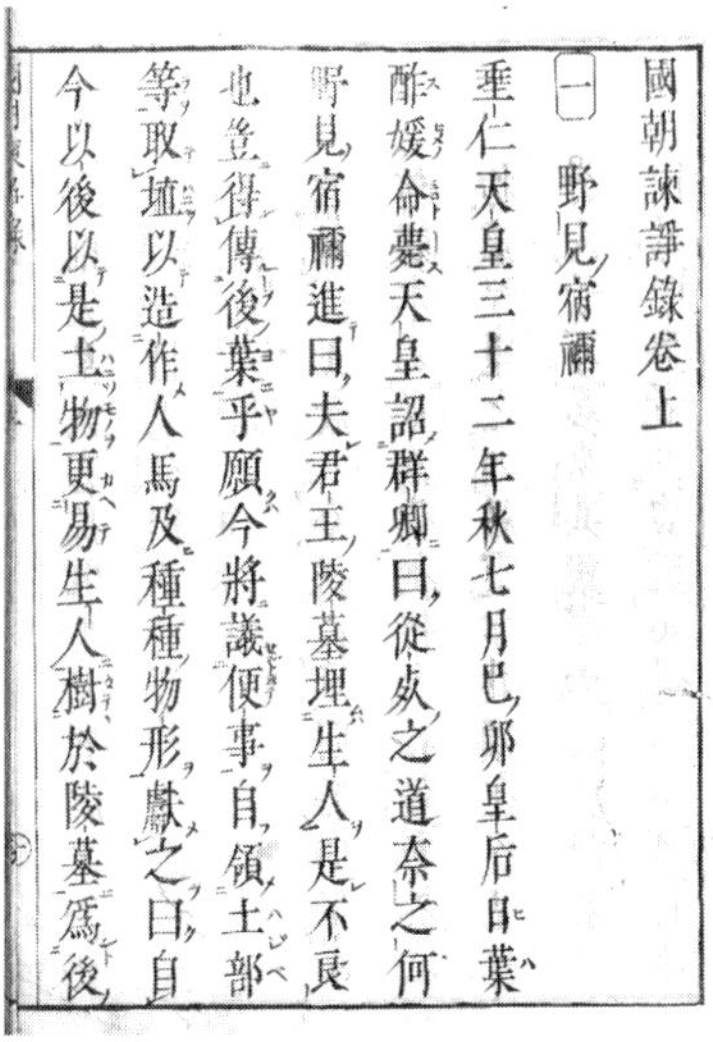
國朝諫諍錄卷上
一 野見宿禰
垂仁天皇三十二年秋七月己卯皇后日葉
酢媛命薨天皇詔群卿曰從死之道奈之何
野見宿禰進曰夫君王陵墓埋生人是不良
也豈得傳後葉乎願今將議便事自領土部
等取埴以造作人馬及種種物形獻之曰自
今以後以是土物更易生人樹於陵墓爲後

《図82》『国朝諫諍録』（架蔵本）。主君を諍めることも大きな関心事だった。

武城書林　万屋清兵衛／洛下書林　梅村弥左衛門／同　犬飼猪兵衛／寿梓」。都立中央図書館加賀文庫本（請求番号…加賀文庫／一二三〇）では、書肆名のうち犬飼猪兵衛の下に墨印が捺されている。所見本は全て同板だが、下巻十七丁裏一行目頭の文字が「儀」「議」となる異同がある。「儀」とする国立公文書館本（請求番号…二一六七／二五）などが早印本である。求板本に、梅村弥左衛門単肆本（刊記「貞享五龍集戊辰仲夏日／洛下書林　梅村弥左衛門／寿梓」。八戸市立図書館蔵本（請求番号…図三／八七）などがある。

該書は日本の歴史から諫諍者、すなわち主君を諫めた人物を集めたものである。野見宿禰《のみのすくね》、壱伎《いきの》直《あたい》真根子《まねこ》といった『日本書紀』の登場人物から黒田如水、六角義郷《ろっかくよしさと》といった戦国時代の人物まで、計三十七章から成る。執筆にあたっては、次男の理定（象水）が校閲に当たったという（跋文）。

序文によれば、中国に多い諫輔（諫め補佐する人）は日本においても少なくない筈で、それを集めて欲しいという客の望みに応じたのであるという。しかし、後に元禄十年（一六九七）六月十八日の項で挙げる書翰によれば、懶斎自身にも幕府へ進言したいという強い意欲があったらしい。これを信じるならば、序文を鵜呑みにする訳にもいかない。

懶斎著書で刊行されたものの内、漢文で書かれたものは先の『本朝孝子伝』と該書のみである。ただし該書には挿絵がない。また巻上の二「大伴建日臣《トモノタケヒノヲム》」には「臧未だ熱田本紀を閲せず。此の事、之を西峯松下氏に得たり」（原漢文）と、松下見林の名が見える。懶斎の京都におけるネットワークが窺える一文である。

【長男・革軒】

先に懶斎の娘の死について述べたが、懶斎にはほかに二人の息子がいた。

長男は革軒。字・子剛、諱・敬節。革軒は号。長子であることは『睡余録』に「長子敬曰」とある所より判明する。

懶斎『徒然草摘議』（貞享五年〈一六八八〉刊）自序に「わが太郎なる子、此ごろわづらふ事侍て、しばらく経業にたゆみ、ただ、つれづれ草をなむ枕のもとにひらきをけり」とあるのは彼のことであろう。いっぽう元禄八年（一六九五）に懶斎が書いた書簡（『扶桑名賢文集』巻五所収「答長岡恭斎書」）には、「昆は武城に在り」▼注[65]（原漢文）とあるので、このころ江戸に住んでいたらしい。

貝原益軒『雑記　陽』（記事年次不明）に「懶斎子藤井敬節／下長者町千本東入北かは」▼注[66]とあるのは彼の居所を記すものであるが、**【居所〈三〉千本】**に記した通り懶斎と同居していた時期があったらしい。懶斎の鳴滝隠棲後、千本の住居を預かったものか。

職業は医者であったようだ。大江文城『本邦儒学史論攷』▼注[67]第八篇第一章には、「子革軒、字は敬節、真邊氏を冒して医者を業とし」と、父の医業を継いだとしている。また吉田秀文『閑暇漫録』（寛政三年〈一七九一〉跋、写本。高橋昌彦氏蔵）に掲載される伊蒿子「与二子　四十四韻」という漢詩も参考になる。この詩は、医者が患者を全て助けられる訳ではないと述べたあと、次のように言う（原漢文）。

我一たび茲を思ふてより　日に針氈《しんせん》▼注[68]に座するがごとし
遂に乃ち寸匕《すんひ》を投じ　侯門臂《ひぢほしいまま》▼注[69]を擅にして還る

65　兄の意。
66　『雑記　陽』の引用は、九州史料叢書三（昭和三十一年、九州史料刊行会）の翻刻による。
67　昭和十九年七月、全国書房。
68　針のむしろ。
69　仕えを辞めること。

如今窮巷を跧《ふ》む　釜《ふ》甑《そう》動《やや》もすれば烟を絶つ
身を奉ること是のごとしと雖へども　心に在ては則ち晏然《あんぜん》▼注[70]
爾等《なんぢら》旧業に復《か》へる　我豈に悁《えん》々▼注[71]たらざらんや

第二連は、懶斎が久留米藩医を辞したことを指すものと思われる（延宝元年〈一六七三〉の項参照）。つまり久留米藩医を辞して京都に戻ってからは、貧しいながらも心は安らかであった。しかし二人の子が自分の旧業すなわち医業に就いてしまい憂えている、というのである。

墓は藤井懶斎と同じ鳴瀧の西寿寺に存する。墓碑に「（表）革軒真子剛之墓」「（裏）姓真邊氏諱敬節／字子剛号革軒／宝永六年▼注[72]五月十七日没」とあり没年が判明する。懶斎の没後、さほど経たずに没した計算になる。

70　やすらかなさま。
71　うれえ悲しむさま。
72　一七〇九年。

【次男・象水】

次男は藤井象水。通称団平、名理定、字叔観。象水は号。『先哲叢談』が「象水は懶斎の長子なり」（原漢文）とするのは誤り。あとで見る『前編鳩巣先生文集』に「象水は伊蒿先生の長子」（原漢文）とあるのを踏襲したのであろう。

前項に兄弟がともに医者であったと記したが、象水に関する資料を探すと、医者よりも儒者・軍学者として認識されていることが多い。『長沼家学伝系』（国会図書館蔵写本）に「藤井団平　京都ノ儒者ナリ。初澹斎ニ親炙ス。後土岐ニ従テ学ヒ許可ニ至ル。先師ヲ葬祭スル時、礼儀ヲ司ルコトヲ任スト云々」とある。長沼澹斎に兵学を学び、澹斎の死後は土岐光春の門弟となり、彼から長沼流兵学の免許を受けたらしい。澹斎の葬祭を取り仕切ったというのは、儒式の葬祭二礼の有職をわかりやすく記した『二礼童覧』の著者である藤井懶斎の次男として興味深い所である。

また、懶斎の父の著作によく名前が見えるのも弟の特徴である。『徒然草摘議』（貞享五年

〈一六八八〉二月）には序を寄せ、『国朝諫諍録』（元禄元年〈一六八八〉五月刊）では跋を寄せるほか、校訂にも携わったと言う。父の命により、臼田畏斎の行状も記したという。▼注[73]

元禄八年（一六九五）に懶斎が書いた書簡（『扶桑名賢文集』巻五所収「答長岡恭斎書」）には、「季は定れる居無し」（原漢文）とある。『本邦儒学史論攷』は、「名は理定、字叔観、別に漂泊子の号があり、詩文に長じてゐた」▼注[74]とするのを併せて考えると、漂泊の癖があったものか。宮川忍斎『槎行記』（写本）によれば、元禄十五年（一七〇二）十月、忍斎が藩主に従って京都に立ち寄った際、千本の懶斎邸を訪れてしばし座を囲んだ。その時の記事に「……と其子の象水もともにいひあへり」とある。この時は同席していたらしい。

象水の性質については、元禄十年（一六七九）六月十八日の項に掲載した書簡②で評されていた。それによれば、兵学や天下国家を論じることが好きであり、父の友人に嫌われていたが、気に掛けない、という人物であったらしい。同じく性質に関する記事が龍野藩儒・股野玉川の随筆『幽蘭堂随筆』に見える。これは「高山仲縄（＝彦九郎）話」として書き留められた二条のうちの一つである。

○藤井蘭斎が子団平と曰しは、正敷平将門風の男ニ而、党類も余程有之。箱根を三度通行、其時の詩に、「王者三タビ過レドモ皆不レ知」トいふ句アリと云々。後熱病ニテ相果候由。▼注[75]

左の『中村雑記』巻五に見える記事も、「豪気」という性質への言及があることを考えれば、弟の方を指したものと考えられる。

藤江《（ママ）》蘭斎ハ有馬殿ノ扶持人也。今ハ京師北山ニアリ。後町へ出ル也。実体ナル人也。其子某、文才アリ。漢高魏武ノ為人ヲ学ブコトを志ス。豪気ナル人、三好安宅へ三好ノ家譜ヲ書キテヲクル。処々文章ヨキトテ、人ヨロコブ。四十斗ニテ死リ。▼注[76]

73　元禄三年（一六九〇）十月七日の項参照。

74　四八〇ページ。

75　『幽蘭堂随筆』の引用は、たつの歴史文化資料館蔵本（請求番号…文学六）による。

76　『中村雑記』の引用は、国立公文書館本（請求番号…二一三／三〇）による。二十一丁裏〜二十二丁表。

この記事は配列からして宝永四年〈一七〇七〉のものであるため、この頃までには没したらしい。『常盤木』に「二人の子もまづ世をはやうして」とある早世の記事と一致する（延宝八年〈一六八〇〉【『常盤木』】の項参照）。

墓石は父と同じく西寿寺にあり、表面に「象水子滕翁観之墓」刻されている。

○十一月、懶斎著『二礼童覧』刊。

半紙本二巻二冊。漢字平仮名混じり文。早印本の刊記「元禄元戊辰歳十一月吉祥日／西村孫右衛門開板」（岡山県立博物館閑谷学校旧蔵書、国会図書館本〈請求番号…一三九／二〉他）。序題なく序記「万治三年七月日」。所見本は全て同板。後印本に、森田長左衛門求板本（岩瀬文庫本ほか）、中川茂兵衛求板本（国会図書館本〈一二七／一〉、無窮会織田文庫本ほか）、須原屋茂兵衛求板本（東京大学附属図書館本〈請求番号…G二六／四五八〉）等がある。

該書の内容は序文に明記されている。

葬祭《さうさい》の二礼、世のならはしのままなるは、あまりにこころよからず覚え侍れば、朱文公《しゆぶんこう》の『家《か》礼《れい》』のおもかげ、いささか家にあらまほしくて、ひそかにみづから、かの書を抄略《せうりやく》し、俗語《ぞくご》にかへ、俗礼をまじへ、婦女児童《ふぢどう》のともがらまで、是をよみ見て、「かばかりの事はよくなしてん」

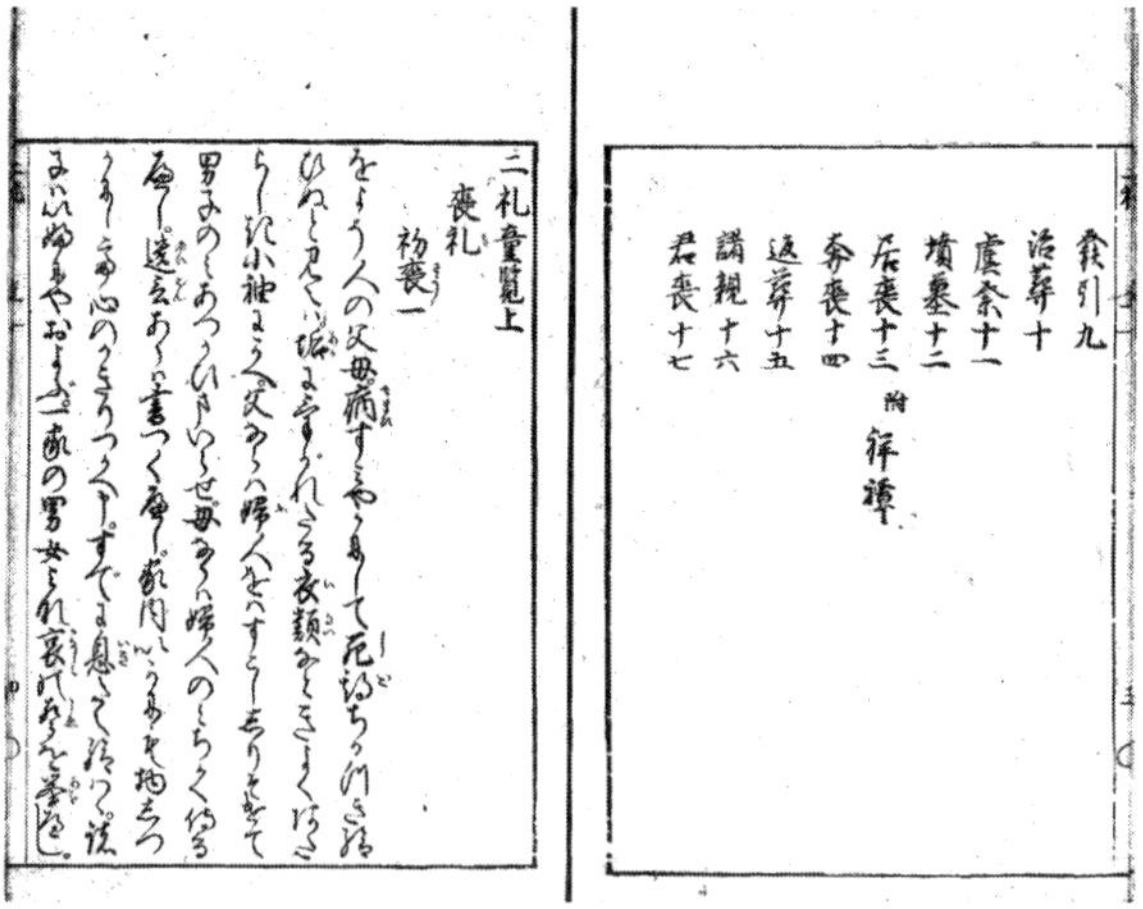

《図83》『二礼童覧』。儒式の葬祭を平仮名で教える（国文学研究資料館本）

とおもへらむやうにと書つく。終《つい》に此ふた巻《まき》となりぬ。よりて名づけて『二礼童覧《どうらん》』となんいふ。▼注[77]

要するに、世の中の葬祭に儒式の要素を加えたいと考えて『家礼』の要点を分かりやすく記した書物だ、ということである。

他の多くの懶斎著仮名書き刊本と同様に、これも書物自身には藤井懶斎の署名は見えない。しかし【近世の藤井懶斎伝】に引用した『月下記』④に懶斎の著書として記されており、一部では早くから懶斎作と知られていたらしい。

万治三年（一六六〇）七月の項には、該書の写本の存在と署名について記しておいた。該書も『蔵笥百首』と同様、久留米藩医時代に著した写本が刊本化された著作の一つである。

元禄二年（一六八九）己巳　七十三歳

□正月、梅塢散人著『婦人養草《ふじんやしないぐさ》』刊。該書の後印本はのちに懶斎作と仮託される。

梅塢《ばいう》散人著『婦人養草』は大本五巻十冊。刊記「元禄二己巳歳五月上澣日／書林／洛陽　梅村弥右衛門／賀陽　塚本治兵衛／同　半兵衛」。自序末には「貞享第三の冬、我すむ国《くに》の白根《しらね》の雪《ゆき》に漱《くちすゝぎ》、金沢の水に盥見る石《いし》を鳴《なら》し鹿《しか》の毛《け》を松《まつ》の烟《けぶり》にそめてみだりに犀川《さいかわ》の菊花水《きくくわすい》に書ながしつ」とある。漢字平仮名交じり文で、雑纂的に全百七十話を集めた女性教訓書である。和漢の故事・説話を多く用い、挿絵も付す。該書の翻刻・解題は吉本直嗣編『やしなひ草』▼注[78]が備わる。著者・梅塢散人は加賀で三百石を受けた藩士・村上武右衛門。元禄四年（一六九一）に没している（『加能郷土辞彙』ほか）。

77　『二礼童覧』の引用は、国文学研究資料館蔵本（請求番号…ヤ九／六六）による。

78　平成十年十二月、私家版。

これが寛政十三年（一八〇一）正月、大坂海部屋勘兵衛から求版修訂本として刊行された際、藤井懶斎の作と仮託された。所見の東京国立博物館本（大本一冊。請求番号…と七六〇〇）は見返しに「藤井懶斎先生著／婦人養草　全／法橋玉山画」とする。また裏見返しに貼られた無署名跋には、

此やしなひ草は中頃の大儒藤井懶斎先生みづからの息女に示されし教訓なり。其ことばやはらかにしてかたよらず、しかもあやまりを戒むる事をごそかなり。実に婦女子の手ならして、曇りなき宝の鑑に准らふべきふみなるべし。

と、懶斎の執筆意図までもが、まことしやかに記されている。寛政期の教訓本の世界では、懶斎が仮託するに足るような存在であったことを示す事例である。

この寛政十三年修訂本は、懶斎に仮託しただけでなく、元禄期の教訓本を寛政期らしい体裁にするため、もとの版木にさまざまな手を加えている。目録を挿絵入りのものに差し替え、挿絵を岡田玉山のものに差し替え、章題番号を通し番号にして一冊本らしくし、痛んだ版は彫り直すなど、挙げればきりがない。この二書を比較すると、古い版木再生の仕組みが大変よく分かって面白い。

〇九月、懶斎著『大和為善録』刊。

大本三巻三冊。漢字平仮名交じり文。刊記「元禄二己巳年九月吉日　西村孫右衛門蔵板」（大阪府立中之島図書館本、三庚図書館本、東北大学狩野文庫本など）。自序「つちのえたつの秋の末つかたよもぎが杣人《そま》みづから是をいひて此ふみつくるむねをのぶとぞ」。

「よもぎが杣人」という署名は、他には見えない。しかし①「よもぎ」が懶斎の号「伊蒿子」の「蒿」を訓読みしたものだと考えられること、②懶斎関係以外にほとんど出版物が無い西村孫右衛門刊であること、③『元禄五年刊書籍目録』「仮名和書」の部に「四　大和爲善録　藤井蘭斎」とあること、

④延宝六年（一六七八）【懶斎の著作目録】の項で見た通り、享保元年刊『蔵笥百首』所収「藤井懶斎先生作目録」でも懶斎著書に含まれていること、などの点より懶斎作と考えて間違いない。

自序には該書の成り立ちについて分かりやすく記されている。

中にも大明永楽《だいみんゑいらく》のすべらみこと、みづからえらびあつめさせ給ひし、『為善陰隲《いぜんいんしつ》』ぞ、ことにあはれはふかき。……中略……これによりて、此ふみ世にひろくつたへまほしきを、からの本《ほん》のままにては市町《いちまち》野《の》山のいやしきが、よまざらむことをおそれて、此ごろひそかに倭語《わご》にうつしかへ、其さまを絵《ゑ》にあらはし、つゐでに又類《るい》おなじくて、ことふみに見えたるをも、これかれくはへまし、末《すゑ》にはこれらの人の中に求《もとめ》えたるをなん、しるしぬ。人の伝《でん》、すべて六十にひとつをかく。又伝のしりへごとに、ひそかに、をのがこころをつけて、評論《へうろん》にかたどる。巻《まき》はわかちてみつとなし、名づけて『やまと為善録《いぜんろく》』といふ。▼注[79]

明・永楽帝編『為善陰隲』十巻の中から世に広めたい章段を選び、和語に改め、絵を付した。さらに「ことふみ」すなわち他書から同様の人物を加え、末には日本の人物を記したという。上巻最終章「張孝基」章題下には「以上為善陰隲の内」とあって、『為善陰隲』から採ったのが上巻の二十八人のみだということが分かる。中巻第一章「王義方」の章題下には「是より下は『太平御覧』『事文類従』『廸吉録』などいふ書の中よりとりぬ」とあって、これらから採られた十八章が収められている。さらに巻下第一章「淳和皇后」章題下には「是より下は本朝よりとれり」とある。下巻全十三話に掲載された人物の時代はさまざまであるが、十「不破民部」では「植木交庵かたる」、同十一「橋本松斎」では「中素軒かたる」などと、書物からの情報ではなく聞書も含まれていることが分かる。

さて該書は刷りと改版を重ねたようだ。後印本には正徳三年（一七一三）大坂安井弥兵衛求板本

79『大和為善録』の引用は、刈谷市立刈谷図書館本（請求番号…一二五二）による。上巻序二丁表～三丁表。

《図 84》『大和為善録』。懶斎著作のうちで最もよく読まれたものの一つ（刈谷市立中央図書館本）

のほか、その書肆名を削って「安永三年甲午正月吉日　大坂　心斎橋塩町　原平兵衛板」の奥付を付したものがある（東京大学霞亭文庫本）。また文政七年（一八二四）二月には「陰隲伝」と改めた改題本が出された（所見本青森県立図書館本。三巻三冊。江戸西村源六他三肆。外題「和漢人物　陰隲伝　画入　上（〜下）」）。この諸本には匡郭がない。また「文政丙戌（文政九年（一八二六））覆板／和漢陰隲伝／江戸本石町十軒店万笈堂英平吉」の見返しを持つ本（八戸市立図書館本）、同じ見返の書肆名が「江戸中橋広小路町　西宮弥兵衛板」となっている本（東京大学中央図書館本）もある。

　さらに天保五年（一八三四）には『和漢陰隲伝』の題で改版本が刊行される（半紙本三巻三冊。江戸西宮弥兵衛他五肆）。そのさい安貴多善民の序が加えられ、挿絵が葛飾北斎画に改められる。また明治七年（一八七四）七月には、『和漢陰隲伝』天保十一年改版本の板木を用いて『訓導必携修身伝』と改題される（東京学芸大学望月文庫本）。

　このように『大和為善録』は、明治期に至るまで形を変えて長い期間読まれた。おそらくは懶斎の著書のうちでもっとも広く読まれた書物ではなかっただろうか。

元禄三年（一六九〇）庚午　七十四歳

次項参照。

○春、稲生恒軒『螽草《いなご》』に序を寄せる。この頃までに千本へ転居する。

○五月、稲生恒軒著、懶斎序『螽草』刊。

所見本国立公文書館本は半紙本一巻一冊。もとは二冊本か。漢字平仮名交じり文。刊記「元禄三庚午年五月吉日　西村孫右衛門開板」。▼注[80] 序①（自序、漢文）…序題「螽斯艸序」として序記「元禄三年三月十五日若水稲義宣義書」。序②（藤井懶斎序）…「螽草《いなご》序」として序記「元禄かのえ午の春伊蒿埜丈筆をにしの京ちもとの桜が陰《かげ》にそめ侍る」。

該書は出産についての平仮名教訓書である。「一　胎教」「二　保養」「三　臨産」「四　産後」「五　治療」「六　祈祷」「七　通論」の七章からなり、産前産後に気をつけるべき事柄について総合的に分かりやすく記されている。

著者・稲生恒軒は、『古今墨蹟鑑定便覧』（嘉永七年〈一八五四〉刊）巻下によれば、名・正治、字・見茂。浪花の人。医術を古林見宜に学んだ後、江戸に出て永井君に仕える。宮津藩への転封にも従い、学舎で吏民を教示した。延宝六年（一六七八）、病により故郷浪花に帰り、同八年（一六八〇）、七十一歳で没したという。

懶斎に序を依頼して来たのはその息・稲生若水。加賀藩に元禄六年（一六九三）から仕え始め、『庶物類纂』の作者として著名である。後年、室鳩巣は若水宛書翰の中で懶斎に言及している（元禄十六年〈一七〇三〉正月二十日の項参照）。

成立について、序②には「翁《おきな》の冢嗣《ちょうじ》若水子、やつがれと相しれり。来りていはく、『いなごくさ、もしとる所ありとせば、ねがはくば序《じょ》つくれ』と」とあり、懶斎序が若水の申し出によって付さ

80　『螽草』の引用は国立公文書館本（請求番号…一九五／〇一三三）による。

れたと分かる。しかし懶斎は序を寄せただけではなかったようだ。序①によれば「先生（引用者注…懶斎）拒まず。乃ち之に叙を為《つく》り、且つ門を分ち、類を別ち、統属する所有らしむ」（原漢文）とある通り、本文の分類整理にも関わったらしい。また懶斎の著書を多く刊行する西村孫右衛門から刊行されている所を見ると、懶斎が出版に際し何らかの仲介をしたことも考えられる。

【居所〈三〉千本】

『蠡草』に懶斎が寄せた序には「伊蒿埜丈筆をにしの京ちもとの桜が陰にそめ侍る」と、居所に関する言及がある。また元禄元年（一六八八）五月【次男・象水】の項でも見たが、宮川忍斎『槎行記』元禄十五年（一七〇二）の記事には「ゆきゆきて千本のほとりなる懶斎のぬしをとひ侍りしに、…中略…名残ながら西の京を出て」とある。ここでの懶斎の居所は「千本」である。このころの居所が千本周辺にあったことが分かる。

貝原益軒『雑記　陽』（記事年次不明）には長男・革軒（敬節）の住所が「懶斎子藤井敬節／下長者町千本東入北がは」と記されている。

また早稲田大学所蔵藤井懶斎書翰（井狩善五郎宛▼注[81]）は、

《図85》井狩善五郎宛書翰（早稲田大学蔵）

81　早稲田大学「古典総合データベース」による。請求番号…チ六／三八九〇／九八／一。

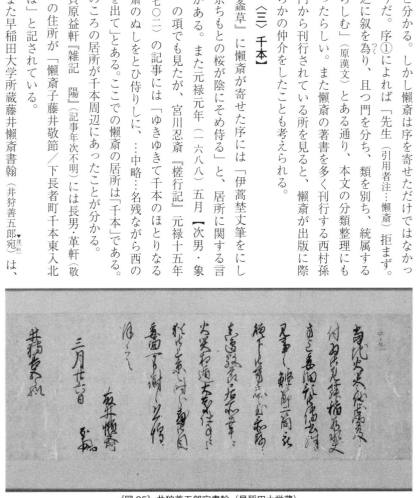

敬節宅の近所が火事に遭ったことを記す。

当地火災之儀、御聞及候付、為御見舞稲若水丈方迄委細願御伝書、殊ニ見事之鰹節二筒被贈下、御芳志之至忝存候。真邊敬節居所、幸ニ火災相遁、大慶仕事ニ候。猶御上京之時分懸御目、委曲可申謝候。恐惶謹言

藤井懶斎（花押）

三月廿六日

井狩善五郎様

これによれば、被災は免れたらしい。井狩善五郎については未詳だが、稲生若水に安否を尋ねているところから加賀藩の人物であろうと推測しておく。

○十月七日、臼田畏斎没。次男の象水とともに行状を記す。

『京都名家墳墓録』「宝塔寺」の項に墓石に関する記事あり。これによれば、表面に「臼田畏斎之墓」、裏面に「新月貞寒信士、元禄三年十月七日没」と刻されているという。『先哲叢談後編』巻二「臼田畏斎」の章によれば、名可久、通称五郎左衛門。畏斎は号。本姓は坂口氏。備前の人。享年四十六歳。父の禄を襲って備前に仕えていたが、天和二年（一六八二）に故あって禄を辞し、京都に住む。懶斎や中村惕斎らと交わった。

畏斎の没後、武富廉斎『月下記』巻二「臼田畏斎」は次のように記した。

其行状、藤井懶斎父子書述、伏江惕斎、小原季忠の後語あり。余も物学びに京師に遊び数ヶ月有し時、其親みに惜れて、痛て悲く侍るなり。

畏斎の没後に書かれた行状の執筆に懶斎父子が関わったらしい。臼田畏斎の行状は未見だが、そ

の詳細について柴田稿には、「友人たちが藤井懶斎に行状の執筆を依頼したところ、懶斎は畏斎の友人でもあった息子の理定に代わりに書かせ、自らは後序を書き、惕斎にも附語を求めている」▼注[82]との言及がある。

元禄六年（一六九三）癸酉　七十七歳

△この頃、『竹馬歌』刊行されるか。

該書は教訓的な和歌を百三首を集めた和歌集である。たとえば次のような具合に、一般的な生活道徳について詠んだものを集める。

人《ひと》は唯《ただ》いとけなきより誠《まこと》しくただしき道《みち》を見聞《みきき》てぞよき
武士《もののふ》の身《み》にはかぎらず人として猛《たけ》きこころのなかるべきやは
山つくり花植《はなうへ》小鳥飼《ことりか》ふひとは昼寝《ひるね》の隙《ひま》に碁《ご》をやうつらん▼注[83]

今のところ確認できた諸本で最も早いものは、安永三年（一七七四）刊の『教訓竹馬歌』（大本一巻一冊）である。刊記「安永三年甲午五月吉旦／浪華書林　心斎橋筋塩町東側　田原屋平兵衛繍梓」。無署名序（漢字平仮名交じり文）、漢文跋（末尾に「木由己書」とのみ）あり。挿絵二面を付す。版面は安永期のものと考えて問題ない。

にもかかわらずこの元禄六年（一六九三）に項を立てた理由は、井上敏幸氏蔵『竹馬歌』写本の識語（享保十一年〈一七二六〉三月二十二日、府下黙散人記）に次のような興味

《図86》『教訓竹馬歌』。生活道徳を和歌に詠んだ（架蔵本）

82　七八ページ。

83　『竹馬歌』の引用は、架蔵本（外題『教訓竹馬歌』〈安永三年正月、大坂田原平兵衛刊〉）による。

深い記事が見えるからである。

竹馬の歌は、藤井懶斎先生述る処也。元禄むとせの比、既に梓にえり、師の火災に其板やかれて、今は見る事稀也。華府の井狩翁、年比此歌をたうとべるあまり、其家の童児、つぶね▼注[84]までに、常にうたはせて相すすむ。（下略）

これによれば『竹馬歌』には元禄六年（一六九三）刊本があったらしいのである。この元禄六年刊『竹馬歌』について、書籍目録では全く確認が取れないが、『蔵笥百首』享保六年求板本に付された広告「藤井懶斎先生目録」（【懶斎の著作目録】の項参照）には確かに「竹馬歌一冊」と載っている。やはり早くから刊行されていたものと見るべきだろう。出現を待ちたい。

元禄八年（一六九五）乙亥　七十九歳

○四月、鳴滝の懶斎宅に大高坂芝山が訪れ、伊藤仁斎『語孟字義』ついての意見を求める。この頃から鳴滝の妙光寺別野《べっしょ》に隠棲するか。

大高坂芝山『適従録』下巻「答高慎夫書」（元禄八年〈一六九五〉九月十一日付）に、惕斎と懶斎の『語孟字義』に対する反応が載る。四月に、京都に遊んだ芝山はある公家（「一槐門」とある）の家で『語孟字義』を目にした。その足で鳴滝の懶斎を訪ねて『語孟字義』について話すと、懶斎は「後進の為に当《まさ》に正説して邪誕を遏《た》つべし」と、厳しく仁斎説を批難したという（柴田稿二四ページにも言及有り）。

【居所〈四〉鳴滝隠棲】

右に見た大高坂芝山『適従録』下巻「答高慎夫書」によれば、芝山は「遂に鳴滝村へ行き、隠者藤井懶斎を尋ぬ」と、懶斎を鳴滝に訪ねていた。懶斎が鳴滝に隠棲していたことはよく知られ

84　召使い。下男。

ているが、所見の範囲ではこれが最も早いものである。

鳴滝のどこなのか、という問題に関しては、同じく元禄八年（一六九五）秋に交わされた長岡恭斎、懶斎往復書簡（該当項参照のこと）が参考になる。ここで恭斎は懶斎の居所について、次のように記している。

抑々叟の隠棲、北野を去りて已降《このかた》、何れの許《もと》を詳にせず。潜《ひそか》に雅丈▼注[85]の言に依て、始めて識得たり、北山妙光禅刹の別墅に驥伏《きふく》せることを。

「北山妙光禅刹」すなわち妙光寺とは、京都市右京区宇多野上ノ谷町にある臨済宗建仁寺派の寺院。江戸初期、檀家の豪商糸屋宗貞の子・打它公書が再興し、現在の建物はこの時のものであるという（『角川日本地名大辞典』）。長岡恭斎によれば、懶斎はその別墅（別宅）に隠れ住んでいたというのである。

妙光寺の別墅とはどこか。また懶斎はなぜ鳴滝に隠棲したのか。その理由を窺う上で『仲子語録』の次の記事は参考になる。

○二月十日、和伯立ト共ニ、西山懶斎先生ヲ問フ。懶翁曰、「我ガ此山ニ来ル所以ハ、祖先ノ墓処、此山ノ近辺、泉浣▼注[86]ニアリ。京ニ在時、毎忌日ニ墓参ス。寺僧曾テ云ク、『吾子、老身ニシテ屡《しばしば》墓参ニ労ス。幸ニ寺内空庵アリ。是ニ寓宿スマジキヤ』

《図 87》泉谷西寿寺（『都名所図会』）。隠棲のさまを想像する好資料である。

85 中邨浄胖のこと。

86 泉谷西寿寺。

ト。又市朝静処アリト云ヘドモ、山中ノ閑寂境ト心ト相契テ、心身養ハルルニシカズ。故ニ此二ケ条ノ故ヲ以テ、此ニ来《キタリ》栖《ス》メリ」▼注〔87〕。

これによれば妙光寺の別墅とは、寺内の空庵であったらしい。また懶斎は、忌日ごとに祖先の墓参に通っていたところから、僧に寺内の空庵を勧められたという。

鳴滝の隠棲では常に一人だった訳ではなく、息子と同居することもあったらしい。室鳩巣「答遊佐次郎右衛門第三書」（元禄十年〈一六九七〉二月二十六日）に「団平、父と仁和寺の傍に同居す」（原漢文）と、次男の象水（団平）との同居が明記される。「仁和寺の傍」はこの妙光寺別墅と考えてよい。

また注意しておきたいのは、それまでの千本の住宅を引き払ってはいないらしいことである。【居所〈三〉千本】にも元禄十五年（一七〇二）に宮川忍斎が千本に懶斎を訪ねた記事を掲載した。二人の子と共用していたものだろうか。

やや後の資料になるが、『都名所図会』（安永九年〈一七八〇〉刊）巻六所収「鳴滝妙光寺　泉谷西寿寺　法蔵寺」の挿絵（《図87》参照）は、懶斎隠棲のさまを想像するのに大変有用である。右面のほとんどを占めるのが妙光寺。懶斎はこの寺内の一庵に隠棲した。そして左面の左上にあるのが懶斎一族の菩提寺である西寿寺。懶斎は忌日ごとにこの山道を登って祖先の墓所に参っていたのである。

【西寿寺の再興】

現在西寿寺の懶斎墓周辺は整理されており、懶斎の墓の左側に五つの墓石が並ぶ。『京都名家墳墓録』を参考にしながら見ると、このうち最も右側にあるのが次男・象水の墓であり、その左隣にあるのが長男・革軒の墓であることが分かる。これに加えて、閑唱寺蔵「当寺略系譜」（前出）を参考にすると、さらに二つの墓の主を明らかにできる。革軒の左にある「了学律師之墓」とあ

87　『仲子語録』の引用は、国立公文書館本（請求番号…二一一／二六六）による。

る墓石は、懶斎の妹聟である京都閑唱寺の第十二世住職のもの。さらにその左にある「了妙禅尼」とある墓石は、早世した了学の娘のものである。

ではなぜ懶斎ゆかりの墓石が、こうも数多く西寿寺に安置されているのであろうか。その理由は、懶斎の家系に求められるようだ。西寿寺蔵の由緒書（寛延元年〈一七四八〉閏十月成。八文字屋八右衛門作）には次のように記されている。改行は私にほどこした。

乍恐奉申上候

一、元和年中ニ、俗名北出嘉兵衛、法号三観入心と申仁、和泉谷ヲ少々買得致、西寿院と申、隠遁致居被申候。寛永四年、曾祖父も人数内ニ而、山ヲ求添被申候。則沽券状奉入上覧ニ候。

其後寛永八年に、右入心往生被致、甥ニ俗名北出太郎右衛門、法号為三と申仁、被譲候。此為三、身持不宜《よろしからず》。仏地ヲ遊楽之地ニ被致候故、近郷悪《にく》ミ候而、為三江之往来之人ニは狼藉等致候ニ付、住家ニ不成申、荒宅と成有之候処、私曾祖父浄観、三条法林寺袋中《たいちう》和尚ヲ帰依仕罷在候。右入心も袋中和尚帰依被致、後生友と申ニ而、俗人ニ而有之候節より、親ク罷在候ニ付、和泉谷江も慕参候而、念比《ねんごろ》ニ有之候故、右荒宅之儀、為三と相談之上ニ而、浄観少々ニ而為三より買得仕、三条法林寺袋中和尚ヲ招請仕、念仏之地ニ弘シテ、泉谷山西寿寺と被改候。

但シ寛永十四年ニ而候。此年数書有之候。過去帳御座候。此由緒を以、私方は法林寺ヲ表寺と仕、曾祖考共ニ西寿寺江葬申候。

其上祠堂銀勘定之儀は袋中和尚より代々吟味役ヲ仕、古帳ニも勘定ニ連判仕罷在候。以上。

寛延元年辰　　八文字屋

閏十月　　八右衛門（印）

御奉行様

右之通御尋ニ付　御公儀様江奉差上置候也

これによれば、西寿寺は一時廃れていた。しかし寛永十四年（一六三七）、八右衛門の曾祖父である浄観なる人物と三観入心（北出嘉兵衛）なる人物とが買い取り、帰依する三条法林寺の袋中和尚を招請して泉谷山西寿寺と改称し、再興したというのである。

西寿寺を買い取った二人のうち、浄観という人物は《図74》のうちの「閑唱寺蔵『当寺略系譜』による懶斎の兄弟関係」で見たとおり、懶斎の弟（一説に兄）である八文字屋八右衛門の法号であった。つまりこの西寿寺は、藤井懶斎の兄弟が再興に深くかかわった寺だったのである。藤井懶斎の一族がこの地に葬られているのは、そのためである。

○秋、京都の儒者長岡恭斎から書簡来る。懶斎返書する。

すでに何度か言及している『扶桑名賢文集』（元禄十一年〈一六九八〉刊）の巻五に、長岡恭斎と懶斎との往復書簡が収められている。藤井懶斎が中邨浄牉なる人物を遣わして長岡恭斎の父へ見舞いを述べた。これに対する長岡恭斎からの礼状と、それに対する返事との二通が掲載されているのである。文中に年月日は記されていないが、懶斎からの書簡中に「嗚呼行年七十有九」とあり、元禄八年（一六九五）だと判る。季節を秋としたのは恭斎からの書簡中に「涼気時に若て頃《このご》ろ涼爽を覚ふ」とあるのによる。

元禄九年（一六九六）丙子　八十歳

△**正月、中村惕斎、懶斎八十歳を賀して詩を作る。**

『惕斎先生文集』巻二に、「丙子正月寿懶斎先生八十歳」として「高臥幽窓謝世塵／喬松凌雪幾回春／何須御宴受鳩杖／山水相宜寿楽人」とある。

□**十月十五日、遊佐木斎、室鳩巣宛書簡で懶斎を「篤行の君子」と評する。**

木斎・鳩巣による懶斎評のはじまり。元禄十年（一六九七）、六月十八日の項参照。

元禄十年（一六九七）丁丑　八十一歳

□**正月、『本朝二十四孝』刊。『仮名本朝孝子伝』の海賊版。**

半紙本三巻三冊。漢字平仮名交じり文。刊記「元禄十丁丑年正月吉日／平野屋／松倉宇兵衛開板」。序跋、著者名等ないが、刊記脇に「絵師鳥井庄兵衛」（ママ）とある。

該書は懶斎『仮名本朝孝子伝』から二十四話を選び、各章に独自の挿絵を付して一部の書とした、いわば海賊版である。拙著『『本朝孝子伝』本文集成』▼注[88]に翻刻し、解題を施したので参照されたい。

□**二月十六日、室鳩巣、遊佐木歳宛書簡にて懶斎を評す。**

次項参照。

□**六月十八日、遊佐木斎、室鳩巣宛書簡で再び懶斎を評す。**

この時期、室鳩巣と遊佐木斎という二人の儒者が、書翰で懶斎の人物を論じ合っている。室鳩巣

88　平成二十二年三月、明星大学。

は『駿台雑話』『鳩巣小説』などで知られる朱子学者。のちに幕府の儒官となるが、当時はまだ加賀藩儒だった。いっぽうの遊佐木斎は闇斎学者で、当時は仙台藩儒であった。共に当時三十八歳であり、藤井懶斎からは四十年以上あとの世代である。

この往復書簡は『前編鳩巣文集』『日本道学淵源続録』などですでに紹介されているが、『日本思想大系』十四「貝原益軒・室鳩巣」で本文が整理されているので、それに依ってまとめ直しておく。

両者の間で懶斎についてまとまった言及があるのは、

①　元禄九年（一六九六）十月十五日、遊佐木斎「室直清に答ふる第二書」
②　元禄十年（一六八七）二月十六日、室鳩巣「遊佐次郎左衛門に答ふる第三書」
③　同年六月十八日、遊佐木斎「室直清に与ふる第三書」

の三書翰である。

①で木斎は、鳩巣に対し、次のように記している（原漢文、以下同じ）。

> 又聞く、京師に藤井懶斎なるものありと。年七十有余。初名は真辺仲庵。操軒・惕斎の友とする所なり。嘗て『本朝孝子伝』、『諫諍録』を著す。その志趣の善、文藻の美、また多く見えたり。頃《このご》ろ我が友上山泰清、盛んにその人と為《な》りを称す。その二書の如き、愚を以て見れば、則ちまま議すべきものありといへども、蓋しまた篤行の君子なり。前書にこれを遺《わす》る。故に今これに及ぶ。足下また聞くことあらば、異日示し及ぼされよ。▼注[89]

木斎は、上山泰清なる人物が懶斎をさかんに誉めていることを記し、自らも懶斎の著書に若干の異論を感じながらも「篤行の君子」だと評している。京都で米川操軒や中村惕斎らに学んだことのあるとされる木斎が藤井懶斎をよく知らなかったとは意外だが、ここでの書き方は明らかに面識の無い人に対するものである。そしてその上で鳩巣に、懶斎に関する情報を求めている。

89　三五四ページ。

これに対し、②で鳩巣は次のように答えている。

藤井懶斎、直清もまたその人を聞く。この地に、京師より仕ふるものあり。素より懶斎を識り、直清の為にその人と為りを語る。言あり徳あるの一隠君子なり。孟子、王を以て斉・梁の君に説く。而して懶斎は心にこれを慕ふ。その言、条理あり。今具《つぶさ》に録する克《あた》はず。常に居家し、慨然として曰く、「江都もし命ありて隠士を召さば、行に老死すといへども必ず往き、江都に至り、一たびこの義を以て陳《の》ぶれば、また足れり。一言の後、もし在京の縉紳これを聞かば、舌を断たるといへども、また悔ゆることなし」と。これ足下の言議を断つ所にして、而も彼は乃ち平成の志、ここにあり。思ふに足下これを聞かば、必ず大いに之を悪《にく》まん。

鳩巣が提供した懶斎のエピソードは、京都から来た人物が語ったものであった。懶斎は孟子が宣王・恵王に王道を説いたことを慕っていた。そして江戸幕府から招かれ、幕府に一言申し述べることを強く望んでいた。そのためなら、死んでも、京都の公卿から舌を断たれても悔いがない、と考えていたというのである。このエピソードを述べた鳩巣は、木斎がこれを知ればかならず憎むにちがいない、と述べている。懶斎の江戸幕府への志向を指摘していて興味深い。

『前編鳩巣先生文集』に載る②の書翰はこれで終わっているものの、別本では次のような文が続く。

懶斎、年八十余。子あり、団平と曰ふ。卓犖《たくらく》にして兵を喜み、好んで天下の形勢を説く。その父は、操軒・惕斎と理学の友たるが、而も団平は深く父執《ふしゅう》の憎む所となる。然るに団平は以て意となさず。懶斎もまた禁ぜず。……中略……団平は父と同じく仁和寺の傍に居す。

木斎が誤解していた懶斎の年齢を訂正したあと、次男・象水（団平）の人となりについて記している。それによれば象水は兵学や天下国家を論じることが好きであったらしい。それが父執（父の友人）に嫌われていたものの、象水は気に掛けず、懶斎もとくに禁じなかったというのである。

③の木斎書翰は、鳩巣から提供された懶斎父子のエピソードを聞いての返事である。懶斎に幻滅した様子が明らかである。

かの懶斎、老いて死せず。これもまた一賊のみ。然るに平日、その人となりを聞き、又『孝子伝』、『諫諍録』を観るに、甚だ美とすべし。惜しいかな。知見一たび差《たが》ひて、終にかくのごときの乱賊に至る。この老漢、これを聞くも、堅く執りて変ぜじ。然れども万一これを聞き、その志を易へ、その説を改むれば、則ちこれまた本邦神化の一なり。縁あらば、則ち高明それ忠告せよ。そもそもかの懶斎、孔朱の道を学べるに、而もこの言あるは、則ち何ぞや。窃かに謂《おも》ふに、いはゆる新民経済なるものを学び、覚えず、功利の説に陥れるなり。

鳩巣と木斎とのやりとりの中で懶斎が批判の的となっているのは、懶斎の幕府にすり寄ろうとする姿勢である。幕府に一言申し述べたいという懶斎は「功利の説に陥」っており、万が一彼が心を改めれば、それが「本邦神化の一」だというのである。

このように、懶斎の預かり知らぬ所で、後の世代の儒者たちによって懶斎批評がなされていた。懶斎は山崎闇斎に学んでいたこともあり、闇斎学派の一人として位置づけられることも多い。しかし彼に公卿よりも幕府を慕うような一面があったと指摘されているのは、従来の懶斎像とは異なるものであり興味深い。そしてそれが後代の儒者たちに批判されていることも、江戸時代の幕府と天皇との関係を考える上で見逃せないものがある。

○このころ、三輪執斎の訪問を受ける。

三輪執斎『格物弁議』自序（元禄十年〈一六九七〉十一月）に次のような記載がある。

……独り西山の隠士、藤井懶斎先生、行年八旬余にして、此道▼注[90]を懐にして出さず。居敬を以て

90 格物。

自修め玉ひぬるを求て、往て教示を受る事を願ひしに、痛くも拒み玉はずして、教るにかの居敬を以せり。其言に曰、「今時の学者、格物致知を最初の地とせざるはなし。居敬窮理、偏廃すべからざる事を知ぬ人もなし。されども大方窮理に能力を用て、居敬には疎し。是学者の通病也。居敬に疎くて窮理を務るは、油なき燈をかかぐるが如し。いかに務むとも、知は明かならん本なければ也」。「本とは如何に」。「周子は曰、『静虚なる時は明かなり』。程子は曰、『定る時は明なり』。朱子『直ちに理を窮るは、虚心静慮を以て本とす』と説玉へる、是也。是皆な居敬の事。今此本とする処なくて、膠々棱々の中に於て只管《しかん》▼注[91]に理を究めんとするほどに、其得る所、真の明睿にはあらで、只姦知のみ増して、邪思妄念は旧に依て盛也。是身を以て知所なく、人皆な然んと思ふにもあらず。其質美にて初より居敬窮理、能く兼進む人は論ずべきなし。然る事あたはずんば、只居敬に重くして可ならんか。能く敬して心存せば、事々理に当る事を不レ得とも、過ちは寡《すくな》かるべし。況や窮理も本を斯に得なば、終に進みゆくべきを以、孟子の求放心の章の朱子の註にも、『如是は則ち志気清明、義理昭著にして、以て上達すべし』と云へり。是も亦併せ案ずべし」と。誠に殊勝にありがたく覚て、吾日頃疑ひし事も、早く明めたる様に侍りて、さて退て思ふに、年頃聞きし格物説は、大に程朱の意に非ずして、孔孟教誨の旨とは遥にへだたりぬ。凡そ諸子の道に悖《もと》り、其行俗人より劣たるも、皆な此道の誤りより起りて、門に入りて已に違ふ、豈に誠意正心の学ならんや。故に年頃聞きし所を挙て、其誤りを正し、今得る所を述て此説を著し、別に或人の問を設て、予め人の疑ふべき事を弁じ、合せ名付て『格物弁議或問』と云り。▼注[92]

これによれば、三輪執斎は自ら西山の懶斎のもとを訪れ、教示を求めたという。懶斎はいまの学者が居敬窮理のうち窮理にばかり力を用いて、居敬を軽んじていることを歎いていた。また該書に

91　いちずに。

92　『格物弁議』の引用は、高瀬武次郎編『三輪執斎』（大正十三年十月、三輪繁蔵）による。八一～八二ページ。

は懶斎が漢文序を寄せている。▼注[93]

【三輪執斎】

三輪執斎と晩年の藤井懶斎とに交流があったことは、江戸時代の孝子伝を考える上で一つの示唆を与えてくれる。元禄十一年（一六九八）三月の項にも述べた通り、藤井懶斎は天和～元禄にかけて、孝子伝を一手に引き受けた感がある。その没後、宝永～享保期にかけて孝子伝の執筆に力を注いだ一人が三輪執斎だった。たとえば『十二孝子』序（『執斎先生雑著』巻之一所収）には、次のようにある。

藤井翁のしるせる本朝孝子伝よりとり出し、其詞をつゞめ、菅相公をくはへ、屏風一双に絵と詞書とを押べしとて書つけたる也。詞書は押小路亜相公▼注[94]御なをしありて、中院前内府通茂《みちしげ》公▼注[95]にもみせ奉りぬ。▼注[96]

懶斎『本朝孝子伝』からの十一人に菅原道真を加えた十二名の孝子を選び、その絵と詞とを屏風に仕立てた、というのである。

こうした孝子重視の根底にあるのが懶斎から受け継いだ「居敬」の重視であったことは間違いないだろう。そして執斎の「孝」重視は享保期の懐徳堂へと受け継がれて行く。懐徳堂が中井甃庵『五孝子伝』（元文四年〈一七三九〉成）、中井竹山『子華行状』（明和二年〈一七六五〉刊）、『かはしまものがたり』（明和八年〈一七七一〉）など、孝子伝の執筆に積極的であったことはよく知られている。この懐徳堂の創建に関わった一人が、三輪執斎であったる。つまり、懶斎の孝子伝へのこだわりは、三輪執斎を通じて大坂の懐徳堂へともたらされたのである。

93　八〇～八一ページ。末尾に「右藤井懶斎翁叙」とあるのみで年次等未詳。

94　押小路公音《きんおと》。慶安三年（一六五〇）生、享保元年（一七一六）没、六十七歳。

95　寛永八年（一八三一）生、宝永七年（一七一〇）没、八十歳。

96　『執斎先生雑著』の引用は、国立公文書館本（請求番号…一九〇／三八三）による。二丁表。

元禄十一年（一六九八）戊寅　八十二歳

△この頃、増田立軒、懶斎を鳴滝に訪れる。

増田立軒『仲子語録』掲載。文章は元禄八年（一六九五）【居所〈四〉鳴滝隠棲】の項に引用した。懶斎が自ら鳴滝隠棲の理由を語っている。記事に訪問の年次は明記されていないが、柴田稿九八ページはこれを元禄十一年（一六九八）頃のこととする。前後の記事との関係からの推定であろうと思われ、本稿もこれに従った。

【増田立軒】

阿波藩儒増田氏の祖・立軒については竹治貞夫『近世阿波漢学史の研究』注[97]に詳しい。これによれば立軒は延宝元年（一六七三）に阿波藩医・増田策庵玄胡の次男として徳島に生まれた。名は謙之、字は益夫、通称は初め文内、後に平内と改めた。立軒は号である。元禄四年（一六九一）、十九歳で京都に遊学し、当時伏見に在住した中村惕斎に勧められて儒学を学んだ。惕斎より四十四歳の年下である。以後惕斎のもとで学び、元禄十五年（一七〇二）七月二十六日に惕斎が没して後は惕斎の学塾を相続する。宝永五年（一七〇八）九月、三十三歳で阿波藩に呼び戻され、五代藩主綱《つな》矩《のり》および世子・吉武の侍講を務めることとなった。寛保三年（一七四三）八月十四日没、七十一歳。

立軒は師・惕斎の晩年に未脱稿の著書の完成を託されている。そのこともあってか、惕斎の著書を校点刊行した『詩経示蒙句解』等や、『惕斎先生文集』『惕斎先生行状』『仲子語録』など師に関わる編著が多い。いきおい懶斎とのつながりも浅からぬものであったことが想像される。

97　平成元年八月、風間書房。

【淡路の懶斎連】

一　阿波藩儒・増田立軒に触れた流れで、阿波藩の領地である淡路島における注目すべき動きを紹介したい。じつは近世中期の淡路には、藤井懶斎を奉ずる学者の一群があった。その中心人物の一人が仲野安雄である。

安雄は元禄七年（一六九四）、伊加利村の庄屋・孫左衛門の長男として生まれた。懶斎よりは八十年遅く生まれたことになる。安永七年（一七七八）没、八十五歳。淡路郷土史『淡路常磐草』の著者としてよく知られている。彼の伝は菊川兼男「仲野安雄と著述目録」[注98]、同「享保・宝暦期の淡路の学者とその思想」[注99]、同『三原文化』第四章第四節「享保・宝暦期の文化」[注100]に詳しい。現在その資料は淡路歴史文化史料館（兵庫県洲本市）に一括して管理されており、『淡路文化史料館収蔵史料目録 第十二集 仲野安雄家／立木兼善／関係文書』[注101]が備わる。

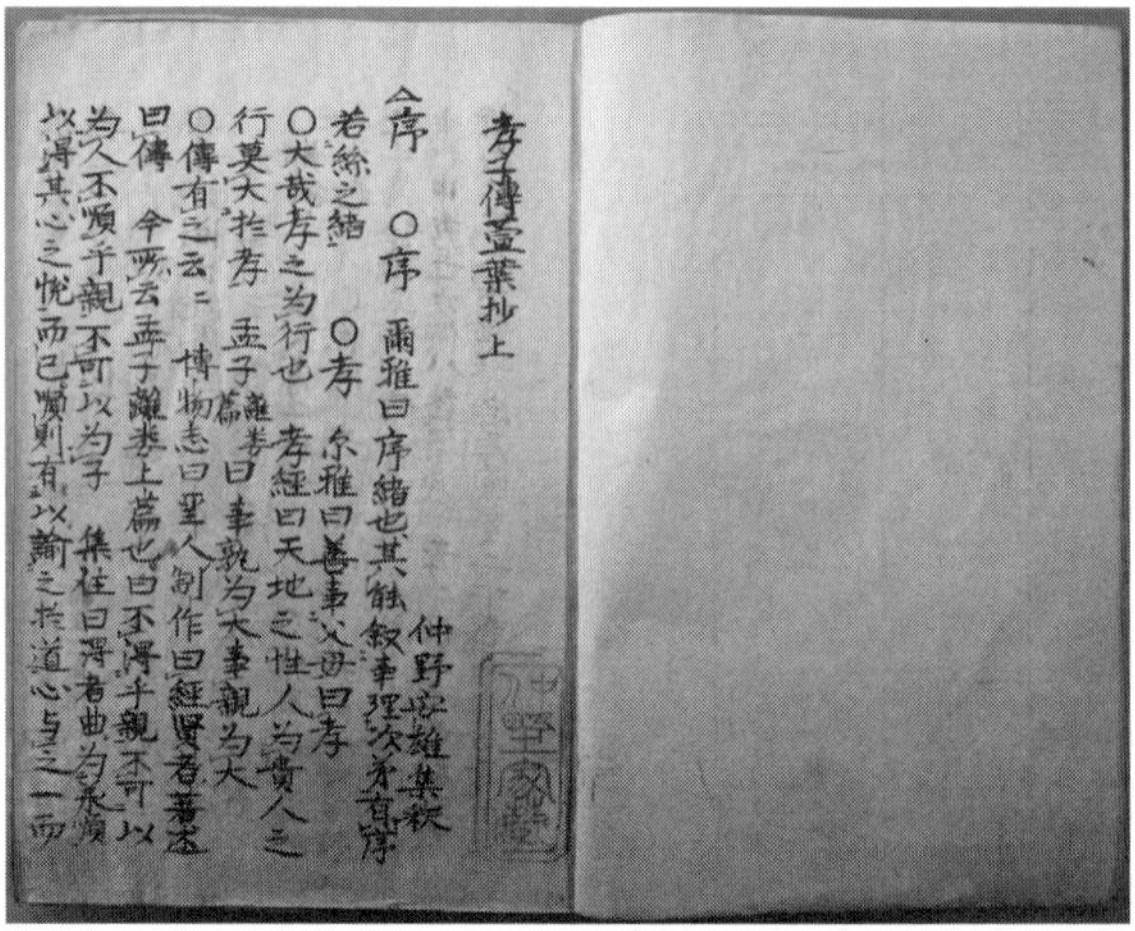

《図88》淡路歴史文化史料館蔵『孝子伝萱葉抄』。江戸時代に書かれた『本朝孝子伝』の注釈書。

安雄は安永期まで生きたため、主に近世中～後期の視点から把握されてきた。たとえば菊川稿は安雄の国学者としての側面、古文辞学者としての側面を強調している。しかし本稿にとって安雄が興味深いのは、藤井懶斎著書の注釈を行っている点である。仲野安雄文庫には『孝子伝萱葉抄』（自筆写本二冊）、『諫諍録栢葉抄』（自筆写本二冊）、『睡余録附纂』（自筆写本二冊）が残されている。それぞれ懶斎の漢文著書『本朝孝子伝』『国朝諫諍録』『睡余録』の注釈書である。これらの成立

98 『三原文化』十八号（昭和三十六年一月、兵庫県立三原高等学校文化部）所収。
99 『兵庫史学』二十九・三十合併号（昭和三十七年七月、兵庫史学会）所収。
100 昭和五十四年三月、三原郡町村会事務所。
101 平成七年十二月、洲本市立淡路文化史料館。

年次は明記されていないが、およそ延享元年（一七四四）前後の成立と考えている。『諫諍録栢葉抄』の草稿本たる『諫諍録解』[注102]裏見返に「（扇形印）延享元年十月妻木翁為諸生講述諫諍録、至二年六月終講。其講本有標注。今乞仮其本、以補愚抄之遺漏」と、延享元年に妻木翁がおこなった『国朝諫諍録』についての講義をもとに注を補ったことが記されているからである。

『国朝諫諍録』の講義を行っていたという「妻木翁」とは、阿波藩士・妻木氏のことである。妻木氏の家系は未詳であるが、宮本武史編『徳島藩士譜』[注103]によれば、その一人貞彦は洲本諸奉行および洲本御船預り奉行を務めた人物である。寛延年間から宝暦四年（一七五四）の分限帳にその名が記されており、百石二人扶持であったという。

彼らが行った議論の記録に『清議会稿』がある。これは妻木貞彦が策問し、妻木恒道、仲野安雄ら十数名が答えるという知的鍛錬である。これは延享二年（一七四五）九月から宝暦二年（一七五二）十二月までの約七年間行われた。この論題にも、藤井懶斎の『本朝孝子伝』や『睡余録』の文がしばしば用いられている。たとえば延享二年（一七四五）十月二十五日の会では、妻木貞彦の出題で、『本朝孝子伝』が本間資忠を孝子の一人に採っていることの是非を問うている。また該書の別箇所にも、

敬ふ所の故人、懶斎子等を以て尊と為す。[注104]

——延享三年（一七四六）正月九日、上田春清

嘗て懶斎先生と云ふ者有り。識高く、学博く、行厚く、論明かなり。実に才徳兼備の君子と謂ふべし。老後書を著し、『睡余録』と号す。学者尤も読まざるべからざるの書なり。

——同年正月二十五日、妻木貞彦

などと、懶斎の学問を仰ぐべきものとして扱っている言辞が見える。これほど懶斎に心酔してい

102　請求番号…一六／一二。

103　昭和四十七年十月、同刊行会。

104　『清議会稿』の引用は、洲本市立淡路文化史料館本（請求番号…中野文庫／一〇八）による。

る一群を、筆者は他のどの地域、どの時代においても知らない。

では、彼ら懶斎連とも言うべき一群はどのようにして発生したのであろうか。『兵庫県史』第三編〔Ⅱ〕[注105]第七章「学問・文化の隆替」は妻木繁彦について「儒学は洲本の美馬聖兵衛義方に手ほどきを受け、さらに京都に遊学して山崎闇斎の門下藤井懶斎に学びこれに傾倒した」と記している。ただし今のところ懶斎に学んだというこの記述の根拠を追跡できていない。

現段階で指摘できるのは、淡路が属した阿波藩の学問傾向である。阿波藩には増田立軒がいた。元禄十一年（一六九八）【増田立軒】の項に述べた通り、阿波藩儒・増田立軒は懶斎の朋友・中村惕斎に従い、学んでいた。そして先に見た『清議会稿』には、米本立的、多田正弼ら、増田立軒の門人も参加している。淡路島の懶斎びいきは、中村惕斎を奉ずる阿波藩学の一支流としてひとまず理解することが可能であろう。

105 昭和五十五年三月、兵庫県。

○三月、大和国の孝女伊麻についての伝記を著す。

伊麻は大和国今市村（現・奈良県葛城市）の孝女である。伊麻については『当麻町史続編』（昭和五十一年四月　当麻町教育委員会）が諸文献を集めて適切にまとめている。

伊麻と弟の長兵衛は、父・長右衛門によく仕えていた。寛文十一年（一六七一）夏、流行の疫痢で父が危篤となり、医者は鰻を煮て食べると病が癒えると診断した。その夜、家の水瓶から音がするので見てみると、大きな鰻が中にいたのでこれを食べさせ、父の病は癒えた。遠近の人は孝の徳が天に通じたのだと二人を賞し、郡山侯（本多内記政勝）はこれを褒めて銭穀を今に与えた、という逸話がよく知られている。

「はじめに」でも記した通り、そののち貞享五年（一六八八）四月十二日には松尾芭蕉が訪れた。

そのことを京都で芭蕉から聞いた友人の雲竹は、画工友竹とともに伊麻を訪れて画賛を描いている。伊麻は元禄十七年（一七〇四）二月二十七日に八十一歳にて没している。

さてこの伊麻について記した伝記でよく知られているものに、『今市物語』がある。すでに岡本勝「石水博物館蔵『今市物語』（翻刻と解題）」[注106]や中田武編『田中大秀　第五冊［随筆・冊子］（二）』[注107]に翻字されている。

該書の末尾には「かくいふは元禄十一年の春の末つかたなり。いまはことし七十五、長は七十一なり」とあるので、伊麻の生前に書かれた作品だということが分かる。著者は大和郡山藩医の上田泰庵とされている。井上昌典による講演「孝女伊麻について」[注108]資料によれば、上田勝彦氏所蔵本の末尾に、「元禄寅春郡山の住上田泰庵、伊麻はらからの事を記して今市物語と名付られたり」とあるという。じつは、米国UCバークレー校蔵『今市物語』（請求番号…宗ウ／一三二）の内題下に「蘭斎先生」とあるところから、藤井懶斎作かと思っていたことがある。著者が自分で「…先生」と記すことはないだろうから、この署名は懶斎がブランド化した享保期以降に後付けされたものだろうか。

この『今市物語』のことかは不明だが、懶斎が伊麻の伝記を著していたのは確からしい。『執斎先生雑著』巻之二「孝子於以麻碑」に次のような記事がある。

> 元禄十一年、藤井懶斎翁その事を記せり。其時以麻七十五、長七十一にして恙なし。今年辛亥に皆烏有となる。郷人其冢《ツカ》に碑せむとして、遠く言を予に徴す。よりて藤井子の伝をつみて、其概をのぶといふ。[注109]

元禄十一年に懶斎がその伝記を記した。そのとき伊麻は七十五歳、弟は七十一歳でともに健在だったが、いまはともに亡くなってしまった。それで地元の人がその墓に碑を建てようとして、私（三

106　『愛知教育大学国語国文学報』六十（平成十四年三月、愛知教育大学国語国文学研究室）所収。

107　平成十七年二月、勉誠社。

108　平成二十五年八月、於葛城市歴史博物館。なお松田清の口頭発表「孝女伊麻肖像（海北友竹画、北向雲竹賛）について」（平成二十八年七月、近世京都学会）が追跡調査を報告している。

109　四十九丁表～裏。

輪執斎）に作文を依頼して来た。そこで懶斎の伝記から選んで伊麻伝の梗概を述べた、というのである。実際に懶斎とも面会している三輪執斎の言であることを考えると、信憑性は高いと言うべきだろう。ただし残念ながら、いまのところ懶斎が著した伊麻伝は目にしていない。

こうして新たな懶斎作の孝子伝が判明して、改めて天和～元禄期の孝子伝に懶斎が果たした役割の大きさに思い知らされる。全国を見渡して孝子説話や孝子伝を探り、自らも伝記を記す、という営為は、この時期には懶斎の独壇場であったと言っても過言ではないのである。

元禄十二年（一六九九）己卯　八十三歳

○元旦、歳旦歌あり。

関田駒吉「藤井懶斎の没年」（元和三年〈一六一七〉【生没年】の項参照）によれば、森繁夫所蔵の小点もの自筆として、「八十二にいたりける春のはじめに／ここのそぢこちかの浦路のすて小船朽せで年をこゆるつれなさ」とあるという。

元禄十三年（一七〇〇）庚辰　八十四歳

○この年、多久聖廟の孔夫子像成る。中村惕斎と懶斎が共同で設計する。

『重要文化財　多久聖廟』第三版に載る。[注110] 多久聖廟は肥前国小城郡多久邑（現佐賀県多久市）に存する聖廟である。のちに佐賀藩家老となった多久茂文によって起案され、元禄五年（一六九二）から着工、およそ十六年の歳月を経て宝永五年（一七〇八）に落成を見た。この間聖像は元禄十三年（一七〇〇）

110　昭和五十八年三月、多久市教育委員会。

に京都において鋳造され、翌年東原庠舎内に仮小屋を設立して祭られたという。

『重要文化財　多久聖廟』口絵には孔夫子像の写真が掲載されている。このキャプションによれば「元禄十三年製作・高さ二尺七寸／中村惕斎作／唐金製・銘は南効中欽監工とある」という。この製作に藤井懶斎が関わっていたことは、武富英亮「鶴山書院遷座記」に次の通り記されている。

　欽や深く聖学の蘊を極め、制度文為の学を以て一家を為す。当時洛の藤臧老儒と雁行を為す。仲欽甚だ藤公の志願を喜び、藤臧と相謀り、古今の聖蹟を考へ、（下略。原漢文）注[111]

「欽」「仲欽」は中村惕斎。「藤臧老儒」は藤井懶斎。「藤公」は多久茂文。つまり中村惕斎が多久茂文から聖像製作の依頼を受けたさい、惕斎は懶斎と謀って考証を行い、像を設計したというのである。

111 「鶴山書記遷座記」の引用は、『重要文化財　多久聖廟』（既出）の翻刻による。七ページ。

元禄十五年（一七〇二）壬午　八十六歳

○元旦、歳旦歌あり。

宮川忍斎『槎行記』に、「又其よはひは八十餘り六のことぶきを受たりしゆへに、此春筆を試る哥に、／八十あまりむつかのよどの古柳なをこの春もくちや残らん／とよみ侍りぬ」とある。また『石原家記』巻上「延宝六戊午年」の項にも「八十六歳歳旦」として同じ歌が掲載されている。

□三月、都の錦『元禄大平記』刊。「京都儒者親四天王」に数えられる。

『元禄大平記』（京都升屋為兵衛刊）は文壇批評的な側面を持つ浮世草子である。その巻七の四「今の学者を指折てみる」に「京都儒者親四天王」として、一人武者の北村伊兵衛（篤所）に続いて、伊藤源助（仁斎）・中村七左衛門（惕斎）・浅見十次郎（絅斎）と並んで挙げられているのである。「藤《ふじ》

井玄蕃《ゐげんば》　六十三歳号蘭斎」と題されたそれは、「二番に藤井蘭斎《ふじゐらんさい》。これ又隠儒《いんじゅ》にして道をたのしぶ。老荘《らうさう》の学問においては此人につづくものなし。陸象山《りくしやうざん》と首引《くびひき》してもまけぬほどの男」と評されている。▼注[112]

【金蘭斎との混同】

右の記述で目を引くのは、懶斎を老荘の学問の第一人者と評していることである。

述べてきた通り、藤井懶斎は医を岡本玄冶に学び、久留米藩に儒医として仕えた。儒学では山崎闇斎と意見を交わし、中村惕斎らと交わった朱子学者である。老荘の学に親しんだ形跡は見ることができない。そればかりか著書中には次のような老荘批判の言辞も見て取ることができる。

夢多くは是れ妄。故に真人は之れ無し。惟だ愚者のみ妄を認て真と為す。故に曰く「癡人の前、夢説くべからず」と。武州人の夢の如き、真妄如何。曰く「真人に夢無し。是れ乃ち荘周が説話にして聖経の言ふ所に非ず（下略）」。

——『本朝孝子伝』士庶部十九「武州孝子」

此段又荘周《さうしう》がよだれをねぶれり。

——『徒然草摘議』第七段

この通り、藤井懶斎が老荘の第一人者だという評は全くの見当違いである。

では都の錦はどうして誤ったのか。結論から言えば、この一文は藤井懶斎と同時代の老荘学者・金蘭斎《こんのらんさい》とを混同している。

金蘭斎は、当時としては珍しい老荘学者で

《図89》金蘭斎（『近世畸人伝』）。藤井懶斎と混同されたのは名前のせいだけではなかった。

112　『元禄大平記』の引用は、大阪府立中之島図書館本（請求番号…六六／一二／一）に拠った。廿六丁表～同丁裏。

あった。その伝については、伴蒿蹊『近世畸人伝』に載る他、近代では安藤和風「金蘭斎」[注113]、中村幸彦「老荘の実践者　金蘭斎」[注114]等に論考があり、今ここで新たに付け加えるべき資料を持たない。諸先学の業績に依り、金蘭斎伝の要点をかいつまんでおこう。

金蘭斎は童名・江長、後に三允と改める。諱・徳隣、字・忠祐。号・蘭斎、洛山逸民、臥雲叟など。秋田藩医小鴨三室の子。十七歳にして上京し、西山李斎、伊藤仁斎に学んだ。夙に遁世の志があり、岡崎村、神楽岡に隠れ住んだ。延宝九年より五年間秋田藩に仕官した後、上京三年再び京都に戻るに当たって、姓を父の本姓である金氏に戻し、享保十六年に京都で没した。

金蘭斎の伝記として現在知られている最もまとまったものは、平元梅隣が記した「退隠草序」である。『退隠草』は現存を知らないが、この序文のみ、安藤和風の筆写によると思われるものが秋田県公文書館に所蔵されている（「退隠草序　梅隣先生事状」請求番号…ＡＨ九一九／一五五）。ここで注目すべきは次の部分である。

延宝九年、牧野善左衛門到自本庄誘掖先生帰秋田。先生年二十八。臨発先生有詩云「終焉必取洛山」。明年三忠病死。先生改名玄固業医留。五年而上京與仲弼同居洛東岩下先生学舍。

金蘭斎先生は、延宝九年の五年後、すなわち貞享三年（一六八六）には上京したという。つまり、都の錦が『元禄大平記』を執筆した元禄末年前後には、藤井懶斎も金蘭斎も共に京都に住していたことになるのである。そして、「ランサイ」という名前の一致が混同の何よりの要因であっただろう。所見の範囲では、藤井懶斎が自称として「蘭斎」の用字を用いたものは見ないが、他人が「蘭斎」と表記する同時代の事例は、「国朝諫諍録　藤井蘭斎述」（元禄五年刊書籍目録）、「藤江（ママ）蘭斎ハ有馬殿ノ扶持人也。今ハ京師北山ニアリ」（中村良直『中村雑記』巻五）など、少なくない。

さらに言えば、藤井懶斎・金蘭斎の両者は共に隠逸者として名高かった。鍋島直條《なおえだ》『楓園家塵』（祐

113『俳諧研究』（明治四十一年五月、春陽堂）所収。

114『中村幸彦著述集』第十一巻（昭和五十七年十一月、中央公論社）所収。二三三～二四五ページ。

徳神社中川文庫所蔵）巻百八十「塵袋」上巻には、「京洛之隠逸」として白幽、蘭《ママ》斎、兵九郎の三名を挙げる。隠者としての側面が両者の素性を分かりにくくし、混同を助長したのではなかっただろうか。

□七月二十六日、中村惕斎没、七十四歳。

遺体は同二十九日未明、洛北一乗寺村円光寺の三町ほど北に埋葬された。『仲子語録』によれば、懶斎は葬礼に参列していない（柴田稿）。

○八月、「多久邑字説」を著す。

末尾に「元禄壬午壮月穀日／雒敬西人藤季廉宍筆于伊蒿軒下年八十六」とある。『重要文化財多久聖廟』（既出）に載る。

多久聖廟については元禄十三年（一七〇〇）の項参照。聖廟の建設を発案した多久邑主・多久茂文に請われて書いたものであることが文中に明記されている。

○九月、『扶桑千家詩』刊。懶斎詩「春雪」が収められる。

該書は筑前の儒者・古野鏡山の編。江戸時代前期の儒者・詩人による漢詩を集めた叢集である。刊記「元禄十五壬午載九月吉祥日／平安城書肆　上原半兵衛梓」。二巻から成り、上巻には七言絶句百七十九首、下巻には七言律詩九十一首を、それぞれ四季の順に集めている。その巻上に次の詩が収められている（原漢文）。

春雪　　藤井懶斎京師

春来飛雪更に多きを加ふ　痩竹病梅汝を如何せん
山亦た余が白髪に同きに似て　峰頭歳を踰《こえ》て転皤々《はは》▼注[115]▼注[116]

○十月二十五日、千本の自宅に福岡藩の御伽衆宮川忍斎を迎える。

久保田啓一「福岡藩臨時御伽衆宮川忍斎」▼注[117]の紹介に基づく。宮川忍斎は正保四年（一六四七）生、享保元年（一七一六）没、七十歳。写本で広く流布した『関ヶ原軍記大成』の著者として知られる人物である。元禄十五年（一七〇二）十月、忍斎は福岡藩四代藩主・黒田綱政の扈従として京都まで随行した。その際の紀行『槎行記』人巻に懶斎を訪問した記事が見える。「千本のほとり」を訪れた忍斎を出迎えたのは懶斎とその次男・象水である。以下、その問答部分を引用してみる。

時うつりて後あるじのいはく、「今年の春身まかり給ひし筑前の国老重種は誰人の道を聞給ひしにや」と有けるにより、「土岐重元のつたへなり」と答へ侍りしに、「止翁の学術おほやうただしく聞へにたり。此故に國老の学びにつゐえなかりしにや。其なくなり給はんとする頃、桜の花を見て、

　花も花見る人もひとの世中にうごかぬ山のやまざくらかな

とよめる歌もいみ有てきこえ侍る」

（中略）

これかれ物語する内に、予が師として僅に道を聞習ひし長沼澹斎、伏見に有し比、折ふしに語りあひし事などいひ出て、其身まかりしを、あるじのふかくおしめるも、いとかなし。

　それより年比の物語いとはてしなきつゐでに、又予がいはく、

「此度君に随ひたる人々の中に、福富大休軒と号するあり。その子に又百と名付たるは、今年

115　髪の毛などの真っ白なさま。

116　『扶桑千家詩』の引用は、『詞華集日本漢詩』第一巻（昭和五十八年十月、汲古書院）の影印本（底本国立国会図書館本）による。七丁表〜裏。

117　『雅俗』第二号（平成七年一月、雅俗の会）所収。一三〜三一ページ。

はつかに十一なれど、四五のふみとくよみおはり、そのざえ常の子にかはりたるを、父の大休、憐の余りにいざなひのぼりしが、『伊藤維楨にたいめを乞ひ、同じくは貴翁にもまみへさせて国に帰らまほし』といひつれど、いなみ玉はん事をしりて、うかひかざりし」

とかたり侍るに、翁のいはく、

「少年の時よりざえあるは、おひさきこもりて心にくし。されどつたなき老が身はいふもたらず。たとひ名になるはかせにもせよ、しばしが程のたゐめさせて我が子のほまれとなさんよりは、しかじ、貝原老儒にあつらへつげて、ただしきまなびをわづかにも聞得させてんこそ、いか斗親のめぐみならめ」

とて、すべて学術にえらびある事を語きこえしが（下略）

福岡藩家老を務めた立花重種、忍斎の師である長沼澹斎らを上げて、その人となりや学問について論じている。その論は要するに文中でも言う通り「学術にえらびある事」、すなわち適切な学問と師を選ぶべきだということである。それは居敬を中心とした学びであり、より具体的に言えば土岐重元、長沼澹斎、貝原益軒のような人々に学べ、ということであった。

元禄十六年（一七〇三）癸未　八十七歳

□正月二十日、室鳩巣より稲生若水へ手紙。約一ヶ月前に起きた赤穂浪士討入りに触れ、懶斎の評価を想像する。

近藤磐雄『加賀松雲公』に写真とともに紹介されている南郷貴族院議員所蔵の稲生若水あて室鳩巣書翰。当時鳩巣は金沢に、若水は京都にいた。この中に次のような文面がある。

江戸旧臘十四日、浅野氏旧臣共、君仇吉良上野介殿を討取申儀、前代未聞、忠義之気凛々。名教之助益と奉存候。赤穂士風の厚も是にて相知れ、偏に内匠頭殿養育人材之巧も著れ申候。当地なども此儀のみ沙汰仕候。其御地輿論いかが候哉。長民、象水等の豪士、いかが評し被申候哉と奉存候。四十八人之内、兼而御存知之者も有之候哉。誠以田横五百人の英気と奉存候。伊蒿老人さぞ大慶之体推察、見申様に奉存候。▼注[118]

鳩巣は浪士の行動を讃えた上で、この事件に対する京都における世論と、懶斎の次男・象水（元禄元年〈一六八八〉五月、【次男・象水】の項参照）の反応について尋ねている。そして伊蒿老人すなわち懶斎はさぞ喜んでいるだろうと推察している。元禄三年（一六九〇）五月の項で見た通り、稲生若水は懶斎に『螽草』の序文を請うた人物。加賀藩とのつながりも深く、鳩巣が懶斎の反応を質すのに格好の人物であった。

118　稲生若水あて室鳩巣書翰の引用は、『加賀松雲公』（明治四十一年十二月、東京羽野知顕）中巻挿箋二十九の影印による。

△この年、『読書余吟』を著すか。

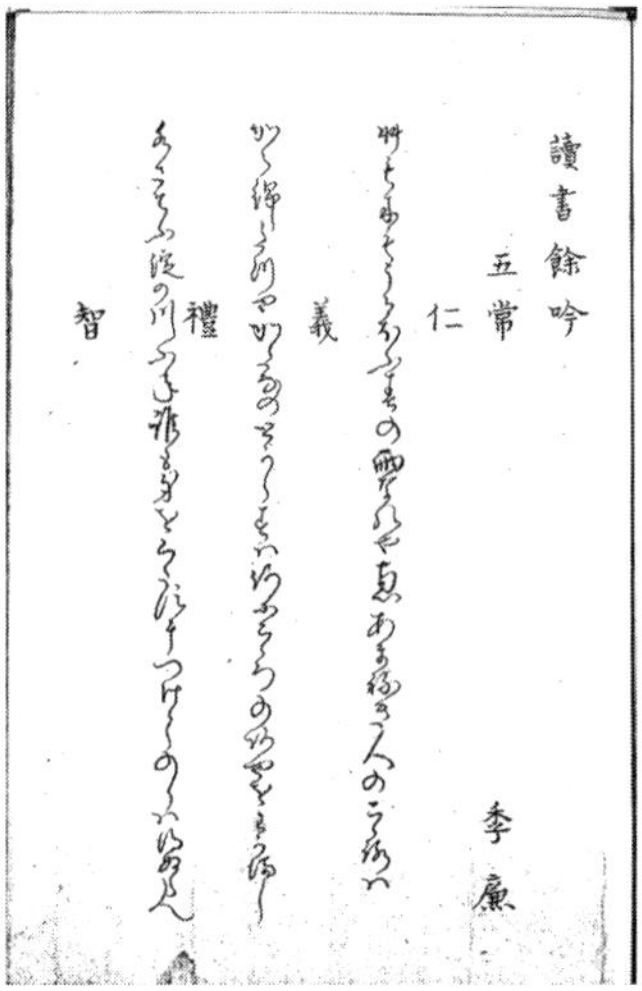

《図90》『読書余吟』。経書の内容を和歌に詠んだ（岩瀬文庫本）

懶斎の道歌活動は、見てきた『蔵笥百首』『竹馬歌』に加えて、『読書余吟』がある。所見本である岩瀬文庫本は、室鳩巣『大学詠歌』と合冊された写本で、内題下に「季廉」と署名がある。

該書は五常、小学、大学、論語、孟子、中庸、近思録、易、詩経、書経、春秋、礼記の内容を百一首の和歌にしたものである。たとえば

五常のうち「仁」と題された和歌は、

　草も木もうるほふ春の雨なれや恵あまねき人のこころは

というものである。初学者にも分かりやすいよう儒学の本質を説こうとした書物である。

岩瀬文庫本に成立年次は明記されていない。ただし立石好人「筑後の歌人（二）」[注119]に、元禄十五年の歳旦歌を挙げたあと、「翌年には五常の和歌とて」として、仁義礼智信の和歌五首を挙げている。当面これに従って元禄十六年（一七〇三）の成立と考えておく。

なお没後百二十九年を経た天保九年（一八三八）十二月に大坂加賀谷善蔵他二肆より『初学伊呂波歌教鑑』が刊行される。該書は見返に「藤井懶斎先生著」と明記し、青藜館主人による序にも、「藤井懶斎先生が婆心ここに謁されしは、竹馬歌、蔵笥百首など、其余著述ありし数書に明なり。今此以呂波歌も即其一つにして、仁義礼智忠信の道を諭し、身を修め、家を斉ふの至要を示すや専ら簡約にして（下略）」と、懶斎作であることを謳っている。しかし『江戸時代女性文庫』[注120]三解題が指摘する通りこれは仮託であり、実際には懶斎の作ではない。

【四書解説】

併せて懶斎の著書として指摘されながら現存が確かめられない書物についても言及しておく。関儀一郎『近世漢学者伝記著作大事典』（昭和十八年）に著述の一として『四書解説』を挙げる。題名からして懶斎の著作にふさわしいようにも思うが、最終的な判断には現物の出現を待つしかない。

○五月、中村惕斎著『孝経示蒙句解』に序す。

該書は中村惕斎編の漢籍国字解。所見本都立中央図書館諸橋文庫本（請求番号…一二三／MW／

119 『筑後』第五号（昭和八年四月）所収。

120 平成六年五月、大空社。解題は小泉吉永執筆。

二四二）は刊記「華洛二條／書肆武村新兵衛刊行」。懶斎序は「孝経示蒙句解序」の題で、「元禄癸未五月穀日／伊蒿子滕臧季廉序」。跋によれば小原大丈軒（季忠）が出版を企図し、彼から序の執筆を求められたという。

○六月中旬、『惕斎先生行状』に跋を寄す。

該書は中村惕斎の没後に編まれ、延享三年（一七四六）に刊行されたもの。所見本九州大学碩水文庫本は刊記「延享丙寅秋九月／書林／阿州徳島／神子田所平／大坂淡路町心斎橋筋角／安井嘉兵衛／板行」。大本一巻一冊。冒頭に惕斎が自らの像に施した賛の自筆を左版《ひだりばん》で刻し、惕斎七十余歳時の肖像画も掲載する。増田立軒による行状のあと、懶斎跋「書仲敬甫行状之後」を掲載する。末尾には「元禄癸未季夏中澣伊蒿子滕臧」[注121]とある。このあと市郁元感、藤成子修、河村誠之、伴正貞、露木慎伯の跋が続く。

宝永元年（一七〇四）甲申　八十八歳

○初春、歳旦詩を詠む。

架蔵色紙に懶斎八十八歳の歳旦詩「元旦所懐」あり（《図91》参照）。「甲申之春　伊蒿子　八十八歳［印］」とある。印文は不鮮明で判読しがたい。

この色紙が貴重なのは懶斎の筆跡が分かるところである。元禄三年（一六九〇）【居所〈三〉千本】の項に挙げた書翰と並び、現時点では数少ない自筆と目される資料である。

121　『惕斎先生行状』の引用は、九州大学附属図書館碩水文庫本（請求番号…テ／四）による。

ちなみに懶斎の蔵書印が捺された本を一本だけ確認している。国立公文書館蔵『帥記』（写本。請求番号一六〇／二〇七）がそれである。この第三冊第一丁表に、「藤井臧／図書記」との朱印がある（《図92》参照）。タテ三・九cm×ヨコ二・四cm（子持ち枠内規にて計測）。朱文方印。

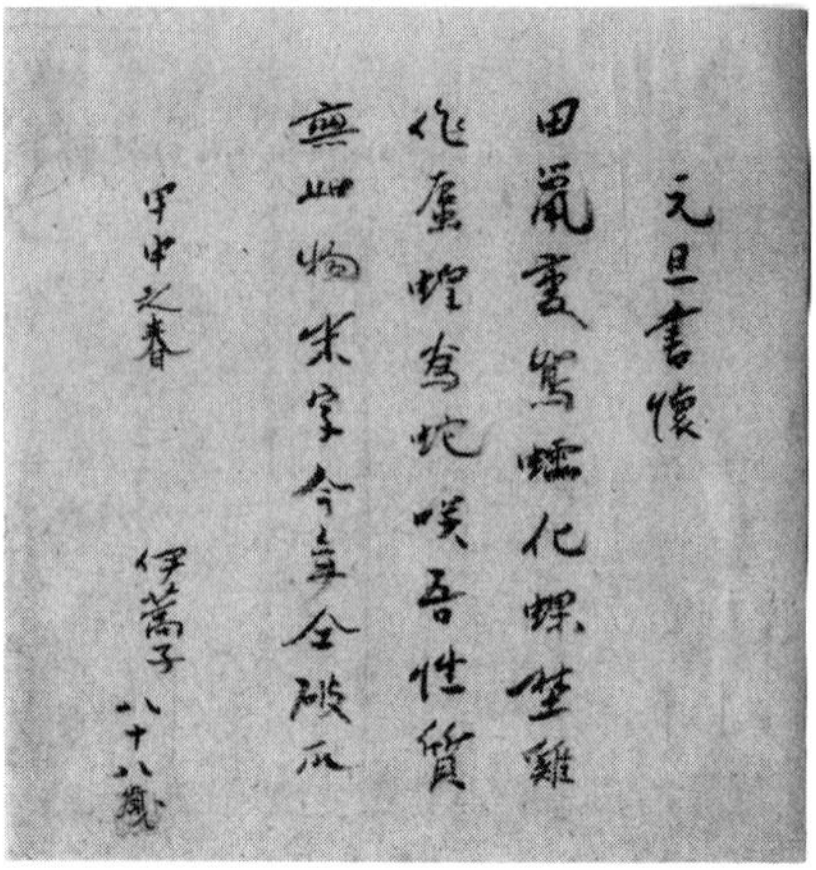
《図91》藤井懶斎歳旦色紙（架蔵）

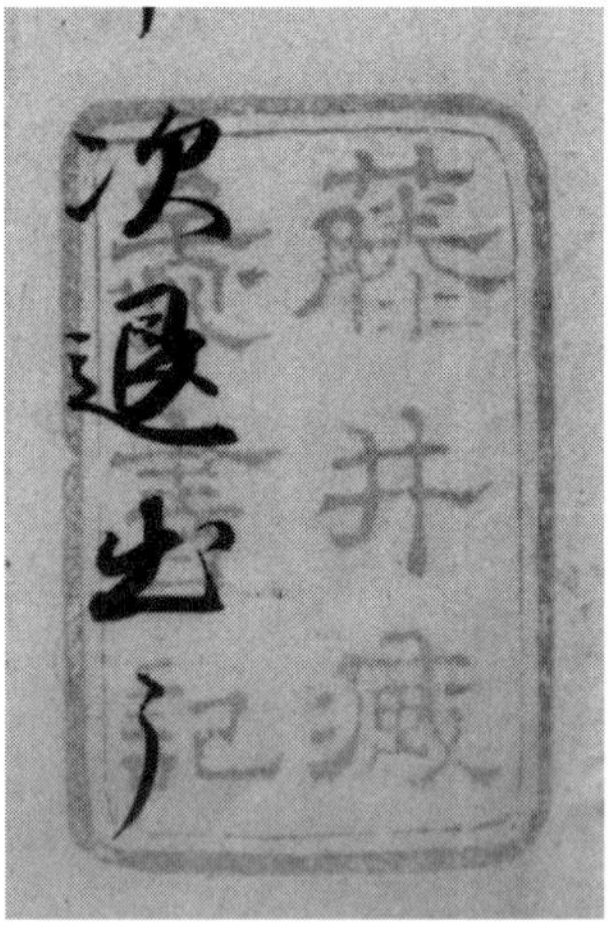
《図92》懶斎の蔵書印（国立公文書館蔵『帥記』）

宝永二年（一七〇五）乙酉　八十九歳

○八月、武富廉斎の著作『蚕母要覧』に漢文序を寄せる。

『蚕母要覧』（信州大学繊維学部蔵）は写本一冊。松田清ほか「わが国最古級の蚕書　武富咸亮『蚕母要覧』について」▼注[122]に翻刻が備わる。懶斎序は「蚕母要覧序」として末尾に「宝永乙酉八月穀日／洛西散人伊蒿子滕臧　叙」とある。

122　『近世京都』二号（平成二十八年三月、近世京都学会）所収。

○十一月中旬、自身の旧作『再往日記』に跋する。

正保二年（一六四五）八月九日の項参照。跋文に「宝永乙酉（引用者注…宝永二年〈一七〇五〉）仲冬中澣伊蒿子年八十九」とある。

○この年、「真鍋氏説」を記す。

『竹原志料』所収。漢文。末尾に「洛陽老儒生藤原姓真邊氏伊蒿子臧季廉染筆於懶斎下時年八十九」とある。歴史上の真鍋氏を列挙したもの。

【戦国武将・真鍋祐重との関係】

久留米藩に仕えた時期、懶斎は真鍋（真辺）仲庵と名乗った。懶斎と真鍋氏との具体的なつながりを示唆するものに、随筆『睡余録』の記事がある。これによれば、真鍋弥介は諱・祐重。讃岐国香西郡の人で、郡主・香西伊賀守好清の家族である。弥介は十六歳の時、暴虐の家宰・香西大隅を斬って名を国中に知られた。天正九年（一五八一）二月、土州の長曽我部元親との闘いでは三士を斬った。また同年七月には、夜に独りで敵塁に迫って神取彦兵衛を撃ち取り、好清から賞された。同十年（一五八二）八月に香西の城が土州から攻められた際には城中に攻め入った武将たちを追い払い、その功で再び好清から賞された。豊臣が興って香西が滅び、讃州が生駒氏に与えられると、これに従って朝鮮に赴き、多くの功を挙げた。そのある一日、弥介が崖下にいると、たまたま通りかかった芸州の福島正則が知らずに崖上から唾を吐いた。祐重は怒って崖に登り、正則に謝罪させたという。

この章段の末尾には「余、幸ひに族人の後に従へるを以て、家録を閲《み》、老者に問ひ、其の梗概を聞くことを得たる者、右の如し。仍て此に筆して異日史氏の採るに系《つな》ぐ」（原漢文）▼注[123]とある。懶

123 第四十三条。

斎と戦国武将・真鍋祐重とのつながりを明記した文章である。ただしこの資料でも、その血縁が具体的にどのようなものであったかは明らかではない。

この問題を明らかにするためには、「讃州府真行寺先住世系　附外戚系図」(前出)が参考になる。このうち外戚系図に相当する箇所に「真鍋又左衛門藤原某」を筆頭とする系図が付されている。ここには又左衛門の子として「祐重」、その祐重に一女二男があり、その一女に「女子　八世了休室」とある。また同系図の「讃州府真行寺先住世系」に相当する箇所によれば、八世了休は懶斎の祖父にあたる。つまり真鍋祐重の娘が懶斎の祖母なのであり、真鍋祐重は藤井懶斎から見れば曾祖父にあたるのである。

宝永三年（一七〇六）丙戌　九十歳

○一月、懶斎著『睡余録』この頃までに成る。

該書は藤井懶斎の写本漢文随筆。内容は主に読書や身の回りの出来事から学問的な問題につなげて考察を行うものが多い。

東北大学本に付された増田立軒による序文には、次のようにある。

(前略)先生は姓藤、名臧、号懶斎。洛の西巷に隠居す。予、先生と相去ること遠し。而して幸に人に私淑して、此の書を視ることを得たり。歓躍に堪へず、自ら卑陋を忘れて、謾《みだ》りに思ふ所を述べて、以て巻端に序すと爾《しか》云ふ。

宝永丙戌孟春尽日、阿陽庸醫増田玄鄰謹識(原漢文)

この記事から、宝永宝永丙戌、すなわち三年(一七〇八)までには成立していたということが判る。

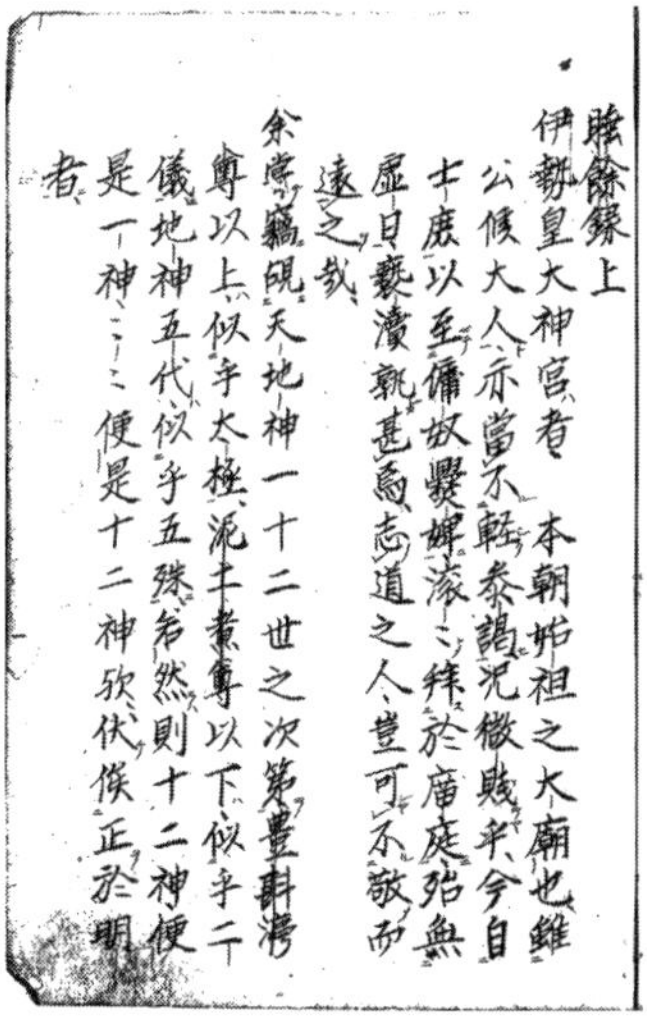
睡餘録上
伊勢皇大神宮者　本朝始祖之大廟也雖
公侯大人亦當不輕參謁況微賤乎今自
士庶以至傭奴爨婢滚々絳於廟庭殆無
虚日褻瀆孰甚焉志道之人豈可不敬而
遠之哉
余嘗竊現天地神一十二世之次第豊斟渟
尊以上似乎太極泥土煮尊以下似乎二
儀地神五代似乎五殊矣然則十二神便
是一神〻〻便是十二神欲伏俟正於明
者

《図93》『睡余録』（東北大学本）

なお該書は諸本によって異動がある。その全容はまだ明らかにできていないが、たとえば中野三敏氏蔵本は、次項に掲載するとおり、東北大学本には見えない章段を掲載している。また、洲本市立淡路文化史料館蔵の仲野安雄著『睡余録附纂』[注124]は、江戸時代中期に編まれた該書の注釈書である。

該書は懶斎没後の正徳五年（一七一五）五月、抄出本が『閑際筆記』と題して大坂柏原屋清右衛門、同与市、同敦賀屋九兵衛より刊行された。内題下に「門人稲葉氏校訂」と署名するのは闇斎学者・稲葉迂斎《うさい》か。また該書は刊行の半年後に大幅な修訂が行われたが、この詳細に関しては市古夏生「『閑際筆記』をめぐって――出版規制の問題」[注125]に詳しい。天明三年（一七八三）には『和漢太平広記』と改題されている。

【懶斎と僧との交流】

懶斎の仏教批判の姿勢は『本朝孝子伝』『徒然草摘議』など、多くの著書において窺うことができる。また辻善之助『日本仏教史』近世編（岩波書店）にも採り上げられ、よく知られるところである。

しかし中野三敏氏蔵本『睡余録』亨巻では、そうした彼の言説と実生活との齟齬についてただした問答がある。懶斎はある書生から「翁、浮屠と交を絶たず、反て相愛する者有るは何ぞや」（原漢文）、すなわち、あれだけ僧を嫌っていながら、なぜ交流があるのか、と質問を受けた。これに対して懶斎は、次の三つを挙げて回答している。〈一〉今の世では十人中八九人が仏教を宗旨

124　請求番号…中野文庫／七。

125　平成二年三月初出。『近世初期文学と出版文化』（平成十年六月、若草書房）所収。

としている。これを完全に拒んだら、ほとんど人事を廃さねばならなくなる。〈二〉韓退之・欧陽脩・朱子といった、中国で仏教に厳しかった儒学者たちも、僧との交流はあった。〈三〉毘尼《びに》（戒律）や禅定は儒教と通じる所があり、方向は異なるとしても益無しとしない。

たしかに懶斎には僧との交流があった。久留米藩儒時代に高良山主・寂源と共に高良山十景を選んだことは寛文九年（一六六九）【寂源との交流】に示した。また『睡余録』に徴すれば、「僧魯舎は余が方外の交なり」（第一七一条）、「天圭和尚余に謂て曰く」（第二八九条）と、僧との交流が覗える。さらに元禄八年（一六九五）【居所〈四〉鳴滝隠棲】の項に記した通り、晩年には寺院の空庵に住んでいる。近世前期における儒者のあり方として、僧との交わりを完全に絶つことは、現実問題として難しかっただろう。

宝永四年（一七〇七）丁亥　九十一歳

○このころ、はじめて室鳩巣と面会するか。また鳩巣から『赤城義人録』を送られる。

『鳩巣文集』巻十一「与稲宣義書」。年次は「去年の冬、婢、男を生み、乳育に他無し」（原漢文）とあるところから推定した。鳩巣の男児は七十郎といい、宝永三年（一七〇六）十一月二十三日生（『日本の思想家　室鳩巣』所収年譜に拠る）という。また文中に「僕年五十」ともある。万治元年（一六五八）生の鳩巣五十歳は宝永四年であるので、年次が一致する。

この書簡は「前日藤井徵君に面諭す」（原漢文）とあるので、懶斎と鳩巣とが実際に面会したことが分かる。鳩巣が元禄十年（一六九七）ごろから噂や書物でのみ知る懶斎に興味を持っていたことは、同年六月十八日の項で述べた。そののち実際に面識を得たことを示す資料では、これが知る限り最も早いものである。
この書翰には赤穂事件についても言及がある。先に見た元禄十六年（一七〇三）正月二十九日付書簡では、鳩巣は赤穂浪士討ち入りについて懶斎がどのような評価を下しているのかに興味を持っていた。本書翰では「徴君深く赤穂義士の事を感じ」と、懶斎が義士を評価していたことが記されている。また懶斎が鳩巣の『赤城義人録』を読みたがったために、写本を進呈したという事実も記されている。

△このころ、林鳳岡と書簡のやりとりを始める。

『鳳岡林先生全集』巻六十四に「藤井懶斎に寄す　并びに序」あり。

　藤井懶斎に寄す　并びに序

藤井懶斎、久しく洛陽に住む。単《ひとへ》に儒林を思ひ、経を講じ、理を説く。頃年閑居し、頤養《いやう》謝務す。今茲に九十一歳。精神猶ほ未だ衰耗せざるがごとし、馮唐《ふうとう》▼注[126]の齢、以て祝ふべし。伏生《ふくせい》▼注[127]の寿、以て期すべし。曾て其の志を聞き、未だ其の面を観ず。或人一語を寄せんことを請ふ。是に於て一絶を贅す。

　身老い心閑にして世塵を避く　有余不足は天真に任す
　白頭晩く喜ぶ太玄の易　羞ぢて見る成都売卜の人▼注[128]（原漢文）

この文章から得られる最も重要な情報は、懶斎がこの時期まで林鳳岡と交流が無かったことである。『本朝孝子伝』「今世」部で懶斎は、林鵞峰など林家の儒者が書いた孝子伝をそのまま引用しているが、実際に面識が有った訳ではないのである。

126　漢の人。齢九十を越えた。
127　漢の人。齢九十を越えた。
128　『鳳岡先生全集』の引用は、国立公文書館本（請求番号…二〇五／〇一六七）による。十四丁裏～十五丁表。

宝永五年（一七〇八）戊子　九十二歳

△このころ、林鳳岡と書簡のやりとりを行う。

『鳳岡林先生全集』巻六十五（二丁裏～二丁表）に「寄藤井懶斎并序」あり。内容から、前年懶斎へ贈った詩に対する、返礼の返礼であると分かる。

宝永六年（一七〇九）己丑　九十三歳

○七月十四日、懶斎没、九十三歳。鳴滝西寿寺に葬られる。

元和三年（一六一七）【生没年】の項参照。

【藤井懶斎の果たした役割】

九十三歳と長きに及んだ懶斎の一生とその文事とを顧みて来た。彼は近世文芸にどのような役割を果たしただろうか。筆者は三つのことがらを挙げることができるかと思う。

まず一つめは、京都の朱子学者としての独特な地位を築いたことである。中村惕斎らと共に京都市中で儒書講釈を行いながら、伊藤仁斎らとは相反する、居敬を学の中心に据えた朱子学者としての確たる地位を築いた。彼らの一群は現在あまり評価されてはいないが、加賀藩や阿波藩、福岡藩などに同調者を生むなど、その評価は当時において決して低いものではなかった。

二つめは、孝子伝の世界における先駆者的存在だったことである。『本朝孝子伝』までは、孝子の表彰はなされても、それについて伝記を書くということはほとんどなされなかった。そうした中『本朝孝子伝』は当代の孝子を積極的に文章化（すなわち孝子伝化）していった。『本朝孝子伝』

の流行は、その後の孝子伝執筆の風潮を作り上げたと言って良い。また西鶴『本朝二十不孝』に影響を与えたほか、その後の日本の代表的孝子の人選にも大きく影響を与えたのである。

三つめは、儒者として仮名教訓書の出版に積極的であったことである。その多くは匿名であったが、儒者でありながら『蔵笥百首』『仮名本朝孝子伝』『大和為善録』など、多くの平仮名教訓書を積極的に刊行した人物は、この時期そう多くはない。その意味で江戸時代前期の仮名教訓書界においては貝原益軒とならび、さらに一味違う面を持った存在であると言って良い。後代には関係ない仮名教訓書までもが懶斎作と仮託されるに至った。

要するに彼は、十七世紀の文学が持つ教訓的な側面を体現した人物であったと言えるだろう。従来の江戸時代前期文学の研究は、西鶴・近松・芭蕉らの俗文学と、伊藤仁斎や林家、北村季吟などの雅文学との両極端に関するものが盛んである。いっぽう懶斎の文事は、俗にあって教訓的、雅にあって啓蒙的という、両者を取り持つような存在であった。そうした彼の意識があってこそ、『本朝孝子伝』『仮名本朝孝子伝』は書かれたのである。江戸時代前期の文事の総体をより実態に即した姿で捉えたいと考えるならば、藤井懶斎の文事や著作へのスタンスは大いに念頭に置く必要があるだろう。当時の文壇において教訓・啓蒙が有した意義も、今後より幅広い視野で考えて行く必要を感じる。

あとがき

本書のもとになった論文は次の通りである。いずれも単行本としての体裁を考えて大幅な加筆、修正を行い、図像資料を新たに加えた。

第一章　孝文化研究序説

第一節　孝子表彰への好意的なまなざし――十七世紀後半の全体像

「『本朝孝子伝』と『古今犬著聞集』――孝子表彰説話をめぐって」（「雅俗」十一　平成二十四年六月、雅俗の会）

第二節　西鶴は孝道奨励政策を批判しなかった――不孝説話としての『本朝二十不孝』

「不孝説話としての『本朝二十不孝』」（『国文学解釈と鑑賞別冊　西鶴　挑発するテキスト』　平成十七年三月、至文堂）

第三節　表彰が人を動かし、作品を生む――駿河国五郎右衛門を例に

「綱吉の孝行奨励と諸作品の成立　――駿河国五郎右衛門をめぐって（一）」（「明星大学研究紀要　日本文化学部言語文化学科」十四　平成十八年三月、明星大学日本文化学部言語文化学科）

第四節　表彰は説話の起爆剤――駿河国五郎右衛門をめぐって

「孝子説話と表彰　――駿河国五郎右衛門をめぐって（二）」（『明星大学青梅校日本文化学部共同研究論集第九集　理想と現実』　平成十八年三月、明星大学日本文化学部）

「『誹諧絵文匣』注解（三）」（『立教大学日本文学論叢』第四号　平成十六年六月、立教大学大学院文学研究科日本文学専攻）。のち『『誹諧絵文匣』注解抄』（平成二十三年十一月、勉誠出版）所収。

第二章　表彰と孝子伝の発生

第一節　綱吉による孝行奨励政策の背景

「日本近世における孝子表彰の発生　――孝子説話研究のために」（『東アジア比較文化』八　平成二十一年六月、東アジア比較文化国際会議）

第二節　偽キリシタン兄弟の流転――保科正之の孝子認定と会津藩における顕彰

「偽キリシタン兄弟事件の流転　――近世孝子説話の問題として」（『金沢大学国語国文』三十六　平成二十三年三月、金沢大学国語国文学会）

第三節　表彰と説話集とのあいだ――岡山藩

「表彰の孝子伝、巷説の孝子伝　――『備陽善人記』『続備陽善人記』の素材と編輯意識」（『明星大学青梅校日本文化学部共同研究論集第十集　言語と芸術』　平成十九年三月、明星大学日本文化学部）

第四節　宝物としての孝子伝――福知山藩・島原藩

「松平忠房の孝子伝　――漢文孝子伝の役割と展開」（『近世文芸』九十一　平成二十二年一月、日本近世文学会）

第三章　孝子日本代表の形成

第一節　明代仏教がリードした江戸の孝子伝――元政『釈氏二十四孝』と高泉『釈門孝伝』

「Monks as Advocates of Filial Piety: The History of Buddhist Kōshiden in the Early Edo Period」（『AJLS proceedings』　平成二十八年八月、AJLS）

第二節　儒者が選んだ日本史上の孝子

「孝行者日本代表の選出―林羅山「十孝子」をめぐって」（『アジア遊学一五五　もう一つの古典知　前近代日本の知の可能性』　平成二十四年七月、勉誠出版）

口頭発表「日本における代表的孝子の形成　――『本朝孝子伝』古典章段を中心として」（平成二十三年十月一日、日本近世文学会　於高麗大学）

第三節　『本朝孝子伝』刊行直後

「『本朝孝子伝』の流行」（『金沢大学国語国文』二十三　平成十年二月、金沢大学国語国文学会）

「藤井懶斎と筑後の孝子　――『仮名本朝孝子伝』「追加」部所収説話をめぐって」（『書籍文化史』四　平成十五年一月　鈴木俊幸）

「『仮名本朝孝子伝』の一側面」（『雅俗』八　平成十三年一月、雅俗の会）

第四節　弥作が孝子日本代表になるまで――水戸藩の表彰と顕彰

「水戸藩孝子弥作の顕彰」（『北陸古典研究』二十四　平成二十一年十一月、北陸古典研究会）

※矢吹美貴との共著。第一執筆者は矢吹美貴。

第四章　藤井懶斎伝――いかにして『本朝孝子伝』は生まれたか

「藤井懶斎年譜稿（一）～（五）」（『明星大学研究紀要　日本文化学部言語文化学科』十五、十六、十七、十九、二十　平成十九年三月～平成二十四年三月、明星大学日本文化学部言語文化学科）

また本書は、左の研究補助金の成果の一部である。

・平成二十～二十三年度　科学研究費〈若手研究B〉「『本朝孝子伝』研究――「孝」から見た近世前期文学の再検討」（課題番号…二〇七二〇〇六三）

・平成二十五〜二十九年度（予定） 科学研究費〈基盤研究C〉「孝子伝をめぐる幕府と地方――『官刻孝義録』と藩政資料を比較して」（課題番号…二五三七〇二三七）

本書を通して訴えたかったのは、江戸時代の孝に対する研究や一般的なイメージにおけるステレオタイプに異を唱えたい、ということである。「孝子良民の表彰は封建制度の強化策」という考えは、戦後になってから固定化されたものである。しかし江戸の孝を論じるとき、このような画一的な結論だけで良いのだろうか。少なくとも江戸時代の人は、孝をそのように批判的に見ていなかった。孝の多様で豊かなありようを享受していたはずである。このように考えて、実例をもとに新たな見方をさまざまに提示してみたのが本書である。読者が江戸の孝のポジティブな力を少しでも感じ取って下さったなら、本書は成功である。

最後になるが、本書をなすにあたっては、数え切れない方々の支援や厚情に支えられた。

私が江戸時代の孝を専門とするきっかけとなったのは、大学院以来の恩師、中野三敏先生からの「江戸の教訓的な側面をもっと研究すべきだ」という御教示である。以来私の研究は、「中野先生ならどう考えるか」ということを念頭に行って来た。また江戸時代の孝についての研究は、井上敏幸先生がすでに手をつけておられ、研究のスタートから今まで、数々の資料のご提供やご助言を頂いた。学部生時代の指導教官である木越治先生、大学院と学術振興会特別研究員時代の指導教官であるロバート・キャンベル先生、大学院時代の先輩である川平敏文氏からは、当時から今にいたるまでアドバイスをいただいたり気にかけていただいたりと、計り知れない学恩を蒙ってきた。

また研究の性質上、日本各地を飛び回って資料を探したが、各地の学芸員、司書、地方史家の方々から便宜を図っていただいたり、御教示をいただくことが多かった。さらに、笠間書院の岡田圭介氏のアドバイスがなければ、本書は専門家だけに向けた味気ない本になっていたことと思う。みなさまに感謝申し上げます。

なお本書は、独立行政法人日本学術振興会平成二十八年度科学研究費補助金（研究成果公開促進費・課題番号16HP5041）の交付を受けて出版するものである。

平成二十八年十二月

勝又　基

索引

あ

い

き

く

け

こ

さ

し

す

せ

そ

た

ち

つ

て

と

な

に

ね

の

は

ひ

ふ

へ

ほ

ま

み

む

め

も

や

ゆ

よ

ら

り

る

ろ

わ

Filial Piety Culture in the Edo Period
親孝行の江戸文化

Motoi Katsumata

Abstract

In the Edo period, filial commendations were presented by rulers of various status levels, including not only Shōgun(将軍) and Daimyō (大名) but also lower-level officials such as Guindai(郡代) and Nanushi(名主). This convention continued until the end of WWII with more than 20,000 recipients.

Filial commendation and filial piety were not objects of cultural study until the end of the war because they were a fundamental part of life. Many of the modern studies on filial piety in the Edo period try to discern how rulers utilized this virtue to strengthen feudalism. In Japan, filial piety was considered to be the foundation of loyalty, as shown by sayings such as "Filial piety and loyalty are united(忠孝一本)" and "A good son makes a loyal retainer(忠臣は孝子の門に出づ)". Scholars have tended to interpret filial commendation as a technique to keep the status quo.

I believe this viewpoint is a result of modern perspective. This was likely very different from the thinking held by those in the Edo era. My goal is to understand Edo society and culture from the viewpoint of those who lived at that time. For this purpose, I will discuss three ways to approach the issue.

1) Focusing on the cultural driving force of filial piety: During the Edo period the belief in filial piety was very strong. No sect or class doubted the goodness of this virtue. Such strong belief naturally produced many cultural phenomena. So, while it is common to criticize the filial theme as "crusted" virtue without artistic value, in the Edo period, this usage was being "literary".

2) Interchange of various phenomena: Filial piety culture consisted of various factors -- the filial individual, the political activity of filial commendation, day-to-day gossip, writing the biography of a filial person, and the commercial activity of publishing books relating to filial themes. It's hard to find such various and vital movement within society other than thorough filial piety.

3) A holistic approach to understanding the early Edo period: One of the problems of preceding studies was that research tended to be limited to a specific clan. I try to include all available sources from the 17th century, the early Edo shogunate, in an attempt to give a more complete picture of cultural evolution in the early Edo period.

This book consists of four chapters.

Chapter 1 "An Introduction of Filial Piety Culture Study (孝文化研究序説)" discusses fundamental issues which lay the ground work for the following discussions.

Section 1 proposes that most people in the Edo period saw commendations by feudal lords as overwhelmingly positive. Chinese classical filial stories and filial commendations were common in society, yet no negative comments concerning this have been found from the period.

Section 2 applies this theory to the novel "*Honchō Nijū Fukō* 本朝二十不孝 (Twenty Unfilial People in Japan)" by Ihara Saikaku （井原西鶴）. Recent studies have tried to read this as a satire about the feudal system. However, in the Edo period, stories with ethical themes were a kind of entertainment. Before Saikaku there were a lot of stories in which an unfilial person came to a bad end. He merely followed this pattern of moral stories to promote filial piety.

Section 3 investigates the driving force behind the creation of biographical writings and other works related to filial piety. While modern scholars have generally regarded these as propaganda, Edo era artists cooperated willingly because they genuinely believed in the virtue of filial piety and wanted to celebrate the recipients of filial commendation.

Section 4 describes one typical process of how a filial person became fictionalized, taking as an example of Gorōemon(五郎右衛門)in Suruga province. His story shows how commendation played an important role in enhancing filial stories.

Chapter 2 "Development of Filial Commendation and Filial Biography（表彰と孝子伝の発生）" first includes a chronological history of commendations and filial biographies, then deals with issues particular to each clan.

Section 1 clarifies the chronological development of filial commendations in the Edo period. Most studies have credited the 5th shōgun Tsunayoshi（徳川綱吉）as the developer of this system. However, before him, the Aizu（会津）, the Okayama（岡山）, the Fukuchiyama（福知山）, the Shimabara（島原）and various other clans had already been awarding filial commendations. Tsunayoshi must have been influenced by such precedents.

Section 2 focuses on a pair of brothers who concocted a scheme in which one brother pretended to be a *Kirisitan* (Christian) ,which was a crime at that time. Then, the second brother informed on the first and claimed the bounty in order to give money to their parents. When the plot was revealed, the brothers were commended due to the importance of filiality. At that time the brothers came to be seen as icons of filial piety. This example indicates that commendations served a social function to define morality.

Section 3 compares two filial biographical books from the Okayama clan. It shows the change of the function of filial biography from literary work to propaganda tool.

Section 4 argues for the cultural value of filial biography. For example, Matsudaira

Tadafusa（松平忠房）commissioned filial biographies from Confucian scholars in the Tokugawa government. These served mainly as gifts for filial persons and for Tadafusa himself, rather than as propaganda to the common people.

Chapter 3 "The Creation of Representative Filial Persons in Japanese History（孝子日本代表の形成）" investigates how, why, and by whom representative filial persons in Japanese history were chosen.

Section 1 argues that Japanese filial biographical culture has its roots in Chinese Buddhism in the Ming dynasty, taking two examples, "*Shakushi Nijūshi Kō* 釈氏二十四孝 (Twenty Four Filial Monks)" by the Japanese monk Gensei（元政）and "*Shakumon Kōden* 釈門孝伝 (Filial Monks)" which was authored by the Chinese monk Kōsen（高泉）.

Section 2 investigates the development of biographies which showcased icons of filial piety in Japan. Although the common usage was as propaganda, the choice of subject differed widely due to additional purposes. For example, one was for practicing Chinese poetry, while another demonstrated the author's prejudice against Buddhism.

Section 3 focuses on the controversy just after the publication of "*Honchō Kōshi Den* 本朝孝子伝 (The Paragons of Filial Piety in Japan)". It quickly became a best seller but also met with a great deal of criticism. This enabled and inspired the author to make extensive revisions in subsequent editions.

Section 4 gives the example of a filial person from the late 17th century. His story had been ignored in the century since his commendation. However, in the Meiji period he was suddenly selected as one of eight important filial persons in Japanese history. His inclusion demonstrates the complexity of the subject and shows that the appreciation of a filial person could depend on the devotion of following generations rather than his own actions.

Chapter 4 "The birth of '*Honchō Kōshi Den*': The Chronological Biography of Fujii Ransai (藤井懶斎伝—いかにして『本朝孝子伝』は生まれたか)" is an attempt to provide the first thorough investigation into the author of the first orthodox filial biographies. At the same time, this research gives insights into the life of a typical *rōnin zjugakusha* 浪人儒学者. These masterless Confucians were an educational force in Kyoto.

親孝行の江戸文化

Filial Piety Culture in the Edo Period

著者

勝又　基

KATSUMATA Motoi

（かつまた・もとい）

1970年、静岡県御殿場市生まれ。金沢大学文学部卒業、九州大学大学院文学研究科（修士・博士）修了。博士（文学、九州大学）。日本学術振興会特別研究員PD（東京大学）などを経て、2005年より明星大学日本文化学部専任講師。2014年 4月よりハーバード大学ライシャワー日本研究所客員研究員（2015年 3月まで）。2015年より明星大学人文学部教授。著書『落語・講談に見る「親孝行」』（2011年、NHK出版）、『孝子を訪ねる旅』（2015年、三弥井書店）、編著『『本朝孝子伝』本文集成』（2010年、明星大学）ほか。e-mail : motoikatsumata@gmail.com

平成29（2017）年2月28日　初版第1刷発行

ISBN978-4-305-70839-7 C0095

発行者

池田圭子

発行所

〒101-0064

東京都千代田区猿楽町2-2-3

笠間書院

電話 03-3295-1331　Fax 03-3294-0996

web :http://kasamashoin.jp/

mail:info@kasamashoin.co.jp

装丁　笠間書院装幀室　　印刷・製本　モリモト印刷